Zombie

Der Dämon

Joyce Carol Oates

Zombie

Hubert Selby

Der Dämon

Zwei Romane in einem Band

area

Hubert Selby: Der Dämon
Titel der Originalausgabe: The Demon
Übersetzung aus dem Amerikanischen: Kai Molvig

Joyce Carol Oates: Zombie
Titel der Originalausgabe: Zombie
Übersetzung aus dem Amerikanischen:
Renate Orth-Guttmann

Einbandgestaltung: agilmedien, Köln
Einbandabbildung: Peter Mebus für agilmedien, Köln
Satz und Layout: Andreas Paqué, Gleichen
Druck und Bindung: Oldenbourg Taschenbuch GmbH,
Hürderstraße 4, 85551 Kirchheim

Printed in Czech Republic 2005
ISBN 3-89996-319-9

Inhalt

Joyce Carol Oates

Zombie

Bewährungsstrafe

1

Ich heiße Q. P. & bin einunddreißig Jahre & drei Monate alt.

Größe einsfünfundsiebzig, Gewicht Sechsundsechzig Kilo.

Augen braun, Haare braun. Körperbau mittelschwer. Sommersprossen in geringer Dichte auf Armen & Rücken. Astigmatismus auf beiden Augen, beim Autofahren Brille erforderlich.

Besondere Kennzeichen: keine.

Abgesehen vielleicht von diesen schwachen wurmförmigen Narben auf beiden Knien. Von einem Fahrradunfall angeblich, als ich ein Junge war. Ich widerspreche nicht, obgleich ich keine Erinnerung daran habe. Ich widerspreche nie. Ich bin ganz deiner Meinung, wenn du deine weisen Sprüche abläßt. Deinen Scheißmund bewegst. JA SIR, sag ich & NEIN MA'AM. Meine schüchternen Augen. Hinter der Brille mit dem Plastikgestell, das aussieht wie Haut, die man durch Plastik sieht.

Reinrassig weiße Haut, auf beiden Seiten der Familie, meines Wissens nach von Anfang an.

Mein IQ beim letzten Test: 112. Beim Test davor: 107. Beim Test in der High-School: 121.

Geboren in Mt. Vernon, Michigan, 11. Februar 1963. Grundschule Dale Springs. High-School Dale Springs, Abschluß 1981 als Vierundvierzigster von hundertachtzehn Schülern. Kein Stipendium für irgendein College erlangt. Nie in einer Schulsportmannschaft gewesen, keine Mitarbeit bei Schülerzeitung, Jahrbuch etc. Beste Noten in Mathe bis auf die Differentialrechnung im letzten Jahr, die hab ich nicht geschnallt.

Jeden zweiten Donnerstagvormittag um zehn bin ich bei meinem Bewährungshelfer Mr. T. Jeden Montagnachmittag um vier bei meinem Therapeuten Dr. E. im University Medical Center. Jeden Dienstagabend um sieben Gruppentherapie bei Dr. B.

Ich mache da keine gute Figur, glaube ich. Keine sehr gute jedenfalls. Ich weiß, daß sie Berichte schreiben. Aber die krieg ich nicht zu sehen. Wenn einer von denen eine Frau wäre, würde es besser laufen, denk ich. Die nehmen dir ab, was du sagst, die belauern dich nicht ständig. BLICKKONTAKT WAR SCHON IMMER MEIN UNGLÜCK.

Wenn Mr. T. Fragen stellt, ist das, als wenn er ein Band abspult. JA SIR, sag ich, NEIN SIR. Ich habe einen Job. Einen festen Job. Dr. E. ist derjenige, der mir meine Medikamente verschreibt. Mir Fragen stellt, um mich zum Reden zu bringen. Dr. B. wirft Fragen hin, damit die Jungen mal den Mund aufmachen, wie er sagt. Alle drei sind Weltmeister im Rumlabern. Bewundernswert. Ich sitze einfach so da & gucke auf meine Schuhe. Mein ganzer Körper ist eine taube Zunge.

Mit meinem Ford-Van, einem 87er Modell, komme ich überall hin. Eine Farbe wie nasser Sand. Nicht mehr neu, aber zuverlässig. Er rollt durch dein Blickfeld, ohne Spuren zu hinterlassen. Auf dem Rückfenster als Aufkleber eine amerikanische Fahne, so groß wie eine richtige.

Auf meinem Stoßstangensticker steht: ICH BREMSE FÜR TIERE. Finde ich gut, so einen Stikker an der Stoßstange.

2

Ist die Zeit außerhalb von mir, hab ich mir in der High-School überlegt, als alles plötzlich immer schneller ging. Oder ist die Zeit in mir drin.

Wenn sie DRAUSSEN ist, mußt du versuchen, mit Scheißuhren & Kalendern klarzukommen. Kannst nie einfach nur rumhängen. Wenn sie IN DIR DRIN ist, machst du, was *du* willst. Schaffst dir deine eigene Zeit. Als wenn du bei einer Uhr die Zeiger abbrichst, wie ich es mal gemacht habe, so daß dich nur noch das Zifferblatt anguckt.

3

Ich bin zu einem Teilzeitstudium am Dale County Technological College eingeschrieben, im Frühjahrssemester habe ich zwei Veranstaltungen belegt: EINFÜHRUNG INS INGENIEURWESEN & EINFÜHRUNG IN DIE DIGITALE COMPUTERPROGRAMMIERUNG.

Es wurde beschlossen, daß Q. P. vielleicht INGENIEUR werden könnte. INGENIEURE gibt es viele verschiedene. Du kannst ChemieINGENIEUR werden, BauINGENIEUR, ElektroINGENIEUR, Maschinen- & FlugzeugbauINGENIEUR. Im Vorlesungsverzeichnis steht, was verlangt wird, wenn du darin einen Abschluß machen willst. Dad hat ausgerechnet, wie viele Jahre Q. P. dazu brauchen würde.

Im Untersuchungsgefängnis in der Stadt, wo ich eingesperrt war, bis Dad meine Kaution hinterlegt hatte, haben sie mich beobachtet, wie ich mit Bleistift Rechenaufgaben gemacht habe, auf den Rändern von alten Zeitschriften, die da rumlagen. Abartig: Meine Hand bewegte sich, als wenn sie einen eigenen Willen hätte. Wie in der achten Klasse. Algebra. Geometrie. Nur daß ich keinen Zirkel & kein Lineal hatte, aber die Zeichnungen hab ich trotzdem gemacht. Lange Reihen von Zahlen wie Ameisen aufgeschrieben & zusammengezählt, nur so aus Quatsch, denk ich. Ich weiß nicht, warum. Das ging stundenlang so. Ich schwitzte auf die Zeitschriftenseiten runter & guckte, wie die Bleistiftspitze sich bewegte. Auch noch, als der Bleistift stumpf war & man nichts mehr erkennen konnte. Auch noch, als der Wachmann mit mir sprach & ich nichts mitkriegte.

Ich war in Quarantäne, so heißt das da. Einundneunzig Prozent von denen, die dort in U-Haft sitzen, sind Schwarze oder Hispanics, die Weißen sperren sie zusammen. In meiner Zelle waren zwei weiße Typen, die hatten sie wegen Drogen abgegriffen. In meinem Fall hieß es RASSISTISCHE STRAFTAT. Aber es war gar nicht RASSISTISCH. Ich weiß gar nicht, was RASSISTISCH ist.

Ich bin kein RASSIST. Keine Ahnung, was das überhaupt ist, so ein ScheißRASSIST.

Ich schwitzte, & die Hand mit dem Bleistift bewegte sich, aber ich sagte kein Wort & hatte mit niemandem BLICKKONTAKT. Es wurde registriert, daß Q. P. während der Zeit seiner Inhaftierung nicht sprach & mit niemandem BLICKKONTAKT hielt.

So kriechen die Arschlöcher in deine Seele rein.

Wie Dad von dieser Rechnerei erfahren hat, weiß ich nicht. Vielleicht durfte er mich angucken durch eine Spionglasscheibe. Mit einer Beobachtungskamera. & die Zeitschriften haben sie wohl gesammelt & ihm zur Begutachtung gegeben. Er ist Professor, & so reden sie ihn auch an. Da ist ihm die Idee gekommen, sagt er. Mir das Geld für die Fachhochschule zu leihen, damit ich INGENIEUR werden kann. Das mit der Mt. Vernon State U. würden wir vergessen, das hatte nicht funktioniert. Das ist Jahre her.

Noch früher, mit achtzehn, bin ich auf die Eastern Michigan State in Ypsilanti gegangen. Das hatten wir längst vergessen.

Quentin hat eine angeborene Liebe zu Zahlen, hat Dad zu Mom gesagt. In meinem Beisein. Mit belegter Stimme, als wenn ihm was in der Kehle steckengeblieben wäre & er sich nicht räuspern wollte. *Eine Begabung für Zahlen. Von mir geerbt. Daran hätte ich früher denken sollen.*

Deshalb mache ich das Teilzeitstudium am Dale County Technological College & lerne fleißig. Bis zum Dale Tech sind es von da, wo ich jetzt wohne, sieben Meilen, aber das macht nichts, hab ich zu meinem Bewährungshelfer Mr. T. gesagt, ich habe meinen Van, mit dem komm ich überall hin. Eine Strecke von siebenhundert Meilen ist ein Klacks, aber das hab ich Mr. T. nicht gesagt.

4

Seit Montag ist meine Adresse 118 North Church Street, Mt. Vernon. University Heights heißt das Viertel. Ganz in der Nähe ist der große Campus der State University, an der Professor P. lehrt. (Aber Mom & Dad wohnen in Dale Springs, einem Vorort auf der anderen Seite der Stadt.)

In der North Church Street 188 bin ich HAUSMEISTER. Früher waren da meine Großeltern zu Hause. Von den Mietern weiß das bestimmt keiner & von mir werden sie's nicht erfahren.

Das Haus gehört nach wie vor meiner Grandma P., die jetzt in Dale Springs wohnt. Aber mein Vater R.P. verwaltet es & hat es in neun Mieteinheiten aufgeteilt, die Kommission für Wohnraumnutzung hat es ihm erlaubt.

Als Zeichen unseres Vertrauens, Quentin, sagte Dad. *Aber Quentin macht das bestimmt sehr gut, das wissen wir doch,* sagte Mom.

Grandmas Haus ist ein alter Kasten aus verblaßtem rotem Backstein. Viktorianisch nennt man so was. Vorn sieht es irgendwie verschmiert aus, als wenn jemand mit dem Daumen drübergewischt hätte. Drei Stockwerke & Dachgeschoß. Hinten ein alter Lagerschuppen. Eine große Küche, die Zimmer werden mit »Küchenbenutzung« vermietet, wie das heißt. Ein tiefer Keller, für die Mieter aber ist der ZUTRITT VERBOTEN. Grundsolides Fundament aus Stein. Beim Büscheschneiden habe ich gesehen, daß an der vorderen rechten Ecke die Zahl 1892 in den Stein eingemeißelt ist.

Die Zimmer werden an Studenten vermietet. Die Genehmigung für diese Nutzung liegt seit 1978 vor, sagt Dad. Ob ich das wußte oder nicht, kann ich nicht sagen.

Als Hausmeister wohne ich im Erdgeschoß, in dem Zimmer nach hinten raus, das für den Hausmeister vorgesehen ist. Dazu gehört noch ein Badezimmer mit Duschkabine & Toilette. Dad hatte vorher schon mehrere Hausmeister, aber über die weiß ich nichts.

Die Hintertreppe zu den oberen Stockwerken & die Treppe zum Keller sind ganz in der Nähe vom Hausmeisterzimmer, das ist praktisch. Wer diese Treppen benutzen will, muß an meiner Tür vorbei.

Werkzeug & Material, Werkbank etc. für den Hausmeister sind im Keller.

Ich habe Zugang zu allen Stockwerken. Weil ich der Hausmeister bin. Mein Vater R.P. hat mir diese Verantwortung übertragen & ich bin dankbar dafür, daß ich bei ihm & Mom was gutmachen kann. Mit meinem Generalschlüssel komme ich im Haus überall rein.

Die meisten Studenten, die sich bei uns einmieten, sind Ausländer: aus Indien, China, Pakistan, Afrika. Oft kommen sie zuerst mit den Türen nicht zurecht & dann bitten sie mich um Hilfe. *Mr. P.* sagen sie zu mir & ich helfe immer gern, sage aber nicht mehr als nötig & HALTE KEINEN BLICKKONTAKT.

Danke, Mr. P., sagen sie. Oder: *Danke, Sir.* Dunkle Haut & blanke schwarze Augen & schwarzes Haar, das aussieht wie eingeölt. Ein Geruch wie reifende Pflaumen. Sie sind schüchtern & höflicher als amerikanische Studenten & zahlen ihre Miete pünktlich & regen sich nicht über Sachen auf, über die sich amerikanische Studenten aufregen würden & müllen ihre Zimmer nicht voll wie amerikanische Studenten, deshalb sagt Dad, daß sie sehr angenehme Mieter sind. Am Abend verhalten sie sich ruhig. Sitzen am Schreibtisch & lernen. Ihr Essen kriegen sie in der Mensa, die Küche wird deshalb kaum benutzt. Hauptsächlich von mir, aber ich esse nicht in der Küche, ich esse in meinem Zimmer & gucke dabei Fernsehen. Wenn ich nicht ausgehe.

Alle Häuser in der North Church Street sind große alte viktorianische Kästen aus Backstein oder Holz. Auf großen Grundstücken. Zur Zeit von Grandma & Grandpa, als Dad hier aufwuchs, waren es natürlich Einfamilienhäuser. University Heights war eine gute Gegend. Geändert hat sich das erst nach dem Zweiten Weltkrieg, sagt Grandma. In ganz Mt. Vernon. Jetzt sind die Häuser in der North Church Street Pensionen wie das von uns oder Büros, oder die Uni hat sie übernommen wie unser Nachbarhaus. Da sind die OSTASIATISCHEN SPRACHEN drin. Drei Blocks weiter, Ecke North Church & Seventh, haben sie das Haus abgerissen, in dem früher der Universitätspräsident gewohnt hat, & ein Parkhaus hingebaut. *So was Häßliches,* sagt Grandma. Ein Stück weiter hat gerade ein Burger King aufgemacht. Grandma kennt ihn noch gar nicht, da hol ich mir manchmal Hamburger & Fritten, die eß ich in meinem Zimmer & dabei gucke ich Fernsehen oder arbeite für meine Seminare.

Das ist eine kleine weiße Karte, die neben meiner Tür hängt. Ich hab sie selber geschrieben, mit schwarzem Filzstift.

5

Montagnachmittag 16 Uhr 00 bis 16 Uhr 50. Mt. Vernon Medical Center. Dr. E. fragt: *Was haben Sie so für Träume, Quentin? Was haben Sie für Phantasien?* Ich sitze da & stiere auf den Fußboden. Oder auf meine sauber geschrubbten Hände. Auf dem Schreibtisch von Dr. E. steht eine Uhr, die kann er sehen & ich nicht. Aber ich habe eine Armbanduhr, von RAISINEYE, eine teure Digitaluhr. Mit schwarzem Zifferblatt. Die trage ich an der Innenseite vom Handgelenk, da kann ich zugucken, wie die kleinen bronzefarbenen Zahlen in Richtung 16 Uhr 50 zucken.

Ich versuche, mir einen Traum auszudenken, den ich Dr. E. erzählen könnte. Etwas, was sich nach einem Traum anhört. Fliegen? Am Himmel? Schwimmen? Im Lake Michigan? Im Manistee National Park, in einem der namenlosen, tiefen & schnellen Flüsse? Wenn Dr. E. mich bloß nicht so scharf ansehen würde. Seine Macht liegt darin, daß er Dr. E. ist, Psychiater am Medical Center (das zur State University gehört). Dr. E. ist mein Therapeut, Dad bezahlt ihn privat, aber er schickt Berichte an meinen Bewährungshelfer im Michigan Probation Department, die sind für mich geheim. Blöderweise wird mir im Sprechzimmer von Dr. E. immer der Kopf so schwer, er fühlt sich an wie Pfannkuchenteig, sehr dick, aber zugleich weich, roh & blaß.

Einmal ist mir im Sprechzimmer von Dr. E., als eine Weile keiner was gesagt hatte, das Kinn runtergefallen wie einem Toten & Spucke ist mir übers Kinn gelaufen. Ich bin auf dem hölzernen Stuhl mit dem harten glatten Sitz, der für einen breiten Hintern gemacht ist, zusammengesackt. Mit pendelndem Kopf & runden Schultern. Dad zischelte empört: *Quentin, Herrgottnochmal, wie du dich wieder hältst.* Ein Schnarrgeräusch wie von einer Wespe, es könnte auch ein Schnarcher gewesen sein.

Ganz schön peinlich, im Sprechzimmer von Dr. E. einzuschlafen. Oder was auch immer. Dr. E. guckt auf seine Schreibtischuhr. Guckt die Akten an, die auf der Schreibtischplatte liegen.

Überlegt, was er in seinen Computer tippen soll, wenn Q. P. weg ist.

Ob Dr. E. ein Freund von Dad ist? Fragen kann ich nicht. Die Vermutung liegt nah (beide sind

Profs an staatlichen Hochschulen), aber beide würden es abstreiten. Ich habe nie gefragt.

Wenn ich raus bin, wird Dr. E. zum Hörer greifen & Dr. P. in seinem Büro an der Uni anrufen. *Ihr Sohn Quentin macht leider keine erheblichen Fortschritte. Wußten Sie, daß er nicht träumt? & er hält sich so schlecht.*

An jenem Nachmittag vor ein paar Wochen war Dr. E. zu höflich, um zu merken, daß ich ihm gegenüber am Schreibtisch eingeschlafen war. Vielleicht sind es die starken Mittel, mochte er denken. Oder vielleicht hat es Dr. E. auch gar nicht gemerkt. Der ist nämlich auch manchmal dösig. Schwere Lider wie eine Schildkröte. Es regnete, am Fenster hinter seinem Kopf lief das Wasser in schmalen Pissebächen runter.

Er schrieb mir ein neues Rezept, Dosierung wie angegeben. Geht auf Dads Krankenversicherung. *Wir können heute ein paar Minuten früher Schluß machen, wenn es Ihnen recht ist,* sagte er (auf meiner Uhr ist es sechs nach halb fünf), *ich muß zu einer Personalversammlung.*

Mir war es recht.

6

Gestern abend hatte ich noch spät im Keller gearbeitet. Dringende Reparatur: eine Sickerstelle in der alten Zisterne. Ich kann richtig ackern, wenn das, was ich mache, was Sinnvolles ist. Schlaf brauchte ich nicht (hatte abends meine Pillen nicht genommen), deshalb ging ich früh um drei zum Dachboden hoch, wo zur Straße hin ein sternförmiges Fenster ist. Ich kann dort nicht gerade stehen, die Decke ist nicht hoch genug. Ich mußte mich bücken, um zum Nachthimmel hochzusehen. Da war der Mond & schien so hell, daß mir die Augen weh taten. Woher ich unten im Keller wußte, daß oben der Mond war, kann ich nicht sagen. Wolkenfetzen wehten über den Mond hin, verklumpt & versponnen wie Gedanken, die so schnell dahinziehen, daß du sie nicht mitkriegst.

So traurig & so *unappetitlich, Quentin.*

Aber jetzt machen wir einen neuen Anfang, nicht wahr, mein Sohn?

Zum Dachboden kommt man über eine steile schmale Treppe, die hinten vom Gang im dritten Obergeschoß abgeht. Der Dachboden ist abgeschlossen, für Mieter ist der ZUTRITT VERBOTEN, genau wie der Keller. Ich ging leise, in Wollsocken, weil ich den jungen Pakistani-Doktoranden nicht wecken wollte, der sein Zimmer gleich neben der Treppe hat.

Als Versuchsperson wäre Ramid zu riskant. Wie alle unter diesem Dach. Kommt überhaupt nicht in Frage. Auf dem Dachboden roch es stark & scharf nach Staub & süßlich-sauer nach toten Mäusen. Ich holte tief Luft & noch einmal & noch einmal – meine Lungen waren wie Ballons, die sich mit Luft füllten. Das beweist doch, daß ich diese Scheißpillen nicht brauche. Ich & krank? Wer sagt denn das? Ich leuchtete mit der Taschenlampe in alle Winkel.

Vielleicht ist es so am besten, wenn das Problem mal auf den Tisch kommt. Ans helle Tageslicht.

War ich schon mal hier gewesen? Vor langer Zeit war ein Junge hier hochgestiegen, in Eile & von Angst getrieben & hatte was Blinkendes aus Plastik auf einem der Balken hinten im Dämmerdunkel versteckt, aber ob ich das war oder ob ich der andere war, der blutete & nach Luft rang, das weiß ich nicht. Aber damals hab ich ja noch keine Brille getragen. (Die haben sie mir erst verpaßt, als ich zwölf war.) Demnach kann es nicht Q. P. gewesen sein. Wenn doch, verwechsle ich da zwei Sachen.

Scheiß auf die VERGANGENHEIT, die ist NICHT JETZT. Nichts, was NICHT JETZT ist, ist wirklich.

Viele Minuten bleibe ich ganz still & unbeweglich stehen. Das hab ich mir beigebracht. Daß meine Augen das Dunkel durchdringen können.

Mit der Taschenlampe, der Hausmeistertaschenlampe, leuchte ich die Ecken vom Dachboden ab. Wo Schatten rumtanzen wie Fledermäuse. Muß grinsen, weil: Wenn sich Licht bewegt, Licht, das du in der Hand hältst, das hell ist wie das Licht von Sternen, kannst du Schatten zum Tanzen bringen. Die Schatten waren schon immer da. ABER DU LÄSST SIE TANZEN.

Ich hocke vor dem Fenster & gucke dem Mond zu, der sich langsam davonmacht. Wie ein Traum, den du nicht festhalten kannst. Mein Herz klopft schnell & laut. Ich werde allmählich heiß. Blut schießt in meinen Schwanz. Auf dem Dachboden bin ich nicht so sicher wie im Keller, wo ich die

Werkbank habe. In der meine Sachen eingeschlossen sind, in der großen Schublade, wo die Werkzeuge für den Hausmeister liegen.

Hier auf dem Dachboden ist es wie in Träumen, die ich manchmal habe, in denen feste Formen in Fluß kommen & du kannst dich nicht schützen & du hast es nicht mehr im Griff. Im Keller ist das anders, da bist du UNTER DER ERDE & sicher aufgehoben, auf dem Dachboden bist du weit ÜBER DER ERDE. Die Konzentration KOSMISCHER STRAHLEN ist in den höheren Schichten der Erde höher als in den unteren.

Dad hat gemeint, ich soll auf dem Dachboden Ordnung machen, um die Feuergefahr zu mindern. Ich hab gesagt okay, ich mach mich bald dran. Im Augenblick hat der Keller Priorität.

Jetzt machen wir einen neuen Anfang, nicht wahr, mein Junge?

Ich sagte: *Ja, Dad.*

7

Wenn ich mir alle so ansehe, Mom & Dad & Grandma & meine Schwester Junie, war es bestimmt für Dad am härtesten. Vergebung liegt den Frauen im Blut. Für Männer ist es schlimmer.

Sehr peinlich für Professor R. P., gewisse Dinge über seinen einzigen Sohn zu erfahren. Dinge, die nun öffentlich & aktenkundig geworden sind. *Wie plädiert Ihr Mandant?* fragte der Richter & der Anwalt, den Dad für mich genommen hatte, sagte: *Euer Ehren, mein Mandant bekennt sich schuldig.*

Insgeheim bekannte ich mich nicht SCHULDIG, weil ich NICHT SCHULDIG war & NICHT SCHULDIG bin. Aber es hatte auch was mit RASSE zu tun. Der Junge war schwarz & Q. P. ist weiß & der Anwalt sagte zu Dad, daß das zur Zeit eine heikle Sache in Mt. Vernon ist & die Gerichte genau beobachtet werden. Wir könnten froh sein, daß wir nicht an einen schwarzen Richter geraten sind.

Immerhin, ich steh mich wieder gut mit der Familie, damit ist allen Beteiligten ein Stein vom Herzen gefallen. Ich fahre Mom & Grandma zur Kirche & bin vier Sonntage hintereinander auch zum Gottesdienst gegangen. Ich fahre Grandma zu Seniorennachmittagen & zu Bekannten. Ich habe ihnen gesagt, wie leid es mir tut, daß ich ihnen weh getan habe & wieviel mir ihr Vertrauen bedeutet. *Von jetzt ab werde ich mich dieses Vertrauens würdig erweisen,* hab ich gesagt.

An allem ist das Trinken schuld & damit ist jetzt Schluß.

Es fällt mir verdammt schwer, sie zu umarmen. Besonders Dad. Wir haben alle so was Steifes in den Knochen. Aber ich tu's & ich glaube, ich krieg's ganz gut hin. Mom & Grandma & Schwesterherz Junie haben geweint & aus meinen Augen sind Tränen gelaufen & ich hab sie nicht weggewischt.

Als Richter L. *zwei Jahre* sagte, gab es einen langen Moment, in dem hat keiner was geredet, in dem haben alle die Luft angehalten, bis er dazugesagt hat: *auf Bewährung.* In dem Blick von Richter L., den ich wohl oder übel aushalten mußte (mein Anwalt hatte mir dazu geraten), stand Strenge, aber auch Güte.

Richter L. ist fair & nicht nachtragend & läßt sich von niemandem beeinflussen, hieß es. Dad kennt ihn & Richter L. kennt Dad. Ich habe nicht gefragt, aber Mt. Vernon ist eine Stadt, in der sich alle wichtigen Leute kennen, vielleicht sind sie im gleichen Klub. Dad ist Mitglied im Mt. Vernon Athletic Club, ganz in der Nähe vom Gericht.

Hinterher drückte Dad mir so kräftig die Hand, daß es weh tat & umarmte mich & die Augen hinter den Brillengläsern waren voller Tränen. Es war, als wenn die Augäpfel ganz lokker in den Höhlen saßen wie Wackelpudding, der gleich rausglitscht. Er drückte mir die Autoschlüssel in die Hand, ich sollte die Familie nach Hause fahren.

SCHLÜSSEL VON DADS WAGEN (ORIGINALGRÖSSE)

8

Für Dad ist es besonders hart, weil der Name R.P. den Leuten ein Begriff ist. In Mt. Vernon, wo er & Mom seit dreißig Jahren wohnen, & in Dads Beruf, wo er großes Ansehen genießt.

Nicht, daß Dad berühmt wäre, so berühmt wie Einstein oder Oppenheimer oder Dads Mentor am Washington Institute, Dr. M. K., oder er ein ganz großes Licht auf seinem Gebiet wäre, aber er ist bekannt & angesehen & hat viele Studenten, die bei ihm Prüfung machen wollen. Er ist Doktor der Physik & der Philosophie, vielleicht hat er beide Doktortitel von Harvard, kann aber auch sein, daß einer woanders her ist. Dad war an vielen Universitäten & kennt eine Menge Leute.

Als R.P. gerade seinen Doktor gemacht hatte (ich war noch gar nicht auf der Welt), bekam er ein Stipendium für das Washington Institute in D.C. & dort nahm ihn der große Wissenschaftler Dr. M.K. unter seine Fittiche, der 1958 einen Nobelpreis gekriegt hat. In Neurobiologie oder Zellbiologie oder so. In dem Haus in Dale Springs, wo ich groß geworden bin, steht auf dem Kaminsims ein Foto, auf dem sind Männer im Smoking drauf & einer ist Dr. K. & einer ist Dad, so jung, daß man ihn kaum erkennt & die beiden schütteln sich die Hand & grinsen in die Kamera, in den Augen rote Pünktchen vom Blitzlicht. Dr. K. ist ein alter Knabe mit schütterem, weißem Haar & einem Spitzbart, der wie Schwanzhaar aussieht. R.P. könnte sein Sohn sein. Seriös & gescheit & erst neunundzwanzig, da hatte er aber schon mehrere Aufsätze publiziert (so nennt man das wohl) & war schon mit Mom verheiratet (die ist auf dem Foto nicht mit drauf).

Das Foto von Dr. M. K. & R.P. gibt es gleich dreimal: In Dads Büro in der Universität & in dem Haus in Dale Springs & in Grandmas Haus an der Wand vom Eßzimmer zusammen mit allerlei Familienfotos. Besucher gucken hin & sagen: *Nanu, ist das nicht –?* & Dad sagt: *Ja, stimmt.* Dabei wird er rot wie ein kleiner Junge. *Ich kannte ihn im Grunde nicht sehr gut, aber er war ein großer Mann, der Einfluß auf vieler Menschen Leben genommen hat & auf das meine allemal.*

Als Dr. K. vor ein paar Jahren mit achtzig gestorben ist, haben Time, People, New York Times, sogar der Mt. Vernon Inquirer Nachrufe gebracht, die hat Dad alle ausgeschnitten & mit Folie beschichten lassen & sie sich in seinem Büro in der Uni an die Wand gehängt. Auch in der Detroit Free Press stand ein Nachruf. Ich hätte ihn rausreißen & für Dad aufheben können, aber ich hab's vergessen oder die Zeitung verschlampt. Ich war in Detroit, da fahr ich manchmal hin & wohne in einem Hotel auf der Cass, da kennen sie mich als TODD CUTTLER, einen Typ mit rotbraunem Krisselhaar, Schnurrbart & Lederschlips, der irgendwie cool aussieht, aber auch etwas spießig, ein Trottel, den man, wenn man wollte, ganz schön abkochen könnte. Ich saß mit Rooster zusammen, wir waren beide high & blätterten die Zeitung durch, dabei muß ich immer lachen, wenn ich gut drauf bin. Einer von uns blätterte ganz schnell & wild wie ein kleiner Junge, der sie kaputtreißen will – oder vielleicht waren wir es auch beide –, da seh ich dieses Gesicht auf der Seite mit den Nachrufen: NOBELPREISTRÄGER GESTORBEN. Ich gab Rooster einen Rippenstoß & sagte: *Den Typ da, den kennt mein Dad* & Rooster sagte: *Ach komm … ehrlich?*

9

Es ist fünf Jahre her, als ich darauf kam, mir einen ZOMBIE für den eigenen Bedarf zu machen – eine zündende Idee, die mein Leben verändern sollte.

Herrgott noch mal! In diesen seltenen Momenten spürst du, daß die elektrisch geladenen Neuronen des präfrontalen Gehirns sich neu ordnen wie Eisenspäne unter einem Magneten.

Die Erde wird ständig mit kosmischen Strahlen bombardiert, trug eine Stimme vor. Eine lautsprecherverstärkte Stimme. Dad? Oder jemand, der Professor P. nachmachte mit seinem näselnden Geleier & dem Geräusper & den vielen Pausen, um seine Worte wirken zu lassen.

Kosmische Strahlen aus dem Weltall. Aus einer Zeit, die viele Millionen Jahre zurückliegt. Stärker konzentriert in den höheren als in den unteren Schichten. Ein verdunkelter Hörsaal an der Uni. Ich wußte nicht, wie ich da hingekommen war.

Konnte mich nicht erinnern, daß ich den Hörsaal betreten hatte. Man hätte denken können, daß Q. P. sich absichtlich versteckt hatte, um sich die Vorlesung von Professor P. anzuhören, vielleicht war er auf ganz bestimmte Kenntnisse, auf ein Geheimnis aus? So wie ein Hund das sucht, was Hunde suchen, wenn sie am Boden entlangschnobern & diesen wachsamen Blick haben. Aber dann muß ich dahinten in der letzten Reihe eingeschlafen sein & als ich aufwachte, wußte ich zuerst nicht, wo ich war. Damals, als ich mich noch nicht so im Griff hatte wie jetzt, passierte das öfter mal, da kam ich bis zu achtundvierzig Stunden ohne Schlaf aus & haute mich dann hin, wo ich gerade ging oder stand. Meine Haut war pochend heiß, mein Atem schmeckte nach Metall & wenn die Leute mich sahen, blieben sie auf Distanz & setzten sich nicht in meine Nähe. Damals wohnte ich nicht zu Hause, sondern zur Miete in der Stadt. Mit dem Baden war es dort schwierig, es gab kein warmes Wasser.

Dad stand an einem Pult rechts, ein Mikrophon um den Hals. Zwei-, dreihundert Studenten im Saal, die mitschrieben. Falls Dad seinen Sohn gesehen hatte, ließ er sich nichts anmerken. Aber in dieser Dunkelheit hatte er mich bestimmt nicht gesehen.

Quantifizierbare & unquantifizierbare Materie. Forschungen, die sich mit den Anfängen des Universums befassen, lassen vermuten ... Auf einer beleuchteten Leinwand ganz vorn war eine Computersimulation, das war, wie Professor P. sagte, ein Teil des Universums vor zweihundert Millionen Jahren. Dann demonstrierte er daran die Entwicklung des Universums von seiner ursprünglichen Ebenmäßigkeit & der ausgewogenen Verteilung der Materie bis zum derzeitigen Zustand von Superclusters & dunkler Materie. *Bis zu neunzig Prozent der Masse des Universums besteht aus unquantifizierbaren »Schwarzen Löchern«, so daß der größte Teil des Universums sich mit Hilfe unserer Instrumente nicht wahrnehmen läßt & den Gesetzen der Physik, wie wir sie kennen, nicht »gehorcht«.* Es summt & brummt & vibriert im Saal. Dieses Gefühl, als ob der Boden abkippt oder die Erde bebt & unter deinen Füßen wieder zur Ruhe kommt. Die Studenten von Professor R. P. schrieben eifrig mit & ich beobachtete die gebeugten Köpfe & Schultern & dachte mir, daß fast alle geeignetes Material für einen ZOMBIE wären.

Nur: Man braucht dazu einen gesunden jungen Menschen männlichen Geschlechts. Der eine bestimmte Größe, ein bestimmtes Gewicht, einen bestimmten Körperbau etc. hat. Einen mit »Pep« & »Drive«, einen, der gut drauf ist.

Aber die Studenten an der University sind für mich tabu. Nach dem saudummen Zwischenfall, der zum Glück für Q. P. gut ausgegangen ist. Es war dunkel hinter dem Schlafsaal & der Junge war voll & krümmte sich kotzend & würgend zusammen & als er aufsah, weil er mich gehört hatte, landete der Wagenheber auf seinem Ohr & er ging zu Boden, ohne zu begreifen, daß da wer war. Deshalb ist die Sache noch mal gutgegangen. Ich hatte meine Kapuzenjacke an & es gab keine Zeugen, trotzdem hab ich voll die Panik gekriegt & bin getürmt, was ich heute, wo ich mehr Erfahrung habe, nie machen würde. Aber es war okay, es war mir eine Lehre.

In Ypsilanti, das liegt so lange zurück, daß ich mich eigentlich an gar nichts mehr erinnere, hab ich das wohl schon genauso gesehen. Denn es ist einfach so, daß es bei einem Studenten sofort auffallen würde, wenn er nicht mehr da wäre (nur nicht bei den Ausländern, die sind zu weit weg von zu Hause), die haben alle Familie & sie liegen ihren Familien am Herzen.

Ideal als ZOMBIE wäre einer, der nicht aus der Stadt ist. Ein Anhalter oder Streuner oder Junkie (der allerdings in gutem Zustand sein müßte, nicht kaputt & halb verhungert oder aidskrank). Oder einer aus den Schwarzensiedlungen in der

Innenstadt. Einer, für den sich niemand auch nur einen Furz interessiert. Einer, der gar nicht hätte geboren werden dürfen.

Während die Stimme im Hörsaal immer weiter leierte, ging ich raus, um in der Bibliothek vom Fachbereich Psychologie LOBOTOMIE nachzuschlagen.

10

Nämlich deshalb: Wenn du das Universum so siehst (als Nachbildung von etwas, was seit Milliarden von Jahren nicht mehr existiert!), kapierst du, wie verdammt sinnlos es ist zu glauben, daß so eine Galaxie von Bedeutung ist, ganz zu schweigen von dem Stern einer Galaxie oder einem Planeten, der in all dieser schwarzen Leere nicht mal so groß wie ein Sandkorn ist. Ganz zu schweigen von einem Erdteil oder einer Nation oder einem Staat oder einem Landkreis, einer Stadt oder einem Einzelwesen. Die Idee ist mir damals auch deshalb gekommen, weil ich mich schwertat, ihn steif zu halten, wenn irgendwelche WACHEN AUGEN mich ganz aus der Nähe belauerten.

11

Ich hatte eine Bude mit zwei Zimmern in der Twelfth Street in Reardon. Nach einem Gastspiel in Detroit war ich wieder in Mt. Vernon gelandet. Dad & Mom kannten die Adresse & ich hatte einen Job bei der Ace Quality Box Co. (einen Schreibtischjob, wie Dad glaubte, in Wirklichkeit hab ich Laster be- & entladen), vielleicht hatte ich ihnen auch an dem Tag, als Dad vorbeikam, gerade die Brocken hingeschmissen, oder sie hatten mich gefeuert. Das war ein paar Tage nach der Vorlesung in dem Hörsaal, glaube ich, irgendwie hab ich mir so halb & halb eingebildet, daß Dad mich dort im Dunkeln entdeckt hatte, daß SEINE AUGEN DAS DUNKEL DURCHDRINGEN KÖNNEN, aber vielleicht stimmte das nicht.

Ich war siebenundzwanzig. Höchste Zeit, AUF EIGENEN FÜSSEN zu stehen, hatte ich zu ihnen gesagt & es auch so gemeint.

(Nur Mom steckte mir immer ein bißchen was zu, wenn ich knapp dran war, keine Schecks, sondern Bargeld. Damit Dad es nicht merkt).

Es war die Woche nach Thanksgiving 1988. BUNNYGLOVES war seit zwölf Tagen weg, aber der Mt. Vernon Inquirer hatte nichts gebracht, das lokale Fernsehen auch nicht, weshalb sollten sie? Auf dem Weg von Detroit nach Montana spurlos verschwunden. Wie so viele Hunderte, Tausende in einem einzigen Jahr. Spatzengleich fliegen sie auf & steigen hoch in den Himmel & stürzen & verschwinden & hinterlassen keine Spur. Gott selbst ist die DUNKLE MATERIE, die sie verschlingt.

Dale Springs, 8000 Einwohner – da leben die P.s & da ist ihr Sohn Q. aufgewachsen. Ein Vorort von Mt. Vernon am Lake Michigan, viele hohe Bäume & ein grüner Seitenstreifen, der mit Geranien bepflanzt ist, wenn man im Sommer von Mt. Vernon aus über die (unsichtbare) Grenze gefahren kommt. Sechs Meilen westlich & nördlich von der Universität, die jetzt ein riesiges, ausuferndes Gelände ist. Die Innenstadt, diese miese Gegend, in der ich mich eingemietet hatte, liegt fünf Meilen weiter südlich. Dad hatte gesagt, daß er ZUFÄLLIG VORBEIGEKOMMEN ist, weil er mich mal besuchen wollte.

Es klopft. Ich reiß die Augen auf & die klebrigen Wimpern auseinander & zieh mir stolpernd die Hose an & den Reißverschluß hoch & die Khakidecke über die Matratze. Verfleckte Bettwäsche, süßlich-schaler Geruch. Ich hatte mich schon dran gewöhnt, hätte wohl versuchen sollen, das Fenster aufzumachen, ließ es aber sein.

»Okay«, sagte ich. »Ich bin cool. Okay.«

Es war Dad. Mein Dad. ZUFÄLLIG VORBEIGEKOMMEN, um mal zu sehen, wie's mir geht.

Die Kette war vorgelegt. Da stand Professor R.P. & grinste. Dad mit seinem sandfarbenen Knittergesicht & dem Runzelarschloch-Mund & der Professorenbrille aus schwarzem Plastik auf der Nase. Ich fummelte an der Tür. Wollte sagen, daß die Tür nicht weiter aufgeht, das Schloß klemmt. Aber da waren DADS AUGEN. Wenige Zentimeter vor mir guckten sie durch den Spalt.

Unmittelbar rausgerissen aus einem heißen Traum von BUNNYGLOVES & Streicheln. Seine Stimme im Ohr, ganz deutlich, so wie sie geklungen hatte, ehe sie umgeschlagen war. Die schlammbraunen Augen, während die ERKENNTNIS in ihnen dämmerte & die Pupillen zu Stecknadelgröße schrumpften.

»Hallo Quentin! Ich bin's nur. Störe ich?«

Meine Hand bewegte sich & löste die Kette & Dad stand unter der Tür & füllte sie aus, weit aufgerissene Augen & außer Atem vom Treppensteigen. Als der Professorenspitzbart von R.P. nicht mehr sattbraun war, sondern eisenspangrau, hat er ihn sich abrasiert, aus Hochmut, aber den Schatten von dem Spitzbart kann man immer noch sehen. Dieser scharfe Klang in seiner Stimme. »Na, mein Sohn?«

Wir wären beide gleich groß, wenn ich mich gerade halten würde, was mir schwerfällt, & den Kopf heben würde, um mich ihm zu stellen. Wie's mir geht, fragt er wie immer & ich sage: & wie geht's dir & wie geht's zu Hause? Mom & Grandma lassen schön grüßen. Ja & Junie. Alle fragen, warum ich nicht anrufe & nicht vorbeikomme & machen sich Gedanken (du weißt ja, wie die Frauen sind!), weil sie denken, daß ich vielleicht krank bin. DADS AUGEN flitzen hin & her, wie ich's mir schon gedacht hatte & bleiben an dem einen Teil hängen. Eine Pause, dann: »Das Spind da ist neu, nicht?« Wieder eine Pause. »Was ist denn da drin, daß du ein Schloß dafür brauchst, mein Junge?«

Ich dreh mich & gucke den einsachtzig hohen Metallschrank an, der in der Ecke steht. Zwischen Bett & Badezimmer. Als wenn ich ihn vorher noch nicht gesehen hätte & selber erstaunt wär.

»Nur ein paar Sportsachen, Dad«, sag ich rasch. »Joggingschuhe, Socken, Handtücher & so Sachen.«

Dad fragt noch mal: »Aber wozu ein Schloß?«

Ein Kombinationsschloß wie für die Garderobenspinde in der High-School. Ich hatte die Kombination auswendig gelernt & dann den Zettel weggeworfen.

»Ich hab das Schloß dazugekriegt, Dad«, sagte ich. »Von der Heilsarmee. Ein Schnäppchen, nur zwölf Dollar. Damit man das Spind optimal nutzen kann, denk ich mir.«

»Aber wozu willst du es überhaupt nutzen?«

Ein angesehener Hochschullehrer an der Mt. Vernon State University. Zwei Berufungen, Physik & Philosophie. Senior Fellow am Michigan State Institute for Advanced Research.

Dads Augen hinter den blanken Gläsern gukken mich an wie damals, als ich zwei war & auf den Badezimmerboden geschissen hatte & als ich fünf war & mit meinem Babypimmel spielte & als ich sieben war & mein T-Shirt voller Blut aus der Nase von einem anderen Jungen & als ich mit elf aus dem Schwimmbad kam, wo mein Freund Barry ertrunken war & richtig grimmig, als ich zwölf war & er nach oben gestürzt kam, die Body-Builder-Hefte in der zitternden Hand: »Sohn? *Sohn?*«

»W-was ist denn?« stotterte ich.

Dad runzelt die Stirn. Siebenundfünfzig Jahre alt, die Nasenlöcher mit den schwarzen Haaren weiten sich, er rümpft die Nase. »Wozu brauchst du für ›Sportsachen‹ ein Spezialschloß, mein Junge? Seit wann verbreiten ›Sportsachen‹ so einen Geruch?«

Dad denkt wohl, daß ich wieder trinke & daß ich wieder auf Drogen bin & mich wieder selbst beschmutze & damit meine Gesundheit ruiniere.

BUNNYGLOVES – was konnte Dad von dem schon wissen? *Konnte* er überhaupt was wissen?

Zwischen den Bettfedern & der dürftigen Matratze lagen das Jagdmesser & der Eispicker & die Pistole, eine 38er Smith & Wesson, aber ich war total gelähmt & hätte mich nur mit einer schnellen Bewegung schützen können. Ich guckte meine Hände an, die ganz leise zitterten, als wenn das Haus von unten her in Schwingungen geraten wäre. Ob ich es schaffen würde, Dad zu erwürgen? Aber er würde Widerstand leisten, er würde sich wehren. Er ist stark & beim Kämpfen wären wir uns so nah. Ich guckte meine Hände an, als wenn ich die noch nie gesehen hätte, als wenn ich erst lernen müßte: Ich heiße Q. P.; Q. P., das bin ich, der & kein anderer, kurze Wurstfinger wie von einem Kind, die Knöchel verschrammt & die Nägel mit den komischen milchigen Halbmonden ungleichmäßig & gesplittert & mit Dreck unter den Rändern. Wie oft hatte ich meine Hände mit der grauen Seife von Ace geschrubbt & mir mit einer Messerklinge die Nägel saubergemacht & jetzt war alles wieder wie vorher.

Dann kam mir die Erleuchtung.

»Ich wette, ich weiß, was es ist, Dad«, sagte ich. »Eine tote Ratte.«

»Eine tote Ratte?«

»Oder eine Maus. Vielleicht mehrere.«

»Du hast hier tote Mäuse?«

Wenn er nun an Essen gedacht hatte, an verdorbenes Essen? Ach Scheiße.

Dad klopfte mit den Knöcheln an den Schrank. Er war tarnfarbengrün lackiert & furchtbar verkratzt & wackelte, als er dagegenschlug. Dads Knittergesicht verzog sich angeekelt.

Ich sagte: »Ich w-weiß, daß wir es von zu Hause anders kennen, ich & Junie. Es tut mir leid.«

»Wie lange ist das Zimmer schon in diesem Zustand, Quentin?«

»Nicht lange, Dad. Ein, zwei Tage.«

»Stört dich der Geruch denn nicht?«

»Am Wochenende will ich putzen, Dad.«

»Du hast hier geschlafen, direkt neben diesem Schrank, in diesem Geruch & er stört dich nicht?«

»Er stört mich, Dad. Ich reg mich nur nicht drüber auf.«

»Ich finde es sehr beunruhigend, mein Sohn, daß du mich möglicherweise belügst.«

»Ich lüge dich bestimmt nicht an, Dad. Ich verstehe nur nicht, was du willst.«

»Ich will wissen, warum an diesem Schrank ein Schloß ist & warum er riecht. Du weißt ganz genau, was ich will.«

»Mal abgesehen von den Mäusen, Dad«, sagte ich, »verstehe ich wirklich nicht, was du willst.«

»Deine Mutter macht sich Sorgen um dich & ich mache mir Sorgen um dich«, sagte Dad. »Nicht nur um deine Zukunft, sondern überhaupt. Wie sieht dein Leben zur Zeit aus, wie würdest du es beschreiben?«

»Mein Leben …?«

»Du arbeitest noch in dieser Kistenfabrik?«

»Klar. Hab nur heute einen freien Tag.«

»Was hast du gemacht, als ich geklopft habe?«

»Ein Schläfchen gehalten.«

»Ein Schläfchen? Um diese Zeit? In diesem … Geruch? Wie weit ist es nur mit dir gekommen, mein Sohn?«

Ich schüttelte den Kopf. Ich guckte auf den Fußboden, ohne ihn wahrzunehmen.

Wenn er ins Badezimmer geht, dachte ich, bin ich geplatzt. Die Badewanne, die ich noch nicht hatte scheuern können. Der Duschvorhang mit den vielen Flecken & Spritzern. Die verknäulte, blutgetränkte Unterwäsche von BUNNYGLOVES, die Schamhaare, die ich vom Boden gekratzt hatte.

»Ich spreche mit dir, mein Sohn. Erkläre mir das bitte.«

»Mal abgesehen von den Mäusen«, sagte ich, »sehe ich da kein Problem.«

& immer so weiter. Dads Mund formt bestimmte Worte, die rausquellen wie Ballons & mein Mund formt bestimmte Worte & das Ganze ist vertraut & irgendwie tröstlich. Denn zum Schluß gibt Dad auf, *er will es gar nicht wissen,* wischt sich mit einem Taschentuch das Gesicht & sagt: »Quentin, ich bin vor allem deshalb hier, weil ich fragen wollte: Möchtest du nicht mitkommen & mit uns essen? Deine Mom hat eine Bananencremetorte gemacht«, & ich sag: »Danke, Dad, aber eigentlich hab ich keinen Hunger. Ich hab schon gegessen.«

12

Zwölf Jahre alt, in der siebten Klasse, inzwischen Brillenträger, schlaksig, lange Arme & Haare in der Achselhöhle & im Schritt & ihre Blicke glitten über mich weg, sogar die der Lehrer. Beim Sport weigerte ich mich, durch den Duschraum zu gehen, nackt zu gehen, vorbei an den anderen mit ihren glänzenden Schwänzen, die sich die Brust kratzten & den Bauch: Manche waren so muskelprall, sahen so gut aus & lachten wie die Affen & ahnten nichts, außer wenn sie mich & meine Augen sahen, die nicht zur Ruhe kamen, die wie Elritzen zwischen ihnen herumzuckten. Wenn sie das sahen, wußten sie, was los war & ihre Gesichter verhärteten sich angeekelt: ANDERSRUM, ANDERSRUM, QUENTIN IST ANDERSRUM. Eines Tages stürmte Dad nach oben, holte mich von meinen Hausaufgaben weg & zerrte mich am Arm nach unten & in die Garage & zeigte mir die Body-Builder-Hefte & die nackte Ken-Puppe, die ich vom Spielplatz mitgebracht & hinter Stapeln alter

Zeitungen versteckt & die er gefunden hatte, rote Flecken im Gesicht vor Wut. Damals hatte Dad noch einen Spitzbart wie Dr. M.K. & sogar der war bleich vor Empörung. Er drehte die Hefte in den Händen wie den Hals von einem Huhn, um nicht die Titelseiten sehen zu müssen & was mit Leuchtstift draufgemalt war & nicht die Innenseiten mit mehr solchen Malereien auf den Fotos der Centerfold-Models von Muskelmännern & dem jungen Typ, der aussah, wie Barry in ein paar Jahren hätte aussehen können, bloß viel schwerer & mit einer zwischen den Beinen aufragenden leuchtend rosafarbenen Banane & die Löcher, die an manchen Stellen in den Fotos waren. *Das ist ja krankhaft, Quentin,* mahlte & keuchte Dads Mund, *das ist ja widerwärtig. So was will ich nie wieder sehen. Wir werden es deiner Mutter nicht erzählen.* Er wollte noch mehr sagen, aber die Stimme versagte ihm.

Gemeinsam haben wir das Beweismaterial verbrannt. Hinter der Garage, wo Mom uns nicht sehen konnte.

13

Frontale Lobotomie, auch Leukotomie genannt (von *leuco,* griech. »weiß«). Extremste und irreversible Form der Psychochirurgie. Das Verfahren zerstört weiße Substanz im linken und rechten Stirnlappen des menschlichen Gehirns. Neuronale Pfade, die die Stirnlappen mit dem limbischen System und anderen Teilen des Gehirns verbinden, werden durchtrennt. Angestrebtes Ergebnis: Affektdämpfung zwecks Reduzierung von Emotionen, Erregungszuständen, zwanghafter mentaler Wahrnehmung und körperlicher Verhaltensweisen bei Schizophrenen und anderen geistig gestörten Patienten. Schon Fünfjährige können nach dieser Methode behandelt werden.

Ich trennte die Seite mit einem Rasiermesser aus dem Lehrbuch raus. Hinter den Regalen im Fachbereich Psychiatrie, wo keiner was merkte. ICH MEINTE FAST ZU SEHEN, WIE VOR MEINEN AUGEN MEIN ZOMBIE GESTALT ANNAHM.

Noch besser war das Buch Psychochirurgie (1942) von Dr. Walter Freeman & Dr. James Watts von der George-Washington-Universität:

Wenn der Patient bewußtlos ist, fasse ich das Oberlid zwischen Daumen und Zeigefinger und ziehe es so weit wie möglich vom Augapfel weg. Sodann führe ich die Spitze des transorbitalen Leukotoms in

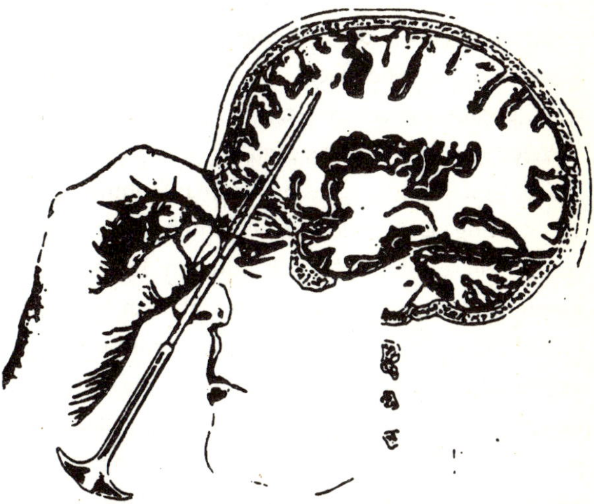

Abb. 1: Vorgehensweise bei der transorbitalen Lobotomie. Der Leukom oder »Eispicker« wird mit Hilfe eines Hammers durch die Knochenwölbung oberhalb des Augapfels eingeführt. Man dreht dann den Griff des Leukoms so, daß mit der Schneide Gewebe an der Basis des Stirnlappens zerstört wird.

den Bindehautsack ein, wobei ich darauf achte, nicht die Haut oder die Wimpern zu berühren, und bewege die Spitze, bis sie an die Wölbung der Orbita stößt. Ich lasse mich dann am Tisch auf ein Knie nieder, um das Instrument parallel zum Nasenrücken und in Richtung Mittellinie zu führen. Wenn die 5-cm-Marke erreicht ist, ziehe ich den Griff des Instruments so weit zur Seite, wie es der Rand der Orbita erlaubt, um Gewebe an der Basis des Stirnlappens zu durchtrennen. Ich bringe dann das Instrument wieder in die vorherige Stellung zurück und führe es bis zu einer Tiefe von 7 cm ein, vom Rand des Oberlids aus gerechnet.

Wieder visiere ich so sorgfältig wie möglich und mache eine photographische Profilaufnahme in dieser Stellung. Dies ist das Höchstmaß an Präzision, dessen diese Methode sich rühmen kann. Dann kommt der heikle Punkt. Adern verlaufen hier ganz in der Nähe. Mit dem Instrument in Frontalstellung verharrend, bewege ich es 15° bis 20° zur Mitte hin und etwa 30° zur Seite, kehre zur Mittelstellung zurück und ziehe es mit einer Drehbewegung heraus, wobei ich gleichzeitig beträchtlichen Druck auf das Lid ausübe, um eine Blutung zu verhindern. Dann wiederhole ich mit einem ebensolchen, frisch sterilisierten Instrument die Prozedur auf der anderen Seite.

Ich war so aufgeregt, daß ich einen STÄNDER kriegte, als ich die Seiten mit der Rasierklinge rausnahm. Denn das war ein WENDEPUNKT in meinem Leben, völlig klar. Wie viele *transorbitale Lobotomien* diese Typen in den vierziger & fünfziger Jahren durchgeführt hatten & wie leicht es gegangen war. Der Verfasser von *Principles of Psychosurgery* schreibt, daß er manchmal bis zu dreißig an einem einzigen Tag gemacht hat, nur mit einem »bescheidenen« Eispicker, wie er das ausdrückt.

Dad & Mom hätten es gern gesehen, wenn ich Wissenschaftler geworden wäre wie Dad oder Arzt, leider hat das nicht geklappt. Aber ich wußte, daß ich eine *transorbitale Lobotomie* hinkriegen würde, auch wenn ich es heimlich machen mußte. Ich brauchte nur einen Eispicker & eine Versuchsperson.

14

Bei der Gruppensitzung am Dienstag ermunterte uns Dr. B. *frisch von der Leber weg* zu reden. Wir sind elf. Wir sehen uns nicht in die Augen. *Okay, Männer, auf los geht's los. Wer will anfangen?* In meinem Hinterkopf ist ein ganz komisches Summen. Ich gucke immer wieder über die Schulter & rutsche auf dem Stuhl rum, aber hinter mir ist keiner, zumindest kann ich keinen sehen. *Denkt dran, Leute, verurteilt wird hier nicht, das ist armselig & schäbig.*

Neonröhren. Ein paar davon flackern. Eine Hohlblockwand, senfgelb gestrichen & an der Wand Poster & Flugblätter & Aufrufe & ein Bild von Magic Johnson mit irgendeiner Botschaft drauf. Keine Fenster, bloß die eine Tür, verstärkt mit dickem Drahtgeschlinge wie Gehirnwindungen. Ich überlege, ob es Spionglas ist & wir beobachtet werden wie Laborratten oder vielleicht mit einer Videokamera aufgenommen? Aber als wir reingekommen sind, hätte ich schwören können, daß es dieselbe Tür ist, durch die wir jede Woche kommen.

Okay, Männer, auf los geht's los, sprecht klar & deutlich & frisch von der Leber weg. Wer will anfangen?

Bim fängt an. Bim ist ein Weißer, ungefähr so alt wie ich, ein Gesicht wie Krümelkäse, Tremor & Triefnase, in seinen Nasenlöchern glitzern die Rotztropfen wie Tränen. Wenn er erst mal angefangen hat zu reden & zu lachen, kann er nicht mehr aufhören & ich gucke auf den Boden & überlege, was Q. P. sagen kann. Drei Wochen hintereinander sitz ich hier schon, gucke auf den Boden, stumm & taub wie der letzte Trottel. Wenn du nicht kooperierst / kommunizierst, BIST DU GEPLATZT. Danach kommt Perche, auch ein Weißer, um die Vierzig, immer in kariertem Sakko & mit Schlips, grinst permanent & will allen die Hand schütteln. Einmal hat er mich auf der Straße gesehen & *Quentin* gerufen, als ob wir die dicksten Kumpel wären. Ich steh da & gucke, ohne Blickkontakt, Augen auf Brusthöhe & er guckt auch & kommt ein bißchen näher, die Hand zum Schütteln ausgestreckt. Ich bleibe, wo ich bin, ohne mich zu rühren & ohne zu atmen & schließlich rückt er von mir ab & sagt: *Pardon, ich dachte, Sie sind ein Bekannter.* Dann ist da dieser Dicke, fast noch ein Kind, viel jünger als ich, mit einem Bierbauch, der über dem Cowboygürtel hängt & sich fast bis zum Kinn wölbt wie bei einem aufgeblähten Frosch. Frogsnout nenne ich ihn, auch der redet zu schnell & schwitzt & keucht dabei. Ich hör zwar nicht hin, aber ich hör's doch, es ist nicht zu vermeiden, labert da rum, daß ihn *die Erinnerung verfolgt, muß immer dran denken, tut ihm rasend leid* um die Kinder seiner Schwester, die er aus Versehen abgefackelt hat, als er um das Haus rum Benzin ausgekippt & angezündet hat, aus Rache & weil er nicht wußte, daß jemand zu Hause war & dazu braucht er sehr lange.

Dann kommen die Schwarzen, zwei sind coole Typen, ich nenne sie Velvet Tongue & The Tease, wahre Schwafelkünstler, beide unter Auflagen aus Jackson entlassen, die könnten Q. P. noch was beibringen, aber: KEINEN BLICKKONTAKT. Also laß ich es.

Hatte morgens & mittags vergessen, meine Pillen zu nehmen & deshalb auf dem Weg hierher zwei Downers eingeworfen. Im Van einen doppelten Cheeseburger & Fritten verdrückt, dazu Bud, hatte im 7-Eleven einen Sechserpack gekauft, vier hab ich gleich geschluckt, ich hatte eine scheißtrockene Kehle. Über den Expressway & am Fluß lang zu den Sozialsiedlungen, wo seit dem Urteil für mich der ZUTRITT VERBOTEN ist. Ganz schön riskant, wenn ein Cop mich rauswinkt & sieht, daß ich trinke, aber mich winkt kein Cop raus, einen Weißen mit ordentlich geschnittenem Haar am Steuer eines Vans, an dem alles okay ist, Scheinwerfer, Rücklichter, der sich penibel an die Geschwindigkeitsbegrenzung hält & immer schön auf der rechten Spur fährt. Q. P. hat den Führerschein, seit er sechzehn ist, & fährt immer verdammt vorsichtig.

Also bin ich ganz cool & milde & hör hin, was die anderen reden, oder tu jedenfalls so. Dr. B. runzelt die Stirn & nickt, wie das die Art von diesen Typen ist, als wenn sie sich wirklich alles anhören & reinziehen. Ich bin nach dem nächsten Typ dran, aber ich flipp nicht aus. Dabei weiß ich, daß ich Scheiße baue, weil ich *nichts zur Diskussion beitrage,* wie Dr. B. das nennt, ich weiß, daß er mir in seinen Berichten schlechte Noten gibt. *Keiner wird euch verurteilen, Leute, redet einfach frisch von der Leber weg, das bleibt alles unter uns.*

Runde Schultern wie ein Geier, den Blick auf meine Schuhe gerichtet, Joggingschuhe mit rötlichbraunen Flecken wie Rost. *Na, Quentin? Was ist mit Ihnen?* Ich mach den Mund auf & da kommt diese Stimme raus, die wie die Stimme von Q. P. klingt, aber auch wie die von irgendeinem anderen Typ, einem aus dem Fernsehen vielleicht, oder als wenn ich Bim, Perche, Frogsnout nachmache. Ich stammele, daß ich mich schäme, weil ich die Liebe & das Vertrauen von Mom & Dad mißbraucht habe & das war das Schlimmste bei der ganzen Sache, nicht nur dieses eine Mal, sondern viele Male, seit ich neunzehn war, allerdings bin ich vorher noch nie verhaftet worden & hab auch nichts *Verbotenes* gemacht, sondern viele kleine Sachen. (Keine Ahnung, warum ich *neunzehn* gesagt hab, hörte sich vom Alter her einfach okay an. In Wirklichkeit war ich *achtzehn,* als das in Ypsilanti passiert ist & Dad & Mom sich so schrecklich aufgeregt haben.) Ich wünschte, ich könnte die Zeit bis in meine frühe Kindheit zurückdrehen & noch mal von vorn anfangen, sag ich. Von dem Punkt an, wo ich noch rein & gut war. Wo ich bei Gott war. Ich glaube an Gott, sag ich, aber ich habe das Gefühl, daß er nicht an mich glaubt, weil ich nicht würdig bin. Moms Gesicht hat, wenn sie weint, so eine Art zu knittern & einzufallen, sie ist eben nicht mehr die Jüngste & so geht es mit meinem Gesicht jetzt auch. Den Typen ist das peinlich & sie gucken weg, bis auf Perche, der schlabbert das auf wie Glibber & Dr. B. runzelt die Stirn & nickt. Einer von den schwarzen Typen, Velvet Tongue, gibt mir ein Papiertaschentuch, ohne mich anzugucken, & meine Stimme wird immer schneller wie ein Truck, dem auf einer Gefällstrecke die Bremsen versagen. Wie leid mir das mit dem Zwölfjährigen tut, sag ich, den ich angeblich »belästigt« habe (ohne in Einzelheiten zu gehen, daß er nämlich *schwarz* war & *zurückgeblieben* & der ideale Zombie, wie ich glaubte). Ich weiß nicht genau, was passiert ist, sag ich, ob ich den Jungen in dem Durchgang hinter dem Müllcontainer, wo mein Wagen geparkt war, angesprochen hatte oder ob der Junge mir nachgegangen war, um mich *aufzureißen* & ich das bloß nicht mitgekriegt habe. Weil – manchmal erlebe ich Sachen, die ich nicht mitkriege. Die so schnell & so wirr sind, daß ich sie nicht mitkriegen kann. Der Junge, der so viel älter wirkte als zwölf & Augen hatte, die zustechen konnten wie Dolche, wollte Geld von mir, sonst würde er mich anzeigen. Zehn Dollar hat er verlangt & wie ich ihm zehn Dollar gebe, verlangt er zwanzig & wie ich ihm die zwanzig gebe, verlangt er fünfzig & wie ich ihm die fünfzig gebe, verlangt er hundert & da ist mir die Sicherung durchgebrannt. Ich hab ihn angebrüllt & geschüttelt, aber GETAN HAB ICH IHM NICHTS. DAS SCHWÖRE ICH.

Inzwischen stotterte ich fürchterlich, mein Gesicht war naß von Tränen. Ich hatte nicht gewußt, daß in meinen Augen Tränen standen, die so kurz vor dem Überlaufen waren. Wenn du einmal angefangen hast zu heulen, geht es ganz leicht & die eine Hälfte von den Typen guckt weg & die andere Hälfte, hauptsächlich die Weißen, guckt hin. Dr. B. hat ein ganz rotes Gesicht, als wenn er sich die Hosen vollgewichst hat & fragt nach dem Jungen, als wenn das einer aus der Nachbarschaft war, den ich schon vorher gekannt hab & nicht ein Wildfremder. Ganz komische Fragen stellt er, ob ich *Zuneigung zu dem Jungen* empfunden & ob ich das Gefühl hätte, daß *dieses Gefühl der Zuneigung manipuliert worden wäre* & ich deshalb die Beherrschung verloren hätte, es war die Beherrschung meiner eigenen Emotionen, die mir verlorengegangen war, nicht? & die ich fürchtete? Ich zittere jetzt fast so wie Bim. Bibberhände & Zuckemund & mein Gesicht spiegelnd von Tränen. Ich gucke Dr. B. an, das erstemal, daß ich einen Blick riskiere, weil die Tränen mich schützen & sag mit lauter klarer Stimme, als wenn es eine Überraschung für mich war & ein Wunder: *Ja, Doktor. Ich habe Zuneigung empfunden & deshalb hab ich die Beherrschung verloren.*

Ich weiß, daß Dr. B. nach unseren Sitzungen jedesmal einen Bericht für den Bewährungshelfer schreibt. Wir kriegen die Berichte nicht zu sehen, sie sind vertraulich, aber an dem Abend erfuhr ich etwas, das hat mich hoffnungsvoll gestimmt. Dr. B. spielte an seinem Bart rum, als wenn's sein Pimmel war, & grinste gütig, wie es ihre Art ist, wenn sie dir deine eigene Scheiße zum Geschenk machen. *Endlich machen Sie Fortschritte, Quentin, ein echter Durchbruch. Sie haben sich auf Ihre Emotionen eingelassen!*

15

Ein echter ZOMBIE wäre mein für immer. Er würde jedem meiner Befehle, jeder meiner Launen gehorchen. »Ja, Meister«, würde er sagen & »Nein, Meister.« Er würde vor mir niederknien & seine Augen zu mir aufheben & sagen: »Ich liebe Euch, Meister. Es gibt keinen außer Euch, Meister.«

So würde es geschehen & so würde es sein. Denn ein echter ZOMBIE könnte nie etwas sagen, was *nicht ist*, sondern nur das, was *ist*. Seine Augen würden klar sein & weit geöffnet, aber in ihnen wäre nichts, was *sieht* & hinter ihnen nichts, was *denkt*. Nichts, was verurteilt.

Während ihr, die ihr mich belauert (ihr glaubt wohl, ich weiß nicht, daß ihr Q. P. belauert? Berichte über Q. P. schreibt? Euch untereinander über Q. P. beratet?), eure geheimen Gedanken denkt & mich UNABLÄSSIG VERURTEILT.

Ein ZOMBIE würde mich nicht verurteilen. Ein ZOMBIE würde sagen: »Gott segne Euch, Meister.« Er würde sagen: »Ihr seid gut, Meister. Ihr seid gütig & voller Erbarmen.« Er würde sagen: »Fickt mich in den Arsch, Meister, bis ich blaue Brocken blute.« Er würde um sein Essen bitten & er würde mich um die Luft zum Atmen bitten. Er würde bitten, daß er aufs Klo gehen darf, damit er seine Sachen nicht einsaut. Er würde mir jederzeit den gebotenen Respekt erweisen. Er würde nie lachen oder feixen oder verächtlich die Nase rümpfen. Er würde mit seiner Zunge lecken, wie ich es ihn heiße. Er würde mit seinem Mund lutschen, wie ich es ihn heiße. Er würde die Arschbacken auseinanderziehen, wie ich es ihn heiße. Er würde teddybärig schmusen, wie ich es ihn heiße. Er würde seinen Kopf an meine Schulter legen wie ein Baby. Oder ich würde meinen Kopf an seine Schulter legen wie ein Baby. Wir würden uns gegenseitig Pizzastücke aus der Hand essen. Wir würden unter der Decke in meinem Bett im Hausmeisterzimmer liegen & dem Märzwind lauschen & dem Schlag der Glocken vom Turm des Music College & WIR WÜRDEN DIE SCHLÄGE ZÄHLEN, BIS WIR GENAU IM GLEICHEN AUGENBLICK EINSCHLAFEN WÜRDEN.

15

Meinen ersten Eispicker hab ich im März 1988 gekauft. Bin mit dem Van über die Route 31 bis zum Lake Michigan gefahren & durch all die kleinen gottverlassenen Nester, Stony Lake, Sable Pt., Ludington, Portage & Arcadia. Mit Daunenjacke & Wollmütze, darüber die Brille mit den dunklen Sonnenvorhängern, Dreitagebart & leiser Stimme, als wenn ich heiser war. An einem dieser Gemischtwarenläden, wo es Lebensmittel & Haushaltsgeräte gibt, hab ich gehalten, es war keine große Sache & nicht ein bißchen verdächtig. Ein alter Knacker, der an einem Kanonenofen saß & Fernsehen geguckt hatte, tippt meinen Einkauf in eine altmodische Registrierkasse ein. Er hat ein Gesicht wie eine verschrumpelte Backpflaume & ich flachse: *Genau das Richtige für die Jahreszeit, so'n Eispicker. Scheißkalt, dieser Winter.* Der Alte blinzelt, als wenn er kein Englisch versteht. Ich grinse, damit er merkt, daß es ein Witz sein soll: *Diese*

Stürme mit Eis & Schnee, echt Scheiße, die Winter in Michigan. Diesmal geht ihm offenbar ein Licht auf, zumindest verzieht er die Lippen & nickt & ich denke so bei mir, wenn sie je von ihm verlangen würden, daß er den Käufer von dem Eispicker identifiziert & ihm ein Foto von Q. P. zeigen (glattrasiert, mit normaler Brille & ohne Mütze), würde er den Kopf schütteln & sagen: *Nee, so hat der bestimmt nicht ausgesehen.*

Hatte den Van so geparkt, daß ich das Ufer sehen konnte, an dem sich die Eisschollen zusammenschoben, & den stahlgrauen Himmel & ein Gleißen, daß man nicht sagen kann, wo das eine aufhört & das andere anfängt. Man hätte von der Erde geradewegs in den Himmel hochsteigen können, wenn man an so einen Scheiß glaubt, ABER BEI Q. P. IST DAS NICHT DRIN. Ich hatte den Eispicker in der Hand & stieß & stach & stocherte damit rum & wurde so heiß, daß es mir ganz plötzlich kam, ich hatte nicht mal mehr Zeit, den Reißverschluß aufzumachen. Himmelnochmal, IST DAS EIN VORZEICHEN VON DEM, WAS DA AUF MICH ZUKOMMT?

17

Montags & donnerstags ist in der North Church Müllabfuhr. Bis halb acht muß ich die gelben Plastiktonnen an den Gehsteig gestellt haben, aber das macht mir nichts aus, weil ich Frühaufsteher bin & nicht so viel Schlaf brauche wie die schlaffen Typen. Ich hab mein Sweatshirt an & eine Tigers-Baseballmütze auf & guck so vor mich hin wie einer, der sich um seinen eigenen Dreck kümmert & verdammt noch eins, da kommt plötzlich diese Stimme aus dem Himmel – diese leise summende Stimme! –, fast hätte ich sie nicht gehört, aber dann hör ich sie & fahre herum, als wenn wir in Vietnam wären & ich einer von diesen durchgeknallten Typen, wie sie in den Filmen vorkommen & da ist es einer von unseren Mietern! Nur einer von unseren Mietern, der Ramid, der immer so höflich ist, er ist auf dem Weg zur Uni, eingemummelt wie ein kleiner Junge, mit einem Kleinjungengesicht, Augen wie weiche Datteln. Ob ich Hilfe brauche, will er wissen & ich guck ihn an, es kommt zum BLICKKONTAKT, aber nur einen Moment, dann sag ich ganz cool: *Nein danke, das ist mein Job. Trotzdem schönen Dank.*

18

Dr. E. fragt: *Wie sehen Ihre Phantasievorstellungen aus, Quentin?* Ich bin hilflos & stumm & werde rot wie in der Schule, wenn ich die Frage von einem Lehrer nicht beantworten, ja nicht mal (unter so vielen glotzenden Blicken) begreifen konnte. Schließlich sage ich so leise, daß Dr. E. seine Hand ans Ohr legen muß, um mich zu verstehen: *Phantasien, Doktor? Ich glaube, so was habe ich gar nicht. Nicht daß ich wüßte.*

19

Zur Zeit von BUNNYGLOVES, RAISINEYE, BIG GUY hatte ich natürlich noch nicht das Hausmeisterzimmer zur Verfügung, auch nicht den Keller in der North Church 118. Nur meinen Van & die Zweizimmerbude in der Twelfth Street. Die Wanne im Bad.

Meine Vorgehensweisen waren primitiv & ich hatte bei meinen Experimenten ständig mit Störungen zu kämpfen. Mußte ein Radio in voller Lautstärke laufen lassen, Heavy Metal auf WMWM & manchmal quäkte so eine Scheißwerbung dazwischen & in einem heiklen Moment kam mir die Stimme von irgendwelchen Unbekannten in die Quere. Oder meine Hände zitterten, oder ich hatte zu viele Downer geschluckt & konnte das, was ich meinen Händen befohlen hatte, nicht machen. Wie in einem Traum, wenn du dich durch Leim bewegst. ODER ICH WURDE ZU SCHNELL HEISS. Ach Scheiße.

BUNNYGLOVES, von dem ich mir so viel erhofft hatte, weil er der erste war, krümmte & wand sich wie ein Verrückter, als ich den Eispikker in dem auf der Zeichnung angegebenen Winkel durch die »Knochenwölbung« über dem Augapfel stieß (oder was es war, jedenfalls hörte man Knochen splittern) & brüllte durch den Schwamm durch, den ich ihm in den Mund gestopft & festgebunden hatte. Er sprengte doch tatsächlich den Packdraht, mit dem ich ihm die Knöchel gefesselt hatte, aber er kam nicht wieder zu sich, zwölf Minuten später war er tot, während ich ihm kaltes Wasser übers Gesicht laufen ließ, um das Blut abzuwaschen & ihn wiederzubeleben. Mein erster ZOMBIE – total in den Sand gesetzt.

RAISINEYES lebte noch sieben Stunden in der Badewanne, manchmal war er fast wieder bei Bewußtsein, er schnarchte oder atmete rasselnd, so daß ich dachte: ES WIRD! ES WIRD! MEIN ZOMBIE! Aber ich mußte das Lid von dem anderen Auge (mit einem war ich schon fertig) hochziehen & festkleben, es blieb nicht von selber offen. Ich bewegte seine Arme & Beine, um den Kreislauf in Gang zu bringen & drückte & quetschte an seinem Schwanz rum (aber der blieb schlaff & feuchtkalt wie Innereien vom Huhn), aber NICHTS PASSIERTE & dann war es vorbei. Scheiße. Hat mich ganz schön runtergezogen.

BIG GUY war am vielversprechendsten, denn inzwischen konnte ich es schon ziemlich gut mit dem Eispicker, Übung macht den Meister. Ich benutzte einen Hammer, wie Dr. Freeman geschrieben hatte, während ich vorher nur mit der flachen linken Hand auf den Eispicker gehauen hatte, um ihn zu den Stirnlappen durchzustoßen. Außerdem war BIG GUY geradezu abartig *gesund* für einen halben Nigger & halben Huronindianer, ein Collegeaussteiger-Basketballspieler-Junkie-Dealer aus Lansing, ich meine, er sah gesund aus, dichtes, glänzendschwarzes Haar, harte Knochen, tolle Muskeln, flacher Bauch, behaarte Brust, der Penis so lang wie eine Blutwurst, die Haut ein tiefes sattes Blauschwarz. Ich war ganz heiß darauf, mit der Zunge daran rumzulecken, mit den Zähnen daran rumzubeißen. & seine Zehen, diese großen Zehen! – ICH WAR UNHEIMLICH HEISS AUF IHN. Aber BIG GUY war genauso enttäuschend wie die anderen, er kam nach der Operation nicht wieder zu sich & atmete wie RAISINEYES so zittrig schnarchend von ganz unten rauf, nachdem ich den Schwamm rausgenommen hatte, weil ich dachte, er erstickt mir sonst. *He! He, komm jetzt, du bist okay, komm, mach die Augen auf!* Aber das linke

Auge, durch das ich den Eispicker gestochen hatte, war hinüber & mit dem rechten war auch nicht viel los, es war in seinen Kopf reingesunken & sah überhaupt nicht mehr aus wie ein Auge, sondern wie was ganz anderes. BIG GUY hat vielleicht noch fünfzehn Stunden gelebt, er ist gestorben, als ich ihn von hinten gefickt habe (nicht in der Wanne, in meinem Bett), um ihn als ZOMBIE an Disziplin zu gewöhnen. Daß er tot war, hab ich erst geschnallt, als ich in der Nacht aufgewacht bin, weil ich mal mußte, da hab ich gemerkt, wie kalt er war, die Arme & die Beine, die ich um meinen Körper & der Kopf, den ich an meine Schulter gelegt hatte, zum Schmusen. Die Totenstarre hatte schon eingesetzt & ich hab voll die Panik gekriegt, weil ich dachte, er läßt mich nicht mehr los.

Meine ersten drei ZOMBIES – alle in den Sand gesetzt. Aber Q. P. hat die Hoffnung nicht aufgegeben. Er hofft weiter. Bis zum heutigen Tag.

20

DASS EIN DUMMER ZUFALL DEIN GANZES LEBEN UMKREMPELN KANN!

Hatte mich mit einem Typ von der Wayne State am Brunnen vom Grand Circus Park in Detroit verabredet, an einem schwülheißen Sommerabend vor sieben, acht Jahren. Q. P. war zum Wochenende allein in der Stadt, ein frisches junges Gesicht unter lauter Wermutbrüdern um den taubenbeschissenen Brunnen herum, die vollgedröhnt waren mit Thunderbird & Heroin, manche so kaputt, daß du einen Jungen für alt & einen Weißen für schwarz hättest halten können, die Augen blutunterlaufen oder trüb von Schleim, die Haut schimmlig-grau wie bei einer ausgebuddelten Leiche. Ich glaube, das war um die Zeit, als ich die Ausbildung zum Grundstücksmakler an der Mt. Vernon machte, die Idee stammte von Schwesterherz Junie & war durchaus vernünftig, hat nur leider nicht geklappt. Kann sein, daß ich auch was getrunken hatte, aber betrunken war ich nicht, ich bin nie das, was man BETRUNKEN nennt, sondern standfest & hart im Nehmen. Verdammt flottes Outfit – knackenge Jeans & modische Fohlenfelljacke trotz dreißig Grad Hitze, die Haare wie Flügel, geölt & aus dem Gesicht gekämmt & knapp unter den Ohren nach außen gebogen. Ich war gerade erst aufgewacht, oben im Rang von einem dieser großen alten Kinopaläste auf der Woodward, FEURIGE KNABENLIEBE & VERBOTENE EKSTASEN, & wußte zuerst nicht, wo ich war.

Jetzt war es Mitternacht & knisternde Spannung lag in der Luft, obgleich die Woodward & Gratiot praktisch menschenleer waren. Ich wartete & wartete auf den Typ, aber der kam nicht & ich war sauer, weil nun der ganze Samstagabend im Eimer war & zog durch ein paar Bars auf der Grand River. Da muß ich mich dann doch zugeschüttet haben & wie ich weitergehe, packen mich zwei, drei *unbekannte Angreifer* von hinten, vielleicht waren auch noch mehr dabei, die einfach dastanden & zuguckten, eine Niggergang! – nur Teenager, aber groß & stark & grölend vor Lachen, bekifft bis zum Gehtnichtmehr, die werfen mich auf den dreckigen Gehsteig wie bei einem Football-Tackling & treten & brüllen: *Wo ist deine Brieftasche, Mann? Her mit der Brieftasche!*

Über die Kreuzung war gerade ein Streifenwagen gefahren, das hatte ich noch gesehen, aber keiner kam mir zu Hilfe, falls Passanten was mitgekriegt hatten, kümmerten die sich einen Dreck drum, gingen einfach weg oder blieben stehen & lachten sich einen ab, weil Whitey Kloppe kriegte. Brille kaputt, Nase blutig & je mehr er zappelte wie ein Fisch am Haken, desto lauter lachten & brüllten die Kids & zerfetzten meine Fohlenfelljacke & Sekunden später hatten sie die Brieftasche, aber sie grölten immer noch: *Wo ist deine Brieftasche, Mann? Her mit der Brieftasche!*, als wenn das ein Text zu einem dieser Niggersongs wär & vielleicht war's das ja auch.

Ich schluchze & versuche zu sagen: *Nein, nicht weh tun, bitte, nein, NEIN!* wie ein Kind, ach was, wie ein Baby, ein Säugling. Ich mach mir in die Hose & merke gar nicht, daß es vorbei ist & sie weg sind. Ich flenne immer noch & versuche mein Gesicht zu verstecken, ich krümme & winde mich wie ein dicker Wurm & zieh die Knie vor den Bauch & viel, viel später kommt jemand auf mich zu & guckt & fragt: *Lebste noch, Mann? Willste nen Krankenwagen oder was?*

Es war eine Offenbarung, als ich am nächsten Tag mein Gesicht im Spiegel sah.

Ich mußte die Augen zusammenkneifen & mich vorbeugen, weil ich keine Brille mehr hatte & da war dieses GESICHT!

Dieses phantastische GESICHT!

Zerschlagen & zugepflastert (das Blut kam schon wieder durch) & genäht (über zwanzig Stiche hatten sie mir im Detroit General für drei böse Platzwunden verpaßt) & die Lippen wund & geschwollen & zwei blutunterlaufene blaue AUGEN, DIE ICH NICHT KANNTE. Da hab ich begriffen, daß es möglich ist, in einem FREMDEN GESICHT zu wohnen. Einem Gesicht, das keiner kennt. Daß ich durch die Welt gehen konnte WIE EIN ANDERER MENSCH. Daß ich mit so einem Gesicht MITLEID, VERTRAUEN, SYMPATHIE, STAUNEN & EHRERBIETUNG wecken konnte. Fix & fertig könnt ich dich machen, du Arschloch & du würdest es nicht merken.

21

Das Telefon läutet: Mom. Will wissen, wie's mir geht & ich sag's ihr. Fragt nach meinen Nebenhöhlen & ich sag's ihr. Fragt nach dem Hausmeisterjob (den sich Dad für Q. P. hat einfallen lassen & nicht Mom) & ich sag's ihr.

Ob es seit meinem letzten Zahnarzttermin schon ein halbes Jahr her ist, will Mom wissen & ich sag, das weiß ich nicht & Mom sagt, sie hat leider den Eindruck, daß es länger her ist als ein halbes Jahr, vielleicht schon ein Jahr? Ob ich mich erinnere, was der Zahnarzt vor zehn Jahren alles hat machen müssen, weil ich nicht regelmäßig zum Nachsehen gegangen bin & ich sag ja. Mom fragt, ob sie einen Termin für mich machen soll bei Dr. Fish. Ich steh da, den Hörer in der Hand & im Hausflur an den Briefkästen steht Akhil & redet mit Abdellah & ich überlege, was sie wohl sagen. Wenn ich sie verstehen könnte, wenn die Sprache, in der sie sprechen, meine Sprache wäre.

22

Ich hatte vergessen, wo ich sie versteckt hatte. Tastete auf den Balken rum, die mit Spinnweben & vertrockneten Insekten eingesaut waren & stand zum Schluß doch mit leeren Händen da. KREISRUNDE GLÄSER & GESTELL AUS FARBLOSEM PLASTIK. In der Klasse saß er auf der anderen Seite vom Gang, ich guckte auf sein seidiges Haar & sein Gesicht & das Licht blitzte auf den Gläsern, als wenn da eine GEHEIME VERBINDUNG zwischen uns wäre.

Nur: Da war keine.

Oder vielleicht doch & er hat sie bestritten. Hat mich weggeschubst, wenn ich beim Anstehen in der Cafeteria zu dicht hinter ihm war, hinter Bruce & seinen Freunden, zu denen ich mich stellte, als wenn ich dazugehörte, manchmal ganz dicht an dem Rücken von einem dieser Jungen dran.

Bruce, Bruuce, Bruuuce! flüsterte ich & rammte mir die Finger in den Mund & drückte den Mund auf das sabbernasse Kissen.

Im Traum ging eine Tür auf & ich *war* Bruce.

Seine Eltern kamen zu uns ins Haus, sie wollten mit Dad & Mom reden. Ich verkroch mich, als ich ihre schrecklichen Stimmen hörte. Schließlich kam Dad mich holen – *Quentin! Quentin!* –, rot im Gesicht, mit beschlagener Brille, der Spitzbart zuckte, als er mich wie eine fette Schnecke zusammengerollt hinter dem Mülleimer in dem Schrank unter der Spüle fand. *Was fällt dir ein, dich vor mir zu verstecken, mein Sohn? Bildest du dir wirklich ein, du könntest dich vor mir verstecken?* Er führte mich am Arm ins Wohnzimmer, da saß Mom mit gefrorenem Lächeln auf dem cremefarbenen Brokatsofa, bei ihr waren zwei Fremde, ein Mann & eine Frau, die Eltern von Bruce, Augen wie gesplittertes Glas in erbosten Gesichtern & Dad legte mir die Hände auf die Schultern & fragte ganz ruhig, wie einer von denen, die im Fernsehen in den Nachrichten sind, ob ich Bruce *absichtlich* weh getan hatte. Ob ich seinen Kopf & Hals *absichtlich* zwischen die Ketten von der Schaukel geschoben hatte. Ich steckte die Finger in den Mund, ich war ein schüchternes Kind, scheinbar ein bißchen schwer von Begriff, naiv & schnell eingeschüchtert. Ich guckte auf den Teppich & die kleinen runden Plastikdinger, die das Gewicht von Couchtisch & Sofa trugen & den Teppich schonen sollten & überlegte, ob es einen Namen für diese Dinger gibt & woher die Namen kommen, warum wir sind, wer wir sind & so auf die Welt kommen, wie wir sind – der eine als Bruce & der andere als Quentin. Mom redete mit ihrer hohen hastigen Stimme los & Dad fiel ihr ganz ruhig ins Wort & sagte, es sei an mir zu sprechen, ich sei sieben Jahre alt & vernünftig genug & da fing ich an zu weinen. *Nein,* sagte ich, *es war Bruce, Bruce hat mir weh getan & mir angst gemacht, daß er mich in den Ketten von der Schaukel erwürgt, hat er gesagt, weil ich sein Ding nicht anfassen will, aber ich hab mich losgemacht & bin heimgerannt.* Ich weinte sehr, meine Ellbogen & Knie waren zerschrammt & meine Sachen schmutzig.

Mom zog mich an sich & ich machte mich ganz steif, weil ich mich nicht an ihre Brüste oder ihren Bauch oder das Weiche zwischen ihren Beinen lehnen wollte.

Dad sagte, schon gut, du bist entschuldigt & die Eltern von Bruce standen auf, sie waren immer noch erbost, aber ihre Macht war dahin. Pampig wie ein kleiner Junge rief mir der Vater von Bruce nach: *Was hast du mit der Brille von unserem Sohn angestellt?*

23

Eine Nachricht von Mom auf dem Anrufbeantworter. Sie hat einen Termin für mich bei Dr. Fish gemacht & ob ich am Sonntag zum Essen kommen will.

Als unten das Telefon läutete, war ich im dritten Stock in Akhils Zimmer dabei, mit einem Schraubenzieher den verrosteten Entlüftungsstutzen von der Heizung aufzumachen, der sich festgesetzt hatte. Ich hatte mich vorgebeugt & das Blut war mir ins Gesicht gestiegen. Akhil ist aus Kalkutta. Vielleicht Hindu? Physik im Graduiertenstudium, vielleicht sogar einer von Dads Studenten, aber danach würde ich nie fragen & genausowenig würde es Akhil in den Sinn kommen, seinen Hausmeister in Jeans & Sweatshirt mit dem hochgeachteten Professor R. P. in Verbindung zu bringen.

Akhil ist schüchtern & dunkel & schlank wie ein Mädchen. Er muß etwa Mitte Zwanzig sein, sieht aber aus wie fünfzehn. Sie haben so anderes Blut als wir. Eine alte Kultur eben. Wie die Affen. Sein Englisch ist so flüsternd leise, daß ich es kaum verstehe – *Danke, Sir.* Ich passe auf, daß es nicht zum BLICKKONTAKT kommt, aber in unserer wechselseitigen Verlegenheit riskiere ich dann doch einen Blick & er guckt mich an & lächelt. Feuchte braune Augen, wie die Affen sie haben, mit einem warmen Glanz.

Gott im Himmel, mein Blick gleitet an ihm herunter, der ganzen geschmeidigen Länge nach, verschwimmt, als er bei seinem Schritt ankommt. Eine schimmernde Pfütze zu seinen Füßen.

Q. P. ist dann sehr schnell aufgestanden. Mußte raus aus diesem Zimmer. Meine Stimme klingt laut & amerikanisch & meine Bewegungen sind ungelenk, aber ich denke, jeder Hausmeister eines Studentenheims in University Heights würde das in so einer Situation sagen: *Schon okay, das ist mein Job.*

24

Der Donnerstag war ganz schön stressig für Q. P.!

Arbeiten im Haus erledigt. Drive-in-Frühstück im Van bei Wendy's auf der Newaygo Street. Zwei Uppers mit schwarzem Kaffee geschluckt. Gewendet & zur Third Street gefahren, im XXX VIDEO den Streifen von gestern abend zurückgebracht & wieder einen ausgeliehen, neueste Produktion. Bin gut drauf. Um zehn Termin bei Mr. T. in der Kreisverwaltung, dem alten Flügel neben dem Gericht. Wo du durch den Metalldetektor mußt & von zwei Hilfssheriffs durchgecheckt wirst. Oben in der Abteilung für Bewährungshilfe ist die Tür von Mr. T. zu & ich warte ein paar Minuten. Bin cool & gut drauf. Gestern abend rasiert, gestern früh oder am Tag davor geduscht. Zu Mr. T. geh ich immer in Schlips & Kragen & einem Gürtel in der Hose. Ein Schwarzer, Typ Velvet Tongue, wartet auch auf seinen Bewährungshelfer, aber ich gucke vorsichtshalber nicht so genau hin & er tut's auch nicht. Mr. T. ruft mich rein, fester Händedruck. *Setzen Sie sich, Quentin, wie läuft's bei Ihnen?* & ich sag's ihm. *Was macht Ihr Hausmeisterjob?* & ich sag's ihm. *Wie läuft Ihr Studium am Dale Tech?* & ich sag: *Sehr ordentlich, ein B in Einführung in Computer & ein B minus in Einführung in die Ingenieurwissenschaften.* Mr. T. nickt & schreibt was auf. Hakt jedenfalls nicht nach.

Fragt nach meiner Gruppentherapie, ob ich regelmäßig hingeh & ich sag's ihm. Wie mein privater Therapeut ist & ich sag's ihm.

& *die Medikamente? Nehmen Sie noch Ihre Medikamente?* & ich sag ja.

Der Sohn von seiner Schwester, erzählt er, hat einen Abschluß in Elektrotechnik an der Dale Tech gemacht & einen guten Job bei General Electric in Lansing gekriegt.

Übernächste Woche, sagt er, ist er leider im Urlaub, *also sagen wir, in vier Wochen gleiche Welle, gleiche Stelle, okay?*

Fester Händedruck & Ende der Sitzung & Q. P. betont höflich & respektvoll: JA, SIR. NEIN, SIR. AUF WIEDERSEHEN, SIR.

Wie ich aus dem Büro von Mr. T. rauskomme, seh ich, wie der schwarze Typ, der Velvet Tongue so ähnlich ist, sich auch gerade von seinem Bewährungshelfer verabschiedet & ich warte & laß ihn in den Aufzug einsteigen & ohne mich runterfahren.

KEIN BLICKKONTAKT UNTER DIESEM DACH.

Dann raus zu Dr. Fish in Dale Springs. Auf dem Expressway nach Norden bis zum See. Der ist zinngrau & der Himmel ebenso. Termin um 11 Uhr 30, dieselbe Praxis in demselben Haus wie seit Jahren. Die Sekretärin ist neu & kennt mich nicht & die Zahnarzthelferin auch nicht, eine Schlitzaugen-Amerikanerin mit Pfannkuchengesicht & gepreßter Stimme. Sie ruft mich rein & legt Mundschutz & Gummihandschuhe an & setzt mich auf den Stuhl & bereitet mich zum Röntgen & zum Zähnesäubern vor. Ich bin ein bißchen steif & sie läßt den Stuhl runter, daß die Druckluft nur so zischt & mein Magen saust mit. Ich reiß die Augen auf & sie guckt mich an: *Verzeihung! War das zu schnell?* In dieser einen Sekunde war ich BIG GUY, als es zu Ende ging, oder RAISINEYES oder – wie hieß er doch gleich? – BUNNYGLOVES, ich sehe Velvet Tongue an meiner Stelle in meinem Körper auf dem Stuhl sitzen & es ist, als ob meine Augen seine wären. Aber das geht vorbei. Ich bin gut drauf. Die Zahnarzthelferin legt mir die Bleischürze über die Brust, als Schutz vor den Röntgenstrahlen & schiebt mir das Pappkärtchen mit dem Röntgenfilm in den Mund, daß ich fast würgen muß, aber ich nehme mich zusammen, ich bin cool. *Bitte stillhalten,* sagt sie, *nicht bewe-*

gen & geht geräuschlos raus & läßt die Maschine summen. Wer weiß, vielleicht wird Q. P. hier fotografiert oder auf Video aufgenommen, wer weiß, vielleicht wird das Gehirn von Q. P. geröntgt & sie schicken die Negative an die Kreisverwaltung & nach East Lansing, die Hauptstadt von Michigan & an das FBI in Washington, D.C. & an Dad, c/o Fachbereich Physik, Mt. Vernon State University. Aber ich bin nicht nervös, ich bin ruhig & überhaupt nicht mißtrauisch. Ich habe nichts zu verbergen. Das mit dem schwarzen Jungen war das erste Delikt, für das Q. P. eine Strafe gekriegt hat, eine Strafe, die zur Bewährung ausgesetzt worden ist, für die er nicht ins Gefängnis mußte, von der U-Haft mal abgesehen. So steht es in den Akten. Pfannkuchengesicht mit ihrem Mundschutz kommt zurück & ich bin so ruhig, daß ich fast einschlafe & sie nimmt die Röntgenpappe raus & schiebt eine neue rein & geht wieder raus & läßt die Maschine summen & noch mal & noch mal. WANN HAT Q. P. ZUM ERSTENMAL BEGRIFFEN, DASS ALLES IMMER WIEDER GESCHIEHT & DASS MANCHE LEUTE DAS ERKENNEN & ANDERE NIE? In der siebten Klasse, als mein Freund Barry gestorben war. Als ich die Zeiger von der Uhr abgemacht habe. Pfannkuchengesicht kommt zurück & jetzt macht sie die Zähne sauber & fuhrwerkt mit Zahnseide rum, das dauert ziemlich lange. Weit weg prickelt & sticht es jemandem im Mund, aber ich bin fast am Einschlafen. *Bitte spülen* & ich wach auf & spül mir den Mund aus & mach dabei die Augen zu, weil ich das blutfarbene Wasser nicht sehen will. Jemandem brennt & blutet das Zahnfleisch. Das geht eine ganze Weile so & endlich ist es vorbei. Dr. Fish kommt rein & hat auch einen Mundschutz um & Gummihandschuhe an & ich schuddere ein bißchen, ein geiles Gefühl, als wenn du einen Dorn im Schwanz stecken hast. Hinter Mundschutz & Brille siehst du nicht, daß Dr. Fish ein alter Kerl ist, um die Fünfzig mindestens, das Haar ist nämlich noch in Ordnung, oder ist es gefärbt? Er guckt sich die Zahnkarte an, die die Helferin ihm in die Hand gedrückt hat & die Röntgenaufnahmen & fragt, wie's mir geht, was macht die Familie & die High-School, er verwechselt mich mit meiner Schwester Junie, aber das macht nichts.

Jetzt guckt mir Dr. Fish in den Mund, rasch & mit gerunzelter Stirn, er ist so nah, daß man die Tränensäcke unter den Augen sieht. Ein Mann, der dir in die Seele schauen kann. *Bitte spülen, Quentin.* Er legt einen der silbernen Piekser auf einem Tablett ab, auf einem Wattebausch, die Spitze glänzt von Blut. In meinem Bauch wühlen Übelkeit & Erregung. Ich spüle mir den Mund aus & gucke hin &

sehe die Blutfäden im Wasser. Mir ist ganz elend vor Erregung, ich wünschte, ich könnte die Hände von Dr. Fish & den Silberpiekser im Mund von Q. P. sehen wie auf einem Video. *Jetzt könnte es ein bißchen weh tun, Quentin, tut mir leid,* sagt der Mund von Dr. Fish, er hat einen neuen Piekser in der Hand. *Sie waren eine ganze Weile nicht mehr hier, stimmt's? Fast drei Jahre. Ich muß Ihnen leider sagen, daß Sie mehrere Löcher haben & etwas, das ganz nach einer beginnenden Vereiterung aussieht.* Dann ist die Untersuchung vorbei & Dr. Fish nimmt den Mundschutz ab & zieht die Gummihandschuhe aus & lächelt & will wissen, ob ich noch Fragen habe & ist schon auf dem Sprung zum nächsten Patienten im anderen Behandlungszimmer. Ich rappele mich unbeholfen-zittrig aus dem Stuhl hoch & Dr. Fish guckt mich an & mir will keine Frage einfallen & er wendet sich zum Gehen & da fällt mir eine ein.

»Können Knochen schwimmen?«

»Wie meinen Sie?«

»Knochen. Können Knochen schwimmen?«

Dr. Fish guckt mich groß an & blinzelt. Einmal, zweimal. »Was für Knochen? Menschenknochen oder Tierknochen?«

»Ist da ein Unterschied?«

»Möglicherweise.« Dr. Fish zuckt die Schultern & runzelt die Stirn & tritt den Rückzug an, ich habe den Eindruck, daß er Zeit schinden will, weil er nicht weiß, was er antworten soll. »Es kommt auch darauf an, ob die Knochen schwer sind oder – äh – ausgetrocknet. Hohl & leicht. Dann würden sie sicher schwimmen.« Eine Pause, dann fügt er hinzu: »Sie meinen im Wasser schwimmen?« Ich nicke unbestimmt & er ist schon an der Tür, er wedelt kurz mit der Hand, die aussieht wie eine Contergan-Flosse. »Alsdann, Quentin. Bis nächste Woche.«

Die Rechnung sollte an Mom geschickt werden, das war schon ausgemacht. Eigentlich hätte ich gar nicht am Empfang stehenzubleiben brauchen. Die Sekretärin fragte auch ganz verdutzt, ob ich einen Termin machen wollte & ich brabbelte nein, ich ruf demnächst an & dann nichts wie raus aus der Praxis, weg von diesem Geruch & rein in den Van, tief durchatmen & auf der Rückfahrt in die Church Street kommt's mir, daß dieser Scheiß-Fish von Knochen bestimmt keinen blassen Dunst hat. Ein Zahnarzt ist kein Doktor. Kein richtiger Wissenschaftler. Wahrscheinlich weiß er nicht mehr als Q. P.

Aber ein Andenken an den Besuch steckt in meiner Tasche.

25

Ist mir verdammt peinlich, daß ich so oft die Veranstaltungen am Dale Tech sausen lasse. Wie das kommt, weiß ich auch nicht. Wo ich doch diesmal fest entschlossen bin, *einen neuen Anfang zu machen.*

Nur hab ich dann bei der ersten Klausur in Ingenieurwissenschaften Mist gebaut, bloß 34 Punkte (ein F). Die zweite hab ich erst gar nicht mitgeschrieben & wie ich ins Computerlabor komme, um meine Aufgaben zu machen, bei denen ich im Rückstand bin, ist da ein verdächtiger Geruch, wie Formaldehyd. Könnte eine Falle sein. (Für das Teil von BIG GUY, das ich mir vor zwei, drei Jahren aufgehoben hatte, brauchte ich einen guten Liter Formaldehyd, den hab ich mir in einem Biologielabor an der Mt. Vernon besorgt, als angeblicher Student, mit meinem falschen Spitzbart & der dicken Brille & Aktentasche geh ich überall als Doktorand durch). Der Assistent, ein junger Typ, hat durch mich durchgesehen, als ob ich Luft wäre.

Dad hat die Studiengebühren für mich bezahlt & ich hab gesagt, ich zahl sie dir von meinem Hausmeistergehalt zurück, wenn bei mir erst alles richtig läuft. Der Van ist noch nicht ganz abbezahlt & ich hab auch sonst Ausgaben. Mom sagt, daß ich zu freigebig bin, Bekannten zu viel spendiere & ihnen Geld leihe, das ich nie wiedersehen werde. *Du hast eben ein großes Herz, genau wie ich,* sagt sie, *& kein Händchen für Geld.* Seit wir im letzten Jahr dieses ganze Tamtam hatten – die Verhaftung & den Prozeß & die Bewährungsstrafe & all das –, sieht Dad mich mit anderen Augen, glaube ich. Hundertprozentig sicher bin ich nicht, weil ich es nicht fertigbringe, ihn richtig anzugucken, aber ich denke, jetzt hat er irgendwie fast Angst vor mir, früher war er einfach nur kleinlich & hatte ständig was an mir auszusetzen. Als wenn Q., sein einziger Sohn, ein Student wäre, der es in einer Veranstaltung von ihm nicht geschafft hat. Andererseits findet er wohl auch, daß wir alle ganz schön Dusel hatten, wie mein Anwalt gesagt hat. Es ist zwar eine Schande für die Familie R., daß Q. ein *»geständiger« Sexualstraftäter* ist, aber zumindest sitzt Q. nicht im Jackson State Prison, zumindest hat sein zwölfjähriges »Opfer« keine

Verletzungen davongetragen. Oder Schlimmeres. *Sieh es als Investition in unsere gemeinsame Zukunft, Sohn,* sagt Dad, *zahl's mir zurück, wenn du kannst.* Sein Kinn sieht aus, als wenn er Kiefersperre hat, aber er lächelt mit diesem rosa Runzelarschloch-Mündchen & die Professoraugen hinter den Brillengläsern sind voller Wasser.

Mom drückt mich & stellt sich auf die Zehenspitzen, um mir einen Kuß auf die Wange zu geben. Ihre Knochen sind wie dürre Äste, ich könnte sie mit der Hand durchbrechen. Ich stehe ganz gerade & ganz still & halte den Atem an, damit mir ihr Geruch nicht in die Nase kommt. Wonach sie riecht, weiß ich nicht & davon rede ich nicht. Früher mal war Mom eine üppige Frau mit großen weichen Brüsten, die waren wie mit warmer Flüssigkeit gefüllte Ballons. Falls ich das nicht falsch in Erinnerung habe. Dr. E. sagt, daß in unserer Erinnerung die Mütter immer üppig sind, weil wir so winzig waren, als wir an ihrer Brust getrunken haben. Dr. E. sagt, es gibt die GUTE BRUST & die SCHLECHTE BRUST. Es gibt die GUTE MUTTER & die SCHLECHTE MUTTER. *Du weißt doch, daß wir dich lieben, Quentin,* sagt Mom wie ein Tonband, wenn du einen Knopf drückst. *Diesmal wird sich alles zum Guten wenden.*

Klar doch, Mom, sag ich. *Dafür sorg ich schon.*

Seit zehn Monaten fahre ich sonntags nach Dale Springs raus & bringe Mom & Grandma zur Kirche, jetzt hab ich ein paar Sonntage ausgelassen, aber sehr bald mache ich das wieder regelmäßig. Mom sagt: *Diesmal wird sich alles zum Guten wenden. Mit Gottes Hilfe.* Grandma sagt: *Diesmal wird sich alles zum Guten wenden. Mit Gottes Hilfe, Amen.*

26

Nur: Jetzt geht es wieder los mit den alten Träumen in einem neuen Bett, in diesem Haus, in dem ich so oft als kleiner Junge war. Junie & ich, die Enkel, heiß geliebt von Grandma & Grandpa. Sie haben Q. P. überhaupt nicht gekannt, aber sie haben gesagt, daß sie ihn lieben. Die alten Träume, nachdem ich aufgehört habe, die Medikamente zu nehmen, ich wache mit einem Ständer auf, der hat die Ausmaße von einer Rakete, die zischend abgeht wie ein Kometenschweif. Mein Saft ist dick & klumpig & klebrig heiß, aufs Bettzeug geschmiert, auf die Vorhänge, auf die Pizzaschachtel & die Servietten von Enzio's, die ich, ganz klein zusammengefaltet, an einem Nachmittag, als das Haus leer ist, in Akhils Bett lege (das wider Erwarten ziemlich schlampig gemacht ist).

Ich wache auf in meinem Hausmeisterbett in der North Church Street 118, Erdgeschoß nach hinten raus, & fröstele & stöhne, als der Orgasmus mich durchfährt wie ein elektrischer Stromstoß. Ich träumte, daß man mich im Zahnarztstuhl festgeschnallt hat & nach unten sausen läßt, ohne daß ich mich wehren kann, daß Messer & Lanzetten in meinem Mund rumwühlen, bis ich an meinem eigenen Blut ersticke.

Sobald ich aufgestanden bin & im Fernseher »Good Morning America« angestellt, mir schwarzen Kaffee gebrüht & ein paar Uppers eingeworfen habe, die ich mir bei Bedarf auf der Straße besorge, geht's mir wieder gut. Bis mir einfällt, daß gestern Computerseminar war. Oder ich fahre raus zur Dale Tech & es ist der falsche Tag oder die falsche Zeit am richtigen Tag. Denn die Zeit ist wie ein Bandwurm, der irgendwo in dir eingezwängt ist. Dann fahre ich trotzdem weiter, spontan den Kurs zu wechseln liegt mir nicht, da bin ich abergläubisch.

Wenn auf der Strecke ein Anhalter steht, oft gleich nach der Abfahrt vom Expressway, halte ich meist & nehme ihn ein Stück mit, mustere ihn wie ein Wissenschaftler & überlege, wie er sich als ZOMBIE machen würde. Aber so dicht vor der Haustür ist die Versuchung nie sehr groß. Draußen an der Dale Tech, diesem miesen fünftklassigen Laden, den die von der Universität, einschließlich Professor R. P., nicht mit dem Arsch ansehen würden, stelle ich meinen Van auf dem Parkplatz C ab & gehe über den »Campus« (nichts als Beton & struppige Grasstreifen & mickrige Bäumchen, die Hälfte ist im Winter erfroren) & sag mir, okay, ich geh zu meinen Profs & erklär ihnen, daß jemand in der Familie krank geworden ist, daß meine Mom gegen den Krebs kämpft oder Dad was mit dem Herzen hat, aber ich finde das Büro nicht, entweder bin ich im falschen Gebäude oder im falschen Flügel von dem richtigen Gebäude & wenn ich das richtige Büro gefunden habe, ist es dicht, die Tür ist abgeschlossen, der Drecksack hat Feierabend gemacht. Oder ich laß mich ablenken, geh irgendwelchen Typen aus meinem Ingenieurwesen-Seminar in die Mensa nach & trinke Kaffee, bis meine Augäpfel wie Kugellager in den Höhlen rumtrudeln & gucke, wer da alles so sitzt. JEMAND, DER MICH KENNT VIELLEICHT? JEMAND, DER SICH ZU MIR SETZEN WILL? Ich kneife die Augen zusammen & gucke, ob ich jemanden erkenne, ob es okay ist, wenn ich mich dazusetze, vielleicht sind sie in meinem Seminar über Ingenieurwesen oder in meinem Computerseminar, oder ich seh einem ähnlich, den sie kennen, dann wäre es ja okay. Ich habe ein paar Bücher bei mir, Lehrbücher allem Anschein nach & ordentlich geschnittenes Haar, keinen Pferdeschwanz, keine schulterlange Mähne mehr seit der Verhaftung, allerdings hab ich den peppig-flippigen Lederschlapphut von RAISINEYES auf & die Lederhandschuhe mit dem weichen Kaninchenfutter von BUNNYGLOVES, nach denen ich ihn genannt habe, stecken in der Tasche von meiner Dreihundertdollar-Jacke & in dem Gestell, das BIG GUY gehört hat, sind bernsteingelbe Gläser, wie Piloten sie haben. Also für einen schüchternen weißen Typen, sag ich mal, der die Dreißig schon hinter sich, der ein fliehendes Kinn & einen schütteren Scheitel hat, seh ich verdammt cool aus. Es ist fast komisch, wie nett die Studenten von der Dale Tech sind & wie zutraulich. Wenn du immatrikuliert bist, betrachten sie dich anscheinend als einen der ihren, ohne Wenn & Aber. Sie sind alle Pendler wie ich, wohnen in Mt. Vernon oder auf dem Land, die meisten haben Teilzeitjobs oder arbeiten voll, wie ich. Manchmal rückt sogar ein Mädchen einen Stuhl an meinen Tisch, wenn sie einen von denen kennt, die mit mir zusammensitzen. *Hi,* sagt sie wie die Cheerleader an der High-School, die Girls aus der Dale Springs High, die in all den Jahren Q. P. wie Luft behandelt haben. *Bist du in meinem Computerseminar? Du kommst mir bekannt vor.*

Nicht zu vergessen meine handgenähten Ziegenlederboots, die mir eine Idee zu groß sind. Die ich Rooster verdanke. Zuletzt gesehen in Greektown, Detroit, am Thanksgiving-Wochenende 1991.

Ich habe mir – bis auf den schwarzen Jungen & der zählt für mich nicht – nie eine Versuchsperson aus den Sozialsiedlungen an der Roosevelt, aus Mt. Vernon & Umgegend genommen. Aber es kann nicht schaden, mit ihnen zu reden, dabei bleibst du in Übung. Das heißt, meist höre ich nur zu. Um mir ihre Wörter einzuprägen, ihren Slang. *Cool,* das sagen sie alle naselang, *cool, Mann & kraß & abgefuckt & abartig & tierisch. Heavy drauf. Total durchgeknallt.* Die Wörter ändern sich nicht wesentlich & es sind nicht viele. Es ist mehr, wie sie ihre Hände bewegen, den Mund, die Augen. Das heißt, die Augen meide ich, wenn ich nicht die dunklen Vorhänger über der Brille trage.

Manchmal bin ich, wie Mom sagt, zu freigebig, wenn ich ihnen ein Essen bezahle oder Bier oder sonstwas. Oder ihnen Geld leihe. Manchmal fahre ich einen nach Hause, wenn er seinen Bus verpaßt hat, mache einen Umweg von ein paar Meilen in unbekannte Vororte. *Keine Ursache,* sag ich dann, die Hilfsbereitschaft von Q. P. wird ihnen in Erinnerung bleiben, mein Gesicht & der Van mit der amerikanischen Fahne in der Heckscheibe. Ein Riesenaufkleber, so groß wie die ganze Scheibe. Wenn ich ein Leumundszeugnis brauchen würde (vor Gericht zum Beispiel), würde man sich an Q. P. von der Dale Tech erinnern & an seine Hilfsbereitschaft.

An einem arschkalten Winterabend hab ich einem spillerigen Chinesen-Kid meine Lammfelljacke geborgt, ohne Wenn & Aber & hab sie zurückgekriegt, zwei Wochen später erst, aber immerhin. Ingenieurstudent, »Chou« oder »Chih« mit einem Schnalzlaut, blanke schwarze Augen & nicht so jung & unschuldig wie die meisten, denk ich, aber als er *danke, Mann* sagte, hab ich nur *schon gut* gemurmelt.

27

Die letzte Sache in meiner Bude in der Reardon St., als ich mir NO-NAME mitgebracht hatte, die war schon riskant. Aufgerissen hab ich ihn auf der Interstate 96, Ausfahrt Grand Rapids, aber er hatte gesagt, daß er aus Toledo ist & nach Westen will. Zugekifft, daß ihm die Augen im Kopf rumrollen wie Klicker. *He, Mann, da steh ich aber nicht drauf, okay? Laß mich laufen, Mann* & ich sag zu ihm, ich will, daß wir uns zusammentun. Wie Freunde, wie Brüder. Ich sag zu ihm, daß ich gut zahle, er wird nicht enttäuscht sein. Er schwitzt & sagt: *Ich bin cool, Mann, ich sag keinem was, das schwör ich, jetzt laß mich hier raus bitte, okay?* & ich zieh die Schnur fester, so daß die großen Augen vorquellen & seine Haut aschigblau wird & es durchzuckt mich wie ein Stromstoß: ER WEISS ES! JETZT WEISS ER ES! KEIN ZURÜCK MEHR! – denn das ist der Punkt, den du erreichen mußt. Die Schwelle vor dem Schwarzen Loch, das dich einsaugt. Den Bruchteil einer Sekunde davor bist du noch frei & den Bruchteil einer Sekunde später wirst du in das Schwarze Loch gesogen & bist verloren. Mein Ding hart wie eine Keule. Groß wie eine Keule. Funken, die aus meinen Augen sprühen & kein Gestotter wie vorhin, als er in den Van gestiegen war, dieser coole Typ, der sich den blöden Weißen besieht, dieses lockere Lächeln: *Hier bin ich, Mann, & jetzt?* Auf dem Rücksitz ein zerfleddertes Lehrbuch, *Elemente der Geophysik,* als falsche Spur, mein angeklebter wilder Schnauzer, das Haar mit einem abartig-ordentlichen hohen Linksscheitel. In der Kneipe in Grand Rapids, wo wir ein paar Bier geschluckt haben, hat er geredet & ich hab ruhig dabeigesessen & zugehört. Wenn jemand uns gesehen hat, dann haben sie NO-NAME gesehen & einen weißen Typen, der gar nicht da war.

Dann ist er mitgefahren, ich hatte ihm ein heißes Bad versprochen, selbstgekochtes Essen, Wodka, saubere Bettwäsche etc. NO-NAME grinst & denkt, Whitey wird ihm einen blasen & dafür blechen & er kann vielleicht dem blöden Weißen noch die Bude ausräumen, aber dann kommt alles ganz anders & der heillose Schreck in seinem Blick zeigt, daß er es geschnallt hat. *Ich bin kein Sadist,* sag ich, *ich bin kein Folterknecht, ich finde dich geil, du mußt nur mitmachen, dann passiert dir nichts.* Ich war so heiß, ich mußte den Reißverschluß aufmachen & wie er das sieht, weiß er, was los ist. So was weißt du, auch wenn du's nicht weißt. Zwei Pillen hab ich ihm gegeben, zerdrückt & in Wodka. Aber es dauerte lange, bis sie wirkten, er wehrte sich & ich sag immer wieder: *Ich tu dir nichts, wenn du still liegenbleibst.* Aber weil er sich wehrte, wurde es immer schlimmer für ihn & er machte nicht mit. Er flennte. Noch ein richtiges Kind, das hab ich in dem Moment gemerkt, höchstens neunzehn, dabei hatte er so erwachsen getan, so cool. Als ich ihm den Spülschwamm in den Mund steckte, sah ich einen Goldzahn blitzen. Er war fast am Ersticken, ich mußte aufpassen, ich wollte ihn ja nicht verlieren. Er war gut gefesselt, zu seiner eigenen Sicherheit, er war betäubt, inzwischen hätte er eigentlich nichts mehr spüren dürfen, aber es dauerte zu lange. Die Ärzte haben bei den Lobotomien ihre Patienten erst mit Elektroschocks traktiert, damit sie das Bewußtsein verlieren, aber dazu hatte ich nicht den Nerv, ich hatte Angst, daß ich NO-NAME durch einen Stromstoß umbringe & mich gleich mit. Jetzt lag er in der Wanne, ohne was an, & das Wasser lief & da rastete er aus. ER WEISS ES, ER WEISS ES, auch wenn er den Eispicker noch nicht sieht. Geschmeidig wie eine Schlange, dieser Junge mit dem Goldzahn, der absolute Bringer. Rötlichkrauses Haar, ein dunkelroter Schimmer auf der Haut. Wie Ochsenblut-Schuhwichse. Das Zeug, das Dad vor Jahren zu Hause hatte. Gutaussehender Bursche, unheimlich gutaussehend & das wissen sie, aber wenn Q. P. sie erst mal in der Mache hat, ist es zu spät. Ich befestige seinen Kopf in der Halterung & setze den Eispicker (auf der Kochplatte sterilisiert) an das rechte Auge, wie auf Dr. Freemans Zeichnung, aber als ich ihn durch die »Knochenwölbung« einführe, flippt NO-NAME aus & zappelt & brüllt durch den Schwamm durch. Es gibt einen Schwall von Blut & ich komme, noch mal & noch mal & noch mal, es ist wie ein Krampf, ich kann nicht aufhören, nicht atmen, ich stöhne & schnappe nach Luft & als es vorbei ist & ich mich wieder unter Kontrolle habe, seh ich, was ich angerichtet habe, der Scheißpicker ist bis zum Griff im Auge von NO-NAME verschwunden & steckt im Gehirn & der schwarze Junge liegt im Sterben, ist schon tot, das Blut spritzt, wie wenn einem Riesen die Nase blutet. Noch eine Panne & KEIN ZOMBIE.

28

Dann die Entsorgung. Das Gewicht.

Sauschwer. Als wenn sie das mit Absicht machen, sich sperren bis zuletzt.

Nackt in grüne Mülltonnensäcke gewickelt & verschnürt, das Ganze in Segeltuch eingeschlagen & mit Packdraht zusammengebunden. Nachts heimlich & unendlich vorsichtig weggeschleppt. Die Treppe runter & in den Van, der hinten sorgfältig für die Fracht vorbereitet ist. Sauschwer! Q. P. schwitzt, da kann es noch so kalt sein. Das Gewichtestemmen & Krafttraining im Fitneßclub, das ich von Zeit zu Zeit mache & eigentlich regelmäßig machen will, alle meine Therapeuten raten mir dringend dazu, hat die Muskeln in Oberkörper & Schenkeln nicht so aufgebaut, wie es nötig wäre.

Die Entsorgung von diesen unheimlich gutaussehenden Typen zieht mich ganz schön runter.

Danach krieg ich immer einen mächtigen Hänger, wenn ich nicht aufpasse & muß wieder meine

Pillen schlucken & die Scheißpillen haben Nebenwirkungen, damit bist du dann so oder so der Dumme.

Q. P. fährt nie schneller als erlaubt, er hält sich an sämtliche Verkehrsregeln. Ob er geschmuggeltes Zeug an Bord hat oder nicht. Manchmal hupen ihn ungeduldige Fahrer an, wenn er langsam & vorsichtig (bei Regen beispielsweise, oder wenn es schneit) über die rechte Fahrspur zuckelt. Aber er reagiert nicht. Denkt nicht dran, das Fenster runterzulassen & rumzubrüllen oder die Knarre zu ziehen & einem von diesen Typen in das verdutzte Gesicht zu ballern, WIE SIE'S IN DETROIT MACHEN, MANN!

Eine Abraumhalde oder Müllkippe ist natürlich strategisch am günstigsten, da ist die Erde sowieso zerwühlt. & weit weg von der Homebase muß es sein – siebzig, hundert, zweihundert Meilen sind die Regel für Q. P. Die kleine Mühe lohnt sich, ebenso, daß man sich jedesmal einen neuen Schnurr- oder Backenbart & eine neue Perücke kauft. Unbebaute Grundstücke, Waldstücke in der Nähe von einem Park sind riskant, weil da Kinder spielen & Hunde. Hunde sind deine natürlichen Feinde, wenn du nicht tief genug gräbst. Aber Moorflächen jenseits der Interstate an einer einsamen Stelle, wo nie einer hinkommt, sind ein sicherer Tip & tiefes Wasser. Wagenheber & Packdraht als Ballast – NO-NAME wurde in einem Fluß im Manistee National Forest östlich von Cristal Valley versenkt.

Kein Wirbel & kein Wort darüber. Nichts in den Nachrichten. Kein Nachruf. In Wirklichkeit hatte er natürlich einen Namen gehabt, aber der paßte nicht zu ihm.

Nur diese eine Sache von ihm habe ich, die ich sorgsam hüte, vielleicht der wertvollste Glücksbringer, den Q. P. sein eigen nennt.

Wie oft? Ich sammle Souvenirs, aber Buch führe ich nicht. Das Zifferblatt von meiner Uhr hat keine Zeiger & Q. P. gehört nicht zu denen, die sich wegen irgendwelcher Leute oder wegen vergangener Zeiten Komplexe züchten. Die VERGANGENHEIT ist vorbei & abgetan & du ziehst weiter. Ich könnte ein WIEDERGEBORENER CHRIST sein, denk ich manchmal & vielleicht warte ich nur auf die Berufung.

Bis dahin aber hab ich den Keller von dem alten Haus meiner Großeltern, das mir als HAUSMEISTER anvertraut ist.

29

Ein Hauch von Schwindel in der Luft von so viel süßem, schweren Duft –

In der Mensa hat jemand eine *Neue Anthologie englischer Lyrik* liegenlassen, nicht in der Dale Tech, sondern in der Mensa von der Universität, wo ich am frühen Abend manchmal hingehe, da springt mir beim Blättern dieser Vers ins Auge, aus einem Gedicht von einem gewissen Gerald Manley Hopkins & läutet wie die Glocke vom Music College.

Denn es ist Frühling, es ist April & Q. P. hat sein erstes Bewährungsjahr überstanden.

30

Dad & Mom & die ganze Verwandtschaft haben sich geschämt, aber *so läuft das eben,* sagt mein Anwalt, das heißt Dads Anwalt, er wird von Dad bezahlt.

So läuft das eben. Wenn Ihr Sohn an einen schwarzen Richter oder an eine Frau gekommen wäre, hätte es sehr sehr viel schlimmer ausgehen können.

Nach einem Verhandlungsgespräch (an dem Q. P. nicht beteiligt war) gestattete man Q. P., sich des *sexuellen Mißbrauchs an einem Minderjährigen* schuldig zu bekennen. Mein Anwalt & der Anklagevertreter hatten das ausgehandelt. Richter L. zeigte Verständnis. Wo eine Geldforderung im Spiel war, sagten die Leute, wo das Wort eines unerfahrenen ledigen dreißigjährigen Weißen gegen das eines schwarzen Jungen aus einer Sozialsiedlung steht, eines Zwölfjährigen mit lediger Mutter, die von Sozialhilfe lebt, kann man sich ja ungefähr vorstellen, wie das gelaufen ist, was für eine Art von »Gerechtigkeit« sich da rausholen läßt.

Bekennen Sie sich einfach schuldig, es ist alles besprochen, dann sind Sie aus dem Schneider.

Aber wenn mein Sohn gar keine Schuld hat? Das ist doch grotesk!

Quentin würde so etwas nie tun. Er ist mein Sohn, mein Junge & ich weiß das einfach.

Okay, Quentin? Alles klar?

Q. P. war sichtlich beschämt & reuig & *es wird ihm eine Lehre sein* – schau ihn dir doch an mit den körnigen, rotgeränderten Lidern & den aufgesprungenen Lippen.

Zwei Jahre Haft auf Bewährung. Psychotherapie, Beratung. Regelmäßige Termine beim Bewährungshelfer. Alles klar?

Mit Tränen in den Augen & den Händen in den Taschen vor Richter L., in der rechten Hosentasche mit dem GOLDZAHN-Talisman. Ich soll doch bitte die Hände aus den Taschen nehmen, flüstert Dad & ich nehme sie raus & bedanke mich bei Richter L. für sein Verständnis etc., wie mein Anwalt mir geraten hat & als ich aus dem Amtszimmer vom Richter rausgeh, krieg ich nur mühsam Luft & Dad packt mich am Ellbogen. *Kopf hoch, Junge,* sagt er, wortwörtlich, *jetzt ist alles ist in Ordnung & wir fahren nach Hause.* Im leeren Gerichtssaal warten Mom & Grandma & Junie & Pfarrer Hörn, ein guter Freund von Grandma, der sich gegenüber Richter L. für Q. P. »verbürgt« hat. Ich hatte einen neuen Anzug an, kleines braunes Karo & beigefarbene Fliege mit schmalen roten Streifen, das Haar frisch geschnitten, an den Ohren & im Nacken sauber ausrasiert & auf der Nase nicht die Pilotenbrille, die so sexy ist, sondern die mit dem farblosen Plastikgestell. Jetzt heulte ich nicht mehr, sondern lächelte & umarmte die Familie, wie sich das in so einem Augenblick gehört. Pfarrer Horn schüttelte ich die Hand. *Danke, vielen Dank, ich bin so glücklich, so dankbar. Danke für Ihr Vertrauen.*

Dann waren wir draußen. Warmer Nieselregen auf meinem Gesicht.

Da drückt mir Dad die Wagenschlüssel von seinem 1993er Lexus in die Hand. Den ich noch nie gefahren hatte. Ich begriff, daß er mir damit zeigen wollte, wie sehr er mir vertraute, er & die Familie. Als ich von der heruntergekommenen Innenstadt am See entlang nach Dale Springs fuhr, wo die Häuser geräumig & von großen bewaldeten Grundstücken umgeben sind & die Straßen baumbestanden & in gutem Zustand, war da dieses unheimlich gute Gefühl des Nachhausekommens & Geliebtwerdens. Ich hielt mich an die Geschwindigkeitsbegrenzung von 35 Meilen pro Stunde, ohne mich um die anderen Fahrer zu scheren, die mir an der Stoßstange klebten & hupten & ungeduldig überholten. Junie, für mich immer noch die große Schwester, auch wenn sie inzwischen fünfunddreißig ist & eine Mittelschule leitet, lächelt ihrem kleinen Bruder liebevoll zu & sagt: *Quen war in unserer Familie immer der große Autofahrer* & setzt dann rasch hinzu: *Ist der große Autofahrer, stimmt's, Quen?* Ich grinse in den Rückspiegel. *Stimmt, Junie.*

Zwischen der großen Schwester & mir gibt es seit jeher eine ganz besondere Beziehung. Jedenfalls von ihrer Seite.

Wir fahren also nach Hause, in mein altes Zuhause, in dem ich jederzeit willkommen bin, dem ich entwachsen war, gewiß, aber Q. P. ist dort immer noch gern gesehen, jederzeit & vielleicht sind elterlicher Rat & Hilfe eine gute Sache. Einer dieser regnerisch-warmen windigen Apriltage. Der Himmel über den Großen Seen wie die Furchen in grauweißer Gehirnmasse. Dad im Maßanzug neben mir auf dem Beifahrersitz von diesem tollen Schlitten, gut sieht er aus für sein Alter, streicht sich übers Kinn, wo früher mal der Spitzbart war. Auf dem Rücksitz, unentwegt schwatzend, Mom, Grandma & Junie. Moms Tränen fließen & die anderen trösten sie. Als ich auf den Lakeview Boulevard einbiege, Richtung Heimat, weiß ich schon kaum mehr, wieso ich mich so wohl fühle & so frei, wenn ich an den SCHWARZEN SCHWANZ denke, diesen schüchtern-verschrumpelten Kinderpenis, der aussieht wie ein gehäutetes Karnikkeljunges. Ich hatte ihn schon fest in der Hand & kitzelte ihn mit der Spitze von dem Eispicker, aber die Pillen hatten noch nicht gewirkt, ich war zu ungeduldig gewesen & hatte die Lage falsch beurteilt (das ist mir hinterher klargeworden, ich hätte nichts trinken dürfen), da dreht der Junge durch, er brüllt & reißt sich los wie ein tolles Tier & donnert durch die abgeschlossene Hecktür von meinem Ford – WIE ER DAS GESCHAFFT HAT, WEISS ICH BIS HEUTE NICHT, EHRLICH – & stürmt, nackt bis auf sein dreckiges T-Shirt, auf die Straße & heult wie eine Feuerwehrsirene, immer lauter & lauter. MEIN ZOMBIE!

Keinen Cent hatte er verlangt, zutraulich wie ein Hund war er gewesen. Aber zu *ihm* hatte Q. P. kein Zutrauen haben können.

Von der Rückbank her fragen sie was, ich hatte nicht hingehört, wer hört schon hin, wenn Weiber schwätzen, aber ich muß wohl okay gesagt haben, vielleicht ging es um den Hausmeisterjob, oder vielleicht fanden sie meinen Haarschnitt gut. Dad legt mir die Hand auf die Schulter. Zum erstenmal meinte ich beim Fahren zu spüren, wie die Erde sich bewegt. Unsere Erde, die durch die Leere des Weltraums rast, sich um ihre Achse dreht, was du angeblich nicht spüren, nicht erfahren kannst. Aber wenn du es spürst, ist das Bangigkeit & Glück zugleich & das Wissen, daß nur wichtig ist, daß du tust, was du tun willst & daß du das *bist,* was du tust & ich wußte, daß ich mich in die Zukunft hineinbewegte. Es gibt keine VERGANGENHEIT, in die man zurückgehen kann, um Sachen zu ändern, oder auch nur, um zu begreifen, was für Sachen das waren, aber eine Zukunft, die gibt es. Definitiv. Wir sind schon mittendrin.

Wie das so läuft

31

Ich nannte ihn SQUIRREL. Das war mein heimlicher Name für ihn. Der Name, den ihr von ihm vielleicht kennt, ist wieder was anderes.

Q. P. hat nie gewollt, daß es zu so was kommt. Daß SQUIRREL keine gute Wahl war, hab ich gewußt. Von Anfang an. Ich war fest entschlossen (wie oft hab ich mir das gesagt!), DASS ES ZU SO WAS NIE KOMMEN DARF. Nicht mit einem, der Familie hat, die sich um ihn kümmert. Nicht mit einem Weißen aus den Vororten, mit einem, der in Dale Springs wohnt!

Daran ist Grandma schuld. Es würde sie kränken, wenn sie es wüßte, aber es ist so. Natürlich würden weder Q. P., ihr einziger Enkel, noch sonst jemand eine so alte Frau mit einer so grausamen Wahrheit schockieren.

Vielleicht ist es nicht recht, wenn ich sage, Grandma ist schuld, wahrscheinlich ist keiner schuld. Es ist abergläubisch & retro, in Kategorien wie *Vorwurf, Mißgriff, Schuld* zu denken. Das hab ich gestern abend erst wieder gemerkt, beim Fernsehen, als sie übertragen haben, wie der Komet Shoemaker-Levy 9 auf den Jupiter geknallt ist. Dad hatte gemeint, ich sollte rüberkommen, um *dieses historische Ereignis* mit ihnen zusammen zu erleben, aber ich sagte: *Danke, Dad, ich hab zuviel Arbeit* (Arbeit, die ich für *dich* mache, Dad, sollte das heißen). Ich blieb in meiner miesen Hausmeisterbude hocken & aß das scharfe italienische Zeugs von Enrico's & füllte mich mit ein, zwei Flaschen italienischem Roten ab. Die Explosionen auf dem Jupiter, heißt es, sind millionenmal stärker als jede vom Menschen ausgelöste Explosion auf der Erde, aber auf der Mattscheibe waren es nur kleine schwarze Wölkchen. Blitze & Feuerbälle & Flammenzungen. Wer weiß wie viele Millionen oder Milliarden von Meilen entfernte Meteorschweife, die auf die Atmosphäre des Jupiter prallten & auseinanderplatzten. Fragment Q schlug etwa um die Zeit ein, als mir die Augen zufielen.

Wie kann man diesen Flammenzungen einen Vorwurf machen? Ob sie nun auf dem Jupiter explodieren oder auf der Erde. Ob sie das Universum von Anbeginn der Zeit dazu bestimmt hat oder sie von Menschen gemacht sind. Deshalb kann ich auch Grandma keinen Vorwurf machen. Es ist nicht recht, wenn ich auf eine so alte Frau sauer bin. Die so gut zu mir ist.

Die Sache war die: Grandma bat mich, sie hierhin oder dahin zu fahren, weil sie selber nicht mehr Auto fährt. Das fand ich okay – manchmal (denn natürlich kriegte ich von Grandma Geld dafür). Sie ließ sich zu anderen alten Frauen fahren oder zu kläglichen alten Krüppeln in einem Pflegeheim. Da mußte ich warten & sie hinterher wieder nach Hause fahren & das fand ich okay. Falls ich frei war & nicht zu viel Hausmeisterscheiß erledigen oder für Dale Tech lernen mußte (aber inzwischen war das Semester vorbei, die Seminare waren ausgestanden). Dann kam Grandma auf die Idee, mich für Gartenarbeiten einzuspannen, Rasenmähen (ungefähr einen halben Acre), Heckenschneiden & Rosendüngen etc. & theoretisch war auch das okay. Grandma zahlte mir jedesmal für ein paar Stunden fünfzig oder fünfundsiebzig Dollar bar auf die Hand & allzu gründlich brauchte ich es nicht zu machen, sie kam nie raus, um es sich anzusehen. Staroperation oder so was an einem Auge oder an beiden & vielleicht konnte sie deshalb nicht mehr gut gucken, ich hab nicht nachgefragt. Wenn Grandma mir die Scheine zusteckte, sagte sie: *Nicht drüber sprechen, Quentin. Das ist unser kleines Geheimnis!* Damit meinte sie, daß weder Dad noch das Finanzamt Wind davon kriegen sollten.

Vielleicht hat sie es gemacht, weil sie einsam war. Sie hat auch immer versucht, mich zum Essen & so dazubehalten. Sie war mit einer anderen alten Frau befreundet, die war auch Witwe & manchmal hab ich sie nach Hause gefahren & sie hat mir auch was zugesteckt. Wie einem Taxifahrer. In meinem Van mit der amerikanischen Fahne im Heckfenster.

32

Schon vor SQUIRREL war es eine Zeit vieler Pläne, die summten in meinem Kopf herum wie Eingebungen aus dem All. Immer wieder wachte ich in meinem Van auf & wußte nicht, wo ich war, auf dem Parkplatz einer Kneipe in einer Stadt, die ich nicht erkannte & ich checkte ganz rasch & cool, wie's im Heck aussah, ordentlich zusammengelegte Müllsäcke & Plastikbahnen etc. & fand keine Spuren. Oder ich wache in meiner Hausmeisterbude auf, aber nicht im Bett, sondern auf dem Sofa, vollständig angezogen, nur der Reißverschluß steht offen & mein Ständer ragt steil nach oben, der Fernseher bläkt, es ist früher Morgen, aber ich weiß nicht, welcher Tag, auf dem Boden leere Flaschen oder Bierdosen & Pizzaränder, über die Kakerlaken rennen & die Glokken klingen so süß vom Music College her, daß ich das Gefühl habe, als wenn mir im Schlaf irgendwas WUNDERBARES passiert ist. Eine

Stimme sagt: *Geh in den Keller, Quentin, er wartet auf dich.*

Wer? Wer wartet auf mich?

Du weißt, wer.

Mein ZOMBIE? Mein ZOMBIE?

Aber die Stimme verliert sich in der Fernsehwerbung & den Schritten über mir & im Knacken der Wasserrohre & dem Klatschen der zusammengerollten Zeitung, mit der Big Black Guy in der Küche nebenan Kakerlaken jagt. Was ich ihn gebeten habe zu unterlassen.

Dann weiß ich, daß Q. P. ganz allein im Universum ist. Wenn du willst, daß was geschieht, mußt du es selber tun.

33

Es hieß, Q. sollte sich fürs Sommersemester einschreiben, aber die Einschreibfrist ging ungenutzt vorbei. Ich hatte Dad & Mom & Mr. T. gesagt, daß ich in meinen beiden Seminaren bestanden habe & es mir am Dale Tech gefällt, aber daß ich noch nicht weiß, ob ich weitermachen will & Dad sagte ganz aufgeregt: *Denk an deine Zukunft, mein Junge! Du bist über dreißig, du kannst doch nicht dein Leben lang Hausmeister bleiben.* Das Wort Hausmeister klang wie Scheiße in diesem Ton, den er bei so was drauf hat. Dann sagte ich was & Dad sagte was & Mom sagte, bis zum Herbst ist ja noch viel Zeit & man braucht ja nichts übers Knie zu brechen & damit war die Diskussion an dem Tag erst mal ausgestanden.

In der North Church Street 118 kam ein Umschlag an, der an Q. P. adressiert war. Eine Mitteilung über meine Noten wahrscheinlich. Ich hab ihn kurz & klein gerissen, ohne ihn aufzumachen & die Schnipsel weggeworfen.

34

Wie ich an einem Julisamstag den Rasen von Grandma mähe & die Hecke schneide, höre ich nebenan im Pool Kids kreischen & lachen. NICHT HINGUCKEN, sagt die Stimme ruhig, aber das ist ein Witz. Sie hat es wohl schon vorher gewußt. Es sind fünf oder sechs Teenager & ein Junge, er ist vielleicht fünfzehn, haut mich total um. Mit triefender Badehose klettert er nach einem perfekten Sprung aus dem Becken, um den jungen muskelprallen Körper ein Glanz, daß ich den Blick nicht von ihm lassen kann. Ich geh ein Stück an der Hecke lang, um ihn besser sehen zu können & als ich sein Gesicht erkenne, geht es mir durch & durch. Er sieht Barry so ähnlich, daß er sein Zwilling sein könnte. Nur daß der Barry, den ich kannte, natürlich jünger war & dunkelhaarig, der hier ist älter, groß & schlank & schnell & laut & das Haar braun mit hellen Strähnen drin wie von der Sonne gebleicht.

Barry, mein Freund aus der siebten Klasse an der Dale Springs Junior High, die knapp eine Meile von Grandmas Haus entfernt ist. Ich fahre auf dem Weg zu Grandma immer an dem braunen Backsteinbau vorbei, ein Umweg von höchstens einem Block.

Barry, der bei einem Badeunfall in der Schule umgekommen, mit dem Kopf an der Beckenkante aufgeschlagen & untergegangen ist & so viele Kinder haben im Pool rumgeschrien & ihre Bälle geworfen, daß es erst aufgefallen ist, als wir fast alle wieder draußen waren. Viele Monate, ach was, Jahre später hörte ich Mom zu einer ihrer Freundinnen am Telefon sagen: *Quentin trauert noch immer um den armen Jungen, ich glaube, ganz wird er nie drüber wegkommen.*

Die Zeitungsausschnitte, Fotos aus der Sondernummer der Schulzeitung, Barry allein & mit seinen Mannschaftskameraden beim Baseball, hatte ich viele Jahre lang aufgehoben & dazu eine von Barrys schmutzigen Socken, die ich ihm aus dem Spind geklaut & zwischen Matratze & Sprungfedern versteckt hatte & als ich mal nachts hingreife & sie streicheln will, ist mein Andenken weg, vielleicht hat Mom es genommen oder auch Dad, aber sie haben nie was zu mir gesagt & ich hab auch nie danach gefragt.

JETZT HATTE ICH MEINEN BARRY WIEDER! Goldschimmernd im Sonnenlicht, eigentlich noch hübscher, sexy auf diese besondere Art, die Jungs im Teenageralter an sich haben, großspurig ihren Kumpels, kleine Angeber den Mädchen gegenüber.

SQUIRREL, der Name kam mir wie von selbst, das blond-braun gesträhnte Haar wie Eichhörnchenfell, diese unbändige Vitalität, das Gekasper & laute Gegicker.

SQUIRREL – der Name war da & blieb.

Das konnte kein Zufall sein. Q. P. stand da wie vor den Kopf geschlagen, der Schwanz zuckte staunend.

Denn hier war mein idealer ZOMBIE. Ohne Wenn & Aber.

Dann aber geht Q. P. ganz cool zu seiner Hecke zurück, greift sich die Heckenschere & macht weiter. Jeder Gedanke an dunkelhaarige, dunkelhäutige Versuchspersonen, Ramid & Akhil & Abdellah & all die anderen unter dem Dach von der North Church 118 oder gar Velvet Tongue, verschwinden in diesen wenigen Sekunden wie Kacke durchs Klo.

35

Warum kann ich nicht in diesem Kasten, in dem Q. P. den Hausmeister macht, mein Leben lang hausmeistern, wenn ich will?

Dem Stammsitz der Familie P., einem großen, würdevollen viktorianischen Backsteinbau, North Church Street 118, Mt. Vernon, Michigan. In dem niemand von der Familie P. mehr wohnt. Außer Q. P., der Hausmeister.

Es ist ein Job, der mir liegt. Wie Mr. T. sagt: *Der Mensch braucht eine Aufgabe.*

Mit den Veränderungen in University Heights, sagt Grandma, hat es nach dem Zweiten Weltkrieg angefangen. *Farbige* zogen ein & *Weiße* zogen aus, in einem stetigen, unumkehrbaren Strom ergossen sie sich in Vororte wie Dale Springs. *Diesen Krieg werde ich den Deutschen nie verzeihen,* sagt Grandma.

Die Fundamente für unser Haus sind 1892 gelegt worden & immer noch grundsolide. Der Keller, den Grandpa in den fünfziger Jahren renovieren ließ (was ich nur vom Hörensagen weiß, damals war ich noch nicht auf der Welt), hat zwei Teile, einen neuen & einen alten. Der neue Teil hat einen Zementfußboden & Hartfaserplatten an den Wänden. Hier sind der Gasofen, der Heißwasserboiler, Sicherungskasten, Waschmaschine & Trockner etc. Die Werkbank für den Hausmeister & Werkzeuge, mein Elektrobohrer zum Beispiel & die neu angeschaffte Kettensäge. Der alte Teil des Kellers ist ungenutzt. Er ist nicht so groß wie der andere, aber auch ganz schön geräumig, etwa so lang & breit wie die Küche. Ein Boden aus festgestampfter Erde & niedrige Balkendecke, kaum einsachtzig, voll verdreckter Spinnweben. Die Wände termitenzerfressen & morsch. Bis auf gelegentliche Sickerstellen ist die Zisterne trocken, sie wird seit vierzig Jahren nicht mehr benutzt. In den Regenmonaten riecht es scharf nach Kanalisation, aber ich habe eine zweite Pumpe angeschlossen & Dad davon überzeugt, daß sie zum Erhalt der Bausubstanz nötig ist & das stimmt ja auch.

Wenn du in die Tiefen des alten Kellers vorstoßen willst, mußt du dich langsam, vorsichtig & gebückt bewegen. Du brauchst eine helle Taschenlampe. Du brauchst scharfe Augen. Du mußt die Luft anhalten wegen des Gestanks. Du brauchst einen starken Willen.

Inzwischen sind ein paar Monate vergangen & die Zisterne ist fast fertig umgebaut & kann in Kürze genutzt werden. Allerdings wird es wohl ein bißchen mühsam werden, meinen »OP-Tisch« hineinzupakken. Ein Klapptisch – von der Heilsarmee wie mein Garderobenspind – wäre wohl am geeignetsten.

Das bewußte Spind steht in meinem Zimmer. Gründlich geputzt, mit Lysol ausgesprüht & dient zur Aufbewahrung von Klamotten, Schuhen, Zeitschriften, Videos, Polaroidbildern usw. & der Literflasche Formaldehyd mit dem Souvenir von BIG GUY darin, die Flasche selbst sorgfältig in Alufolie gewickelt & verklebt, & ist immer abgeschlossen.

Der alte Keller & die Zisterne – das sind die Stellen, auf die es ankommt. Ein gesunder ZOMBIE könnte dort viele Jahre überleben, denn wer sollte etwas von ihm wissen? Wer außer Q. P., dem Hausmeister? Wenn ein ZOMBIE mißlingt, ist da der Boden aus festgestampfter Erde zur sicheren, hygienischen Entsorgung. Anstelle der alten morschen Tür gibt es jetzt eine neue & letzte Woche habe ich bei Sears als zusätzliche Sicherung ein stählernes Vorhängeschloß gekauft.

36

Q.P. STEHT AUF SQUIRREL!!!

hatte ich mit rotem Leuchtstift an die Wand von einer der Kabinen im Klo vom Humpty Dumpty auf dem Lakeview Boulevard, Dale Springs, geschrieben, wo SQUIRREL kellnert. Es haut mich um, wenn ich mir vorstelle, wie SQUIRREL aufs Klo geht & über diesem Satz rätselt & keine Ahnung hat, wer SQUIRREL ist. Geschweige denn Q. P.

Wie viele Wildfremde würden sich dieses »Q. P. STEHT AUF SQUIRREL!!!« angucken, ohne zu begreifen, was der Satz bedeutet. In meinem Schwanz unbändige Energie wie ein Feuerball.

SQUIRREL arbeitet, soweit ich das habe feststellen können, Mi., Do. & Fr. von 12 bis 18 Uhr im Humpty Dumpty. Ein Ferienjob vermutlich. Als ich abends mal den Wagen auf dem Parkplatz abgestellt hatte & auf SQUIRREL wartete, sah ich ihn um 18.06 aus dem Hinterausgang kommen, wo eine Frau (wahrscheinlich seine Mutter) in einem Kombi saß, um ihn abzuholen, aber sonst fuhr er mit dem Fahrrad (das er neben zwei, drei anderen Rädern von Angestellten vor dem Hintereingang abgestellt hatte) nach Hause in die Cedar Street, eine Strecke von 2,3 Meilen. SQUIRREL wohnte nicht in dem Haus neben Grandma, wie ich zunächst angenommen hatte, aber er war oft dort, schwamm im Pool, hörte mit seinen Freunden laute Rockmusik & alberte rum, typisch Teenager eben. (Ein gutes Zeichen, daß SQUIRREL kein Nachbar von Grandma war. Denn die Nachbarn sind immer mit die ersten, die von der Polizei vernommen werden.) SQUIRREL zu beschatten, wenn er mit dem Fahrrad heimfuhr, war ein Kinderspiel.

Leute zu beschatten, wenn sie heimfahren, ist immer ein Kinderspiel, du brauchst dich nicht mal UNSICHTBAR zu machen.

Ich kriegte den Nachnamen raus & rief ein-, zweimal an, nur um das Telefon dort im Haus läuten zu hören. Eine Frauenstimme meldete sich (seine Mom?). Ich sagte, daß ich ihn sprechen wollte (unter seinem Namen, der eigentlich gar nicht richtig zu ihm paßt) & hinterließ nur die Nachricht: *Hier Q. P., ich melde mich wieder.* In der

Familie gibt es noch mindestens zwei jüngere Kinder, Mom & Dad sind um die Vierzig. Mom ist so, wie alle Frauen sind, die in einer Straße wie der Cedar Street wohnen, Dad ist ein Managertyp, er fährt einen Buick Riviera & läuft mit einer Aktentasche rum. SQUIRREL geht offenbar in die Dale Springs High, auf der auch Q. P. war, die er gehaßt hat & die er am liebsten abgefackelt hätte. Mit allem, was darin rumlief.

Die Adresse ist Cedar Street 166, Grandma wohnt in der Arden Street 149. Es sind Parallelstraßen, mehr oder weniger die gleiche Art von Häusern, meist im Kolonialstil, auf bewaldeten Grundstücken, wie Grandma eins hat. Das Haus, in dem SQUIRREL wohnt, ist ziemlich groß, es hat einen weißen Lattenzaun & mordshohe Bäume (Ulmen? Eichen?). Das von Grandma ist kleiner & hat eine teilweise mit Feldstein verkleidete Fassade. Grandma ist hergezogen, nachdem Grandpa vor zehn Jahren gestorben ist. Um in der Nähe von ihrem Sohn & ihrer Schwiegertochter zu sein. Neulich, als Grandma mir Blaubeerwaffeln gemacht hatte (als zweites Frühstück vor meiner Gartenarbeit), dachte ich so bei mir, daß Grandma eine alte Frau ist, die nicht mehr allzu lange zu leben & natürlich was zu hinterlassen hat. Das Haus hier & ihre Ersparnisse & Aktien & das Mietshaus in der North Church, das gut & gern seine achtzig- oder hunderttausend Dollar wert ist. Alles in allem eine ordentliche Erbmasse. Vielleicht würde sie ihrem Enkel & ihrer Enkelin was vermachen? In den letzten Monaten hatte ich den Eindruck, daß ich ihr Liebling bin & nicht mehr Junie. Aber vielleicht irre ich mich. Wie Frauen zueinander stehen, da kommst du nie so richtig dahinter.

Jedenfalls würde Grandma P. Mr. & Mrs. R.P. ordentlich was hinterlassen & die haben schließlich auch nicht das ewige Leben.

Es wäre eigentlich nicht mehr als recht & billig, daß Q. P. das Haus in der North Church Street kriegt. Vielleicht denkt die alte Dame jetzt selber schon in diese Richtung. *Nicht drüber reden, Quentin. Das ist unser kleines Geheimnis!* & dann stellt sie sich auf die Zehenspitzen & tätschelt mir die Wange. Eine füllige alte Frau, aber trotzdem irgendwie hinfällig. Die Knochen tun's nicht mehr, heißt es, sie werden innen hohl & brechen leicht. Einen kurzen Moment hatte ich den komischen Eindruck, daß sich in ihren farblos-ausgewaschenen Augen lauter kleine Quentins spiegeln. Denn wenn sie dich erst mal als ihr Baby geliebt haben, als ihr eigenes Fleisch, aus ihrem Leib oder dem Leib ihrer Kinder geboren, bleibst du in ihren Augen ein Leben lang ein BABY.

37

Langsam, wie traumverloren, reifte ein Plan heran. Ich hütete mich, ihn zu drängen oder zu hetzen. Obgleich ich wußte, daß mit dem Sommerjob von SQUIRREL am Labor Day Schluß sein würde. Demnach blieben Q. P. für seinen Fang – wie viele Wochen? Nur noch fünf. SQUIRREL arbeitete nur drei Tage die Woche im Humpty Dumpty.

Nachdem ich in der Sommerhitze von Michigan meine Pillen überhaupt nicht mehr nahm & weniger Scheu vor BLICKKONTAKT hatte, sah ich Sachen, die man sonst nicht sieht & die sanken tief in mich ein & wühlten dort weiter. *Ein verantwortungsbewußter Mann nimmt sein Schicksal selbst in die Hand,* sagt Dad. Zitat eines großen Philosophen.

Seit dem Samstag bei Grandma, als ich durch die Hecke meiner Beute nachspioniert hatte, wußte ich, daß ich meinen SQUIRREL kriegen würde. Das stand für mich felsenfest. Er mochte mich reizen & foppen, wenn er in den Pool sprang & kreischend & lachend in seiner engen triefenden Badehose rumlief, er mochte im Humpty Dumpty durch mich durchsehen, als wenn die Nische leer war, in der ich saß, aber das würde nichts an dem ändern, was passieren würde. Fragment Q des großen Kometen, den es in feurige Stücke gerissen hatte, weil er dem Jupiter & dessen gefährlichem Gravitationsfeld zu nah gekommen war, würde mit seinem Ziel zusammenstoßen & explodieren. So war es vorherbestimmt & so würde es geschehen. Von Anbeginn der Zeit.

Nur daß sich Q. P. diesmal eine völlig andere Strategie zurechtlegen würde. Wir waren in Dale Springs & nicht in der Innenstadt oder auf einem einsamen Teilstück der Interstate & es handelte sich um ein Kind (für seine Eltern war er das vermutlich noch) aus der oberen Mittelschicht, keinen Schwarzen oder Mischling, sondern um einen Jungen, den viele Leute kannten & mochten. Die sofort mitkriegen würden, wenn er verschwunden war & in panischer Angst zur Polizei laufen würden. Ganz klar.

Irgendwie fand ich das auch aufregend. Denn noch nie, nicht ein einziges Mal, soweit ich weiß, haben irgendwo Cops das Verschwinden einer meiner Versuchspersonen zur Kenntnis genommen, geschweige denn eine Suche eingeleitet. Deshalb war das hier mal was anderes & ich fühlte mich der Herausforderung gewachsen. Dieses wilde Verlangen, dieser Hunger – für SQUIRREL, der in mein Leben getreten war wie ein strahlender Engel, würde es sich sogar lohnen zu sterben.

Denn ich konnte nicht darauf setzen, daß SQUIRREL sich in Dale Springs per Anhalter fortbewegen & Q. P. zufällig in seinem Van an ihm vorbeifahren würde, das heißt, die Chancen standen eins zu einer Million, aber SO LANGE KONNTE ICH SCHLIESSLICH NICHT WARTEN, ein anderer Plan mußte her. Freiwillig würde SQUIRREL nicht in den Van steigen, er mußte überwältigt & reinbugsiert werden. Samt seinem Fahrrad? Vielleicht. Das alles natürlich ohne Zeugen. Nachts wäre es am günstigsten, aber vor seinem Haus in der Cedar Street rumzulungern, ohne zu wissen, wann er zurückkommen würde & ob er allein war, das war heikel. Denn der sandfarbene Van würde auffallen. Dale Springs hat Wachleute & Nachbarschaftspatrouillen & in SQUIRRELS Haus einzudringen & vielleicht die Alarmanlage auszulösen – nein, vergiß es!

Ich arbeitete bei Grandma & kurvte durch die Cedar Street & aß wer weiß wie oft im Humpty Dumpty, das wie ein Magnet für mich war & dachte an SQUIRREL, ob er da war oder nicht. Ich guckte SQUIRREL an & dachte: *Ich liebe dich, ich will dich, ich würde für dich sterben, du bist so toll, verdammt, hast du denn keinen Blick, kein Lächeln für mich?* Kann sein, daß ich in der Zeit meine Pflichten in der North Church Street ein bißchen hab schleifen lassen, aber es war Sommer, von den Zimmern waren nur fünf belegt & wenn ich den Müll in der einen Woche nicht rausstellte, dann eben in der nächsten. Putzen & Instandhaltung wurden so zwischendurch erledigt & das Sprühen gegen die Kakerlaken auch.

Dad hatte mir eine Nachricht auf den Anrufbeantworter gesprochen, wahrscheinlich hat er wieder mal was zu meckern, dachte ich, aber nein, er wollte sich bei mir bedanken, *weil du so lieb zu deiner Grandma bist, Quentin!*

Es war ein bißchen riskant, so oft im Humpty Dumpty zu essen, aber ich konnte nicht anders. Den Van stellte ich manchmal auf dem Parkplatz ab & manchmal gegenüber an der Straße oder in der Nähe bei einem Supermarkt oder sogar eine Ecke weiter, um keinen Verdacht aufkommen zu lassen. Aber der Humpty-Dumpty-Parkplatz war immer voll & das Humpty Dumpty selber auch, außer am frühen Nachmittag, aber ich ging sowieso am liebsten nach fünf hin, da kamen viele Gäste, auch Familien mit kleinen Kindern & Q. P. fiel nicht weiter auf. Wenn ich bis sechs blieb, da war Schichtwechsel bei der Bedienung, konnte ich sehen, wie SQUIRREL auf seinem Fahrrad nach Hause fuhr. Die Strecke hatte ich mir eingeprägt. In sicherer Entfernung fuhr ich mit dem Van hinterher. Oder ich fuhr einmal um den Block & parkte, während er ahnungslos an mir vorbeiradelte – & wie er radelte! Schnell, weit vorgebeugt, mit sparsamsten Bewegungen. Geschickt & wendig kurvte er durch den Verkehr auf dem Lakeview Boulevard & dann fuhr er eine Abkürzung über eine Nebenstraße, eine kleine Verbindungsstraße & den Parkplatz von einer Kirche. Eine Tigers-Baseballmütze verkehrt herum auf dem Kopf, das blondbraune, ziemlich lange Haar im Nacken zu einem Rattenschwänzchen zusammengebunden. Wie jungenhaft er war, aber auch ein Mann, fast ein Mann. Ein Mund, der lächeln konnte oder auch höhnisch grinsen, Augen, die ganz lieb gucken konnten oder auch sehr scharf. Wie er den Lenker gepackt hielt & die muskelprallen Waden & Schenkel & die Rundung des Rükkens & diese elastische Wirbelsäule – es verschlug mir den Atem bei dem Gedanken, daß dieser Junge mein ZOMBIE sein würde!

Ich beobachte ihn im Humpty Dumpty, wie er sich schwungvoll ein Tablett mit schmutzigem Geschirr auf die Schulter setzt, sehe die jungen Muskeln zucken & das Zöpfchen im Nacken.

Das regt mich derart auf, daß ich meinen Humpty Dumpty Burger Special stehenlassen & mich ins Klo verziehen muß, wo ich mir in einer der Kabinen ächzend & stöhnend einen runterhole. *Ein echter ZOMBIE wäre mein für immer. Er würde vor mir niederknien & sagen: ICH LIEBE EUCH, MEISTER, ES GIBT KEINEN AUSSER EUCH. FICKT MICH IN DEN ARSCH, MEISTER, BIS ICH BLAUE BROCKEN BLUTE.* Ich wische den klebrigen Glibber in ein Kleenex, geh an meinen Tisch zurück & verstecke das Kleenex in meiner Serviette, die SQUIRREL ahnungslos wegräumen wird.

MEIN ZOMBIE!

Großen Hunger hatte ich nicht (ich hatte schon bei Grandma gegessen), trotzdem verdrückte ich zwei Tex-Mex Specials – Hamburger mit geschmolzenem Käse, Zwiebeln & scharfer Salsasauce – & eine Doppelportion Humpty Dumpty Special Ranch Fries, fettige, salzverkrustete Fritten, trank zwei große Cola & schwarzen Kaffee für einen Koffeinkick auf die Uppers drauf, die ich heute früh genommen hatte. Zittrig & benommen von der tierischen Wichserei war vor meinen Augen plötzlich alles ganz verschwommen & gleich darauf wieder scharf & die kaugummikauende Kellnerin fragte mich was. *Mister?* Weil ich ihre Frage offenbar nicht mitgekriegt hatte, zuckte sie die Schultern & verzog sich. Aber wo steckte SQUIRREL? Ich sah SQUIRREL nicht! Ein Rauschen in meinen Ohren, die Rockmusikberieselung & das Schwatzen & Lachen von Kindern so dumpf & hallig wie unter meiner eigenen Schädeldecke. Dann kreuzte SQUIRREL auf, er half einem anderen Jungen, einen Tisch abzuputzen, der aussah, als wenn sich da Schweine über ihren Fraß hergemacht hätten, sie wischten alles mit Schwämmen ab & warfen Servietten, Becher etc. in eine Plastikwanne. Der andere Junge war ungefähr so alt wie SQUIRREL, zwei Kumpel, die es gut miteinander konnten. (Wie hätten sie wohl reagiert, wenn sie gemerkt hätten, daß Q. P. sie nicht aus den Augen läßt?) SQUIRREL ist scharf & sexy & weiß das auch. Muskelmäßig besser drauf als sein Freund. Ein paar Pickel ums Kinn herum, eine Neigung zum Grimassenschneiden & Augenrollen, dieser spöttisch überlegene Ausdruck von Jungen in diesem Alter. Wenn Freunde von ihm reinkommen, wird gefrotzelt & gestichelt. *Warum hatte* Q. P. *nie einen solchen Freund, einen, der ihm wie ein Bruder war, wie ein Zwilling?* Als sie jetzt zu mir hinsehen, gleiten ihre Blicke unbeteiligt über mich weg, *mich* sehen die kleinen Ärsche überhaupt nicht.

Meine Hand zitterte, ich ließ die Gabel fallen, die scheppernd hinfiel, als SQUIRREL gerade vorbeikam. Flink & höflich holte er mir, ohne daß ich darum gebeten hätte, eine saubere Gabel. *Hier, bitte, Mister!* sagte er & lächelte & ich sagte: *Okay, danke!* & sah auf, aber ohne Blickkontakt, SQUIRREL war schon ein paar Schritte weiter. Immerhin hatte ich seine grünlich-coolen Augen klar erkennen können. Augen, wie ich sie noch nirgends sonst gesehen habe. MEIN ZOMBIE.

Er hatte mich wohl gar nicht zur Kenntnis genommen & das war gut so. Wenn du erst mal in meinem Alter bist, sehen diese Kids dich gar nicht & das ist gut so. Klar, ich war gekränkt, ich war sauer & *das wird mir der kleine Scheißkerl sehr bald büßen,* aber gut war es trotzdem. Q. P., der Unsichtbare.

Was ich anhatte? Khakishorts & ein dreckiges Turnhemd (weit geschnitten, damit man den kleinen Bauch nicht sieht), Piloten-Sonnenbrille, ausgelatschte Sandalen. Im Garten bei Grandma hatte ich ein rotes Stirnband umgehabt wie einer dieser flippig-peppigen schwarzen Typen, in der Hitze hatte ich es durchgeschwitzt. Muß ganz schön gemüffelt haben, ich hatte mir nicht die Zeit genommen, bei Grandma zu duschen, wie sie's mir angeboten hatte.

Meine Tarnung an dem Tag war ein Muttermal auf der linken Wange. Mit Blaubeersaft & rotem Leuchtstift aufgemalt. Grob sternförmig & so groß wie ein Zehn-Cent-Stück. Damit sich ungebetene Aufmerksamkeit darauf konzentriert.

MUTTERMAL
(ORIGINALGRÖSSE)

Die Kellnerin brachte die Rechnung über 16 Dollar 95 & ich gab ihr fünf Dollar Trinkgeld. »Daß mir aber Ihr Kollege davon was abkriegt!« sagte ich zu ihr.

»Wie bitte?«

»Ihr Kollege. Der Junge mit dem Zöpfchen. Wenn ich schon fünf Dollar Trinkgeld gebe, soll er auch seinen Anteil haben.«

Die Kellnerin guckte mich an & blinzelte & wurde tatsächlich ein bißchen rot, als wenn ich sie beim Langefingermachen erwischt hätte. Hatte die fünf Dollar selber einstecken wollen, die Fotze. »Wir teilen die Trinkgelder hier immer auf, Mister«, sagte sie. »Das ist so üblich.«

»Schon gut, ich sag's ja nur.«

»Das ist so üblich im Humpty Dumpty, Mister. Hier geht alles in einen Topf & wird hinterher geteilt.«

Ich schob mich mit weichen Knien aus der Nische & die Sonnenbrille rutschte mir auf die Nasenspitze. »Dann ist ja alles in Butter.«

Ob SQUIRREL das mitgekriegt hatte & Q. P. nachsah, der hocherhobenen Hauptes davonging, konnte ich nur vermuten.

38

Q. P. mit DAUERSTÄNDER.

Jede Menge Merkwürdigkeiten flogen mir in diesem Sommer um den Kopf! – Als wenn die einundzwanzig »hellen Perlen« des Kometen nacheinander in meinem Kopf zerplatzten & die Aussicht auf mehr & IMMER MEHR.

Ich sah mit NEUEN AUGEN, brauchte nur ein paar Stunden mit Plänen vollgestopften Schlaf & so viel Kraft & Schwung & die Hoffnung auf meine Beute & MEINEN ZOMBIE in Grandpas alter Zisterne.

Sogar Dr. E. kriegte davon was mit, der sich durch unsere fünfzig Minuten meist durchgähnt & andauernd die Brille abnimmt, um sich die pissefarbenen Augen zu reiben. Ich hätte eine so *gesunde Farbe,* sagt er & fragt, wie's mir so geht & ich sage: *Danke, sehr gut* & grinse schüchtern, aber so, als wenn ich das auch wirklich so meine & nicht nur rumquatsche & stolz bin. Dr. E. fragt, ob ich brav meine Medikamente nehme, dreimal am Tag zu den Mahlzeiten & ich sage: *Ja, Doktor.* Dann fragt er, ob ich mittlerweile träume, ob ich mich an irgendwelche Träume erinnern kann & ich sage: Ja, Doktor. Da guckt er mich an wie einen Hund, der plötzlich Männchen macht & Englisch spricht.

»*Sie* haben geträumt, Quentin?«

»Ja, Doktor.«

»Wovon haben Sie geträumt?«

»Von Küken.«

»Wie bitte?«

»Von Küken. Jungen Hühnern.«

Pause. Dr. E. schiebt die Brille auf der Nase hoch & glotzt. Die pissefarbenen Augen sind zum erstenmal seit sechzehn Monaten hellwach & voller Staunen. »Ja & was haben Sie von den Küken geträumt, Quentin?« »Weiß ich nicht«, sag ich & in dem Moment war das nicht mal gelogen, »sie waren einfach nur da.«

Danach war ich so gut drauf, daß ich beinah – beinah! – Dr. E. gesagt hätte, daß ich ihn nicht mehr brauche & er sich seine Scheißrezepte in den Hintern stecken kann.

An diesem Tag, es war ein Dienstag, arbeitete SQUIRREL nicht im Humpty Dumpty & würde, weil es schwül & regnerisch war, auch nicht am Pool von seinem Freund auf dem Grundstück neben dem von Grandma sein. Ich trabte quer über den Universitätscampus, wobei ich wie immer einen großen Bogen um Erasmus Hall machte. Ich hatte meine Khakishorts an & ein schlabbriges Mt.-Vernon-U.-T-Shirt & meine Pilotenbrille auf der Nase & fing mir ein paar neugierige & wohl auch anerkennende Blicke ein. Inzwischen hatten die Sommerkurse angefangen & die Kids liefen in ähnlichen Klamotten rum wie ich. Bis auf die alten Wichser von Profs natürlich, die es auf jedem Campus gibt & die dich anglotzen, als wenn du ein Freak oder ein Nazi wärst. Oder Schlimmeres. Aber ich war super drauf nach dem Küken-Traum, überlegte hin & her, was er wohl zu bedeuten hatte & wußte, daß ich das schon noch rauskriegen würde & zwar bald.

In der Darwin Hall, wo ich seit Jahren nicht mehr gewesen war, geh ich hoch in den dritten Stock, als wenn ich genau weiß, wohin ich will. Stecke den Kopf in einen großen Hörsaal – nein, da nicht. Stecke meinen Kopf ins Büro vom Fachbereich Biologie – nein, da nicht. Stecke meinen Kopf in ein Labor mit einem stechenden Geruch, von dem mir die Augen brennen – ja, das ist es. Vor Jahren hatte ich dort aufeinandergestapelte

Käfige mit Katzen, Kaninchen & Affen gesehen, die hatten alle Elektroden im Schädel stecken. Manche hockten in ihren Käfigen, ohne sich zu rühren & manche drehten & wanden sich. Manche waren blind, obwohl ihre Augen glitzerten. Alle waren stumm, obwohl sie die Mäuler aufrissen zu lautlosen Schreien, die die Luft zum Schwingen brachten, auch wenn man sie nicht hörte. Es muß Dad gewesen sein, der mich mitgenommen hatte – oder ich hatte mich irgendwo von Dad getrennt & mich, angelockt durch den Geruch, in das Labor (FACHBEREICH BIOLOGIE – FÜR UNBEFUGTE ZUTRITT VERBOTEN) geschlichen. Heute aber ist dort nichts Besonderes zu sehen, ein langgezogener Raum mit Spülen & Arbeitsflächen & Instrumenten. Die Käfige an der Wand sind weg & eine junge Doktorandin mit asiatischem Gesicht ist allein drin & blinzelt, als wenn sie ein bißchen Angst vor mir hat. Das ist Q. P. ganz recht, weil man den Weibern nur dann trauen kann. Also frag ich, wo die Tiere sind & sie sagt, was für Tiere & ich sag, in dem Labor hier waren mal Katzen, Kaninchen & Affen, mit denen habt ihr experimentiert & sie sagt, wann war das? Ich sag, vor ein paar Jahren & sie sagt, sie ist erst zwei Jahre hier & weiß davon nichts & es hat sich jetzt alles geändert im Fachbereich. Sie weicht ein bißchen zurück & ich sehe, daß sie gleich an einen Computer mit Riesenmonitor stößt, der auf einem Tisch steht & da passiert's auch schon, weiter kann sie nicht zurück. Ich denke: *Tu's nicht, mach ihr keine Angst, der Fotze* & ich komm nicht näher, sondern schlag eine andere Tonart an, das kann ich nämlich, darin bin ich richtig gut & werde jeden Tag besser. Ob sie Biologie studiert, frag ich & sie sagt, sie studiert Biogenetik & macht wissenschaftliche Untersuchungen für ihre Doktorarbeit. Ich sag, ich bin auch Doktorand, Physiker, ich bin der Assistent von Professor R. P. & sie guckt mich an mit ihrem platten Gesicht & den schwarzen Schlitzaugen & ich merke, daß sie keinen blassen Schimmer hat, wer dieser R. P. ist! Wenn das kein Witz ist! Ein echter Witz! Dabei liegt Erasmus Hall direkt gegenüber auf der anderen Seite vom Hof. Es verschlägt mir fast den Atem & ich fahre mir mit den Händen durch mein fettiges Stachelhaar, komme aber nicht näher & frage:

»Wo genau sind eigentlich die Stimmbänder?«

»Wie bitte?«

»Die Stimmbänder? Wo sind sie genau?«

»Stimmbänder? In – in Ihrem Hals meinen Sie?«

»Ja, beim Menschen, aber ich rede von Tieren«, sage ich in ruhigem, vernünftigem Ton. Wie ein richtiger Wissenschaftler, ein Kollege. »Den Labortieren schneidet man doch die Stimmbänder durch, nicht? Wie wird das gemacht?«

Sie guckt wieder ein bißchen ängstlich & unsicher. »An so was arbeite ich nicht«, sagt sie.

Ich sage: »Ich ja auch nicht, ich bin Physiker, das sagte ich schon. Aber wie wird es gemacht? Ist es einfach oder kompliziert?«

Plattgesicht schüttelt den Kopf, als wenn sie es nicht weiß & ich werde ein bißchen sauer, laß mir aber nichts anmerken & sage: »Okay, wo genau sind denn nun die Stimmbänder?«

Plattgesicht legt die Finger an ihren Hals, als wenn sie nachsehen muß, ob sie welche hat. »Man spürt sie«, sagt sie. »Sie schwingen, wenn Sie hinfassen. Beim Sprechen.«

39

QUANTIFIZIERBARE & UNQUANTIFIZIERBARE MATERIE!

Lange Jahre, verdammt lange Jahre im Leben von Q. P. war das wie ein wissenschaftliches Experiment, als wenn es um das Prinzip ging, ein Stück nach rechts oder nach links zu rücken zum Beispiel, ein paar Zentimeter, nicht mehr. Oder größer zu werden & dann würde das ganze Universum sich neu ordnen. Andere waren mit einem Radar für so was zur Welt gekommen, aber nicht Q. P. Das Prinzip (damals war mir das noch nicht klar, dazu war ich zu jung), sich dicht an die Jungs in der Cafeteria-Warteschlange ranzudrängeln, an Bruce & seine Freunde. Oder in der High-School genau im richtigen Augenblick in den Duschraum zu kommen, in der richtigen Gangart, mit der richtigen Kopf- & Schulterhaltung. Oder gestern auf dem Bauernmarkt in Ludington drei Dutzend Küken zu kaufen, *denn so was hatte Q. P. noch nie gemacht & es einmal zu machen bedeutete, jemand ganz Neues zu sein.* Oder die Monate an der Eastern Michigan U., wo Q. P. versucht hatte, SICH NEU ZU ERFINDEN, indem er Klamotten & Schuhe nicht nach seinem eigenen Geschmack kaufte, sondern nach dem von anderen Leuten, die er vorher genau beobachtet hatte. Indem er zweimal am Tag duschte (eine Zeitlang jedenfalls, bis die Haut schuppig abblätterte), sich sogar zu einer neuen Handschrift & einer neuen Unterschrift zwang, die es ihm erst nach vielen Wochen zu meistern gelang. Die aber letztlich doch gemeistert wurde.

Eine leichte Verschiebung nach links oder rechts, nach oben oder unten, der Strich mal dikker, mal dünner. Eine etwas andere Gesichtsfarbe. Oder Sommersprossen. Oder die Stimme mehr in Richtung Bariton, nicht mehr schrill & nasal & daß Q. P. Mitglied in einer Studentenverbindung wird, bei Delta Kappa Epsilon zum Beispiel. Aber was so leicht aussah, war in Wirklichkeit sehr schwer.

Wenn man ein Herz hätte, könnte es einem darüber brechen.

Wie neulich, als ich Mom & Grandma in dieses Pflegeheim in Holland, Michigan, gefahren habe. Unter presbyterianischer Leitung. Sie wollten da ein altes Hutzelweib aus der Verwandtschaft besuchen & hatten ihr blaue Topfblumen mitgebracht. Ich lief eine Weile in der Lobby & dann draußen auf dem Parkplatz rum & da saß jemand im Rollstuhl & die Familie guckte mich an. Schließlich sagt einer, ein jüngerer Typ, dem die Stimme zittert: *Entschuldigen Sie, aber würden Sie bitte meine Mutter nicht so anstarren.* An dem Tag auf dem Campus war ich total aufgedreht, weil ich in jedem Jungen von einer bestimmten Größe & einer bestimmten Figur immer nur SQUIRREL sah, mein Schwanz hart wie eine Keule, die Haare stachlig aufgestellt. Ich mußte mir schleunigst ein Klo suchen & mir einen runterholen, sonst wär ich explodiert. Dann schieb ich mich durch irgendwelche Türen & seh eine beleuchtete Bühne. Männer & Frauen in Leggings oder so üben einen Tanz mit Kesselpauken & viel Blech & sind so in ihre Hopserei vertieft, daß sie nicht sehen, wie die Augen von Q. P. sie aus dem Schatten heraus anfunkeln. Dann kommt jemand zu mir rüber, eine Lehrer-Fotze mit dicker Brille & fragt, wer ich bitte bin. Ich dreh mich zu ihr um, kein bißchen erstaunt & sage, als wenn das die selbstverständlichste Antwort auf eine saublöde Frage ist: *Ich bin die Gegenwart, die hier an der Nahtstelle von Raum & Zeit steht – wer sonst?*

Wie ich abends in meinem Van auf der Cedar Street rumkurve & mit dem Fernglas die Fenster anpeile, die zumeist dunkel sind oder mit Rollos davor, denke ich: *Wenn dies der Ort ist, an dem ich stehe, ist dies das Ich, das ich bin.*

40

WIE DAS SO LÄUFT. Am 28. Juli rufe ich den Anwalt an, den Dad letztes Jahr für mich genommen hatte; seit dem Tag, als wir aus dem Amtszimmer von Richter L. rausgegangen sind, hatte ich ihn nicht mehr gesprochen. *Bitte erzählen Sie's nicht meinem Dad,* sag ich ganz rasch, *ich hab irgendwie Angst, daß die Cops mich beschatten, mich belästigen, nicht direkt, aber Tag & Nacht fahren Streifenwagen durch die North Church Street & ich habe Grund zu der Annahme, daß sie mehrere Mieter hier im Haus befragt haben & wenn die Mieter ausziehen,* meine Stimme wird lauter & ganz atemlos, *& Dad mir den Hausmeisterjob wegnimmt – WAS SOLL ICH DANN MACHEN?*

Kaufe einen gebrauchten Klapptisch. Nicht bei der Heilsarmee in der Innenstadt, sondern in einem Möbel-Werksverkauf in Grand Rapids. Der Mann hilft mir, das Ding zum Wagen zu bringen & hinten reinzustellen. *He, wollen Sie die Stühle nicht, da gehören noch vier Stühle dazu.* Ich sag: *Stühle? Was soll ich damit?*

Kaufe Gummihandschuhe, ganz gewöhnliche Haushaltshandschuhe, wie man sie zum Abwaschen hat. Kaufe eine Mullbinde in einem Drugstore. Die nehme ich als OP-Maske.

Gebe den Küken Wasser & Futter. In drei Pappkartons mit Luftlöchern. Ich hatte eine Verlängerungsschnur in den alten Keller gelegt, die ist jetzt praktisch. Der Farmer hatte mir geraten, sie mit 50-Watt-Birnen warmzuhalten, je eine pro Karton. *Piep piep piep.* Winzige Schnäbel & Krallenfüße & gelbe Flaumfedern, die aussehen wie gefärbt. Da kommst du nicht drauf, daß um diese Jahreszeit Osterküken geboren werden.

41

Letzte Juliwoche. Schaffe es mit größter Anstrengung, mich am Mittwoch & Donnerstag vom Humpty Dumpty fernzuhalten, aber am Freitag bin ich prompt wieder da. SQUIRREL ist nirgends zu sehen & ich flippe beinah aus. Sitze in meiner Nische in der hintersten Ecke an der Pendeltür zur Küche. Habe eine Tigers-Baseballmütze verkehrt rum auf & die dunklen Vorhänger vor der Brille & das Muttermal aus Blaubeersaft & KEIN SQUIRREL. Hat er gekündigt, ist er weg? Wie soll ich wieder Kontakt mit ihm kriegen? O Himmel! O Gott, wenn es Dich gibt, hilf mir jetzt!

Die Pendeltür zur Küche geht auf & bringt einen Schwall heißer stinkiger Luft mit – & SQUIRREL!

Zeit: 17 Uhr 07, Datum: 29. Juli.

Zwinge meine flattrigen Augen auf den Teller hinunter, auf dem die Humpty-Dumpty-Spezialhühnerteile liegen & die Special Ranch Fries & der

»hausgemachte Krautsalat«, aber beobachte aus dem Augenwinkel SQUIRREL, der schmutziges Geschirr abräumt. Glitzernde Schweißtropfen auf der Oberlippe. *Wenn du mich angucken würdest. Wenn du mich anlächeln würdest. Nur ein einziges Mal!* Aber *mich* sieht er nicht – genau wie Barry. Genau wie Bruce. An einem Tisch sitzen drei junge Mädchen in Shorts & rückenfreien Tops & wehenden Vorhängen aus glänzendem Haar, die necken SQUIRREL, der sie kennt. Er wird rot vor Verlegenheit in seiner schmutzigen Schürze, aber er genießt es – & wie! MEIN ZOMBIE produziert sich stolz wie ein kleiner Gockel vor diesen Fotzen! Lächelt schief & zeigt seine weißen Zähne & ein Grübchen in der rechten Wange, das ich zum erstenmal sehe. Ich schlucke einen Mundvoll Zadder runter & bin fast am Ersticken. Die kleinen Fotzen schütteln sich & kichern, es ist, als wenn sie alle drei gleichzeitig kommen, so wie sie mit den Ärschen auf der Bank rumrutschen & SQUIRREL marschiert mit einem großen Tablett voller Geschirr auf der Schulter vorbei, ihr Herr & Meister.

Vor aller Augen hat mich MEIN ZOMBIE betrogen!

Um 17 Uhr 58 verläßt Q. P. das Humpty Dumpty & geht zu seinem Van rüber, der unauffällig hinter dem Lakeview Food Mart geparkt ist. Da ist heute, am Freitagabend, Hochbetrieb. Er steigt in den Wagen, läßt den Motor eine Minute laufen & fädelt sich dann in den Verkehr Richtung Osten ein. Wenig später taucht SQUIRREL auf, der auf dem Lakeview Boulevard auch in Richtung Osten radelt. Ich halte mich auf der rechten Spur & folge ihm in sicherem Abstand, ganz langsam, als wenn ich einen Parkplatz suche. Registriere, daß SQUIRREL wie üblich auf eine Nebenstraße, die Locust, einschwenkt, fahre ihm aber nicht nach, als er in eine schmale Einbahnstraße einbiegt (die einen halben Block parallel zum Lakeview Boulevard verläuft) & zum Parkplatz der St. Agnes-Kirche weiterfährt, vorbei am PUNKT NULL (wo ich den Wagen parken & auf meine Beute warten werde). Statt dessen gebe ich Gas & biege auf der Pearl rechts, das heißt in südlicher Richtung ab, an der Kirche & dem angrenzenden Friedhof vorbei & etwa eine Minute später taucht in meinem Rückspiegel der ahnungslos trampelnde SQUIRREL wieder auf. Als wenn er in einem Film mitspielt, ohne es zu wissen. Aber ich weiß es. Ich halte am Straßenrand & lasse ihn vorbei. Die energisch tretenden Beine, der schmale Rücken, gekrümmt wie in höchster Lust. Langsam fahre ich hinterher, überquere die Arden (wo einen Block weiter in östlicher Richtung Grandma wohnt) & fahre zwei Straßen weiter zur Cedar Street (wo eineinhalb Blocks weiter in östlicher Richtung SQUIRREL wohnt) & SQUIRREL biegt in die Cedar Street ein & ich fahre auf der Pearl weiter. *Nicht drüber sprechen. Das ist unser kleines Geheimnis.*

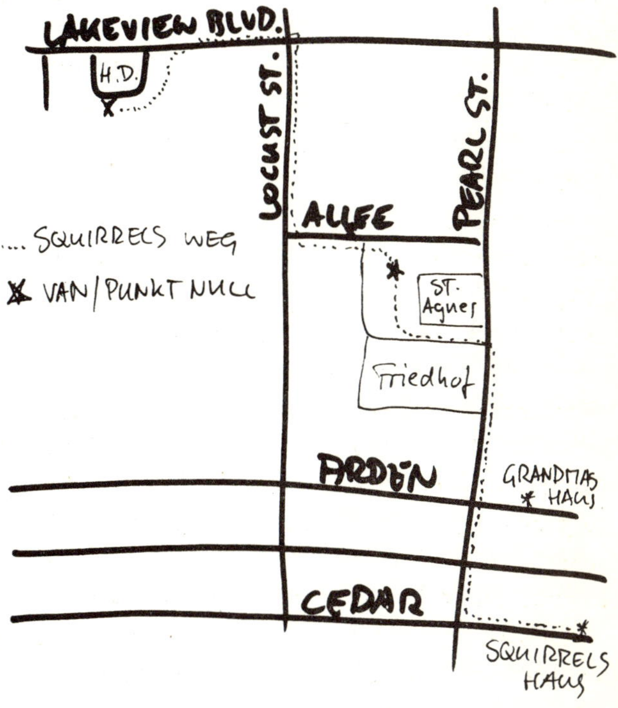

42

Das Michigan Department of Correction schreibt zwingend vor, daß alle paar Wochen oder vielleicht Monate der Bewährungshelfer deine Wohnung »inspiziert«. Mr. T., der immer jammert, wie überlastet er ist, hatte seinen Besuch bei Q. P. immer wieder verschieben müssen, aber am Dienstag, dem 2. August, kreuzte er dann doch in der North Church Street 118 auf. Q. P, der sich des »sexuellen Mißbrauchs von Minderjährigen« schuldig bekannt hatte, ist im zweiten Jahr seiner Bewährungsstrafe & seine Arbeitsmoral, sein Verhalten & sein medizinischer Befund sind »mustergültig«. Mr. T. verkündet, daß er nur zehn Minuten Zeit hat & ist offenbar schlechter Laune, laberte eine ganze Weile ins Autotelefon, ehe er die Stufen raufkam & *Hallo, Quentinl* sagte & mir auf diese typische Art die Hand schüttelte, die kein richtiges Schütteln ist, sondern ein kurzes, flüchtiges Zwacken, so als wenn er sich nicht bei einem anstecken will. Guckt unter der Bifokalbrille nach oben & man merkt, daß ihm der Familiensitz der P.s imponiert. Überhaupt das ganze Viertel University Heights. *Er* ist auf die Western Michigan State in Kalamazoo gegangen.

Ich mache die Tür auf & Mr. T. geht an mir vorbei in die Wohnung & sagt mit lauter Stimme, als wenn er zu einem Blödmann spricht: *Für all das sind also Sie zuständig, wie? Sehr schön, Quentin.* Zeige ihm das Zimmer nach vorn raus, in dem ein Sofa steht mit Sesseln & ein Fernseher für die Mieter. Zeige ihm die Küche, die auch die Mieter benutzen dürfen. Ich hatte abgewaschen & sogar die Spüle gescheuert & es riecht scharf nach Insektenspray, aber Kakerlaken sind keine da. Die Türen zu den Schränken, wo alles durcheinanderlag, mache ich nicht auf. Aber die Kühlschranktür, irgendwas muß man ja machen. Mr. T. stößt die Luft zwischen den Zähnen aus, das hört sich an wie ein Seufzer. *Ist ja bestens, Quentin, & wo wohnen Sie?* Zeige ihm mein Zimmer nach hinten raus. Q. P. – HAUSMEISTER, mit schwarzem Filzstift auf weißer Pappe neben der Tür. Das Klimagerät rattert & die Luftklappe steht offen & ich glaube, das Zimmer riecht nicht allzusehr nach dem, wonach es hier vielleicht riecht. (Meine Nase ist daran gewöhnt & deshalb nicht zuverlässig.)

Nach durchgeschwitzten Socken & schmutziger Unterwäsche & feuchten Handtüchern etc. Graue Ränder im Badezimmer, am Waschbecken, Klo & Dusche, aber das Bett ist ordentlich gemacht & die Tagesdecke (die Mom gekauft hat, marineblau mit Schiffchen & Ankern & fliegenden Fischen) bis zum Kissen hochgezogen, das akkurat ausgerichtet ist. Das einzige Fenster müßte mal geputzt werden, innen & außen, es geht auf den verunkrauteten Garten raus. Ich habe seit Wochen nicht mehr gemäht, weil ich so viel Arbeit bei Grandma hatte. Aber das nimmt Mr. T. gar nicht richtig zur Kenntnis. Ebensowenig wie die zwölf Steinchen auf dem Klimagerät.

Ich mache unaufgefordert den Kleiderschrank auf & da hängen an den Haken – einen abartigen Augenblick denk ich, es sind die mißlungenen ZOMBIES – meine Klamotten, es sind nicht viele, aber manches Flippig-Peppige dabei: der lederne Schlapphut von RAISINEYES auf dem Querbrett & ein Hemd von BIG GUY mit Zebrastreifen (das Q. P. zu groß ist), ein paar Lederschlipse, Eidechsledergürtel, die Lammfelljacke & auf dem Boden meine geliebten Ziegenlederboots, die ich Rooster verdanke.

Auch die Tür zum Garderobenspind mach ich auf, an die Innenseite der Tür hab ich meinen Kalender geklebt, mit gewissen Markierungen ***, in dem Spind sind auch meine T-Shirts, Arbeitsshorts, Joggingschuhe etc. Es riecht kräftig & sauber nach Lysol. In einer Tüte aus Alufolie, wie man sie für Brathähnchen kriegt, wenn man sie zu Hause im Backofen noch mal heiß machen will, ist die Literflasche Formaldehyd mit meinem kostbaren Souvenir von BIG GUY, aber die ist natürlich ordentlich zugeklebt & riecht nach nichts & wirkt völlig unverdächtig. Ich hab sie schon lange nicht mehr aufgemacht, um reinzugucken.

Mr. T. verschwendet auf all das keinen Blick, wieso auch. Q. P. hat nichts zu verbergen, die fünf, sechs Messer & der Eispicker & die Pistole sind im Keller weggeschlossen. *Ist ja bestens, Quentin,* sagt Mr. T. *Sehr sauber & ordentlich. Genau das Richtige für dich, wie? Der Mensch braucht eben eine Aufgabe!* Meine Body-Builder-Hefte & das Pornozeug habe ich versteckt & meine Polaroidfotos auch & den Plan von SQUIRRELS Nachhauseweg. Statt dessen liegt ein ordentlich ausgerichteter Stapel mit vielen Ausgaben des Dale Tech Blaze herum & auf dem Fußboden sind liebevoll glattgestrichene & zusammengelegte braune Einkaufstüten. *Genau wie meine Frau,* sagt Mr. T. *Diese verdammten Einkaufstüten!* Auf dem Nachttisch die *Elemente der Geophysik.* Mr. T. greift sich das Buch & guckt rein

& sieht den Namen. *Gebraucht gekauft, wie? Ich hab meine Bücher auch alle gebraucht gekauft. Neue konnte ich mir nicht leisten.* Fragt mich nach meinen Seminaren am Dale Tech & ich erzähl ihm, was ich ihm schon ein paarmal erzählt hab & er sagt, es ist eine gute Schule, der Sohn von seiner Schwester hat da einen Abschluß in Elektrotechnik gemacht & einen guten Job bei GE in Lansing gekriegt.

Als ich Mr. T. zur Tür bringe, stehen an den Briefkästen im Hausflur Abdeliah & Akhil & schnattern, was das Zeug hält. Augen & Zähne blitzen & es wird schlagartig still, als Mr. T. (ein großer Weißer mit dickem Bauch & rotem Gesicht & wenig Haaren auf dem Kopf) auf sie zukommt, *entschuldigen Sie!* murmelt & sich an ihnen vorbeischiebt. Abdeliah & Akhil gehen nach oben & sind jetzt ganz still. Erst als wir draußen unter dem Vordach stehen, sagt Mr. T. wieder was. *Muß ein bißchen komisch für einen Weißen sein*, sagt er, *für die den Hausmeister zu machen, wie?* & setzt schnell hinzu: *Verstehen Sie mich nicht falsch, ich habe viele schwarze Freunde, ich sehe das rein historisch.*

43

Auf dem Klimagerät im Hausmeisterzimmer sind neun Kiesel aus dem Garten. Ursprünglich waren es fünfzehn.

Die Tage vergehen, PUNKT NULL ist für einen der restlichen Augusttage vorgesehen.

9. August. Dad & Mom rufen an & hinterlassen eine Nachricht. Sie werden wie immer auf zwei Wochen nach Mackinac Island fahren. *Schade, daß du nicht mitkommen willst, Quentin! Aber falls du es dir doch noch überlegst* – ich drücke auf den Lösch-Knopf.

11. August. Junie ruft an. Ich hatte in dem alten Keller den »OP« in der Zisterne vorbereitet & wollte mir oben nur schnell ein Bier holen, da hör ich die Stimme von Junie aufs Band zetern, sie hätte darauf gewartet, daß ich zurückrufe. *Warum meldest du dich nicht, Quentin? Ist alles in Ordnung? Stimmt was nicht? Du trinkst doch nicht wieder? Bitte ruf zurück.*

LÖSCHEN.

WIE DAS SO LÄUFT. Eine bestimmte Nahtstelle zwischen ZEIT & RAUM. Eine bestimmte Minute eines Tages in einem Leben & ein Stück einer schmalen Einbahnstraße mit Sicherheitszäunen, hohen Hecken & Hinterfronten von Häusern. (Die Stelle, die ich für den Wagen & die Beute ausgesucht hatte, lag hinter einem Bürogebäude, das ZU VERKAUFEN war. Hintereingang & Garage wurden nie benutzt. Keine Wohnhäuser weit & breit. Natürlich war es nicht ausgeschlossen, daß mal jemand durch diese Straße kam, andere Jungs auf Fahrrädern etc., aber das mußte Q. P. einfach riskieren.) ES GAB KEIN ZURÜCK.

46

Noch sechs Steine auf dem Klimagerät, dann fünf, dann vier. Fragment Q zündfertig zur Explosion – aber wann?

Am Donnerstag, dem 25. August, konnte ich soweit sein. PUNKT NULL. Auf dem Kalender innen an der Spindtür markiere ich das Datum mit rotem Leuchtstift: *

Immer wieder wartet Q. P. in seinem Van auf SQUIRREL, sein Opfer, ganz cool & zielgerichtet, & immer wieder ist Q. P. selber SQUIRREL, der schnell & unbeschwert & elegant durch die Gegend radelt, ohne etwas von der Gefahr zu ahnen, wie ein Hirsch im Lauf, im Sprung, dessen Herz der Jäger schon im Zielfernrohr anvisiert. SQUIRREL, die Tigers-Mütze verkehrt herum auf dem braunblonden Haar, die mageren Schultern über den tiefgelegten Lenker gebeugt, der Gürtelbund seiner Jeans so eng, daß ich ihn mit meinen beiden

Händen umfassen könnte – & dieses Zöpfchen! Das hübsche braungebrannte Gesicht hoch erhoben, die Stirn in leichte Falten gelegt, wie man es manchmal bei Kindern hat, erstaunlich, sagst du dir, ein Kind, das sich Gedanken, das sich vielleicht sogar Sorgen macht! Als wenn SQUIRREL weiß, daß ihn ein besonderes Schicksal erwartet. Ich sehe die knubblige Wirbelsäule & mich überläuft ein Schauer.

Nein! Er ist zu schön, als daß Q. P. ihn auch nur anfassen dürfte!

Muß mir alle paar Stunden einen runterholen, bin so aufgedreht, daß ich nicht stillsitzen, so hibbelig, daß ich nicht auf die Straße gehen kann, möchte nicht riskieren, daß mich jemand sieht & rumerzählt, daß ich auf Speed oder zugekifft bin. Gehe den Mietern aus dem Weg, rühre mich nicht, wenn es bei mir klopft. Mom ruft aus Mackinac an, sagt, ich soll doch noch kommen, wenigstens auf ein paar Tage, es ist so herrlich hier, das Wasser so schön & die Luft so klar. Dad kommt ans Telefon, jovial & herzlich & mein Daumen geht auf LÖSCHEN & wieder Junie. Ich nehme ab & sofort fängt sie an zu motzen. Wir haben den 21. August, warum hast du nicht zurückgerufen, sie hat mindestens dreimal eine Nachricht für mich hinterlassen, sie macht sich Sorgen um mich, Herrgott noch mal. Ich esse Tiefkühlhacksteaks von Taco Bell & trinke Bud aus der Dose. Zappe mich durchs Fernsehen. Wenn ich die zweiundfünfzig Sender durch habe, fang ich wieder von vorn an. Ich bin kribbelig, als wenn ich was suche & nicht weiß, was es ist. Junie labert & labert. Wie immer. Große Schwester, großes Tier, Leiterin der Mittelschule. Klebrig-grüne Guacamole-Soße läuft an meinem Arm runter. Auf Kanal Sechs liegen nackte schwarze Leichen auf einer Müllkippe irgendwo in Afrika. Auf Kanal Neun liegen heulende Kinder in einem ausgebombten Krankenhaus in diesem komischen Bosnien. Überblendung zu einem Werbespot: *Hier spricht Ihr Gouverneur.* Auf Kanal Elf Reklame für einen Van, der über eine steinige Wüstenlandschaft federt. Auf Kanal Zwölf der Wetterbericht: *Michigan & Große Seen weiter sehr warm.* Auf MTV leckt eine geile Hispanic-Fotze mit Knisterhaar einem vollgekoksten Weißen die Brustwarzen & ich zappe zurück zu Kanal Elf. Junies Stimme klingt, als wenn sie bei mir im Zimmer ist: *Himmelnochmal, Quentin, bist du da?* & Q. sagt: *Wo zum Teufel soll ich denn sonst sein, Junie?* Sie ist einen Augenblick still, als wenn ihr jemand eine geschmiert hätte, der Kuh, & ich versuche, mein Hacksteak runterzukriegen & guck auf den Fernsehschirm, weil ich weiß, da ist eine Botschaft, da ist was Wichtiges drauf. Junie sagt, daß sie mit mir reden will, sie macht sich wirklich Sorgen um mich, weil *die falsche Sorte Freunde* zuviel Einfluß auf mich gewinnen könnte. Es ist ein Dodge Ram, neuestes Modell, der da durch die felsige Gegend brettert. Am Himmel ein großer, gleißender Mond. Oder ist der Dodge Ram auf dem Mond & es ist die Erde, die da oben vorbeizieht? Junie sagt, daß ich es Mom & Dad schuldig bin, ein anständiges Leben zu führen & daß ich im Grunde meines Herzens doch ein guter, anständiger Mensch bin. Sie ist auch nicht immer im *emotionalen Gleichgewicht,* sagt sie. Sie hat auch ihre *Streßphasen.* Sie geht zur Zeit zu einem *holistischen Therapeuten in Ann Arbor. Aber daß du das nicht Mom & Dad erzählst, Quentin, die halten mich doch für stark. Sie verlassen sich darauf, daß ich für sie da bin.* Eine Pause & dann: *Quentin? Bist du da?* & ich grunze: *Ja doch, ja doch,* & überlege, daß deine Schwester (oder auch dein Bruder) aus demselben Loch kommt, aus dem du gekommen bist & derselbe Schwanz sie reingespritzt hat, alles blinder Zufall, aber da gibt es noch die Gene, den DNA-Code & deshalb kennt eine Schwester (oder ein Bruder) dich so, wie du nicht gekannt werden willst. Nicht, daß Junie *mich* kennt. Nicht daß irgend jemand im Universum *mich* kennt. Aber wenn es so wäre, dann wäre es Junie, die in die Seele von Q. P. gucken kann.

Junie wiederholt, daß sie mich für morgen abend zum Essen einlädt, nicht nur, weil sie mit mir reden will, sie möchte, daß ich eine Freundin von ihr kennenlerne & ich sage, da hab ich zu tun. *Dann eben übermorgen?* Ich: *Hab zu tun.* Jetzt ist sie sauer: *Was hast du denn schon groß zu tun, Quentin? Red keinen Quatsch. Mit wem machst du rum, los, sag schon.* Ich gucke in den Fernseher & hör nicht hin. Jetzt sagt sie ganz ernst: *Weißt du, wovor ich Angst habe, Quentin? Daß einer deiner heimlichen Kumpel, einer dieser funkies dir irgendwann mal was antut, davor hab ich Angst. Wegen Mom & Dad. Du bist zu naiv & zu vertrauensvoll, wir leben schließlich nicht mehr in den Sechzigern, du bist schlicht & ergreifend zu dumm, um zu wissen, was gut für dich ist.*

Der Dodge Ram federt durch die Landschaft. Überblendung auf Wichser in Baseballkluft, Tiger Stadium, Detroit.

Jetzt ist der letzte Schritt klar. Ich verdrücke das zweite Hacksteak, nicht, weil ich Appetit habe, es ist wie ein Gieper, mein Mund entwickelt ein Eigenleben & verschlingt, was ich in der Hand habe. Auf zum PUNKT NULL. Noch vier Tage. Wie das Teil von einem Puzzle, das mir die ganze Zeit gefehlt hat, jetzt hab ich es gefunden & das Puzzle ist komplett.

Gehe in den Keller, mache die Tür hinter mir zu & schließe ab, gehe durch in den alten Keller, mache die Tür zu & schließe ab. Da sind die Küken aus meinem Traum, aber echt & quicklebendig! *Piep piep piep* & ohne jede Angst. Ich gebe frisches Wasser (in Schälchen aus Alufolie) in die drei Kartons & miste ein bißchen aus & streue ihnen Brotbrösel & Körner hin & die Küken, diese knapp einwöchigen Winzlinge, picken gierig & zielstrebig & sorgen für sich wie erwachsene Hühner. Denn ihr Leben besteht nur aus Fressen & das kriegen sie vorgesetzt.

Zähle sie, nur so aus Spaß. Ein Dutzend in jedem Karton. Sechsunddreißig Küken & alle leben noch.

45

Am nächsten Tag frage ich Grandma, ob sie mir die Anzahlung auf einen Dodge Ram leiht, mein alter Ford ist so klapprig & die Werkstatt sagt, daß sich die Reparatur (Bremsen & Vergaser) nicht mehr lohnt. Grandma sagt: *Aber natürlich, Quentin!* & lächelt & ihre mageren Hände zittern ein bißchen, als sie den Scheck ausschreibt. *Nur geliehen,* sag ich, *du kriegst es zurück.* Grandma lacht: *Ach, Quentin.* Frauen brauchen immer jemanden, den sie lieben & für den sie leben können, ganz egal, wen. Männer denken da anders. Zum Mittagessen hat sie mir dann diese dicken überbackenen Käsesandwiches mit knusprigen Speckstreifen gemacht, die ich so wahnsinnig gern gegessen habe, wenn ich als Junge bei ihr auf Besuch war. Grandma trinkt in kleinen Schlucken ihren pissefarbenen Tee & nimmt ihre »Herzpillen«, wie sie sagt. *Ich hab das Gefühl, daß ich dich jetzt erst kennengelernt habe, Quentin. In diesem Sommer. Ich sag's ja immer: Gottes Wege sind wunderbar! &: Nicht drüber sprechen, Quentin. Das ist unser kleines Geheimnis.*

Ich habe Hunger & esse. In meiner Hemdentasche steckt der Scheck. Seit meine Entscheidung gefallen ist, hab ich einen Appetit wie seit Jahren nicht mehr, mußte mir heute früh noch ein Loch in den Gürtel machen.

Nach einer doppelten Dosis Downer schlägt mein Herz stark, ruhig & gleichmäßig, ich spüre es deutlich bis in meinen Schwanz hinein pochen. PUNKT NULL ist so nah, als wenn alles schon gelaufen ist & bei meiner Rückkehr in die North Church Street MEIN ZOMBIE SQUIRREL im Keller auf mich wartet. Essen & Trinken & einen großen Spiegel für ihn (& seinen Meister). SQUIRRELS hinreißend grüne Augen, das Zöpfchen so sexy & dieser zum Küssen & Lutschen geschaffene Mund & dieser göttliche Arsch. Grandma sagt mit zittriger Stimme, nur eins fehlt ihr noch im Leben, danach könnte sie glücklich sterben, daß Junie oder ich oder wir beide, die zwei Menschen, die sie so sehr liebt, heiraten & Kinder kriegen, damit das Geschlecht nicht ausstirbt. So stolze wackere aufrechte anständige Christenmenschen, unsere Vorfahren, sagt Grandma.

»Nichts würde mich glücklicher machen, Quentin.«

»Was meinst du, Grandma?«

»Ich sagte, nichts würde mich glücklicher machen, als wenn du recht bald heiraten & Kinder kriegen würdest.« Sie wischt sich die Augen & lacht traurig & sagt: »Ich weiß, daß ich eine alte Frau bin & mich nicht in das Leben von euch jungen Leuten einzumischen habe.«

»Schon gut, Grandma.«

»Ich weiß, es ist zuviel verlangt. Nur, um eine alte Frau glücklich zu machen.«

»Schon gut.«

»Ich weiß ja, wie sehr sich die Welt geändert hat.«

Ich schlecke Vanille-Kirsch-Eis vom Löffel & ringele meine Zunge um den Löffelstiel & sage: »He, Grandma, nicht doch! Nicht weinen! So anders ist die Welt nun auch wieder nicht geworden.«

46

WIE DAS SO LÄUFT. Am 23. August kaufe ich den Dodge Ram. Hab den Ford in Zahlung gegeben & mich bescheißen lassen (nur 1300 Dollar für den Ford gekriegt). Handeln kann ich mir aber nicht leisten. Lackierung dunkelgrün & braun, Chassis robust & trotzdem schick, höher & machomäßiger als der Ford, Vierradantrieb natürlich, mehr PS als der Ford & hinten mehr Platz. Probiere Schaltung, Scheinwerfer & Klimaanlage aus, die ihre Tücken hat. Kaufe ein Dutzend dunkelgrüner Müllsäcke, die ich über die Heckscheibe klebe, diesmal keine amerikanische Fahne, vielleicht später mal, dafür einen neuen Stoßstangenaufkleber: ICH WÜRDE LIEBER SEGELN. Am 24. August hauptsächlich Bevorratung von Keller & Zisterne. Eispicker, Zahnarztpiekser, verschieden große Messer, alle frisch geschliffen. Jod & Mullbinden & Bandagen. Leichte Kost für SQUIRREL & Mineralwasser, Decken, einen Nachttopf (aus

Steinzeug, vom Dachboden, vielleicht eine Antiquität?), Klopapier & einen Spiegel (auch vom Dachboden). Außerdem den Wagen vorbereitet. Sperrholzplatte zwischen Rückbank & Heck. Auf der Rückbank ein T-Shirt, Jeans, eine Schachtel Froot Loops (bringt verbrauchte Energie schnell zurück) & noch mehr Mineralwasser & drei Flaschen italienischen Roten in Papiertüten. Im Heck Handschuhe & Schwammknebel, Schnur, Jutesack & wasserfeste Plane für den Boden & noch mehr Müllsäcke, will mir schließlich nicht gleich den neuen Wagen einsauen (Blutvergießen im Wagen ist nicht vorgesehen & ich hoffe, daß es nicht dazu kommt, aber selbst ganz Tapfere rasten manchmal aus & haben dann Darm & Blase nicht mehr unter Kontrolle), & mein Jagdmesser (die 38er stecke ich in die Hosentasche). Entscheide mich für die rotbraune TODD-CUTTLER-Krisselhaarperücke & den flotten Schnurrbart, beide seit Jahren nicht mehr benutzt. Essen im Burger King an der Ecke, ein paar Bier in einer Studentenpinte, ohne groß was zu reden, dann früh ins Bett, nur ein Downer, schlafe wie ein Murmeltier. Wache am 25. August um 6 Uhr 20 auf, total aufgegeilt, mein Schwanz wie ein elektrischer Schlagstock, muß mir zweimal einen runterholen, der Saft heiß wie Lava. Burger-King-Special-Frühstück für 3 Dollar 99, esse den ganzen Teller leer & trinke Kaffee, bis ich einen Koffeinkick kriege, gutes Gefühl. Normale Arbeiten im Haus. Begrüße Big Black Guy (der ständig in der Küche steht & dunkles, fettiges Zeug brutzelt), mit dem ich mich ganz gut verstehe, glaube ich. Wenn sie einen Haß auf Weiße haben, mußt du es so hinkriegen, daß sie denken, du bist eigentlich gar kein Whitey, sondern irgendwas anderes. Dann unter die Dusche, Mt.-Vernon-U.-T-Shirt angezogen, grüne Buchstaben auf weißer Baumwolle, als Logo ein Indianer-Tomahawk. Khakifarbene Arbeitsshorts ohne Gürtel, Socken, Joggingschuhe, Grandma angerufen wie vorgesehen. Es ist Donnerstag. Eigentlich soll ich ein Stück Rasen mähen, aber Grandma sagt, ob ich bitte ihre liebe Freundin Mrs. Thatch abholen & zu ihr bringen kann. Das hab ich schon öfter gemacht & eigentlich ist ja auch nichts dabei, also stottere ich okay & schon ist es zu spät. Aber dann denke ich: *Vielleicht ganz gut, zwei alte Weiber & nicht eins allein.* Weitere Vorbereitungen. Schalte in meinem Zimmer den Fernseher ein, geh raus & schließe ab. 16 Uhr 40. Um diese Zeit ist kein Mensch im Haus. Trage die Kükenkartons vom Keller hoch & stelle sie hinten in den Dodge, den ich dicht an die Hintertür gefahren habe. Fahre auf der üblichen Strecke nach Dale Springs & hole um 17 Uhr Mrs. Thatch in der Lilac Lane 13 ab. Vier Minuten Fahrt zu Grandma. Die alte Schachtel labert nonstop. *Welch Glück für Ihre Großmutter,* sagt sie, *daß sie einen so hilfsbereiten Enkel hat.*

Die Küken piepsen wie verrückt, aber sie sind hinter der Trennwand, so daß die Alte es vor lauter Labern nicht mitkriegt, oder vielleicht hört sie nicht gut. Bei Grandma trinke ich eine Limo & dann laß ich die beiden weiterlabern & stelle den Wagen so neben die Garage, daß man ihn vom Haus aus nicht sieht. Setze meine Tigers-Mütze auf, ziehe die Arbeitshandschuhe an & lege um 17 Uhr 25 mit Rasenmähen los, immer in Bahnen über die ganze Breite vom Grundstück. 17 Uhr 35: Lasse den Rasenmäher hinter einem Busch auf halber Höhe des Rasens stehen, ziehe die Bremse an, laß den Motor laufen & gehe zur Garage, was man vom Haus aus nicht sehen kann. Klebe im Wagen den Schnurrbart an, setze die TODD-CUTTLER-Perücke auf & darüber wieder die Tigers-Mütze. Sonnenbrille. 17 Uhr 52: Rolle langsam über Grandmas Auffahrt & in westlicher Richtung die Arden entlang bis zur Locust, dann in Richtung Norden zu der kleinen Einbahnstraße unterhalb vom Lakeview Boulevard & die Einbahnstraße lang zum PUNKT NULL. Da bleibe ich mit laufendem Motor stehen. Kein Mensch weit & breit. Im Heck letzte Vorbereitungen. 18 Uhr 02: Mache eine der hinteren Türen auf & stelle die Kükenkisten auf die Straße. 18 Uhr 03: Mache die Kisten auf & lasse die Küken laufen. Sofort drängen sie, mit den Stummelflügeln schlagend & unter lautem Gepiepse, aus den Kartons & picken im Dreck rum, blind & taub für alles außer dem Dreck. Bleibe ganz cool. *Denn alles, was geschehen ist, ist geschehen. Von Anbeginn der Zeit.* Ca. 18 Uhr 08: Sichte ein Fahrrad, das in die Straße einbiegt. Höre jetzt auf, die genaue Zeit zu registrieren, bleibe aber ganz cool. SQUIRREL RADELT AUF MICH ZU, GANZ WIE IN MEINEN TRÄUMEN. Wie sollte er auch nicht? Die Vorsehung hat es so bestimmt. SQUIRREL macht große Augen, als er die quittegelben Osterküken sieht, flauschig-frech rennen sie ihm direkt vors Rad. Es hilft nichts, er muß bremsen. Er lacht, nimmt das Rad zwischen die Beine & fragt: *He, was läuft denn hier, Küken?* & TODD CUTTLER sagt ganz aufgeregt: *Mir ist da ein Malheur passiert, jetzt sind sie auf & davon, könntest du mir mal helfen bitte?* SQUIRREL, ein gutherziger Junge & völlig ahnungslos, macht sich gern nützlich & stellt sein Rad ab. *Klar,* sagt er, greift sich zwei flatternde Küken & bringt sie zu TODD CUTTLER, der sich vor dem Laderaum über einen der Kartons beugt.

So viele! Wozu brauchen Sie die denn? fragt SQUIRREL. *Wow! Ist ja gigantisch!,* als wenn es ein Gag ist, wie in einem dieser Videoclips von MTV. TODD CUTTLER lächelt & sagt: *Schönen Dank.* SQUIRREL bückt sich, um noch zwei Küken zu schnappen, die um das rechte Hinterrad rumwuseln. In dem Moment schiebt TODD CUTTLER ihm mit affenartiger Geschwindigkeit einen Arm unters Kinn & hält mit dem anderen die rudernden Arme des Jungen fest. EIN ZWEI DREI ordentliche Stöße gegen die Luftröhre, daß es SQUIRREL fast das Genick bricht & er ist bedient, die Beine schlaff & nutzlos. Sekunden später hat TODD CUTTLER ihn gepackt, in den Wagen gezogen, die Tür zugemacht & verriegelt. TODD CUTTLER ist kribbelig & aufgegeilt, die Augen quellen ihm aus dem Kopf, der Schwanz ist riesig, er rammt SQUIRREL den Schwamm in den Mund & macht ihn mit Klebeband fest, das er dem Jungen um Kopf & Kiefer wickelt. Jetzt sind Gesicht & Kopf nicht mehr zu sehen, der Körper des Jungen liegt da & erbebt bei jedem Atemzug. Im Schritt ist ein dunkler Fleck & es riecht nach Urin. Der geile TODD CUTTLER zieht & fummelt an den Jeans von dem Jungen & legt den weichen nassen Pimmel frei & fummelt an seinen eigenen Klamotten rum & EIN ZWEI DREI harte Stöße in

SQUIRRELS Skrotum. TODD CUTTLER stöhnt, die Augen quellen ihm aus dem Kopf, er kommt & kommt, dann ein Blackout. Sekundenlang? Minutenlang? Er weiß es nicht. Zitternd liegt er auf dem Jungen & versucht sein Herz zur Ruhe zu bringen. *Ich liebe dich, zwing mich nicht, dir weh zu tun! Ich liebe liebe liebe dich!* Sabber läuft ihm aus dem Mund wie einem Säugling, die Augen sind blind vor Tränen, der Jutesack kratzt auf der heißen Haut & der Junge so dünn & schmal unter ihm, der Brustkorb, das Schlüsselbein. SQUIRREL kommt langsam wieder zu sich, stöhnt leise unter dem Schwamm hervor & schlägt mit Armen & Beinen um sich. TODD CUTTLER legt sich mit seinem ganzen Gewicht auf ihn, um ihn festzuhalten. *Lieg still, dann tut es nicht weh! Ich bin dein Freund.* Der Junge ist in seiner Angst überraschend stark, aber TODD CUTTLER ist stärker. Ächzend drückt er dem Jungen die Arme an die Seite & wickelt eine Bahn Jute um ihn rum, zurrt sie mit Schnur fest wie eine Zwangsjacke & bindet dem Jungen Beine, Fesseln, Waden & Knie zusammen, so daß er sich nicht mehr rühren, sondern nur noch winden kann wie ein Wurm. Aber winden tut er sich nach wie vor & tief aus seiner Kehle kommt ein Geräusch, das sich anhört wie Babyweinen aus der Ferne. Da wird TODD

CUTTLER sauer, er setzt sich rittlings auf ihn & legt ihm die Hände um den Hals, an dem er den Pulsschlag spürt & keucht: *Es tut nicht weh! Es tut nicht weh, ich versprech's! Nur wehren darfst du dich nicht!* & TODD CUTTLER greift fest zu & schüttelt den Jungen & schlägt ihn mit dem Kopf auf den Wagenboden. Als er merkt, daß er still liegenbleibt & sich nicht mehr wehrt, rutscht er ein Stück weg & jetzt weiß er auch wieder, wo er ist & welche Aufgabe vor ihm liegt & welche Gefahr. Denn irgendwie hat er die Gefahr vergessen. Wie immer in so einer Situation. Er guckt auf seine Armbanduhr, es ist 18 Uhr 23 & er kapiert zuerst nicht, was das bedeutet. Dann besinnt er sich, nimmt die Perücke ab & den Schnurrbart (der sich zum Teil gelöst hatte & ihm über die Lippen hing) & bringt die Khakishorts in Ordnung. Er guckt den Jungen an. SQUIRREL atmet, der Brustkorb hebt & senkt sich wie im Krampf, das ist also alles soweit okay. Rasch steigt er aus dem Heck, setzt sich ans Steuer & guckt in den Rückspiegel. Die Straße hinter ihm ist leer. Er fährt los (das Armaturenbrett ist fremd & neu, die Lenkung schwer gängig, das Fahrzeug unerwartet wuchtig), erst langsam & ruckartig, dann zügig über den Parkplatz der Kirche (fast leer & keiner sieht zu ihm hin), zur Pearl Street & in südliche

Richtung zur Arden & auf der Arden in östlicher Richtung zu Grandma. Im Heck bleibt es still.

Ich stelle den Wagen an der gleichen Stelle ab & verschließe alle Türen mit der Zentralverriegelung. Versuche ins Heck zu gucken, aber das dunkelgrüne Plastikzeug nimmt mir die Sicht. Dann schnell zu dem Rasenmäher, der die ganze Zeit gelärmt hat. Das haben die alten Weiber natürlich mitgekriegt & gedacht, daß ich da bin. Dann fang ich wieder an zu mähen, finde es sehr beruhigend, das hat man ja manchmal, hin & her, hin & her über die ganze Breite des Rasens & als ich mich zufällig umdrehe, was seh ich da? EINEN HUND, DER UM DEN WAGEN RUMSCHNÜFFELT! EINEN HUND! Einen Moment stehe ich nur da & glotze, dann klatsche ich in die Hände & brülle, er soll weggehen. Er steht da & glotzt zurück & ich brülle ihn an: *Marsch, nach Hause! Hau ab!* Der Hund dreht sich um & trabt die Einfahrt runter & verschwindet. Um 18 Uhr 45 höre ich auf zu mähen & schiebe den Rasenmäher in die Garage. Gehe kurz zum Wagen, dort ist offenbar alles okay, im Heck bleibt es still. Gehe ins Haus & sage Grandma, daß ich für heute fertig bin, der hintere Rasen ist gemäht. Es ist 19 Uhr & ich muß gehen. Grandma & die andere Alte gucken mich an & Grandma sagt: *Quentin, dein Gesicht!* & ich sage:

Was ist denn mit meinem Gesicht? Grandma sagt: *Du siehst ganz erhitzt aus, mein Junge, wasch dich doch noch.* Also wasch ich mich & seh im Badezimmerspiegel, wie Q. P. mich anguckt, benommen & rot, scheinbar von der Sonne, ein geplatztes Äderchen im linken Auge & schon fast eine Stirnglatze – *Denk an deine Zukunft, mein Junge, du bist über dreißig* – & einen Bierbauch & der Gürtel zu eng, wenn ich einen trage, was bei den Khakishorts nicht der Fall ist. Gehe zurück in die Küche, wo Grandma & die andere Alte über Q. P. geredet haben, ganz klar. Flüchtig kommt mir der Gedanke, daß ich sie jetzt beide umbringen könnte & den da draußen gleich mit & die drei Leichen zusammen entsorgen, damit wär Zeit gespart & ich hätte die ganze Sache aus dem Kopf. *Ach, Quentin, kannst du nicht zum Abendessen bleiben?* fragt Grandma. Ich sage nein & Grandma sagt: *Zu schade. Ich hab den Eindruck, daß du dich nicht richtig ernährst, so wie du lebst, das ist nämlich gar nicht so einfach mit dem Junggesellendasein.* Ich frage, ob ich Mrs. Thatch jetzt nach Hause fahren soll, aber Mrs. Thatch bleibt zum Abendessen. *Neinneinnein,* sagt sie, *ich nehme mir dann ein Taxi.* Ich bin schon fast an der Tür, da ruft Grandma: *Warte doch, Quentin!* & gibt mir einen Umschlag, in dem ist wohl die Knete. Ich nehme ihn & sage danke & gehe.

An meinem Wagen, dem neuen grünbraun blitzenden Dodge, nicht dem anderen, ist doch tatsächlich wieder der Hund – ein magerer Köter mit strähnigem Fell & Ringelschwanz wie ein Affe & wachsamen Augen. Ich schrei ihn an: *Hau ab! Verpiß dich!* & klatsche in die Hände & trete nach ihm, da rennt er weg. Ob das der Hund von SQUIRREL war? Ich hab die 38er dabei, soll ich ihn abknallen? Im Wagen ist alles still. Klemme mich hinters Steuer, setze krumm & schief zurück, so daß ich auf den Rasen komme, aber auf der Straße läuft es dann tadellos, die Lenkung geht ziemlich schwer & das Fahrzeug ist ungewohnt wuchtig, aber sonst okay. 19 Uhr 12. In westlicher Richtung in dichtem Verkehr über den Lakeview zum See. Diese Stunden in Q. P. s Plan vor der Rückkehr in die North Church Street bei Anbruch der Dunkelheit waren, das wird mir jetzt klar, nicht richtig durchdacht, waren vage & unscharf. Wie in einem Film, wo ausgeblendet & etwas später zu einer neuen Szene wieder eingeblendet wird. Aber das ging hier nicht. Mir war diese Macht nicht gegeben. Ich war *in* der Zeit & die Uhr, die keine Zeiger hatte, war stehengeblieben. Der Dodge Ram schluckte mehr Benzin als der Ford. *Wundern Sie sich nicht, kann sein, daß Sie, wenn Sie jetzt tanken, eine ganze Tankfüllung brauchen,* hatte der Verkäufer gesagt. Aber an so was konnte ich in dem Moment nicht denken. Parkte im Summit Park & aß Froot Loops, weil ich Hunger hatte & trank aus einer der Weinflaschen, aber mit Vorsicht & ohne sie aus der Tüte zu nehmen. Denn was wäre, wenn ein Cop das mitkriegte & rankäme, um mir Fragen zu stellen. Die 38er, die ich in der Tasche hatte, würde mir nichts nützen, sie war zu riskant, einen Schuß hätte man gehört. Das ist nämlich der Schwachpunkt von einer Kanone, ein Messer ist da schon günstiger. Aber ein lebendiges Wesen mit einem Messer umzubringen ist keine Kleinigkeit, das läßt man nach Möglichkeit lieber bleiben.

Die Sonne stand noch hoch am Himmel über dem See & ich dachte: *Das wird ja nie dunkel!* Eine schwarzgezackte Wolkenwand wie eine Reihe kaputter Zähne stand am Seeufer, dahinter war der Himmel hell & mein ZOMBIE war mir eine Last & nicht die Lust, die ich mir erhofft hatte. Dann machte ich die erste Flasche leer & muß am Steuer eingedöst sein & wachte von einem Schnarcher auf, der kam aus meiner eigenen Kehle. Es war immer noch hell & die Sonne stand gleißend über derselben Wolkenwand. Wie ein blindes Auge, das trotzdem noch Glanz hat. Die Wellen des Michigansees lau plätschernd in der Hitze. *Giftige Wellen,* sagt Junie. *Was haben wir der Natur angetan,* sagt Junie. *Sie guckt dich an & weiß Bescheid & was machst du dann?* Ich drehte mich zu der Sperrholzwand hinter den Sitzen um, was sollte die da überhaupt? Dahinter alles still. Einen Moment wußte ich nicht mehr, wer dahinten lag. Welches von meinen Versuchsobjekten. Denn alles, was geschieht, ist früher schon mal geschehen & wird wieder geschehen. Dann dachte ich an den Jungen, der aus dem Pool gestiegen war, an diese strahlende Vitalität. Da wurde mir besser & ich war gleich wieder heiß. Denn er gehörte jetzt mir & würde immer mir gehören. In kranken & gesunden Tagen, bis daß der Tod entscheide. Ich ließ den Motor an & fuhr über den Picknickplatz. Jede Menge Leute! Familien! Massenhaft Kinder! Der Geruch nach holzkohlegegrilltem Fleisch. Fuhr langsam durch den Park & da kam mir dieser abartige Gedanke: *Ja, aber du könntest ihn auch jetzt noch freilassen, ihn im Wald abladen, da würde ihn schon jemand finden. Denn er hat ja TODD CUTTLER gesehen & nicht Q. P.* Aber ich war sauer auf ihn, immer wirst du sauer auf sie & willst sie bestrafen. Wochenlang hatte er mich aufgegeilt, hatte in meinem Kopf gehockt & mir zugesetzt. Im Humpty Dumpty durch mich durchgesehen, als wenn da keiner war, wo ich saß. Provoziert hatte er mich mit diesem schrägen Grübchenlächeln & den grünen Augen. Ich fahre am See lang Richtung Süden nach Mt.Vernon rein & hab so ein Gefühl, das warnt mich irgendwie & schalte die Nachrichten ein. Inzwischen ist es 20 Uhr 08 & sie werden SQUIRREL vermissen. Vielleicht ist die Polizei schon verständigt & hat mit der Fahndung begonnen & Straßensperren errichtet? In den Nachrichten kommt nichts, aber das kann ein Trick sein. Trotzdem, nach Hause konnte ich erst abends, wenn es dunkel war. *Da hast du nun doch Mist gebaut, Quentin, was ist jetzt mit all deinen schönen Plänen?* Ich höre den Spott in Dads Stimme, nehme ihm das aber nicht krumm. Dann entschließe ich mich auf einmal, zu wenden & doch nach Norden aus der Stadt rauszufahren, auf die Route 31, die mir so vertraut ist wie mein eigenes Gesicht. Also: Vorbei an der Holland, vorbei an der Muskegon & als es 21 Uhr 20 & dunkel geworden ist, bin ich hinter Ludington & im Manistee Forest & gut drauf & weiß, daß es die richtige Entscheidung war. Denn es stimmt ja nicht, wie ich es Dads Anwalt gesagt hatte, daß die Cops von Mt. Vernon auf der North Church rumkurven & mich schikanieren, aber in diesem Moment schien es völlig einleuchtend, daß dem so war & ich es bloß nicht wußte. Das Verschwinden von SQUIRREL würde die Polizei auf die Spur *bekann-*

ter Sexualtäter in dieser Gegend führen & wie viele davon mochte es geben – Dutzende, rund hundert & zusammen mit denen ist auch Q. P. im Computer & deshalb tut er gut daran, Mt. Vernon zu meiden. Ich parke auf einem Waldwanderweg & steige ins Heck. Das Licht geht an & der Uringeruch steigt mir beißend in die Nase & geilt mich auf. Ich sehe den Jungen flach auf dem Rücken liegen, den Kopf unter dem Jutesack verborgen, halbnackt, der magere Brustkorb bewegt sich, er atmet noch, er lebt noch! Ich hatte wohl irgendwas in seinem Hals zerquetscht – Luftröhre? Kehlkopf? – & die Art, wie ich ihn gefesselt hatte mit dem Klebeband & der Schnur, das war, wie ein Kind jemanden fesseln würde, immer rund herum. *Hallo,* sage ich. *Hi.* Hocke mich vor ihn hin & streichele & knuddele ihn, aber der kleine Penis ist schlaff & kühl, wie tot. Ich drücke ein bißchen dran rum, damit wieder Leben reinkommt. Die Muskeln zucken & es ist, als wenn er einen Schrei losläßt hinter dem Schwamm. Ich reiße die Jute runter & da ist sein Gesicht. *Sein* Gesicht, aber ganz verändert & nicht mehr so hübsch. Die untere Gesichtshälfte ist zugeklebt, aber die Augen gehen flatternd auf. Jetzt siehst du mein wahres Gesicht, jetzt kennst du deinen Meister. Besprühe ihn mit Mineralwasser & sein Blick wird klarer &

ich sehe Wahnsinnsangst darin. *Ich tu dir nicht weh, ich bin dein Freund, wenn du dich nicht wehrst,* sage ich sanft. Aber das kriegt er scheinbar gar nicht mit. Wahnsinnsangst im Blick & der Körper brettsteif vor Anspannung. Ein ganz unscheinbarer Junge mit blutverkrusteten Nasenlöchern. Langsam werde ich sauer auf ihn. Sein Schwanz kleinschrumpelig wie von einem Zehnjährigen & dieser Blick. Er wirft den Kopf hin & her & versucht wieder, sich zu wehren – gegen *mich!* –, matt wie ein getretener Wurm. MEIN ZOMBIE – & WEHRT SICH GEGEN MICH! Da ist bei mir Schluß, ich dreh ihn auf den Bauch & setz mich rittlings auf ihn & faß ihn an seinem Zöpfchen & schlage sein Gesicht auf den Boden & ficke ihn in den Arsch. Mein Schwanz ist so dick, daß die Haut aufreißt & blutet. EIN ZWEI DREI Stöße wie von einem Schwert bis in die Gedärme. *Wer ist dein Meister? Wer ist dein Meister? WER IST DEIN MEISTER?*

47

Können Knochen schwimmen? & wenn kein Fleisch dran ist & die Knochen verstreut & voneinander getrennt sind: Was ist dann mit der *Identität?* Darüber zerbrech ich mir nicht den Kopf.

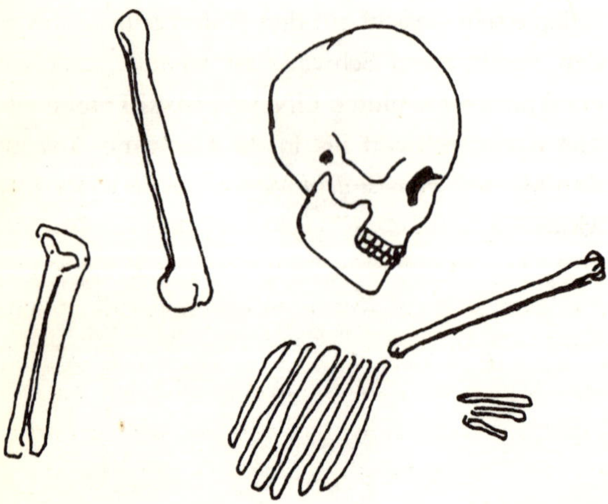

48

26. August. Ich war kaum zu Hause & raus aus der Dusche & hatte mit meiner Hausmeisterei angefangen, als es laut an der Haustür klopfte. Da wußte ich, was los war.

Ich hatte keine Nachrichten gehört. Wie käme Q. P. dazu, Nachrichten zu hören? Es war 7 Uhr 50. Ich wußte nichts, hatte nichts mitgekriegt. War aber frisch rasiert, das schüttere Haar angefeuchtet & glattgestrichen, die Augen rotgeädert, aber offen & ehrlich hinter der Brille mit dem farblosen Plastikgestell. Sauberes Baumwoll-T-Shirt, alte Arbeitshose, Sandalen (es sollte wieder ein feuchtschwüler Tag werden). Nun also das Klopfen an der Haustür & das Knistern von Funkgeräten, ein Streifenwagen war in die Einfahrt eingebogen & hatte sich hinter den Dodge gestellt. Ich guckte nicht hin, aber ich wußte, was los war & hörte, wie die Tür zugemacht & wieder geöffnet wurde; einer der Mieter wollte wohl raus & an der Vortreppe warteten zwei Polizeibeamte & fragten nach Q. P. & ob er hier wohnhaft ist. Ich stand wie gelähmt im Hausflur, mir war eiskalt. Ich dachte an die Zisterne! Den OP-Klapptisch! Die chirurgischen Instrumente! Die eingelagerten Lebensmittel & Decken & den Spiegel! Im Hausmeisterzimmer lagen die Polaroidaufnahmen von meinen mißlungenen ZOMBIES & das Andenken an BIG GUY in Formaldehyd & andere Sachen, die niemand außer Q. P. je sehen darf. Den Dodge Ram hatte ich noch vor Anbruch der Dämmerung gründlich geputzt, wie ein Verrückter hatte ich geschuftet, barbrüstig & barfüßig, um alle Spuren zu beseitigen. Im Wagen selbst war kaum Blut, aber vor allem Pisse & hartnäckiger Pissegestank. Mein schmutziges Zeug, Perücke etc., hatte ich zerlegt & an der Route 31 eingegraben, auf so viele Stellen verteilt, daß nicht mal Q. P. sie wiederfinden würde. Die 38er, die Messer & mein einziges Andenken an SQUIRREL hatte ich weit weg von der North Church Street in Sicherheit gebracht.

Aber es half nichts, ich mußte mich melden & sagen: *Ja, ich bin Q. P.* & ruhig & fragend auf die Polizeibeamten an der Tür zugehen, der eine war in Uniform & der andere in Schlips & Kragen. Sie begrüßten mich & fragten, ob ich einen Augenblick rauskommen würde. *Nein, würde ich lieber nicht,* hab ich gesagt & sie auch nicht reingebeten. Denn diesmal war es nicht so wie nach der Verhaftung, als der schwarze Junge schreiend auf die Straße gestürmt war, da hatten sie mich aus dem Wagen gezerrt & auf den Bauch geschmissen, mit dem Gesicht in den Dreck & mir Handschellen angelegt, so daß ich gebrüllt habe vor Schmerz. Das hier war ja keine Verhaftung, nicht wahr, sondern nur eine Befragung. Denn: Im Computer sind viele Namen *bekannter Sexualstraftäter.* Denn: Sie hatten keine Beweise & keinen Haussuchungsbefehl, sonst wären sie jetzt schon am Wühlen. *Lassen Sie die Polizei nicht ins Haus & gehen Sie nicht aus freien Stücken mit,* hatte Dads Anwalt gesagt. *Wenn die Sie weiter belästigen, verständigen Sie mich. Sie können mich zu jeder Tages- & Nachtzeit anrufen.*

Ob sie reinkommen könnten, fragten sie jetzt & ich schüttelte den Kopf: *Nein, lieber nicht.* Sie fragten ganz höflich noch mal, ob ich mal eben rauskommen könnte & ich sagte ganz höflich & vernünftig & fast ohne zu stottern: *Nein, lieber nicht.* Da staunten sie, weil es für sie doch Routine ist, die Bürger zu schikanieren. Was sie denn wollten, fragte ich & sie guckten mich an & der Ältere, der mit Schlips & Kragen, biß auf seinen Lippen rum. *Du weißt schon, was wir wollen, mein Sohn!* Ich schüttelte den Kopf: *Nein, das weiß ich nicht.* Ich gab mir einen Ruck & sah ihm in die Augen, in denen war keine Spur von Sicherheit & in den Augen von dem anderen auch nicht. So ging das noch ein paar Minuten weiter. Ich wußte, daß ich wußte, was los war & die da wußten es nicht. Daß ich meine Rechte als Bürger kenne & daß ich es mir nicht gefallen lasse, wenn die Polizei einen Mann schikaniert, der eine Strafe auf Bewährung gekriegt hat, der nicht gegen die Bewährungsauflagen verstoßen hat, der »gay« ist & das nicht an die große Glocke hängt, sich dessen aber auch nicht schämt & sich in dieser Richtung nichts hat zuschulden kommen lassen. Dann endlich redeten sie von einem »Halbwüchsigen«, der am Abend in Dale Springs entführt worden war, der seitdem vermißt wurde, dessen Fahrrad man in einer kleinen Einbahnstraße gefunden hatte & sie wollten mich nur das eine oder andere fragen, was ich eventuell darüber wüßte oder gehört hätte, hier oder auf dem Revier & wenn ich nichts dagegen hätte, würden sie sich gern ein bißchen im Haus umsehen. Ich schüttelte den Kopf & wiederholte: *Nein, lieber nicht, mein Anwalt hat mir geraten, ihn anzurufen, wenn es Schwierigkeiten mit der Polizei gibt* & ich würde ihn jetzt gern anrufen.

Dann herrschte Schweigen & die Cops standen da & glotzten. Ich blieb in der Tür stehen & gab keinen Fußbreit nach.

In Ordnung, mein Junge, ruf den Anwalt an, sagte der Kriminalbeamte. *Ruf ihn gleich an, wir warten hier draußen.*

Also rief ich Dads Anwalt zu Hause an & berichtete mit einer Stimme, die sehr jung & geknickt klang, einer richtigen Kinderstimme, von dieser neuerlichen Belästigung. Denn ich weiß nichts von einer »Entführung«, weil ich kein Fernsehen geguckt habe & können die mich so einfach festnehmen? Ohne Beweise? Einfach festnehmen? Dads Anwalt redete beruhigend auf mich ein & erklärte mir meine Rechte, allerdings sollte ich nach Möglichkeit nicht aus dem Haus gehen, meinte er. Bestimmt warteten sie nur auf den Haussuchungsbefehl. Von da, wo ich jetzt stand, konnte ich die beiden mit einem dritten Cop in Uniform in der Einfahrt stehen sehen, sie guckten sich den Dodge Ram an, der in der Sonne blitzte, gingen um den Wagen rum & guckten hinten rein (die Sperrholzplatte hatte ich natürlich rausgenommen & die Plastikstreifen waren auch nicht mehr an der Heckscheibe) & sahen – was? Nichts. Es gab nichts zu sehen. Aber den Wagen aufzubrechen trauten sie sich nicht, falls sie da Beweismaterial gefunden hätten, wären sie dann nämlich unerlaubt drangekommen & es wäre nicht verwertbar gewesen.

Dads Anwalt sagte, er würde gleich rüberkommen & ich sollte nicht mehr mit den Cops sprechen, vor allem aus freien Stücken keine noch so harmlose Information geben oder ihnen das Betreten des Hauses gestatten. Ich sagte okay & legte auf. Wieviel Zeit hatte ich? Wann würden sie sich gewaltsam Zutritt verschaffen? Als erstes spülte ich den Goldzahn von NO-NAME durchs Klo. Raus aus der Tasche & ratzfatz weg. Dann holte ich die Flasche mit dem Formaldehyd aus dem Spind, ging in die Küche & sagte zu zwei von den Mietern, die gerade Teewasser aufgesetzt hatten, ich müßte die Küche ausräuchern, es täte mir leid, aber sie müßten ein paar Minuten raus, zu ihrer eigenen Sicherheit, den Wasserkessel könnten sie ruhig auf dem Herd stehenlassen. Also zogen sie ab, es waren Akhil & ein junger Chemiestudent & ich kippte BIG GUY in die Küchenspüle & stach & schnitt mit dem Messer an ihm rum & zwängte ihn in den jaulenden Abfallzerkleinerer. Das Formaldehyd verschwand im Abfluß & stach mir in die Augen, ich hätte fast gekotzt & schüttete Scheuerpulver in die Spüle & schrubbte sie mit Stahlwolle, dann kippte ich Rohrreiniger in den Abfallzerkleinerer & auch in die Flasche, der sollte den Chemiegestank neutralisieren & ich glaube, das hat er auch getan. Dann ließ ich den

Abfallzerkleinerer noch mal laufen, diesmal nur mit Seifenstücken & alles war wieder glatt & rein & roch schön sauber & das Wasser im Kessel kochte & sang. Ich nahm ihn runter & rief Akhil & seinen Freund wieder rein & sagte, daß ich mit Ausräuchern fertig bin & daß es nun wohl nicht mehr gefährlich für sie ist. Dann zurück in mein Zimmer (die Cops standen immer noch in der Einfahrt, ARSCHLÖCHER, am liebsten hätte ich sie durchs Fenster angebrüllt, ARSCHLÖCHER! Mich zu BELÄSTIGEN & mein Leben KAPUTTZUMACHEN!), den Plan von SQUIRRELS Nachhauseweg & die Polaroidfotos zerrissen & im Badezimmerwaschbecken verbrannt & die Asche durch den Abfluß gespült & wieder mit Stahlwolle nachgeschrubbt. Im alten Keller zog ich den Klapptisch aus der Zisterne, schleppte ihn in den neuen Keller & stellte einen Plastikwaschkorb & eine Großpackung Waschpulver drauf. Den Eispicker & die Messer nahm ich mit in die Küche & tat sie in eine Schublade, wo mehr so Zeugs lag. Der spitze kleine Silberpiekser, den Q. P. in der Praxis von Dr. Fish hatte mitgehen lassen, kam in den Badezimmerschrank zu Zahnbürste, Zahnseide etc., war schließlich naheliegend & so ein wertvolles Instrument mochte ich nicht verlieren. Denn es würde neue Versuchspersonen geben &

mit ihren Belästigungen & Einschüchterungsversuchen würden die Arschlöcher noch lange nicht erreichen, daß ich auf meine Rechte verzichte. Verbände, Mullbinden etc. kamen in einen Vorratsschrank, ebenso die Lebensmittel & das Mineralwasser. Mit dem Spiegel zog ich in den neuen Keller & stellte ihn in eine Ecke an die Wand, wo schon alte Möbel standen. Im Spiegel sah ich das schweißglänzende, mürrische Gesicht von Q. P., tatsächlich, der Haaransatz ist heftig auf dem Rückzug, so ein Mist, die Brillengläser blitzen im Licht. *Ein verantwortungsbewußter Mann nimmt sein Schicksal selbst in die Hand.* Aber ich war stinksauer.

Bloß gut, daß Mom & Dad oben im Norden sind. Wenn sie von dieser Demütigung erfahren, ist alles aus.

Dads Rechtsanwalt rückte an & nicht lange danach noch ein Streifenwagen & die Arschlöcher hatten einen Durchsuchungsbefehl, wir konnten nichts machen. Zwei nahmen sich den Dodge vor – ich mußte die Schlüssel rausrücken, es half nichts –, die anderen das Haus. Der Anwalt verlangte, daß die Suche sich auf bestimmte Räume zu beschränken hätte, weil dies ein Mietshaus ist & die Zimmer der Mieter nicht angetastet werden dürfen. Dann durchsuchten sie natürlich das

Hausmeisterzimmer & richteten ein fürchterliches Durcheinander an & den ganzen Keller, den Dachboden & die unteren Räume, Schränke etc. & FANDEN NICHTS, WEIL ES NICHTS ZU FINDEN GAB.

An dem Tag wurde ich auch zu dem vermißten Jungen vernommen, dessen Name mir neu & unbekannt war, *James oder Jamie Waldron.* Dads Anwalt war dabei, damit waren meine Rechte gewahrt. Denn Q. P. wußte nichts von dem Jungen & ich konnte nur immer wieder die Fakten wiederholen. Daß ich von 17 bis 19 Uhr bei Grandma im Garten gearbeitet hatte & hinterher zum Summit Park gefahren war, um mich abzukühlen, in einem McDonald's dort in der Nähe was gegessen hatte & dann – denn wie in einer glücklichen Eingebung war mir gerade noch eingefallen, daß sie den Meilenzähler überprüfen & den Meilenstand notieren würden – lange am See lang & durch University Heights gekurvt war. Inzwischen hatte Dads Anwalt Grandma & Mrs.Thatch verständigt, um sich bestätigen zu lassen, daß ich in der angegebenen Zeit bei Grandma gewesen war & beide erklärten eindeutig, daß das so stimmte. Grandma sagte, daß ihr Enkel der liebste & hilfsbereiteste junge Mensch von der Welt ist, daß er sie oft besucht & nicht nur ihr, sondern auch ihren Bekannten Gefälligkeiten erweist. Weil sich die Entführung von dem Jungen zwischen 18 Uhr (da hatte er seine Arbeitsstelle verlassen) & 18 Uhr 40 abgespielt haben mußte (da hatte man sein Fahrrad herrenlos in einer schmalen Verbindungsstraße eine Meile von seinem Zuhause entdeckt), war es schlicht & ergreifend unmöglich, daß Q. P. irgendwas damit zu tun hatte.

Dann war da noch das Rätsel um die Küken in dieser kleinen Einbahnstraße. Keiner der Anwohner hatte sie wiedererkannt oder Besitzansprüche erhoben. Keiner hatte dort je zuvor Küken gesehen. Auch ausgewachsene Hühner gab es in der Gegend nicht. Der Kriminalbeamte wußte sich offenbar keinen Rat. Sechsunddreißig frei herumlaufende, im Straßendreck pickende Küken, in der Nähe das teure Fahrrad des vermißten Jungen mit runtergeklapptem Kippständer. Was die Vermutung nahelegte, daß er nicht vom Fahrrad gezerrt worden war, sondern mit seinem Entführer oder sonstwem aus freien Stücken mitgegangen war. Welchen Zusammenhang mochte es zwischen dem vermißten Jungen & den Küken geben? Oder gab es vielleicht überhaupt keinen Zusammenhang?

Q. P. saß mit gerunzelter Stirn da & hatte nichts zu sagen, ihm fiel nichts ein. Der Anwalt sagte skeptisch: *Vielleicht war es nur ein Spaß & er ist gar nicht entführt worden. Ein Dummerjungenstreich.*

Der Cop in Schlips & Kragen kaute an seinen Lippen herum & sagte: *Falls dem so ist, kann ich nicht darüber lachen, tut mir leid.*

Die Bullen waren mit ihrer Durchsuchung oben & unten fertig & zogen ab. Es war 12 Uhr 40. Ich hatte seit vor sechs nichts mehr gegessen. Froot Loops, mit schietwarmem Mineralwasser runtergespült, während ich über die Route 31 vom Manistee Forest zurückgefahren war. Zurück von dem schnellen Fluß ohne Namen, auf dessen Grund mein mißlungener ZOMBIE SQUIRREL lag, nackt, die Kehle unmittelbar vor dem Versenken durchgeschnitten, so daß das Wasser sein Blut wegtrug, weit weg & ohne Spur, der magere Körper mit Jutestoff & Steinen beschwert, so daß er nicht hochkommen würde, bis die Knochen, befreit von ihrem Fleisch & ihrer Identität, auseinandergefallen waren. Gewiß, da war der Schädel, da waren die Zähne im Schädel, die man angeblich identifizieren kann – aber kann ein Schädel schwimmen? Ich glaube nicht, daß ein Schädel schwimmen kann, dazu ist er zu schwer.

Schwammknebel & Klebeband hatte ich drangelassen. Zum Schluß hatte ich sehr schnell gearbeitet.

Der Cop in Schlips & Kragen sagte: *Schönen Dank & vorerst auf Wiedersehen.* Das war wohl nicht mal ironisch gemeint, er war einfach müde. Draußen in der Einfahrt sah ich ihn mit einem der jüngeren Männer in Uniform sprechen & unterbrach den Anwalt, der gerade erklärte, er würde ihnen eine Anzeige wegen Belästigung an den Hals hängen, wenn das so weiterging & sagte:

»Vielleicht – vielleicht k-könnte ich doch mit ihnen sprechen.«

»Wie bitte?«

»Mit der Polizei. Vielleicht könnte ich doch mit denen sprechen.« Ich schluckte mühsam, weil meine Kehle so trocken war. Ich suchte keinen BLICKKONTAKT zu Dads Anwalt. »Nur eine M-Minute allein?«

Der Anwalt guckte Q. P. an, als wenn er ihn noch nie gesehen hätte & als wenn ihm das, was er sah, nicht gefiel. Er hatte einen Kopf wie eine Glühbirne, hell & fast kahl, die Haare in wellenförmigen Streifen über den Kopf gelegt. Er war in Dads Alter & ein Freund von Dad, glaube ich, von anno dazumal, als sie alle jung waren. »Sie sind wohl nicht gescheit!« sagte er. »Auf gar keinen Fall.«

»Okay«, sagte ich.

49

Ein paar Tage danach war Labor Day. Junie rief an & hinterließ eine Nachricht auf dem Anrufbeantworter. Ob ich heute früh Zeitung gelesen hätte. So ein Schock, die Meldung über Dr. M. K.

Daddy ist bestimmt am Boden zerstört, sagte Junie.

Kam erst nach ein paar Tagen dazu, die Nachricht abzuhören, bis dahin war die Zeitung von dem Tag schon weg, ich wußte nicht mal genau, welcher Tag es gewesen war.

50

Nach Labor Day fängt an der Universität das Semester an. Von unseren neun Mietern sind fünf gerade erst eingezogen, alles Ausländer, meist Doktoranden in naturwissenschaftlichen Fächern. Aus Indien, China, Pakistan, Zaire, Ägypten, Westindien. *Das sind die besten Mieter,* sagt Dad & wenn er recht hat, hat er recht. Alle sind dunkelhäutig, höflich & schüchtern & sprechen unsere Sprache nur gebrochen. Ich bin Q. P., Hausmeister, so werde ich ihnen auch vorgestellt.

Ich nehme wieder meine Pillen, wie von Dr. E. verordnet, dreimal täglich zu den Mahlzeiten & bei Bedarf, wenn ich nicht schlafen kann. Man soll keinen Alkohol trinken, wenn man Lithium verschrieben kriegt, aber das ist für mich kein Problem. *Zweck der Übung ist es, das emotionale Gleichgewicht zu wahren,* wie Dr. E. sagt.

Bin in letzter Zeit ganz schön down. Seit PUNKT NULL. Aber ich denk nicht unnötig darüber nach & die Pillen helfen. Das sollen sie ja auch & es ist sinnlos, anderen die Schuld zu geben, Dad oder Grandma zum Beispiel (die Gartenarbeit bei Grandma habe ich bis auf weiteres eingestellt, ebenso das Rumkutschieren von Grandma, als ob ich ein Taxiservice wäre. Zur Hölle mit diesem Enkelscheiß. Bringt einem nichts als Ärger).

Jean-Paul aus Westindien, weißes Hemd & wilder Afro, Shorts, Sandalen, muskelpralle ochsenblutglänzende Schenkel, kommt im Burger King zu Q. P. rüber & sagt richtig herzlich hallo. Doktorand in Wirtschaftswissenschaften mit einem Stipendium. So schnell & herzlich, daß ich um den BLICKKONTAKT nicht rumkomme. Aber noch mal passiert mir das nicht.

Bei keinem unter diesem Dach. Kommt überhaupt nicht in Frage.

51

Montag, 16 bis 16 Uhr 50: Mt. Vernon Medical Center auf der anderen Seite vom Campus; bei gutem Wetter laufe ich, bei schlechtem fahre ich mit dem Dodge Ram hin. *Na, Quentin,* sagt Dr. E. *Die reinste Erholung, diese frische Herbstluft, nicht? Nach unserem langen heißen Sommer.*

Der Satz ist doppeldeutig, ganz klar. Nach dem Sommer, in dem Q. P. von der Polizei in Mt. Vernon belästigt & gedemütigt wurde. Aber ich grinse & sage: JA DOKTOR, NEIN DOKTOR. Sitze da & grinse, mein Haar frisch geschnitten & anders gescheitelt. Dads Anwalt hat Einsicht in die Berichte an das Michigan Probation Department verlangt, deshalb wissen wir, daß Dr. E. seinem Patienten Q. P. eine sehr gute Prognose stellt. Q. P. macht »eindeutig Fortschritte«.

Trotzdem fühle ich mich unwohl im Sprechzimmer von Dr. E., sitze ihm am Schreibtisch gegenüber & starre auf den Fußboden. Oder gucke auf meine Hände, die ich gründlich geschrubbt habe, auf die Armbanduhr von RAISINEYES am linken Arm & ihr heimliches bronzenes Zifferblatt, auf dem die kleinen Zahlen bronzefarben zucken. Am rechten Handgelenk mein einziges Andenken an SQUIRREL.

Dr. E. fragt, ob ich ihm was von meinen Träumen zu berichten habe. Blätter schlagen an die Fensterscheibe hinter ihm, es wird so früh dunkel jetzt. Ich sitze da & runzle die Stirn & auf meiner Stirn & Oberlippe steht klebriger Schweiß. Es bleibt lange still. Dann sage ich: *Daß ich irgendwo im Wasser war, hab ich geträumt.* Dr. E. sagt: *Ja? & dann?* Mehr fällt mir nicht ein & er sagt, als wäre ich ein Kind, das man zum Reden bringen will: *Schwimmen Sie in dem Wasser, Quentin?* Ich schüttele den Kopf & sage: *Ich glaube nicht, vielleicht bin ich bloß in dem Wasser drin & das Wasser verbirgt mich & trägt mich fort.* Dr. E. sagt: *Was passiert in dem Traum, Quentin?* Ich sage: *Ich weiß nicht, ich bin einfach da.*

Im Sprechzimmer von Dr. E. herrscht Frieden, der einen tröstet. Dad & Mom freuen sich über die Prognose für ihren Sohn & hoffen, daß ich weiter zu Dr. E. gehe, wenn meine Bewährungszeit zu Ende ist. Auch Junie hat in ihrer strengen, bestimmten Art gesagt: *Bei Quentin ist entschieden eine Besserung festzustellen.*

Endlich ist es 16 Uhr 50. Dr. E. schreibt ein neues Rezept aus & will wissen, ob ich Fragen habe. Mir fällt nichts ein. SCHÖNEN DANK, DOKTOR & die Sitzung ist vorbei.

52

Denn alles, was geschieht, ist schon mal geschehen. Von Anbeginn der Zeit. Das akzeptiere ich.

Jeden zweiten Donnerstag um 10 Uhr zu Mr. T., meinem Bewährungshelfer. Am Dienstag von 19 bis 20 Uhr 30 Gruppentherapie bei Dr. B. Mo. & Do. Müllabfuhr, da schleppe ich die gelben Plastiktonnen zum Straßenrand.

Etwas hat sich geändert in meinem Leben. Ich bin nicht mehr an der Dale Tech immatrikuliert, sondern habe zur University Extension gewechselt (der Campus liegt mitten in der Stadt). EINFÜHRUNGSSEMINAR RECHNUNGSWESEN Mo. & Mi., 19 bis 20 Uhr 20. Weil R. P. zum Lehrkörper gehört, verlangen sie als Studiengebühr nur 200 Dollar. Die zahle ich selber.

Ein neuer Drive-In-McDonald's hat auf der Third Street aufgemacht, nur zwei Blocks von der North Church Street entfernt. Knallgelbe Fahnen flattern im Wind & für die ersten Kunden gibt es

Big-Mac-Gutscheine. Sehe kurz Jean-Paul in einer der Nischen, mit einer Frau, wie es scheint. Einer hellhäutigen Frau & Jean-Paul hat doch diese ganz dunkle bräunlichschwarze Haut. Aber ich habe sie nicht deutlich gesehen, habe nicht hingeguckt & wurde nicht erkannt.

53

Ein echter ZOMBIE wäre mein für immer. Er würde jedem meiner Befehle, jeder meiner Launen gehorchen. »Ja, Meister«, würde er sagen & »Nein, Meister.« Er würde vor mir niederknien & seine Augen zu mir aufheben & sagen: »Ich liebe Euch, Meister. Es gibt keinen außer Euch, Meister.«

So würde es geschehen & so würde es sein. Denn ein echter ZOMBIE könnte nie etwas sagen, was *nicht ist,* sondern nur das, was *ist.* Seine Augen würden klar sein & weit geöffnet, aber in ihnen wäre nichts, was *sieht* & hinter ihnen nichts, was *denkt.* Nichts, was verurteilt. In den Augen von meinem ZOMBIE würden auch keine Angst sein & kein Erinnern. Denn ohne Erinnern keine Angst.

Natürlich würde mein ZOMBIE nicht verurteilen. Ein ZOMBIE würde sagen: »Gott segne Euch, Meister.« Er würde sagen: »Ihr seid gut, Meister.

Ihr seid gütig & voller Erbarmen.« Er würde sagen: »Fickt mich in den Arsch, Meister, bis ich blaue Brocken blute.« Er würde um sein Essen bitten & er würde mich um die Luft zum Atmen bitten. Er würde mir jederzeit den gebotenen Respekt erweisen. Er würde mit seiner Zunge lekken, wie ich es ihn heiße. Er würde mit seinem Mund lutschen, wie ich es ihn heiße. Er würde die Arschbacken auseinanderziehen, wie ich es ihn heiße. Er würde teddybärig schmusen, wie ich es ihn heiße. Er würde seinen Kopf an meine Schulter legen wie ein Baby. Oder ich würde meinen Kopf an seine Schulter legen wie ein Baby. Wir würden unter der Decke in meinem Bett im Hausmeisterzimmer liegen, dem Novemberwind lauschen & dem Schlag der Glocken vom Turm des Music College & WIR WÜRDEN DIE SCHLÄGE ZÄHLEN, BIS WIR IM GLEICHEN AUGENBLICK EINSCHLAFEN WÜRDEN.

54

Sprich nicht mit Dad darüber, sagte Junie. *Es hat ihm das Herz gebrochen.*

Mom sagte: *Dein Vater ist um zwanzig Jahre gealtert. Aber laß es dir nicht anmerken, wenn du ihn siehst.*

Ich hatte die Meldung nicht weiter wichtig genommen, nicht wichtiger als das, was man normalerweise so im Fernsehen guckt oder in der Zeitung liest, schließlich war das alles schon lange her & Dr. M. K. war inzwischen tot & aus dem Schneider. NOBELPREISTRÄGER VON 1953 BIS 1957 AN STRAHLUNGSVERSUCHEN BETEILIGT: PARALLELEN ZU »NAZI«-ÄRZTEN GEZOGEN.

Ich guckte mir das Foto des weißhaarigen Dr. K. an, Dads früherem Mentor am Washington Institute & las alles über den Skandal, wie die Medien das nannten. Unter der Leitung von Dr. K. hatte ein Team von Wissenschaftlern geheime Versuche für die Atomenergiekommission durchgeführt. Bei einem dieser Versuche hatten sechsunddreißig geistig behinderte Kinder einer Schule in Bethesda, Maryland, radioaktive Milch zu trinken bekommen. Bei einem anderen waren an mehreren Hochschulen in Virginia die Hoden von Häftlingen »ionisierenden Strahlen« ausgesetzt worden. Warum diese angestaubte Sache jetzt, so viele Jahre danach, enthüllt wurde & warum die Leute so taten, als wenn sie das auch nur einen Scheißdreck interessierte, weiß ich nicht. Aber ich mußte lachen.

Dad & Mom hatten Glück, daß sie noch auf Mackinac Island waren, als der Wirbel losging. Presse & Fernsehen & People & Time etc. Dadurch blieb Dad die Peinlichkeit erspart, von den Medienleuten angerufen & um eine Stellungnahme gebeten zu werden. Später erklärte er öffentlich: *Ich halte es für gewissenlos, Versuche an Menschen durchzuführen, ohne daß sie über die Risiken aufgeklärt wurden & ihre ausdrückliche Einwilligung gegeben haben, aber ich kannte Dr. K. & ich kann nicht glauben, daß er sich einer solchen Vorgehensweise schuldig gemacht hat. Hier muß ein Irrtum vorliegen.* Wenn wir unter uns waren, sagte er: Es ist so unfair einem Toten gegenüber. Dann nahm er die Brille ab & rieb mit der Hand in seinen Augen rum & zog gepeinigt das Runzelarschloch-Mündchen schief. *Den Ruf eines großen Mannes posthum zu besudeln, der sich nicht wehren kann!*

Ich hab nie mit Dad darüber gesprochen & hab das auch nicht vor. Diese Art von Nähe gibt es zwischen uns nicht. Ebensowenig, wie Dad mit mir über die Belästigung durch die Polizei nach dem Verschwinden von diesem Waldron-Jungen gesprochen hat.

Aber das gerahmte Foto, auf dem er zusammen mit Dr. M. K. drauf ist, hat Dad aus seinem Büro in der Uni & aus seinem Haus entfernt. Ob Grandma ihres noch im Eßzimmer hängen hat, weiß ich nicht. Ich fahre nicht mehr zu Grandma & auch sonst nicht mehr nach Dale Springs, außer wenn ich mir mal von Mom ein bißchen Bares leihe.

55

So ein Tag ist lang & deshalb zieht sich die Zeit. Seit PUNKT NULL. Ich gehe nie weit weg von dem Haus, in dem ich Hausmeister bin. Ein Job, den Dad & Mom mir anvertraut haben. Nur manchmal fahre ich am Wochenende mit dem Dodge Ram (der diese tolle Straßenlage hat & auf den man einfach stolz sein muß) auf der I-96 nach Detroit. Einmal bin ich am Eriesee entlang nach Toledo gefahren, da war ich noch nie. Im Oktober nach Ann Arbor, wo die Uni noch größer ist als in Mt. Vernon, zu einem Gay Pride Festival. Ganz früh am Morgen fahr ich auf der I-94 zurück, der Himmel wird gerade hell, in ganz komischen rosagrauen Runzeln & Falten & knallig-orangefarbene Schilder kommen mir entgegen. ACHTUNG BAUARBEITEN EINSPURIGE STRECKENFÜHRUNG 40 MEILEN/STD. Aber es ist noch früh, auf dem Highway ist kaum Verkehr. Das Rumpelgeräusch von der Fahrbahn ist wie ein Herzschlag. Als wenn der Dodge Ram & Q. P. ein einziges Herz hätten & ich bin wohl glücklich oder wenigstens zufrieden. Manchmal sind da Anhalter. *Ich wollte es nicht, aber unsere Blicke trafen sich, er war high & heiß & prustete wie ein Hengst & als er dann kam, auf dem dreckigen Klo von der Raststätte, war das wie kochendheiße Lava.* Einmal, im November, war ich so hibbelig, da hab ich mich in den Dodge gesetzt & bin auf der Route 31 nach Norden gefahren, zum Manistee Forest & weil es schneite, sah die Landschaft ganz anders aus. Wie ein völlig fremder Ort oder ein Planet, auf dem ich mich nicht orientieren konnte. Ich habe die Straße nicht wiedergefunden, über die ich mit SQUIRREL gefahren war & deshalb habe ich auch den Fluß nicht wiedergefunden. Mußte wenden, stinksauer, weil ich Osten mit Westen verwechselt hatte (aber es gab keinen direkten Zugang) & landete in Big Rapids auf der anderen Seite vom Forest. Meist nehme ich jetzt die Pillen so, wie Dr. E. gesagt hat. Dreimal täglich zu den Mahlzeiten. Manchmal krieg ich davon eine schwere Zunge & werde müde, beim Fahren oder im Einführungsseminar Rechnungswesen, wo ich immer ganz hinten sitze. Aber ich bin gut drauf & komme nicht mehr so schnell in Wut & BLICKKONTAKT stört mich nicht mehr. Vorausgesetzt, er ist Zufall

& nicht absichtlich (von mir) herbeigeführt. Wenn beispielsweise Akhil bei mir klopft & sagt: *Entschuldigen Sie, Sir, ich glaube, die Toilette oben ist nicht ganz in Ordnung.*

Jean-Paul, der Neue, hat ständig was zu fragen, zum Beispiel unten im Keller, wo eine Waschmaschine steht & ein Trockner & für die Mieter der ZUTRITT VERBOTEN ist, aber einmal hab ich ihm erlaubt, sie zu benutzen, mir aber versprechen lassen, daß er den anderen nichts sagt & der Hausmeister mußte ihm jede Kleinigkeit zeigen. *Ich bin's gewöhnt, daß eine Frau mir die Wäsche macht,* sagt Jean-Paul & lacht.

Abends gehe ich kaum weg, ich kann es mir nicht leisten. Muß bei Mom & Dad um Scheißalmosen betteln. Hole mir Sachen von Burger King, Taco Bell etc., trinke Bier aus dem Sechserpack & gucke Pornovideos. Oder zappe mich durchs Fernsehen. Tu mich schwer damit, mehr als zwanzig oder auch nur zehn Sekunden bei einem Sender zu bleiben. Im Herbst hab ich ganz oft *Mr. & Mrs. Waldron, die Eltern des vermißten Jamie,* gesehen, die sich über Michigan TV an die Öffentlichkeit wenden & Fotos & Videos von Jamie. SQUIRREL, wie er winkt & lacht, SQUIRREL beim Basketballspielen in der Schule, SQUIRREL, der irgendeinen Pokal kriegt & dazu eine Stimme aus dem Off: *Falls Sie Informationen besitzen, setzen Sie sich bitte mit der Hotline JAMIE in Verbindung. 50 000 Dollar Belohnung für Informationen, die zur Ergreifung von –.* Mr. & Mrs. Waldron sagen immer dasselbe: *Wir vertrauen darauf, daß unser Sohn noch lebt, wir vertrauen darauf, daß wir ihn lebendig wiedersehen.* Dann heult Mrs. Waldron los & Mr. Waldron versucht, nicht loszuheulen & ich raste aus & sage laut & entrüstet: *Was heißt denn hier lebendig! Warum soll er lebendig sein? Warum zur Hölle soll ER lebendig sein? Arschlöcher! Jetzt wißt Ihr Bescheid!* & zappe angewidert auf einen anderen Sender.

Im November, so um Thanksgiving, eine überraschende Meldung im Lokalfernsehen: Jemand behauptet, den vermißten Jungen als Anhalter in Chicago »gesichtet« zu haben. Aber soweit ich weiß, ist dabei nichts rausgekommen.

56

Junie ist, solange ich denken kann, für mich die *große Schwester.* Sie ist fünf Jahre älter als ich & genauso groß & wiegt auch ungefähr genauso viel. Im College hat sie's fast in die Olympiamannschaft der Schwimmer geschafft & im Frauen-Lacrosse war sie ein richtiger Star. Jetzt ist sie Leiterin der Mittelschule von Dale Springs.

Junie hat sich schon immer um Q. gekümmert, den Kleinen, ihren einzigen Bruder, schon in der High-School, als ich mal emotionelle Probleme hatte & in dem Jahr, als ich an der East Michigan angefangen & das Studium an die Wand gefahren hatte. Es war Junies Idee, daß ich eine Ausbildung zum Grundstücksmakler mache & nicht noch mal ein Studium, wozu Dad mich ständig drängte. *Die Uni ist nicht für jeden das Richtige,* hat sie damals gesagt. Q. *könnte eine Verkaufskanone werden,* hat sie gesagt, *wenn er alles nur ein bißchen lockerer sehen würde.* Hinterließ eine Nachricht auf dem Anrufbeantworter: *Gute Idee, das mit dem Rechnungswesen, Q. Sehr viel wirklichkeitsnäher als die Sachen, die Dad sich vorher so hat einfallen lassen.*

Mom & Dad sind stolz auf Junie, schon auf die Klassensprecherin & Supersportlerin in der High-School waren sie unheimlich stolz. Beim Abschluß war sie Fünfte ihres Jahrgangs 1976, konnte mit einem Stipendium Pädagogik an staatlichen Schulen & Schulverwaltung in Ann Arbor studieren, der vornehmen Staatsuni, nicht in einem dieser zweit- oder drittklassigen Läden wie Lansing & Mt. Vernon. Auch da hat sie einen ordentlichen Abschluß gemacht. Jetzt hat sie die Stelle als Schulleiterin & den Ehrgeiz weiterzukommen, geht zu Sommerlehrgängen etc. in Ann Arbor. Junie ist »gesellig« & hat jede Menge Bekannte – die Sorte von Leuten, mit denen man wandern oder skifahren geht. Als Junie sich ein eigenes Haus am See gekauft hatte, in einem Vorort, der Graafschap heißt, hat Mom ganz traurig gesagt: *Jetzt wird Junie nie heiraten.*

Phasenweise war Junie stinksauer auf ihren kleinen Bruder Q. P., da hat sie kein Wort mit mir gesprochen. Einmal (ich war breit oder jedenfalls nicht 100%ig da, in Lederklamotten & mit Pferdeschwanz) hat sie so getan, als wenn sie mich nicht kennt, als wir uns auf der Straße begegnet sind. Aber seit der Verhaftung & der zweijährigen Bewährungsstrafe, als Mom & Dad sich so aufgeregt haben, macht Junie wieder total auf große Schwester. Als wenn es eine Herausforderung für sie ist, daß sie einen Sexualstraftäter als kleinen Bruder hat & sie ist nicht eine von denen, die sich vor Herausforderungen drücken. Als wenn ich einer ihrer Problemschüler bin, die bloß einen Erwachsenen brauchen, der sie rettet. Einer, bei dem's was hilft, wenn man freundlich lächelnd an ihn hinredet: *Du könntest echt gut aussehen, Quentin, wenn du nicht oft so miesepetrig wärst. Um Himmels willen, halt dich doch gerade & kannst du nicht was mit deinen Haaren & deinen Klamotten machen?*

Zwei Wochen vor Weihnachten hat sie mich zu sich nach Hause eingeladen. Mit Bekannten von ihr, die ich vielleicht schon kannte, vielleicht auch nicht – Junies Kollegen sehen alle gleich aus & reden alle gleich. An Junies Schule ist eine neue Lehrerin, die heißt LUCILLE. Noch so eine dicke Maschine mit Titten wie Radkappen & einem lächelnden Mondgesicht & viel »Persönlichkeit« – wie Junie. Unterrichtet in der achten Klasse. Händedruck wie ein Mann.

Ein richtiges Abendessen am Tisch. Junie hatte eine »paella« gemacht, dazu gab es Weißwein. Ich kam ein bißchen zu spät, hatte unterwegs einen zur Brust genommen & war sanft & milde gestimmt von meinen Downers, im Ohr dieses leise Summen wie der Wählton vom Telefon. Da hab ich dann einfach auf Durchzug geschaltet & ein Gesicht gemacht, als wenn ich zuhöre. Junie & Lucille & die anderen diskutieren lebhaft über die Politik im Bundesstaat & in Washington, Clintons Gesundheitsreform etc. & ein Typ, der eher zu kurz geraten ist, aber sehr selbstbewußt daherredet, sagt, daß die Gesundheitsfürsorge das Thema Nummer eins ist & wir zur Zeit keine Kulturnation sind. Jemand anders sagt, die Kriminalität ist das Thema Nummer eins, die größte Angst der Amerikaner ist es, Opfer von Verbrechen zu werden, deshalb sind sie anfällig für gefährliche rechtsparanoide Strömungen in der Politik. Von da kommen sie auf die Waffengesetze & die Abtreibung zu sprechen. Ich bin gut drauf, trinke Wein & sehe meinen Keller & meine Zisterne vor mir, die wieder so sind wie vor dem Tag, als die Cops mich belästigen kamen. Der Klapptisch wieder in der Zisterne, Verlängerungsschnur & 150-Watt-Birne & Verbände, Mullbinden, Eispicker, Zahnarztpiekser, Messer. Das alles wartet darauf, daß ein neuer Plan heranreift & ich weiß, er reift heran wie traumverloren & ich bin schon ganz aufgeregt. *Keine Versuchspersonen unter diesem Dach! Das ist verboten!*

Außer vielleicht, wenn die Semesterferien angefangen haben oder einer endgültig in die Heimat zurückgeht. Nach Indien, nach Zaire, nach Westindien & er hat alles gepackt & sein Zimmer ausgeräumt. Q. P., der Hausmeister, bietet ihm an, ihn zum Flughafen zu fahren. Nicht nach Kalamazoo, nach Lansing, dem internationalen Flughafen, okay? Ist doch cool, ist doch nett von ihm & für die Leute im Haus & an der Uni ist der Typ weg, ist abgereist, sie denken nicht mehr an ihn, er ist schon Geschichte. Auf der Fahrt zum Flughafen gibt Q. P. ihm was zu trinken oder zu essen & er schläft ein & der Wagen ist wieder zur Aufnahme eines Fahrgasts im Heck bereit & das ist cool. Nach Anbruch der Dunkelheit, das heißt mitten in der Nacht kommen sie in die North Church 118 zurück. Alles schläft. Q. P. trägt seinen ZOMBIE runter in den Keller & schließt hinter sich ab. Auf dem OP-Tisch ist die erste Tat diesmal nicht die *transorbitale Lobotomie,* sondern die Durchtrennung der Stimmbänder. Weil dann der ZOMBIE, ob er okay ist oder nicht, keinen Lärm macht & zumindest in dieser Beziehung berechenbar ist. Ich werde mir in der Bibliothek vom Fachbereich Biologie eine Zeichnung vom Kehlkopf besorgen oder was man da braucht & vielleicht mache ich es mit einem Rasiermesser. Wegen der leichten Hand. Man spürt sie. Sie schwingen. Beim Sprechen.

Junie & ihre Freunde reden jetzt offenbar über Religion. Einer der Männer sagt, Religion ist Tyrannei & Wahn & für viele Grausamkeiten der Menschheit verantwortlich. Lucille sagt vergrätzt & ganz aufgeregt, nein, das ist *nicht* Religion, das ist Macht, politische Macht, Religion ist spirituell & nach innen gerichtet. Junie stimmt zu & ist auch ganz aufgeregt & sagt, der Kampf unserer Spezies spielt sich zwischen dem nach außen Gerichteten & Politischen & dem nach innen Gerichteten & Spirituellen ab. Vielleicht ist das Millennium, das jetzt auf uns zukommt, die Rettung des Homo sapiens. Ich höre zu & gucke sie mir an, die große Schwester & Lucille. Ich denke: Wenn du einer Frau die Brüste abschneidest, ist sie nicht viel anders als ein Mann & wenn du einem Mann den Schwanz abschneidest, ist er nicht viel anders als eine Frau. Die Brüste sind hauptsächlich Fettgewebe – keine Knochen. Lucille merkt, daß ich sie angucke & wird ein bißchen rot, wie das bei Frauen so ist & weil sie sieht, wie ich an meinem Armband rumspiele, fast zwanghaft, fragt sie, was das ist – mein Andenken an SQUIRREL, ein paar blondbraune Haare aus seinem Zöpfchen & ein paar von meinen Haaren, mit Lederstreifen & roter Schnur zusammengeflochten.

»Ist was Indianisches«, sage ich. »Chippewa. Aus dem Reservat oben im Norden.«

Lucille faßt es an & sagt: »Ganz *ausgefallen.* Hat es eine symbolische Bedeutung? Ist es ein Chippewa-Brauch?«

Ich sage: »Kann schon sein. Ich weiß es nicht.«

Junie schaltet sich ein, streckt die Hand aus & faßt mich an & sagt spöttisch-trocken: »Quen ist nämlich eine Art Hippie. Nur dreißig Jahre zu spät geboren.«

Lucille lächelt & sagt: »Für einen Hippie hat er zu kurze Haare.«

Junie sagt: »Das war früher mal anders.«

57

Mom hat angerufen & eine Nachricht hinterlassen, der Anrufbeantworter hat verrückt gespielt & fast alles gelöscht. Wollte wohl wissen, ob ich Weihnachten zum Essen komme.

Nachbemerkung

Ein Teil des in Kapitel 13 verwendeten Materials ist gekürzt dem Werk *Neuro-: Life on the Frontlines of Brain Surgery and Neurological Medicine* von David Noonan (Simon & Schuster), 1989, S. 200–202, entnommen.

Die Abbildung in Kapitel 13 stammt aus W. Freeman: *Proceedings of the Royal Society of Medicine*, 1949, 42 Suppl., S. 8–12.

Auszüge aus Teil I (»Bewährungsstrafe«) sind in anderer Form in *The New Yorker*, Oktober 1994, erschienen.

Hubert Selby

Der Dämon

Dieses Buch ist Bill gewidmet,
der mir lernen half,
daß man nicht siegen kann,
ohne sich zu ergeben.

Ein Besessener
ist einer,
der im Besitz
eines Dämons ist.

Selig ist der Mann, der die Anfechtung erduldet; denn nachdem er bewährt ist, wird er die Krone des Lebens empfangen, welche Gott verheißen hat denen, die ihn liebhaben.

Niemand sage, wenn er versucht wird, daß er von Gott versucht werde. Denn Gott kann nicht versucht werden zum Bösen, und er selbst versucht niemand.

Sondern ein jeglicher wird versucht, wenn er von seiner eignen Lust gereizt und gelockt wird.

Darnach, wenn die Lust empfangen hat, gebiert sie die Sünde; die Sünde aber, wenn sie vollendet ist, gebiert sie den Tod.

Jakobus 1,12–15

Da ich den Herrn suchte, antwortete er mir
und errettete mich aus aller meiner Furcht.

Welche auf ihn sehen, die werden erquicket,
und ihr Angesicht wird nicht zu Schanden.

Da dieser Elende rief, hörte der Herr und
half ihm aus allen seinen Nöten.

Psalm 34,5–7

1

Die, die ihn kannten, nannten ihn Harry den Aufreißer. Doch Harry trieb es nicht mit jeder. Es mußte eine verheiratete Frau sein.

Sie machten weniger Scherereien. Wenn sie mit Harry zusammen waren, wußten sie, wozu. Kein Wein, keine Delikatessen. Keine Romantik. Wenn sie *das* erwarteten, irrten sie sich gewaltig, und wenn sie anfingen, ihn über sein Leben auszufragen, oder andeuteten, daß sie gern eine längere »Affäre« mit ihm hätten, machte er sich schnell aus dem Staub. Harry wollte keine Verwicklungen oder Schwierigkeiten, keine Auseinandersetzungen. Er wollte das, was er wollte, und zwar dann, wann er es wollte, um sich anschließend winkend und mit einem Lächeln davonzumachen.

Mit einer verheirateten Frau ins Bett zu gehen barg für ihn einen zusätzlichen Reiz. Nicht den Reiz, einem anderen Mann die Frau wegzunehmen, das interessierte Harry nicht, sondern den

Reiz, gewisse Vorsichtsmaßnahmen treffen zu müssen, um nicht ertappt zu werden. Nie genau zu wissen, was alles geschehen könnte, verstärkte die erregende Spannung.

Von Zeit zu Zeit machte Harry White sich Gedanken über die vielen Verbindungen, die durch verworrene oder unbefriedigende sexuelle Beziehungen gefährdet waren. Es mußte Millionen von Frauen geben, die von Tranquilizern lebten, weil sie sexuell frustriert waren. Und was war mit den Tausenden oder Hunderttausenden, die wegen Geistesverwirrung infolge eines unbefriedigenden oder nicht existenten Liebeslebens die Irrenhäuser bevölkerten? Man denke nur an die zerstörten Familienbande und an die mutterlosen Kinder, die sich in einer elenden Welt zurechtfinden mußten, bloß weil das Verlangen nach einem Orgasmus nicht gestillt wurde.

Harry hatte zwar für »Emanzen« nichts übrig, empfand jedoch die doppelte Moral als höchst ungerecht. Schließlich ist es eine bekannte und akzeptierte Tatsache, daß die meisten Männer fremdgehen, wie es so schön heißt, daß sie gern mit ihren Kumpanen losziehen, um irgendein »Weib« (mal was anderes!) aufs Kreuz zu legen. Doch von der Frau erwartet man, daß sie abends zu Hause bleibt, die Kinder hütet und ihren sich jede Freiheit nehmenden Mann darum bittet, doch gelegentlich auch mit ihr zu schlafen. Und wenn sie es vorziehen sollte, nicht auf seine gelegentlichen linkischen und zumeist unbefriedigenden Gunstbezeigungen zu warten, sondern sich hin und wieder – sagen wir schadlos halten sollte, so wird sie geschmäht und geschlagen, man zeigt mit Fingern auf sie, der Mann verlangt die Scheidung oder bringt sie – so traurig es ist – gar um. Nein, ein Feminist war Harry nicht, doch er erkannte das Unrecht, das den Frauen in dieser Beziehung geschieht.

Auf seine geringe, bescheidene Weise tat Harry sein Bestes, um diesem Mißstand abzuhelfen oder ihn doch zumindest bis zu einem gewissen Grad zu mildern. Harry hatte in der Tat das Gefühl, in dieser Sache höchst verdienstvoll tätig zu sein. Wer weiß, wie vielen Ehen er durch seine Bemühungen von Nutzen gewesen war? Möglicherweise hatte er nicht nur Ehen gerettet, sondern auch Leben. Wer weiß, wie viele Frauen lebten und sich wohl fühlten, weil ihre unterdrückten Bedürfnisse, Ängste und Frustrationen nicht in den Irrsinn oder zum Tode geführt, sondern dank Harry Whites emsig betriebenem Hobby ihren natürlichen Ausweg gefunden hatten.

Obwohl Harrys Arbeitsplatz sich mitten in Manhattan befand und er täglich fast zwei Stunden unterwegs war, wohnte er nach wie vor bei seinen Eltern in Brooklyn. Oft, besonders an verhangenen grauen Montagen nach einem außergewöhnlich aktiven Wochenende, dachte er daran auszuziehen und sich eine Wohnung in der Nähe seines Arbeitsplatzes zu suchen, so daß er vielleicht nur eine kurze, bequeme Busfahrt nach Hause hätte, doch sobald er genügend ausgeruht war, um die Strapazen der Wohnungssuche auf sich zu nehmen, hatte die Sache an Dringlichkeit verloren. Dann erwog er das Für und Wider, dachte gründlich und eingehend über die Lage nach und ließ den Plan wieder fallen. Wie er es sah, gab es im Hinblick auf eine eigene Wohnung grundsätzlich zwei Möglichkeiten:

die Wohnung mit jemandem zu teilen, oder
allein zu wohnen.

Im ersten Fall war dann noch über die Frage nachzudenken:

Männlich oder weiblich?

Doch im Grunde war dies gar keine Frage. Ein weiblicher Mitbewohner kam nicht in Betracht. Wenn sie zunächst auch nur eine »gute Freundin« war, so würde die Sache doch nicht lange platonisch bleiben.

Und wenn sie mehr als bloß eine gute Freundin war, was nach einiger Zeit der Fall sein würde, so würde das für Harrys Leben entscheidende Komplikationen bedeuten. Es lag auf der Hand, daß diese Möglichkeit keiner weiteren Überlegung bedurfte.

Blieb also die Möglichkeit, eine Wohnung mit einem Mann zu teilen. Was sprach dafür? Im Grunde nur eines: Man teilte sich die Miete und konnte sich auf die Weise eine schönere Wohnung leisten.

Eigentlich war das kein besonderer Vorteil. Harry bezog ein ausgezeichnetes Gehalt, und so fiel dieser Punkt nicht ins Gewicht.

Welches waren die Nachteile? Es gab eine ganze Reihe. Man mußte sich darauf verlassen können, daß der andere seinen Teil auch wirklich bezahlte. Er könnte eine Freundin haben, die eines Tages auf ihn scharf wäre, was großen Ärger geben würde … Es gab noch viele andere Gründe. Doch entscheidend war letztlich, daß Harry auf keinen Fall wollte, daß ihm jemand in sein Leben hineinredete oder ihm durch eigene Wünsche und Bedürfnisse Unbequemlichkeiten bereitete.

Damit war also auch die zweite Überlegung hinfällig. Harry blieb offenbar nichts anderes übrig, als allein zu wohnen. Worin bestanden hier die Vorteile?

Es gab keine, ausgenommen die kürzere Fahrt zur Arbeit. Auf keinen Fall konnte er eine Frau mit zu sich nach Hause nehmen. Nichts war ihm unangenehmer als der Gedanke, irgendeine Frau könnte wissen, wo er wohnte. Mein Gott, sie würden ihn nie in Ruhe lassen. Er sah es förmlich vor sich: Sie würden ihn Tag und Nacht anrufen oder an seine Tür klopfen, sobald es sie wieder mal juckte. Oder sie würden ihrem Ehemann nach einem Streit erklären, daß sie ihn verließen, daß sie einen wunderbaren neuen Mann gefunden hätten, der für sie und die Kinder sorgen würde und – o nein. Nein. Vielen Dank.

Worauf also lief das alles hinaus? Auf nichts anderes als zusätzliche Kosten und Scherereien, die eine eigene Wohnung mit sich bringt. Er würde nach wie vor in *ihre* Wohnung gehen oder in die einer ihrer Freundinnen oder in ein Hotel und das eigene Apartment nur zum Schlafen benutzen oder um sich vorübergehend dort auszuruhen. Nein, taktisch gesehen hatte es keinen Sinn.

Und einen praktischen Vorteil brachte es auch nicht. Solange er bei seinen Eltern wohnte, brauchte er nicht zu kochen, sauberzumachen, einzukaufen, darüber nachzudenken, was er auf dem Nachhauseweg noch besorgen mußte – all das hieß bloß Kräfte vergeuden, und er wollte sich seine Kräfte für die wichtigeren Dinge des Lebens erhalten.

Und außerdem: Er war das einzige Kind, und es machte seine Eltern glücklich, wenn er zu Hause wohnte.

Harry hatte die Lage analysiert, sie oft genug von jedem nur denkbaren Standpunkt aus betrachtet, und er war sich darüber klargeworden, daß ein Umzug völlig sinnlos wäre.

Doch hinter Harry Whites logischer und sorgfältiger Analyse und jenseits seiner bewußten Wahrnehmung war irgend etwas, das zog und zerrte und letzten Endes mehr Einfluß auf seinen Entschluß hatte als jeder andere Grund. Dies war sogar der einzige *wirkliche* Grund für seine Entscheidung: Sicherheit. Nicht die Sicherheit der Nabelschnur, sondern Sicherheit vor sich selbst. Obwohl Harry es sich nicht bewußt machen wollte, wußte dieses Etwas in ihm, daß die Versuchung zuweilen plötzlich über einen kommt, wenn man am wenigsten darauf vorbereitet ist, unfähig, es mit ihr aufzunehmen oder sie abzuweisen, und wer weiß, in was für eine gräßliche Lage er geraten konnte …

doch dieses Etwas in ihm wußte: Unter welchen Umständen auch immer oder wie stark die Versuchung auch war, er würde keine Frau in die Wohnung seiner Eltern mitnehmen, mitten in der Nacht, und ihnen erklären, daß er sie vor ihrem Mann schützen müsse, der sie nicht verstünde und sich weigerte, ihr sowohl wie den Kindern die Liebe zuzuwenden, derer sie so verzweifelt bedurfte.

Nein, das war etwas, was Harry nicht tun würde. Das wäre einfach zu peinlich.

So waren also, alles in allem, die täglichen paar Stunden Fahrt gar nicht so schlimm. Es hatte seine Vorteile. Einige ganz eindeutige Vorteile.

Am Sonnabend fand ein Softball-Spiel statt. Ein paar von den Typen, die meist bei Casey, einer Bar auf der Third Avenue, herumhingen, würden gegen die von Swenson, einer Bar auf der Fifth Avenue, spielen. Harry trank nicht viel, doch die Burschen aus der Nachbarschaft, mit denen er aufgewachsen war, gehörten dort zu den Stammgästen, und so hielt auch Harry sich öfters bei Casey auf und nahm an ihrem Ballspiel teil, wenn er am Sonnabend gerade nichts Besseres vorhatte.

Das heutige Spiel war insofern etwas Besonderes, als es die Überlegenheit der einen Bar über die andere beweisen sollte, des einen Viertels über das andere, der Iren über die Skandinavier.

Eine Zurschaustellung von Chauvinismus also. Und darüber hinaus würden für ein paar hundert Dollar Wetten abgeschlossen werden.

Das Spiel sollte um elf Uhr vormittags beginnen, auf dem Spielplatz an der Sixty-fifth Street, und beide Teams fanden sich bereits um zehn Uhr dreißig ein, mitsamt Ausrüstung, Freunden und Kästen mit Bier. Es war ein schöner Tag, und immer mehr Menschen strömten herbei, um sich das Spiel anzusehen. Kinder auf Fahrrädern und Rollschuhen schrien einander zu, sich zu beeilen, um die »Großen« Softball spielen zu sehen, und Vorübergehende blieben stehen und warfen einen Blick durch den Maschendrahtzaun, der das Spielfeld umgab.

Die Teams hatten sich aufgewärmt und waren nun spielbereit, doch es dauerte noch ein paar Minuten, weil die beiden »Buchmacher« noch nicht ganz fertig waren. Als endlich alles seine Ordnung hatte, konnte das Spiel beginnen.

Obwohl Harry nicht mehr regelmäßig spielte, war er in seiner Nachbarschaft immer noch einer der besseren Spieler. Schon deswegen, weil er nicht soviel trank wie die anderen, so daß er gegen Ende des Spiels, wenn es wirklich darauf ankam, besser in Form war. Er konnte sich mit jedem Rechtsaußen messen und war ein außergewöhnlich guter *hitter,* besonders in kritischen Situationen. Und Harry hatte das Empfinden, daß er heute seinen Mann stehen würde, da er sich besonders ausgeruht fühlte und in guter Stimmung war, in Spielstimmung.

Bei »Kopf oder Adler« gewannen die Caseys und beschlossen, zuerst als Feldmannschaft anzutreten, ließen ihr Bier in der Obhut ihrer Freunde und trabten, johlend und brüllend, mit Hallo aufs Spielfeld – Los, los. Packen wirs, mal n bißchen Terror machen, Terror, Terror …

und ihr *pitcher*, Steve, kam langsam in Fahrt, und der Ball flog ein paarmal zwischen Innen- und Außenfeld hin und her. Ein dienstfreier Barmixer watschelte hinter dem *pitcher* her, während die beiden anderen Linienrichter sich ohne Hast zum 2. und 3. Mal begaben, und das Spiel begann.

Das Casey-Team geriet schon im ersten Durchgang in Bedrängnis, da Steve das Schlagmal immer wieder verfehlte, und es sah aus, als würde es zu einer größeren Katastrophe kommen. Da Steve zehn Bälle verwarf, bevor er einmal traf, konnten die ersten drei Männer zu den Malen aufrücken. Einziger Hoffnungsschimmer blieb, daß Steve zwei Treffer machte, bevor der dritte Mann aufrücken konnte. Die Casey-Fans brüllten ihm zu, er solle sich Zeit lassen und die Nerven nicht verlieren. Wir sind hier, Stevie Baby, wir sind hier, halt die Ohren steif, Stevie Baby Boy. Gib ihm Saures, dem Krüppel, wir schaffens. Das is n Blinder, laß ihn doch schlagen, das is n Blinder …

und Steve sah zum *catcher* hinüber, als Boiler Head, ein hünenhafter rothaariger Norweger, die Faust voller Schläger schwingend sich dem Schlagmal näherte.

Das Swenson-Team johlte und brüllte, wobei ihnen das Bier am Kinn hinunterlief. Sie spürten die Niederlage der Caseys und jubelten bereits, da das Spiel schon im ersten *inning* praktisch entschieden schien, zeig ihm, was ne Harke is, Boiler. Los, Boiler Baby, übern Zaun, übern Zaun. Los, los! Wir gewinnen! Wir gewinnen! Boiler Head bleckte, Steve angrinsend, die braunen Zähne und schwang seinen zahnstocherähnlichen Schläger, um Steves Störmanöver zu durchkreuzen und seinen Schlag anzubringen. Steve holte langsam aus und der Ball beschrieb einen hohen, weiten Bogen und Boiler Head wartete, beugte sich dann vor und schlug zu wie ein Neandertaler, und als der Schläger den Ball traf, klang es, als würde er in hundert Stücke zerspringen, und der Ball flog wie ein Geschoß hoch in die Luft und dann auf den Maschendraht am linken Spielfeld zu. Alle sahen gespannt hin, die sich den Mündern nähernden Bierflaschen kamen zum Stillstand, während der Ball langsam hinter der Aus-Linie herunterkam, wo ein Dutzend Kinder auf ihn zurannte. Boiler Head schnappte sich seinen Schläger, grinste dem *pitcher* zu und trat zurück in die *batter's box;* seine Miene drückte Hohn und wilde Verachtung aus. Rache, Rache, Boiler Baby. Gibs ihm, er is nur n Dreck. O *pitcher, pitcher* schmeiß den großen Hit, gibs dem Gorilla …

Steve und Boiler Head starrten einander kurze Zeit an, und dann spie Steve auf den Boden, holte wieder langsam aus, schlug mit fast unmerklicher Kraft zu, und der Ball flog in Richtung Schlagmal. Boiler holte seinerseits aus und traf den Ball mit aller Kraft, doch den Bruchteil einer Sekunde zu spät, um ihn über den Maschendraht am linken Spielfeld fliegen zu lassen. Er flog im Bogen am rechten Spielfeld vorbei und auf den Maschendraht zu und die Zuschauer *aaaahhten* und *oooohhten* und die Swensons sprangen in die Luft und brüllten und johlten und die Läufer rannten los wie die Hasen und Harry, der im *right center* für den *pull hitter* gespielt hatte, rannte beim klatschenden Geräusch des Abschlags auf den Maschendraht zu, der das rechte Spielfeld begrenzte. Die Trainer der Swensons fuchtelten mit den Armen und brüllten ihren Leuten zu, sie sollten rennen, renn doch, du Armleuchter, und der Mann vom 3. Mal hatte das Schlagmal bereits hinter sich und der Mann vom 2. Mal war schon auf halbem Wege, als Harry, die behandschuhte Hand hoch über dem Kopf, in die Luft sprang und den

Bruchteil einer Sekunde vor dem Ball mit Wucht gegen den Maschendraht prallte und *plock* schoß der Ball in seine Hand. Der Rückstoß warf Harry zu Boden, und er preßte den Ball mit beiden Händen an seinen Bauch, während er zusammengekrümmt auf dem Zement eine Rolle machte, unverletzt. Er stand auf und warf den Ball dem *baseman* zu, der es mühelos schaffte, den Mann vom 1. Mal abzufangen, es aber nicht schaffte, den Ball dem anderen *baseman* zuzuspielen, da plötzlich eine allgemeine Verwirrung ausgebrochen war und die Spieler alle zu ihren ursprünglichen Malen zurückrannten und der Mann, der zum 1. Mal zurück wollte, gab Boiler Head einen Stoß und Boiler Head prallte gegen den ersten *baseman* und damit hatte dieses *inning* sein Ende gefunden. Harry stand da und sah dem Treiben zu, während er im Geiste blitzschnell entschlüsselte, was er gesehen und gehört hatte, als er in den Maschendraht krachte und eine Frau, eine Frau auf der anderen Seite des Maschendrahts … jawohl, und sie war blond und trug Shorts und oben nur eine Art BH mit Halsträger, der sich, soweit Harry nach dem kurzen Blick aus dem äußersten Augenwinkel hatte aufnehmen können, über einem Paar nicht zu verachtender Titten spannte. Harry drehte sich um, und sie stand noch da. Er sah genauer hin und bemerkte eine Sportkarre mit einem Baby. Harry ging zum Zaun zurück und blieb dort stehen, halb dem Spielfeld zugewandt. Das Durcheinander war beendet, und der nächste *batter* stand in der *batter's box*. Harry lächelte die Frau an. Hallo.

Hallo, sie schüttelte, ebenfalls lächelnd, leicht den Kopf. Ich hab schon gedacht, Sie würden gleich den ganzen Zaun mitnehmen.

Harry hob die Brauen und sein Lächeln wurde breiter. Wenn ich gewußt hätte, daß *Sie* dort stehen, hätt ichs getan.

Das Spiel hatte wieder begonnen, doch alle waren in Gedanken noch so mit dem unerwarteten Ausgang des vorigen *innings* beschäftigt, daß keiner der Spieler beider Teams bemerkte, daß Harry immer noch an der rechten Außenlinie stand, während ein nach links schießender *pull hitter* zugange war.

Sally, sie nickte dem kleinen Mädchen im Kinderwagen zu, dachte wohl, es handle sich um eine Art Scherz. Sie kicherte bloß. Es gehört anscheinend nicht viel dazu, sie zu amüsieren.

Beide lachten, und es stand o zu 2 für den *batter,* als Steve einen Ball über die Mittellinie sausen ließ, und der *batter* holte eine Stunde zu spät aus und die Casey-Fans begannen zu johlen und zu brüllen und bespritzten sich vor lauter Übermut gegenseitig mit Bier.

Als die Teams dabei waren, die Plätze zu wechseln – die Casey-Mannschaft schlug Steve johlend auf den Rücken –, nickte die Frau in Richtung des Spielfeldes und fragte, was da los sei. Harry wandte sich ihr zu und lächelte. Wahrscheinlich haben sie den dritten Mann ausmanövriert. Jetzt sind wir dran. Sie wandte sich zur Seite, als wollte sie fortgehen, und Harry sagte, sie solle doch noch bleiben. Sie haben heute noch ne ganze Menge guten Softball vor sich.

Ich fürchte, ich versteh nicht viel davon, sie lächelte leise.

Harry lehnte sich gegen das Gitter und starrte sie kurze Zeit an, dann sagte er, er könne ihr alles, was sie wissen müsse, beibringen. Warten Sie hier, ich bin in ein paar Minuten wieder da. Den Kerl haben wir noch nie so früh ausgeschaltet. Sie lächelte, und Harry trabte auf die Außenlinien zu, während die Jungs von seiner Mannschaft ihm beifällig den Rücken klopften und johlten.

Harry kam in der Reihenfolge der Spieler als fünfter zum Schlagen, und während er an der Außenlinie wartete, behielt er die Frau hinter dem Maschendraht im Auge. Die war nicht schlecht. Gar nicht schlecht. Ein schönes Paar Titten und ein niedlicher runder Arsch. Und kein Kind mehr. Wahrscheinlich ein paar Jahre älter als Harry, so um die Dreißig. Er wünschte, sie würden sich beeilen und ihre drei *outs* machen, damit er zurückgehen konnte und sehen, wie sich die Sache entwickelte. Harry nahm nichts vom Spiel wahr, bis er um sich herum lautes Gebrüll und Fluchen hörte und begriff, daß der dritte Mann »draußen« war und es nun für die andern Zeit wurde, aufs Spielfeld zurückzukommen, und so trottete er, an der rechten Außenlinie entlang, vergnügt zum Zaun.

Hallo, er lehnte sich ans Gitter und lächelte sie an.

Sie waren nicht lange weg, sie stand nah am Gitter und lächelte.

Ja, also … er zuckte die Achseln und sein Mund öffnete sich zu einem breiten Grinsen, ich habs ja so eingerichtet, daß ich schneller wieder zurück sein konnte.

Und warum?

Um schneller wieder bei Ihnen zu sein. Schließlich –

He, Harry, komm schon. Los, verdammtnochmal.

Ja, ja, okay. Gehn Sie nicht fort, und er sprintete rüber zum *right center* und sah während des *innings* immer wieder zu ihr hinüber.

Steve war nun ganz groß in Form und machte die Swensons mit drei Steilpässen ins Innenfeld in wenigen Minuten zur Sau. Die Caseys trabten lärmend vom Spielfeld, und Harry trabte zurück zum Maschendraht.

Warum kommen Sie nicht herein? Sie können dort drüben auf der Bank sitzen.

Ach, ich weiß nicht. Ich muß noch einiges erledigen und –

An einem so schönen Tag wie heute? Los, kommen Sie, er lächelte gewinnend, Sie könnten unser Maskottchen sein.

Ihr Lächeln ging in ein zufriedenes Lachen über. Das hat bis jetzt noch keiner zu mir gesagt.

Na sehen Sie. Es wird –

He, Harry, du bist dran. Los, ja? Schlepp deinen Kadaver hier rüber. Mach schon.

Jaa, ich komm ja schon. Die Pforte ist dort unten, er trottete Richtung Schlagmal, blickte sich nach ihr um und lächelte, als er sie auf die Pforte zugehen sah. Steve knuffte seinen Arm. Die willst du wohl vögeln, wie?

Wenn du darauf bestehst.

Los, laß das jetzt, ja? Wir müssen diese Sauhunde fertigmachen. Ich hab fünfundzwanzig Eier investiert.

Mach dir keine Sorgen, er klopfte Steve auf den Rücken, wir können gar nicht verlieren. Ich fühl mich prima.

Der erste, der dran war, machte »aus«, und als Harry auf die *batter's box* zuging, blickte er um sich und bemerkte einen blonden Kopf, der gerade noch über den Hecken, die den Spielplatz säumten, zu sehen war. Harry war leicht und lokker zumute; er schwang seinen Schläger und sah den *pitcher* an. Mit diesem Burschen hatte er meist keine Schwierigkeiten, und er trat lässig einen Schritt zurück, als der erste Ball viel zu hoch hereinkam. Er sah, bevor er in die *batter's box* zurückging, in die Runde und erblickte die Frau, als sie gerade um die Ecke bog und durch die Pforte das Spielfeld betrat. Beide Teams johlten und Harry betrat erneut das Schlagmal und schmetterte den nächsten Ball ins *left center* und nur das prima Spiel vom *center fielder*, verhinderte, daß Harry mehr als einen Doppellauf schaffte. Harry stand am 2. Mal, hörte das Gebrüll seines Teams und beobachtete die Frau, die den Kinderwagen bis zur letzten Bank an der rechten Außenlinie schob und sich hinsetzte. Der nächste *batter* machte »aus«, aber dem übernächsten gelang ein Schlag ins *right center*, wenn auch nicht allzu weit. Harry bahnte sich seinen Weg zum 3. Mal und stürmte aufs Schlagmal zu. Als der Ball beim *catcher* landete, schlitterte Harry um diesen herum und schürfte sich auf dem Zement den Knöchel auf. Die Caseys johlten und schrien, und Harry hüpfte auf einem Bein, zog die Luft durch die Zähne und schlenkerte den Fuß mit dem brennenden Knöchel hin und her, während seine Freunde ihm auf den Rükken klopften. Harry saß auf der Mannschaftsbank, als der nächste *batter* »aus« machte, dann trottete er, seinen rechten Fuß schonend, zurück aufs Spielfeld. Er winkte der Blonden zu. Sie lächelte, und er nahm seinen Platz im rechten Feld ein.

In diesem *inning* machte Steve den Gegner erneut fertig, und als die Caseys den Platz verließen, setzte Harry sich neben die Blonde. Übrigens, ich heiße Harry. Er lächelte und beugte sich zu ihr vor.

Sie lächelte und sagte ihm, sie hieße Louise, und dies ist meine Tochter, Sally. Sie beugte sich über den Kinderwagen und rückte Sallys Mützchen zurecht, um sie vor der Sonne zu schützen.

Harry zeigte ihr seinen aufgeschürften Knöchel und machte seine Witzchen darüber, und dann plauderten die beiden, bis es für Harry Zeit wurde, zurück aufs Spielfeld zu gehen. Als er sich von der Bank erhob, legte er seine Hand mit kaum merklichem Druck der Fingerspitzen auf die Innenseite ihres Schenkels, dort wo ihre Shorts endeten, sah ihr einen Moment in die Augen und trabte dann davon.

In den Pausen zwischen den folgenden *innings* saß Harry bei ihr, und als er während des fünften *innings* zu ihrer Bank zurückkam, sagte sie, daß sie jetzt gehen müsse. Sein Gesicht nahm unvermittelt einen verletzten, unglücklichen Ausdruck an. Sie dürfen jetzt nicht gehen, Sie sind doch unser Maskottchen. Sie wollen doch nicht, daß wir das Spiel verlieren, nicht wahr?

Sie lächelte und sah ihm voll ins Gesicht, wobei ihre Augen sich ein wenig schlossen. In ein paar Stunden kommt mein Mann nach Hause, und ich habe noch einiges zu tun.

Harry erwiderte ihren Blick und wollte gerade etwas sagen, als er Steve brüllen hörte. Los, Harry, du bist dran. Harry winkte ihm, okay, okay, erneuerte den Druck seiner Hand auf ihrem Schenkel, bleiben Sie noch ein paar Minuten. Er trabte übers Schlagmal, betrat die *batter's box* und rührte sich nicht, während drei Bälle an ihm vorbeiflogen. Dann ließ er den Schläger fallen und ging zur Bank zurück. Sie müssen also wirklich fort?

Ja, ich muß. Wir gehen heute abend aus, und ich muß vorher noch dieses und jenes erledigen.

Harry sah sie einen Augenblick an. Vielleicht sollte ich Sie nach Hause begleiten?

Und was ist mit Ihrem Spiel?

Ach, die brauchen mich nicht. Außerdem ... so gut wie Steve wirft, reicht es für uns allemal.

Sie zuckte ein wenig die Achseln und lächelte. Also gut, wenn Sie Lust haben.

Klar hab ich Lust. Harry stand auf. Gehen Sie vor, wir treffen uns dann an der Pforte. Louise machte sich, den Kinderwagen vor sich her schiebend, auf den Weg, und Harry ging zu Steve und sagte ihm, daß er jetzt gehen müsse.

Was soll das heißen, du mußt gehen? Du kannst jetzt nicht weggehen.

Es tut mir leid, Steve, aber ich muß. Ich muß dringend was erledigen – und außerdem: Mein Bein bringt mich schier um.

Ach red doch keinen Scheiß, du Arsch. Dein Bein ist völlig in Ordnung.

Hör auf zu mosern, Steve, hörst du? Ich sage dir, daß ich gehen muß.

Jaa, du mußt gehen. Weißt du was, Harry, du bist ein Arsch mit Ohren ... ein ganz großes Arschloch.

Immer mit der Ruhe, Steve, ich –

Du weißt verdammtnochmal genau, wieviel Geld für uns auf dem Spiel steht, und dir ist es scheißegal, ob du deine Piepen verlierst oder nicht, wenn du nur irgend nem Weib deine Nase zwischen die Beine stecken kannst. Leck mich doch sonstwo, Mann.

Ich sag dir, ich muß gehn, und damit basta. Irgend n Weib hat damit überhaupt nichts zu tun. Ich kann auf diesem Fuß kaum stehen. Ich bin nicht –

Aaaaahhhh Scheiße, Steve machte eine angewiderte Handbewegung in Harrys Richtung und ging fort. Häng dich auf, von mir aus. He Vinnie! VINNIE!

Jaa?

Komm her.

Harry hinkte davon, während die beiden Teams die Plätze wechselten und Steve Vinnie ins rechte Feld schickte.

Was ist mit Harry?

Der Arsch? Der würd für n Fick nen Mord begehen.

Harry hörte Steves Bemerkung, zwar leise, doch deutlich, und er drückte den Handschuh in seiner Hand heftig zusammen, während er so rasch wie möglich davonhinkte und versuchte, Steves Worte zu verdrängen, indem er seine Gedanken auf Louise konzentrierte und auf die Entfernung zwischen ihm, den beiden Teams und der Hecke, versuchte, die Entfernung bis zur Hecke dadurch zu verkürzen, daß er intensiv an diese Hecke dachte und sich vor allem die Tatsache zum Bewußtsein brachte, daß er, sobald er die

Hecke erreicht hatte, um die Ecke biegen konnte und auf diese Weise sowohl Steves Blicken wie denen der Spieler entschwand und der Lärm des Spiels würde bald nur noch ein gedämpftes Dröhnen sein und alles, was das Spiel betraf, seinem Auge entrückt, hinter ihm liegen.

Harry hastete um die Hecke herum, rannte beinahe in sie hinein, und ein kleiner Zweig streifte sein Gesicht; er lahmte nun immer weniger und beschleunigte den Schritt, als seine Ohren sich mit dem Lärm spielender Kinder und dem des Straßenverkehrs füllten, und er sah Louise langsam vor sich her gehen. Er verfiel in eine Art Trab und holte sie rasch ein.

Ihr Freund war wohl böse.

Wer, Steve? Aber nein. Der brüllt gern, sonst gar nichts. Aber nun will ich Ihnen mal was sagen.

Und zwar?

Ich hätte jetzt nichts gegen eine Tasse Kaffee einzuwenden.

Sie sah ihn einen Augenblick an, dann lächelte sie. Das ist kein Problem. Ich hab immer nen Topf voll auf dem Herd stehen.

Prima, er lächelte und strich zart mit den Fingerspitzen über ihren Handrücken. Wo wohnen Sie?

Seventh Avenue. Nicht weit von hier.

Als sie an die Ecke kamen, blieb sie stehen und nannte ihm die Adresse und die Nummer ihres Apartments. Es ist wohl besser, wenn wir nicht zusammen reingehen, warten Sie bitte ein paar Minuten.

Er erwiderte ihr Lächeln und nickte. Klar. Ich verstehe.

Während Louise weiterging, wandte Harry sich nach links und schlenderte einmal um den Block, um sicher zu sein, daß er mindestens fünf Minuten nach ihr das Haus betrat. Harry wußte nicht mehr, wie oft er das schon getan hatte, er genoß es von Mal zu Mal mehr: den Vorgeschmack, die Erwartung, jene nagende Erregung im Unterleib und jene beklemmende Vorahnung und das vage Angstgefühl, ausgelöst durch die unbekannte Größe, die sich in jeder Situation dieser Art verbarg, die Möglichkeit, daß die angegebene Adresse gar nicht die ihre war, oder die, daß das Ganze anders verlief, als er es sich vorgestellt hatte, dazu die Möglichkeit, daß ihr Mann vielleicht zu Hause auf sie wartete oder plötzlich auftauchte und alles sich als schlechter Scherz entpuppte. Es gab unendlich viele Möglichkeiten, obwohl bis jetzt keine davon eingetreten war, doch daß sie eintreten könnten, erhöhte Harrys Erregung. Als er sich ihrem Haus näherte, lag in seinem Gang eine gewisse sieghafte Beschwingtheit.

Harry wollte sich abends mit ein paar Freunden in einem Kino in der Nachbarschaft einen Film ansehen. Nach dem Essen streckte er sich auf seinem Bett aus und wartete darauf, daß es Zeit fürs Kino wurde. Er empfand ein unterschwelliges, undeutliches Unbehagen, das er sich nicht erklären konnte. Mit dem Essen hatte es nichts zu tun – es handelte sich nicht um eine Magenverstimmung. Er wußte nicht, was mit ihm los war. Er fühlte sich einfach unbehaglich. Und es konnte auch nichts mit Wie-hieß-sie-doch-gleich – Loui- … ach ja, mit Louise zu tun haben. Das war genauso eine Routinesache gewesen wie die Mahlzeit, die er soeben zu sich genommen hatte. Sie hatte das Kind schlafen gelegt, und sie waren ins Bett gegangen. Harry hatte den Kaffee abgelehnt, da er seine Sache gründlich machen und abhauen wollte, bevor unter Umständen eine peinliche Begegnung mit ihrem Mann stattfand. Und sie war genausogut gewesen wie irgend n anderes Weib – putzmunter und irgendwie ausgehungert. Für eine Nachmittagsnummer war es eigentlich hoch hergegangen und hatte ziemlich lange gedauert.

Nein, das war es nicht. Es hatte auch sonst keinerlei Peinlichkeiten gegeben, zum Beispiel, daß das Kind aufwacht und ins Zimmer kommt und von Mommy umarmt werden will. Alles war glatt und unkompliziert über die Bühne gegangen. Er glaubte auch nicht, daß es irgend etwas mit dem Softball-Spiel zu tun hatte. Das war nicht so wichtig, ein Spiel wie jedes andere auch, obwohl er gern gewußt hätte, wie es ausgegangen war. Er hatte flüchtig daran gedacht, jemanden anzurufen und sich danach zu erkundigen, doch er kam sich irgendwie beobachtet vor und fand einfach den Dreh nicht, den Hörer abzuheben. Das konnte er ja immer noch erfahren … er hatte auch gar keine Lust, ne große Sache daraus zu machen. War ja auch gar nicht so wichtig. Und selbst, wenn sie verloren hatten, so war es nicht seine Schuld. Er hatte sich gut gehalten. Mehr konnte man von ihm nicht erwarten! Besser als so mancher andere. Es hatte wirklich kein Grund vorgelegen, bis zum Ende des Spiels dort rumzuhängen. Ach was, zum Teufel damit. Das kommt schon alles wieder in Ordnung. Geh ins Kino und denk nicht mehr dran.

Nach der Vorstellung gingen sie ins Casey, mal sehen, was los war. Harry hatte bereits erfahren, daß sie das Spiel gewonnen hatten, und da der zweite Film unglaublich komisch gewesen war, hatte er gute Laune. Im Lokal trafen sie die andern, und Harry schlug Steve auf den Rücken. Ich höre, ihr habt die Kerle fertiggemacht.

Na ja, wir haben nicht gerade Hackfleisch aus ihnen gemacht.

Aber geschlagen habt ihr sie, oder?

Ja, aber dir haben wir das nicht zu verdanken.

Komm Steve, fang nicht schon wieder an.

Wenn ich nicht der beste *Softball-pitcher* von ganz Brooklyn wäre, hätten wir vielleicht nicht gewonnen.

Was moserst du dann rum?

Steve lächelte und klopfte Harry auf den Rükken. Ich mosere nicht, ich kann dich verstehen, Harry. Eine steife Latte hat kein Gewissen, stimmts? – er lachte – im Sturm ist jeder Hafen recht. Aber weißt du, was schlimm ist an dir? Er nahm die Hand von Harrys Schulter. Schlimm an dir ist, daß du keinen Teamgeist hast.

Was soll das heißen, ich hab keinen Teamgeist?

Genau das, was es heißt. Wir sind alle Freunde. In derselben Nachbarschaft aufgewachsen und all der Scheiß, aber das kümmert dich nicht.

Ach hör doch auf. Ich hab genausoviel Teamgeist wie du oder sonstwer – Harry wußte, daß das stimmte. Er dachte oft daran, und er kannte seine Einstellung gegenüber seinen Freunden und vielleicht noch ein bißchen mehr.

Kann schon sein, Steve lächelte, aber dann weißt du es jedenfalls gut zu verbergen. Vielleicht hast du Köpfchen und all das, aber du bist n Arsch – schon gut, gibst du jetzt einen aus oder nicht?

Harry lächelte, warf einen Geldschein auf den Tresen und gab Steve einen Drink aus.

Harry mochte seinen Job, und die Arbeit machte ihm Freude. Die Firma, für die er tätig war, hatte genau die richtige Größe für seine Ansprüche und Ambitionen: Sie war zwar groß, jedoch nicht riesenhaft; groß genug, um unbegrenzte Möglichkeiten für Gehaltsverbesserung und Aufstieg zu bieten, jedoch nicht so riesenhaft, daß sie Harry verschlungen und aus ihm eine Nummer auf einer Computer-Lochkarte gemacht hätte. Und da die Firma so viele verschiedenartige Interessen verfolgte, war seine Arbeit nie langweilig, sondern eher aufregend, sie forderte ihn, weil jedes neue Problem sich von dem vorhergehenden unterschied.

Harry trat seine Stelle bei der Lancet Corporation an, unmittelbar nachdem er das Brooklyn College absolviert hatte. Er beendete sein Studium mit Hilfe des Wehrdienststipendiums, Hauptfach Betriebswirtschaft, Nebenfach Buchhaltung. Als in seinem letzten Studienjahr der Personalchef der Lancet Corporation ihn um eine Unterredung bat, stellten sie beide sogleich fest, daß sich ihre Interessen trafen. Und so wurde Harry einen Tag nach der Abschlußfeier Mitglied der Planungsabteilung.

Harry war liebenswürdig, er kam mit seiner Arbeit und den anderen Angestellten ausgezeichnet zurecht und war bei seinen Kollegen beliebt. Er stieg rasch auf und zählte nach wenigen Jahren zu den jüngeren leitenden Angestellten, denen eine glanzvolle Karriere vorausgesagt wurde. Gleich zu Beginn hatte er, um sich für die Planungsabteilung der Lancet Corporation besser zu qualifizieren, einen Abendkurs belegt. Er dachte, das würde ihn nicht nur in seiner Arbeit weiterbringen, sondern auch diejenigen, auf die es ankam, beeindrucken, und er irrte sich in beiden Fällen nicht.

Die Zukunft sah rosig aus und der Weg eben. Gelegentlich dachte Harry White flüchtig über diese Dinge nach und wünschte sich dann – nicht in dankbarer Bescheidenheit, sondern eher ungeduldig – Beförderung, mehr Geld, Besitz und Ansehen *jetzt*.

Als Student am Brooklyn College hatte Harry zuletzt kaum genug Schlaf bekommen, nicht weil er so außergewöhnlich viel Zeit fürs Studium gebraucht hätte, sondern wegen seines höchst rührigen Liebeslebens. Als er bei der Lancet Corporation anfing, lebte er zunächst mehr oder weniger enthaltsam, wie damals, als er mit dem College begann, doch als die Zeit verging und er sich in der Firma eingelebt hatte und sicherer fühlte und der Reiz der Neuheit abgeklungen war, ließ er sich allmählich wieder treiben, zu dem zurück, was ihm den Spitznamen Harry der Aufreißer eingetragen hatte. Doch abgesehen davon, daß er montags zuweilen mit leicht geröteten, trüben Augen aufkreuzte, waren seine »auswärtigen Interessen« für ihn weiter kein Problem. Er hatte immer ein Fläschchen mit Augentropfen in seiner Schreibtischschublade und ließ gelegentlich seinen Kollegen gegenüber beiläufig etwas von einer angeborenen Sehschwäche fallen, durch welche sich die hin und wieder auftretende Rötung seiner Augen erkläre. Er dachte nicht weiter darüber nach, ob jemand ihm das abnahm, aber es machte ihm Spaß, diese Geschichte zum besten zu geben.

Nachdem Harry seine amourösen Aktivitäten etwa ein Jahr lang auf die Wochenenden beschränkt hatte, stellte er fest, daß er unkonzentriert arbeitete, daß ihn irgend etwas ablenkte. Nicht die Frauen im Büro, sondern eine Unruhe tief innen, und er ertappte sich dabei, wie er immer früher auf die Uhr sah (ist es endlich 5?), während irgendeine Anspannung in ihm immer mehr zunahm. Allmählich dehnten seine Wochenenden sich bis in den Montag hinein, dann begannen sie bereits am Freitag, und dann war es ihm einfach nicht mehr möglich, seine Aktivitäten auf bestimmte Abende zu beschränken. Er sah sich gezwungen, seinem inneren Drang zu folgen.

Schließlich war es so weit, daß Harry seinen Lunch so rasch wie möglich hinunterschlang und dann ziellos durch die Straßen wanderte. Nicht einen Augenblick dachte er daran, diese neue Angewohnheit mit dem kribbeligen Gefühl in Verbindung zu bringen, das ihn gelegentlich überfiel, auch gestand er sich nicht ein, daß das Ganze bereits zur Gewohnheit geworden war. Es war einfach etwas, das er gern tat, besonders bei schönem Wetter, und es drang nicht in sein Bewußtsein, daß er unweigerlich hinter dieser oder jener Frau her schlenderte, bis es wieder Zeit fürs Büro wurde.

Bald aß Harry nicht mehr in der Kantine, sondern bestellte schon zeitig telefonisch ein Sandwich zum Mitnehmen, holte es sich dann und ging in den Central Park, setzte sich an den See und aß seinen Lunch. Keine Frage, daß das weit erholsamer war, als in der überfüllten Kantine Schlange zu stehen und dann in all dem Lärm und Rauch sein Sandwich hinunterzuschlingen, also schlenderte er lieber die wenigen Blocks bis zum Park und sah den Enten zu, wie sie die Spiegelbilder der Wolkenkratzer zum Zittern brachten.

Harry liebte die ersten warmen Frühlingstage über alles, an denen man den schweren Wintermantel zu Hause lassen konnte und nur einen Pullover oder eine leichte Jacke brauchte. Und die Farben! O ja, Harry liebte die Frühlingsfarben. Nicht so sehr die der Bäume und Blumen, obwohl Harry gern seinen Blick auf ihnen ruhen ließ, ebenso wie auf den Vögeln, doch Harry war eigentlich nie genau das, was man einen Naturschwärmer nennt, obwohl er sich beeilt hätte, zu betonen, daß er die natürlichen Dinge liebe ... *au naturel.* Die Frühlingsfarben, die Harry liebte, befanden sich auf den bunten Kleidern der Frauen, wenn diese, von den unförmigen, dicken Wintersachen befreit, mit wohlgeformten Beinen die Straßen entlangtänzelten. Duftige Kleider, die ihre Rundungen umspannten, die Augen glänzend und die lächelnden Gesichter leicht gerötet von der sanften Brise, die ihnen durch das Haar wehte und das Kleid gegen die sanfte Wölbung des Unterleibs preßte, gegen die Innenseite der Schenkel, dort, wo sie sich trafen, gegen den Venusberg. Aaaaahhhh, Frühling, Frühling, wenn die Erde und alles auf ihr wiedergeboren und einem jungen Mann ein wenig der Kopf verdreht wird.

Und heute war ein so schöner Frühlingstag, wie man sich ihn nur wünschen konnte. Der Himmel war blau, mit ein oder zwei Wolken, die Vögel flatterten durch die Baumkronen und flogen über den See dahin oder stießen plötzlich auf ihn herab, und eine attraktive junge Frau saß, wenige Meter vom Wasser entfernt, auf einer Bank. Harry schluckte den letzten Bissen hinunter, warf das Papier in einen Papierkorb, schlenderte zum Seeufer hinüber und befand sich nun unmittelbar vor der jungen Dame. Seine Finger spielten ein wenig im Wasser, dann drehte er sich langsam um und starrte auf ihre gekreuzten Beine, besonders dorthin, wo das Bein in die Rundung des Hinterns übergeht. Er kaschierte in keiner Weise weder das Starren selber noch wohin er starrte, und nach einigen Augenblicken stellte sie, ohne Harry eigentlich anzusehen, ihr übergeschlagenes Bein neben das andere und zog ihren Rock, der kaum die Knie bedeckte, hinunter. Harry starrte immer weiter hin, bis sie anfing, unruhig hin und her zu rükken, dann erhob er sich und ging, offen und herzlich lächelnd und ihr gerade in die Augen sehend, auf die Bank zu. Er hatte irgendwo gelesen, daß die Hauptwaffe Wyatt Earps seine Augen seien, sein stahlblauer Blick, der die Menschen scheinbar durchdrang und geradezu festnagelte. Genau das tat Harry. Er starrte die Frauen an und legte all sein Verlangen in seinen Blick. Diese hier bemühte sich geradeaus zu sehen, schaffte es jedoch nicht, sich seiner Annäherung zu widersetzen. Er nahm neben ihr Platz, und sie bereitete sich innerlich auf die übliche Einleitung des Gesprächs vor, wie etwa: Ein schöner Tag heute, oder: Können Sie mir sagen, wie spät es ist, oder sonstwas in der Art, doch Harry begann mit einem seiner Schmetterbälle: Ihr Mann kann sich glücklich schätzen.

Sie drehte den Kopf, sah ihn erstaunt an, und ein Lächeln entspannte ihre Züge. Ich verstehe nicht recht.

Nun, er starrte ihr in die Augen und seine Begierde war eine Sekunde lang wie mit Händen zu greifen, doch gleich darauf lächelte auch er und machte eine verbindliche Geste, ich meine, er weiß, daß Sie auf ihn warten, wenn er nach Hause kommt. Sie sah ihn fragend an, doch der Zug um ihren Mund wurde weicher. Harrys Gesicht öffnete sich in einem strahlenden Lächeln. Da er weiß, daß Sie auf ihn warten, ist ihm sicher den ganzen Tag nach Pfeifen zumute.

Sie warf den Kopf ein wenig zurück. Ha, das meinen *Sie.*

Ach, tun Sie doch nicht so. Ich weiß genau, daß es so ist.

Sie wolln mich wohl aufn Arm nehmen, sie hob die Brauen und lächelte geziert.

O nein. Es ist mein Ernst. Ich weiß es genau: Es muß ihm den ganzen Tag versüßen, daß Sie zu Hause auf ihn warten.

Etwas lockerte sich in ihr, sie kicherte, und Harry sah, wie die Anspannung unter seinem Lächeln langsam aus ihrem Körper wich. Sie sind mir einer, sie schüttelte den Kopf und lächelte, ein richtiger Witzbold.

Oh, das sollten Sie nicht sagen, er legte dramatisch die Hand aufs Herz, Sie treffen mich zutiefst. Sie lachte plötzlich laut auf, und während Harry sie anblickte, nahm er einige Tauben wahr, die über ihnen und um sie beide ihre kurvenförmigen Kreise zogen, und er fragte sich, was sie wohl täte, was für ein Gesicht sie machen würde, wenn eine der Tauben ihr plötzlich auf den Kopf schisse oder auf die Nasenspitze ... doch fast gleichzeitig fiel ihm ein, daß der Vogel ja ebensogut auf *ihn* scheißen könnte, also verdrängte er diese Vorstellungen möglichst rasch durch den Gedanken, daß sie und ihr Mann offensichtlich so ihre Probleme hatten. Er lächelte und bewegte die Hände, verstehen Sie jetzt? Ihr Lachen hat bewirkt, daß mir das Leben plötzlich Freude macht.

Sie lächelte und schüttelte den Kopf. Sie sind mir einer, stand auf und sah auf die Uhr.

Sie gehen doch nicht schon, oder?

Doch, ich muß zurück an die Arbeit.

Ach, das ist aber schade, er machte sein hilflostrauriges Gesicht.

Tut mir leid, sie lächelte warm, doch Job ist Job. Sie bringen einen zum Lachen, aber ich muß wirklich gehen.

Gestatten Sie mir wenigstens, meine Kalesche zu rufen, damit Sie nicht zu Fuß durch diese garstigen Gassen wandeln müssen?

Sie sind Ihr Geld wert, sie begann lächelnd den Weg hinaufzugehen, der zur Fifth Avenue führte.

Bitte machen Sie sich nicht über mich lustig, Sie könnten von Wegelagerern belästigt werden. Sie fuhr fort zu lachen, und er machte eine tiefe Verbeugung mit der entsprechenden Handbewegung. Gestatten Sie mir zumindest, Ihnen meinen Schutz angedeihen zu lassen, Mylady.

Jetzt nehmen Sie mich aber wirklich auf den Arm, sie lachte laut auf.

Also gut, sein Gesicht nahm einen verletzten Ausdruck an, wenn Sie mir nicht erlauben, meine

Kalesche kommen zu lassen, wie wärs mit einer Rikscha – er sah ihr mit gespieltem Ernst in die Augen – einem Fahrrad – sie schüttelte den Kopf und kicherte – einem Skateboard – beide lächelten, und Harry breitete die Arme aus – wie wärs mit Huckepack?

Vielen Dank, nein. Ich glaube, es ist sicherer, wenn ich auf meinen eigenen zwei Beinen über die Straße gehe.

Okay, er lachte. Sitzen Sie in Ihrer Mittagspause immer hier am See?

Hhhmmmm, sie zuckte die Achseln, das kommt darauf an.

Dann sagen wir doch gleich morgen, um dieselbe Zeit auf derselben Bank.

Wir wollen sehen, sie zuckte die Achseln und lächelte, wenn schönes Wetter ist …

Es wird bestimmt schön, ich garantiere dafür.

Ich muß gehen, sie lächelte und tauchte in der Menge unter.

Harry sah ihr nach, und als sie sich, bevor sie das Gebäude betrat, umwandte, winkte er, ihr Lächeln erwidernd, mit der Hand und ging zurück in sein Büro.

Er fühlte sich weitaus lebendiger und gelockerter als vor nur einer Stunde. Er kam zehn Minuten zu spät, achtete jedoch nicht auf die Zeit, machte sich konzentriert an seine Arbeit und schenkte für den Rest des Tages Wie-hieß-sie-doch-gleich keinen Gedanken mehr.

Am nächsten Tag schlenderte Harry zum Park und sah sie auf der Bank sitzen. Jesus, ihr Alter fällt ihr offenbar wirklich auf den Wecker. Harry lächelte in sich hinein und schlenderte weiter, auf die Bank zu. Verzeihen Sie, Ma'am, hätten Sie wohl die Güte, einem erschöpften Proletarier zu gestatten, diese Bank mit Ihnen zu teilen? Sie sah ärgerlich auf, ein plötzliches Lächeln erhellte ihre Züge, sie schüttelte den Kopf und lachte. Was ist denn so komisch?

Sie schüttelte, immer noch lachend, den Kopf. Sie sehen nicht aus wie ein Proletarier.

Er tat, als sei er beleidigt, und sagte schmollend: Sie haben mich zutiefst verletzt. Schließlich – sie kicherte – ist es immer noch besser, ein Prolet zu sein als ein Stockfisch. Sie fuhr fort zu kichern, winkte mit beiden Händen ab und schüttelte den Kopf. In Harrys Gesicht zuckte es, und er lachte, als er sich neben sie setzte.

Übrigens, ich heiße Tom, und Sie, Sie Lachtaube? Er lächelte und sah ihr in die Augen.

Lachtaube? Daß ich zuviel lache, hat man mir lange nicht gesagt, aber ich hab wohl wirklich gelacht.

Das kann man wohl sagen. Wie eine Proletarierin. Bevor Harry das Wort ganz ausgesprochen hatte, lachte sie schon wieder und suchte in ihrer Handtasche nach einem Taschentuch. Harry sah ihr zu und lachte. Schließlich richtete sie sich auf, atmete einige Male tief durch und betupfte sich Augen und Nase mit ihrem Taschentuch. Sie zwinkerte mit den Augen und drehte sich zu Harry. Mein Gott, ich hab so gelacht, daß ich jetzt Bauchschmerzen habe. Jeder Muskel tut mir weh.

Sie sind offenbar aus der Übung.

Wird wohl so sein, sie wischte sich über Augen und Nase, steckte das Taschentuch in die Handtasche zurück und lächelte Harry mit einem bittenden Ausdruck an. Genug, okay? Ich glaub, ich kann nicht mehr.

Okay, er lächelte, aber Sie haben mir immer noch nicht gesagt, wie Sie heißen. Dann werd ich wohl raten müssen.

Nein, nein. Bitte, Harry kicherte, ich heiße Mary.

Na also, schon besser. Ich käm mir komisch vor, wenn ich Kumpel oder Mack zu Ihnen –

Sie kicherte schon wieder und hob bittend die Hände. Sie habens mir versprochen. Genug.

Okay, er hob die Hand, genug. Also, Sie sind Mary und arbeiten dort drüben.

Genau, sie nickte, als Sekretärin. Und Sie heißen Tom und arbeiten –

Da unten, nur n Stück die Straße runter. Armstrong & Davis. Ein kleines Konstruktionsbüro. Vorwiegend Fachberatung in hochspezialisierten technischen Einrichtungen.

Oh, das klingt interessant …

Sie plauderten weiter, bis Mary plötzlich auf die Uhr sah und sagte, es sei zehn nach, ich muß zurück ins Büro.

Schon so spät? Dann geh ich besser auch.

Sie gingen den Weg hinunter, bis zur Straße, und Harry wartete, bis Mary die Kreuzung überquert und das Gebäude betreten hatte, bevor er sich auf den Rückweg in sein Büro machte, da er nicht wollte, daß sie sah, welche Richtung er einschlug.

Er hastete zurück ins Büro, wohl wissend, daß er sich verspätet hatte, und zwar, bis er wieder vor seinem Schreibtisch saß, um etwa zwanzig Minuten, doch es blieb weitgehend unbemerkt, und er stürzte sich mit Schwung in seine Arbeit.

Der folgende Tag war ein Donnerstag, und Harry beschloß, den Rest der Woche über langsamer zu treten. Erstens wollte er sich nicht wieder verspäten. Und zweitens wollte er Mary ein Weilchen zappeln lassen. Für ihn fing der Tag erst nach Feierabend an, und es bedeutete für ihn einen zusätzlichen Reiz, sie zappeln zu lassen, denn er wußte, daß sie frustriert war, daß sie und ihr Mann es nicht miteinander konnten und daß sie danach gierte, daß etwas *passierte,* egal was, und wenn es nur das war, am frühen Nachmittag auf einer Bank im Park zu sitzen und ein bißchen Aufmerksamkeit erwiesen zu bekommen. Mann, je länger er darüber nachdachte, desto mehr erregte es ihn.

Doch er mußte ein wenig Zeit totschlagen, also dachte er sich, er würde in den Park gehen und sich vergewissern, daß sie auch wirklich da war. Als er sich dem Park näherte, lächelte er im stillen und spürte eine Wärme in sich, doch dann wurde die Wärme von einer unbestimmten schleichenden Furcht verdrängt, und er ging schneller, voll ängstlicher Erwartung, ob sie auch wirklich da säße. Er hatte sich vorgenommen, möglichst umsichtig zu Werke zu gehen, um ganz sicher zu sein, daß sie ihn nicht sah, doch als der Gedanke Gestalt annahm, sie könne nicht gekommen sein, vergaß er sein Vorhaben, und statt auf der Fifth Avenue zu bleiben und über die Hecken zu spähen, ging er den Weg hinunter, konnte jedoch die Bank nicht sehen, da zu viele Spaziergänger und herumstehende Leute ihm die Sicht verstellten, und er befand sich bereits einen oder zwei Meter vor ihr, als die Menge sich plötzlich lichtete, doch sie hatte den Blick ins Weite, übers Wasser gerichtet, und es gelang ihm noch rechtzeitig, sich wieder in die Gewalt zu bekommen und den Park zu verlassen, bevor sie ihn entdeckt hatte.

Als er wieder auf der Straße war, blieb er einen Augenblick stehen, und ihm wurde bewußt, wie schnell sein Herz schlug und daß er seinen Puls in den Ohren spürte. Er blickte in ein Schaufenster, atmete einmal langsam und tief durch, betrachtete sein Spiegelbild und lächelte bei dem Gedanken, daß Wie-hieß-sie-doch-gleich dort saß und auf ihn wartete. Er lachte in sich hinein und verbrachte den Rest seiner Mittagspause damit, die Fifth Avenue entlangzuschlendern, die Auslagen zu betrachten, Frauen anzusehen und sein Machtgefühl auszukosten.

2

Harry saß am Tisch, seine Mutter trug das Essen auf, sein Vater tranchierte den Braten und teilte das Fleisch aus. Harrys Eltern waren an diesem Abend ganz besonders glücklich und zufrieden. Sie waren alle drei zur Goldenen Hochzeit eines Ehepaares eingeladen, Freunde der Eltern von Harrys Mutter, die diese schon ihr ganzes Leben kannte. Es würde so richtig festlich werden, mit Familie und lieben Freunden, von denen sie die meisten nur zu so besonderen Gelegenheiten wie dieser sahen. Doch was sie ganz besonders glücklich machte, war die Tatsache, daß Harry sie begleiten würde. Harry war ein guter Sohn und war es auch immer gewesen, und als einziges Kind war er ihr Augapfel und der Mittelpunkt vieler Hoffnungen und Träume, doch nun, inzwischen ein Mann, verbrachte er immer weniger Zeit mit ihnen und hatte meistens etwas vor, besonders an den Wochenenden, und so waren sie ganz aufgeregt vor Glück, mit ihrem Sohn, ihrem Stolz und ihrer Freude, gemeinsam etwas zu unternehmen. Dieser Abend würde ein richtiger Familienabend werden. Eine Familienfeier, bei der sie als Familie auftreten würden.

Als Harry satt war, klopfte er sich auf den Bauch und sagte seiner Mutter, es habe herrlich geschmeckt. Du bist die beste Köchin der Welt, er lächelte sie an.

Danke, mein Junge, es freut mich, daß es dir geschmeckt hat, sie strahlte, als sie das Geschirr abräumte. Kaffee?

Ja, bitte.

Sie saßen und rauchten und tranken Kaffee, aus dem Hintergrund ertönte, ganz leise, Radiomusik, jeder genoß die Gegenwart der anderen und die allgemeine Unterhaltung. Drei Menschen sitzen um einen Eßtisch, ein Mann und eine Frau, ein Vater und eine Mutter – und ihr einziges Kind, ein junger Mann, der Freude in ihr Leben bringt. Die Atmosphäre war geruhsam und entspannt, der Zigarettenrauch stieg fast senkrecht in die Höhe und geriet nur dann in Bewegung, wenn plötzlich Gelächter die Luft erschütterte. Die Liebe saß mit am Tisch.

Nachdem sie angekommen waren, führte Mrs. White Harry von den einen alten Freunden der

Familie zu den anderen und stellte ihren Sohn voll Stolz vor, erzählte ihnen von seiner guten Stellung und seiner gesicherten Zukunft und was für ein guter Sohn er sei, der Stolz und die Freude seiner Eltern, während Harry sein strahlendstes Lächeln aufsetzte, sobald die alten Freunde ihm die Hand schüttelten, lächelten und ihr sagten, sie sei glücklich zu preisen, doch, doch, sehr glücklich zu preisen, daß du so einen guten Sohn hast, aus dem gleichen Holz geschnitzt, wie es sich gehört, wie? Gleicht seinem Vater aufs Haar, nicht wahr? Wie aus dem Gesicht geschnitten. Aber er hat deine Augen, Sara. Doch, die hat er. Ganz ohne Zweifel. In dunkelster Nacht könnte man auf eine Meile Entfernung erkennen, daß er dein Sohn ist. Sara White strahlte, und ihr Lächeln hätte man in der Tat in dunkelster Nacht auf eine Meile Entfernung sehen können.

Und Harry ging gehorsam und zufrieden hinter seiner Mutter her, er genoß die Freude, die sein Dabeisein verursachte. Er machte sie glücklich, und das wiederum machte ihn glücklich, und seine Mutter glücklich zu machen war etwas, das er von Zeit zu Zeit versuchte oder doch wenigstens versuchen wollte, doch irgendwie schien es ihm nie zu gelingen, jedenfalls nicht ganz und gar. Aus irgendeinem Grund kam immer etwas dazwischen, das ihn daran hinderte, seine Mutter zum Lächeln zu bringen, und wenn es ihm doch gelang, tat oder sagte er gleich darauf etwas, das seine Bemühungen zunichte machte.

Doch heute würde er das nicht zulassen. Er fühlte sich wohl, gelockert und ausgeruht und hatte vor, alles dafür zu tun, daß es *ihr* Abend wurde. Und er lächelte jedesmal im rechten Augenblick so, wie man es von ihm erwartete, und beantwortete die üblichen Fragen mit einer Verbeugung, einem Lächeln, einem leisen Lachen und dann einem: Aber natürlich, jetzt erinnere ich mich. Ganz genau. Mr. und Mrs. Lawry – oder Little oder Harkness oder wer oder was auch immer. Es machte keinen großen Unterschied, die Geschichten waren sich alle sehr ähnlich – wie er aussah und was er getan hatte, als er zwei oder drei oder vier war, oder an welches süße oder niedliche Alter sie sich nun gerade erinnerten. Und wenn Mrs. White und Harry das eine Paar verließen, um zu einem anderen zu gehen, wußte Harry, daß sie lächelten und sagten, was für ein netter Junge er doch sei.

Harry hatte sein schönstes Lächeln für diesen Abend aufgesetzt, und selbst als seine Mutter damit durch war, ihn mit den verschiedenen Leuten bekannt zu machen, fuhr er fort zu lächeln, in den

Raum voller bekannter und unbekannter Gesichter hinein. Als er seine Großmutter entdeckte, verstärkte sich sein Lächeln, er schloß sie in die Arme und küßte sie und hielt sie kurze Zeit in dieser Umarmung fest. Wie geht es dir, Großmutter?

Oh, mir gehts gut, mein Junge. Du weißt schon, das alte Mädchen ist nicht unterzukriegen, ihre Augen blitzten. So ists richtig, er küßte sie auf die Stirn.

Und wie geht es dir, mein Junge? Alles in Ordnung?

Aber ja, prima. Könnt nicht besser sein.

Oh, das freut mich aber, ich –

ACHTUNG! ACHTUNG! ALLE MAL HERHÖREN!!!!

der älteste Sohn des Jubelpaares schwenkte die Hände über seinem Kopf hin und her, ich bitte um einen Augenblick Gehör … wir haben jetzt einen Trinkspruch auszubringen. Hallo Mom, Pop, kommt bitte hierher. Sie gingen durch den Raum, angetan mit ihrem besten Staat, die Gesichter gerötet und mit glänzenden Augen, so freudig und aufgeregt wie Kinder am Weihnachtsabend, wenn sie staunend vor dem geschmückten Baum stehen und die Kugeln, das Engelshaar und die Kerzen anstarren, die prallgefüllten langen Strümpfe und Geschenke und völlig in der erregenden Weihnachtsatmosphäre aufgehen. Der Sohn stand hinter ihnen und legte die Arme um seine Eltern. Und nun soll bitte jeder sich ein Glas nehmen, falls er noch keines hat. Die anderen Kinder des Jubelpaares reichten Tabletts mit Manhattans herum und stellten sich dann in die Nähe ihrer Eltern. Mr. und Mrs. White gesellten sich zu Harry und seiner Großmutter. Okay, hat jetzt jeder seinen Drink???? Sehr gut. Er hob sein Glas, die anderen folgten seinem Beispiel. Auf Mom und Dad und fünfzig kurze schöne Ehejahre. Darauf, daß sie sich lieben und uns lieben und die Welt zu einem schöneren Ort gemacht und noch ein bißchen mehr bevölkert haben – Kichern und Gelächter – wir alle wünschen euch Gottes Segen in Glückseligkeit … eure fünf Kinder … eure zwölf Enkel … eure zwanzig Urenkel … und alle eure Schwiegertöchter und -söhne. EIN HOCH! SIE LEBEN HOCH! UND VIEL GLÜCK! HOCH! HOCH!! HOCH!!! Und alle riefen Hoch und nippten an ihrem Drink, während die Familienmitglieder das strahlende Jubelpaar küßten, und bei jedem Kuß erklang ein neues Hoch. Nach dem endlosen Defilee wurde der Hochzeitswalzer gespielt, und sie drehten sich auf dem Parkett, gemessen, langsam, glücklich, und jeder griff nach jemandes Hand, und alle sahen dem tanzenden Paar zu, und sie blickten einander in die Augen, feierlich und voller Freude. Ehegatten, Eltern und Kinder, und umarmten einander und sahen mit feuchten Augen den Tanzenden zu.

Harry hatte den Arm um seine Großmutter gelegt, seine Mutter hielt seine Hand. Als der Walzer zu Ende war, riefen wieder alle Hoch! und das Jubelpaar verneigte sich ein wenig, wie zwei schüchterne Kinder, und wurde schließlich von den vielen Menschen umringt und war nicht mehr zu sehen. Weißt du, Harry, sie sah zu ihm hoch, noch eine Spur der Tränen in den Augen und das Gesicht weich von zärtlichen Erinnerungen, dein Großvater und ich wären im kommenden Oktober auch fünfzig Jahre verheiratet gewesen, wenn er noch lebte, Gott sei seiner Seele gnädig.

Harry lächelte ihr zu, dann nahm er ihr das halbvolle Glas aus der Hand und stellte es neben das seine auf einen Tisch. Los, Großmutter, jetzt tanzen wir beide. Sie gingen zu den anderen tanzenden Paaren hinüber und Mr. und Mrs. White strahlten voll Stolz, als sie sahen, wie die beiden sich unter die Tanzenden mischten, dann taten sie es ihnen gleich.

Es schien, daß jedesmal, wenn Harry sein leeres Glas abstellte, irgend jemand ihm ein volles dafür in die Hand drückte, und so fühlte er sich allmählich immer freier und gelöster. Und seiner Großmutter ging es nicht anders. Der halbe Manhattan war ihr zu Kopf gestiegen, und sie tanzte, wenn man es so nennen will, mit einem alten Freund, warf die Beine und schwenkte die Hüften in einer Art von mißverstandenem Brooklyn-Cancan. Harry klatschte wie die anderen, seine Eltern eingeschlossen, in die Hände, während sie seiner tanzenden Großmutter zusahen, doch nach wenigen Minuten schon ließ sie sich mit einem langgezogenen *Puuuuhhhh* auf einen Stuhl sinken und genoß das Gelächter und die allgemeine Aufmerksamkeit.

Harry ging zwischen den Gästen umher und nippte langsam und bedachtsam an seinem Drink, da er nicht schon wieder ein leeres Glas absetzen wollte, um dafür ein volles in die Hand geschoben zu bekommen. Er begann den Alkohol zu spüren und wollte nichts riskieren. Er drückte seine Zigarette in einem Aschenbecher auf einem Couchtisch aus, und als er sich aufrichtete, wäre er um ein Haar einer Frau in die Arme gefallen, die ihre Drinks mehr als nur spürte. Als er gegen sie stieß, hielt sie sich instinktiv mit beiden Armen an ihm fest, um nicht hinzufallen, und Harry griff ihr stützend unter die Achseln. Als die gegenseitigen Ausrufe und Entschuldigungen – Hoppla ... Verzeihung … Vorsicht … doch nichts passiert? – zu Ende waren und beide wieder fest auf den Beinen standen, gab Harry ihre Arme frei, doch sie ließ die ihren auf seinen Schultern liegen. O Gott, es tut mir wirklich leid. Ich hoffe, ich hab Ihnen nichts übern Anzug gegossen oder sonst was.

Nein, nein. Es ist nichts passiert, er lächelte, alles okay.

Wie heißen Sie, sie hatte den Kopf auf die Seite gelegt und sah ihn mit leicht geöffnetem Mund an.

Harry. Harry White, er erwiderte ihr Lächeln und ihren Blick.

Ich heiße Gina. Gina Logan. Früher hieß ich Gina Merretti, aber das ist lange her, sie machte eine entsprechende Handbewegung. Sagen Sie ruhig Gina zu mir.

Nett, Sie kennenzulernen, Gina, er nickte und lächelte.

Harry, wiederholte sie mit leicht spöttischem Ausdruck, gar nicht so schlecht.

Danke, er lachte.

Warum tanzen Sie nicht mit mir, Harry? Kommen Sie.

Okay, warum nicht? Er zuckte die Achseln, legte die flache Hand auf ihren Rücken und sie mischten sich langsam unter die Tanzenden.

Harry reagierte auf Gina mit einer Art Pawlowschem Reflex, und seine Abschätzung und Bewertung ihrer Qualitäten geschah rascher, als er denken konnte. Sie war wohl in den Vierzigern, Anfang Vierzig, wirkte jedoch mindestens fünf Jahre jünger, wenn nicht mehr, obwohl sie ganz offensichtlich etwas zuviel getrunken hatte, was ihr Aussehen veränderte. Alles in allem nicht übel, das Weib – ihre linke Hand klebte an seinem Nacken, feucht, warm und lebendig –, und seine Blicke wanderten beifällig über den Teil ihres Busens, der sich aus dem tiefen Ausschnitt ihres Kleides hob. Er bemühte sich, das Dunkel zwischen ihren Brüsten mit den Augen zu durchdringen, doch das war nicht möglich, also nahm er einfach seine Phantasie zu Hilfe und seine Erfahrung, um sich, fast greifbar, die pralle Rundung ihrer Brüste vorzustellen, dazu die purpurnbräunlichen Brustwarzen. Vor etwa zwanzig Jahren war sie wahrscheinlich eine heiße italienische Nummer gewesen – seine Handfläche preßte sich gegen die Nacktheit ihres Rückens, und ihr schwarzes Haar streifte seine Wange – und hatte immer noch dieses Gewisse in den Augen und im Arsch – und, Mann, ihre Dose glühte förmlich, wenn sie sich, vom einen seiner Schenkel zum andern, an ihm rieb. Er spürte die kalte, metallische

Sicherheitsgarantie ihres Eherings an seinem Nakken – er wußte, daß sich irgendwo zwischen diesen köstlichen Halbkugeln ein paar kurze schwarze Haare befanden, die er nur zu gern mit den Zähnen ausgerissen hätte – Sie sind ein guter Tänzer, sie sah mit halbgeschlossenen Augen und halbgeöffnetem Mund zu ihm hoch, es gefällt mir, wie Sie Ihren Körper bewegen – er könnte ihren Reißverschluß ein kleines Stück öffnen und seine Hand ihren Rücken hinuntergleiten lassen und weiter in ihr Höschen bis zu diesem prima Arsch und zwischen die Hinterbacken, er spürte die kleinen Schweißperlen und wie ihr Hintern sich an seiner Hand rieb, während er sie an sich preßte – Sie machen es einem leicht, wir passen gut zusammen. Mein Mann tanzt nicht. Früher son bißchen, aber jetzt nicht mehr, zu müde, sagt er. Nun ja, er arbeitet wohl sehr hart (nicht so hart wie mein Riemen). Doch ab und zu braucht der Mensch n bißchen Spaß, sie sah wieder zu ihm hoch, mit dem gleichen, unverblümt auffordernden Ausdruck, wenn Sie wissen was ich meine. O ja, er nickte und lächelte, ich weiß. Und außerdem, wer weiß, was er in diesem Augenblick in Poughkeepsie treibt? (POUGHKEEPSIE! Heiliger Strohsack!) Was tut er denn dort? Das interessierte Harry wirklich. Geschäfte. Immer Geschäfte.

Die Musik brach plötzlich ab, und Harry wurde sich seines Ständers bewußt. Das war ihm nicht etwa peinlich, aber auf einer Party wie dieser konnte er nicht einfach mit ihr in einen Wandschrank steigen oder in den Keller gehen und ihr auf die schnelle einen verpassen. Nicht daß er die schnelle Tour besonders schätzte, nachdem er sie schon aufgegeben hatte, bevor er zwanzig war, doch er spürte den Alkohol und das Drängen seines erigierten Gliedes, und einen Moment lang tauchte das Bild des Hinterhofs und des Schattens unter dem riesigen Baum vor ihm auf. Er befreite sich aus ihrem Griff und entschuldigte sich. Ich bin gleich wieder da. Er ging ins Badezimmer, schloß die Tür und spritzte sich kaltes Wasser ins Gesicht. Vielleicht sollte ich ein kaltes Sitzbad nehmen, hahahaha. Er trocknete sich das Gesicht, sah in den Spiegel, dann hinunter auf den Hosenschlitz, dann wieder in den Spiegel. Na also, scheint alles wieder in Ordnung zu sein. Mann, das Weib würd ich gern ficken.

Er verließ das Badezimmer und stand einen Augenblick da und ließ den Blick durch den Raum schweifen, bis er Gina mit einer kleinen Gruppe von Leuten in einer Ecke sah. Sie wandte ihm ihr Profil zu, und die Rundung ihres Hinterns schien das Licht zu reflektieren. Er beugte sich in ihre Richtung vor – eine steife Latte hat kein Gewissen –, drehte sich dann abrupt um und ging ein paar Schritte zurück auf seine Großmutter zu und setzte sich neben sie.

Na, wie gehts, altes Mädchen?

Oh, mir gehts gut, mein Junge. Ich hab jede Menge Spaß. Es tut wohl, so viele alte Freunde wiederzusehen und dazu all die Jugend, die sich so gut amüsiert.

Du meinst so grünes Gemüse wie dich selbst? Er lächelte und schielte aus dem Augenwinkel zu Gina hinüber und überlegte, ob er wohl zumindest versuchen sollte, ihre Telefonnummer in Erfahrung zu bringen, zur späteren Verwendung. Auch fragte er sich, in welchem Verhältnis Gina wohl zu den anderen Gästen stand und wer es unter Umständen rauskriegen könnte, wenn er ihr unter den Schlüpfer ging, und was dann geschehen würde. Seine Leute würden wahrscheinlich vor Scham tot umfallen und –

Komm, May, dieser Tanz gehört mir. Ein alter Freund, Weggenosse vieler freundlicher Jahre, stand mit ausgestreckter Hand vor Harrys Großmutter.

Also gut, Otto, wenn du darauf bestehst, aber du wirst mir aus diesem Sessel hier helfen müssen. Otto zog und Harry schob und alle lachten.

Harry sah den beiden zu, wie sie tanzten, schielte aber aus dem Augenwinkel immer noch in Ginas Richtung. Er lächelte, und ein warmes Gefühl stieg in ihm auf, als er das alte Paar sich auf der Tanzfläche drehen sah, die Bewegungen ein wenig steif, und doch ging eine gewisse Würde von ihnen aus, wie sie so miteinander und mit ihren Erinnerungen tanzten.

Harry sah ihnen zu und lächelte, doch langsam und unaufhaltsam wanderte sein Blick zu Gina, bis er die Tanzenden nur noch als einen undeutlichen Fleck im Augenwinkel wahrnahm, und er fühlte sich beinahe erleuchtet durch das von Ginas Hintern und Titten reflektierte Licht, als sie plötzlich – Jesus, sie ist nicht nur jemandes Tochter, sie ist höchstwahrscheinlich auch jemandes Mutter. Oh, oh. Das taugt nichts. Fehlanzeige, Mann. Vielleicht später mal. Die Alten wären am Boden zerstört. Vergiß es!

Harry sang leise die Worte zu dem alten Tanzlied vor sich hin, das gerade gespielt wurde, und konzentrierte sich auf die Tanzenden und die Leute in seiner Umgebung. Als seine Großmutter sich schließlich lachend und mit einem Seufzer in ihren Sessel fallen ließ, nahm er ihre Hand in die seine, drückte einen Kuß darauf und hielt sie mit sanftem Druck fest. Du warst ganz groß, Großmutter. Du verstehst das Leben zu nehmen, einfach großartig. Sie lachten. Harry liebte seine Großmutter, und plötzlich überfiel ihn der Gedanke, daß sie eines Tages, vielleicht schon bald, tot sein würde. Noch einmal küßte er ihre Hand.

Nachdem Mrs. White angeregt hatte zu gehen – Mutter wird allmählich müde, und es ist schon ziemlich spät, was meinst du, Mutter? Ja, Liebe, ich bin müde. Und wohl doch schon zu alt und abgetakelt, um so rumzuhopsen, sie lächelte aus ihrem Sessel hinauf in die Gesichter über ihr und freute sich kindlich über ihren eigenen Humor –, fragte sie Harry, ob er sie alle nach Hause fahren würde. Harry hatte nichts als Ginas Hintern im Sinn, während er aus dem Augenwinkel zu ihr hinüberschielte, wobei er den Schweiß zwischen ihren Hinterbacken auf seinen Fingerspitzen spürte. Wie? Was? stammelte er verwirrt, zwinkerte ein paarmal heftig und konzentrierte sich auf die Worte seiner Mutter, als sie ihre Frage wiederholte. Oh ... ach so ... ja, klar. Dann wolln wir mal die alte Dame nach Hause bringen.

Als Harry an diesem Abend zu Bett ging, ließ er die Jalousie an dem einen Fenster nicht herunter, so daß über einem Hausgiebel ein Stück Himmel sichtbar blieb. Er lag auf dem Rücken und ließ die Gedanken wandern. Szenen und Bilder zogen gemächlich und beruhigend vor seinem geistigen Auge vorüber, und es kostete ihn keine Mühe, Ginas Bild aus diesem Reigen auszuschließen. Er fühlte sich mit seinen Angehörigen verbunden, und Wärme durchflutete ihn, als hätte man ihm etwas injiziert, wenn er an ihre glückliche Zufriedenheit dachte: wie seine Eltern miteinander getanzt und einander angesehen hatten, wie seine Großmutter gelacht und geweint hatte, als sie ihren alten Freunden bei deren goldenem Ehrenwalzer zusah – Mann, die alte Dame kann so bleiben –, doch das Bild, bei dem er am längsten verweilte und an das er am liebevollsten zurückdachte, war das seiner Mutter, als sie ihm den Gutenachtkuß gab, wobei das Glück sich nicht nur in ihren Augen widerspiegelte, sondern förmlich aus ihren Fingerspitzen sprühte. Danke, daß du mitgekommen bist, Lieber, das war für uns die Krönung des Abends. Und wie glücklich du deine Großmutter gemacht hast – ja, mein Sohn, sein Vater klopfte Harry auf den Rücken und umfaßte mit festem Druck seine Schultern, es war wunderbar, daß wir den ganzen Abend zusammen verbringen konnten. Das gibts nicht alle Tage. Ja, da hast du recht, er lächelte seinen Eltern zu, drückte den Arm seines Vaters und küßte seine Mutter auf die Wange, ich hab mich großartig amüsiert …

Harry kostete noch ein bißchen das Gefühl aus, das die Erinnerung an diese Szene in ihm wachrief, das Bewußtsein, seine Leute glücklich gemacht zu haben, bis die Bilder sich überschnitten und langsam auflösten, dann zog er die Jalousie herunter, ließ sich wieder ins Bett fallen und sank in friedlichen Schlaf.

Am nächsten Tag, einem Sonntag, schlenderte Harry ins Casey – und kam kurz nach seinen irischen Freunden dort an, die gleich nach der 12-Uhr-Messe hingestürzt waren, da die Bar um 1 Uhr öffnete. Er hing ein Weilchen dort rum und ging dann mit einigen der Jungs ins Kino. Nach der Vorstellung gingen sie ins Fin Hall, ein kleines Tanzlokal in der Nachbarschaft.

Die Stühle waren noch nicht angewärmt, da tanzte Harry bereits mit einer Frau, die sich in Begleitung ihrer jüngeren Schwester hier die Zeit vertrieb, während ihr Mann sich auf einer Angeltour befand. Nach ein paar Tänzen kam Harry an den Tisch zurück und sagte zu den anderen, also bis morgen, und ging mit Irma fort.

Heiliger Jesus, habt ihr das gesehen? Ich hab mich noch nicht mal entschlossen, mit wem ich tanzen soll, und der hat sich schon eine untern Nagel gerissen. Einer schüttelte den Kopf und sah Harry bewundernd und voll Staunen nach.

Der Junge ist unglaublich. Wenns im ganzen Laden auch nur *ein* Weib gibt, das sich aufs Kreuz legen läßt, die hat Harry schnell am Wickel.

Ja, so schnell, daß sie es gar nicht mitkriegt. Sie lachten und sahen neiderfüllt, wie Harry sich durch die Menge am Rand der Tanzfläche schob, die flache Hand auf Irmas Kreuz.

Irma zufolge hatten sie jede Menge Zeit. Ihr Mann käme gewöhnlich erst gegen fünf oder sechs Uhr morgens zurück, jedenfalls niemals vor zwei, und das wäre nur einmal der Fall gewesen. Harry, immer noch in der gehobenen Stimmung des Vorabends, sprudelte über vor Tatendrang, warf seine Kleider auf einen Stuhl und landete, dumpf aufprallend, mit einem Kopfsprung auf dem Bett und griff auch schon nach Irma, die, noch im Höschen, neben dem Bett stand und dabei war, ihren BH aufzuknöpfen. Er packte sie um die Taille und küßte sie aufs Kreuz, dann drückte er seinen offenen Mund auf die Stelle, wo die üppige Rundung begann, und blies heiße Luft auf ihren Körper. Irma schrie auf, seufzte, oooohhhte und keuchte, alles zur gleichen Zeit, und ließ sich willenlos von Harry aufs Bett ziehen. Sie umschlang ihn mit den Armen, während er ihren Hals küßte und ihre Brüste und sich dann mit den Fingerspitzen bis unter ihr Höschen vorarbeitete und weiter, das Dickicht durchdringend, ins Gelobte Land. Irma wand sich und griff wie im Krampf nach Harrys Kopf und Armen und Schultern und seinem Rücken und dem Laken, nach allem, was ihre Hände fanden, während sie sich unter der ihr plötzlich zuteil gewordenen Zuwendung hin und her warf.

Plötzlich fiel Harry Wie-hieß-sie-doch-gleich ein, wie sie auf der Parkbank saß und auf ihn wartete – richtig, Mary hieß sie –, und das Gesicht zwischen Irmas Brüsten vergraben, fing er unvermittelt an zu kichern. Ihre linke Hand war in Harrys Haar verkrallt, und nun zog sie leicht daran. Hör mal, vielen Dank. Ich würd auch gern mal lachen. Harry sah sie an und lachte nun wirklich, und sein Gesicht zeigte so viel Lebensfreude, daß Irma lachen mußte, so was Komisches hab ich noch nie erlebt. Sie ließ sich zurückfallen und warf den Kopf lachend hin und her, ihre Hand krallte sich immer noch in Harrys langes Haar, während die seine sie an den kurzen Haaren gepackt hielt. Das find ich auch, Tränen in den Augen, schüttelte er den Kopf, und so lagen sie da, lachend und die Hände in Haaren, bis Harry endlich aufhörte, den Kopf zu schütteln, tief Atem holte und seinen Mund mit ihrer Brust füllte, was nicht nur seinem Lachen, sondern höchst wirkungsvoll auch dem ihren ein Ende setzte.

Er mußte zwischendurch immer wieder an Mary denken, und irgendwie bewirkte der Gedanke an ihr Verhältnis zu ihrem Mann, an die Kälte, die offensichtlich zwischen ihnen herrschte, und an die Tatsache, daß sie auf jener Bank saß und auf ihn wartete und daß er das wußte, daß seine Erregung sich über Stunden auf gleicher Höhe hielt. Als Harry sich, gegen drei Uhr morgens, schließlich fertig machte, um zu gehen, lag Irma im Bett, sah ihm zu, wie er sich anzog, und murmelte, Mann, du weißt aber wirklich, woraufs ankommt. Du solltest mit meinem Mann reden und ihm n paar Tips geben.

Nichts lieber als das, er lachte und zog sich ein letztes Mal Hose und Jacke zurecht, vielleicht komm ich nächste Woche mal vorbei und wir spielen Monopoly. Irma, erschöpft, lachte leise und strich sich zart über den Bauch. Harry winkte ihr ein Lebewohl zu, als er das Zimmer verließ, und Irma hob, die Finger bewegend, die Hand.

Auf der Straße blieb Harry einen Augenblick stehen und sog die frische Luft ein. Nach ein paar Tagen in einem Fischerboot sollte ihrem Mann der Geruch im Schlafzimmer ganz normal vorkommen. Harry lachte laut auf und setzte sich in Bewegung. Sein Gang war federnd und schwungvoll. Die Nachtluft erfrischte ihn; am Himmel glitzerten ein paar Sterne. Es war eine schöne Nacht, eine schöne Welt, und dieses Wochenende wahrscheinlich das beste Wochenende seines Lebens … Ja, nicht nur *seines* Lebens – aller Leben.

Das Rütteln der U-Bahn am Montagmorgen erleichterte es Harry, seine verklebten Augen richtig zu öffnen, Wimper für Wimper, während er an der Halteschlaufe hing und schlaftrunken Schilder, Reklamen, Gesichter, Hinterköpfe, Zeitungen, Magazine und sein eigenes verschwommenes Spiegelbild im Fensterglas wahrnahm. Nachdem er sich aus dem von Menschen geschaffenen Durcheinander von Mensch und Maschine befreit hatte, eilte er so rasch wie möglich in die Kantine und bestellte sich ein Kännchen Kaffee mit einer Extraportion Zucker und dazu ein Käsebrot.

Im Grunde war es gar kein schlechter Tag. Es gab genügend Arbeit, um Harry auf Trab zu halten, doch nichts darunter, was übermäßige Anforderungen an ihn gestellt hätte, und er war jung und gesund und imstande, sich aus einer Nacht voller Lustbarkeit und Kapriolen rasch in den Berufsalltag zurückzufinden. Zur Lunchzeit dachte er kurz an Wie-hieß-sie-doch-gleich und hätte sich gern vergewissert, ob sie wartend auf der Bank saß, war jedoch nicht in der entsprechenden Stimmung. Statt dessen bestellte er sich telefonisch ein Sandwich, machte es sich in der Halle bequem und ruhte seine rotgeränderten Augen aus.

Der Rest des Nachmittags ging, alles in allem, ziemlich rasch vorbei, und Harry fuhr, wieder in Gedränge und Geschiebe, nach Hause, verbrachte mit seinen Leuten einen ruhigen Abend vor dem Fernsehschirm, was sie froh machte, und ging früh zu Bett. Heute nicht allzuviel getan, aber morgen wird Dampf dahinter gemacht.

Ah, ein guter Tag. Morgen, heute, Dienstag. Eine Bildungsfahrt zur Arbeit, er blätterte in den verschiedensten Zeitungen – *Daily News* (Sport und Seite vier), *Daily Forward* (jüdisch), *The Enquirer, La Prensa, Times* – in *Newsweek,* im *New Yorker,* im *Mad Magazine,* in *Harold Robbins, Albert Camus* (Camus um acht Uhr morgens in einer überfüllten U-Bahn?), *Lady Clairol* (hat sie oder hat sie nicht, nur ihr Gynäkologe weiß es genau), eine stoßsichere Dose (mmmh, nicht uninteressant) und ein dunkelbrauner Leberfleck mit mindestens fünf dicken, sich fühlergleich ausstreckenden schwarzen Haaren, und jede Menge Räuspern und Husten. Harry tauchte als wahrer Kosmopolit aus dem Erdloch auf, als Überlebender aus dem Tunnel der Finsternis. Er stand einen Augenblick an der Ecke, inmitten des Quietschens und Hupens und Zischens und Rennens, und atmete tief durch, dann machte er sich auf den Weg, um den Kampf mit den Industriegiganten aufzunehmen.

Ein tatkräftiger Morgen und die Bewältigung einiger nicht übermäßig schwieriger Probleme und dann die Glocke zur Mittagspause, wenn der leere Magen bereits knurrt. Lunch. Und was ist wohl mit Wie-hieß-sie-doch-gleich?

Hallo, wie gehts? Er lächelte und machte eine kleine Verbeugung. Hallo, großer Unbekannter, die Brauen über einem fragenden Blick leicht gehoben, das ist aber eine Überraschung.

Darf ich mich setzen?

Wir leben in einem freien Land, und dies ist eine öffentliche Parkbank.

Harry setzte sich neben sie, balancierte seinen Lunch auf den Knien und mußte in Gedanken schmunzeln über ihre demonstrative Feindseligkeit und die Gründe dafür. Ich kann Ihnen sagen, es ist schön, wieder zu Hause zu sein, Mary sah ihn mißtrauisch an, nach einem solchen Job.

Sie waren verreist? Ein unüberhörbarer Schimmer von Hoffnung in ihrer Stimme.

Was glauben Sie denn, warum ich sonst unsere Mittagsverabredung nicht eingehalten habe? Er lächelte sie an. Sie denken doch wohl nicht, ich hätts vergessen, oder? Sie zuckte fast entschuldigend die Achseln. Ich bekam, gleich nachdem wir uns das letzte Mal getrennt hatten, einen dringenden Anruf und mußte nach Chicago fliegen.

Ach, wirklich? Ihr gespannter Gesichtsausdruck wich einem Lächeln, und Sie sind gerade erst zurückgekommen?

Gestern, spät in der Nacht. Ich hätte Sie in Ihrem Büro angerufen, aber ich wußte ja nicht, wo Sie arbeiten.

Ach, das ist nicht so wichtig, ich sitz ja doch meistens hier, wissen Sie, sie lächelte, ihre Schultern lockerten sich.

Wie schön, er drückte kurz und herzlich ihr Knie, dann biß er, sie anlächelnd, in sein Sandwich.

Die leichte Brise wärmte, und die Spiegelbilder im Wasser schienen freundlich gesinnt, ebenso die Vögel, die vorbeihüpften und -flogen; hin und wieder hoppelte ein Eichhörnchen über den Weg, machte Männchen und erstarrte mit zuckender Nase. Ein köstlicher Tag, eine köstliche Zeitspanne harmlosen Geplauders, Frohsinns und Lachens, köstliche anderthalb Stunden. Nachdem Harry ihre und seine Papiertüten in den Abfallbehälter geworfen hatte, gingen sie langsam den Weg hinauf, Harrys Hand ruhte leicht auf ihrer

Schulter. Er blieb, bis sie das Gebäude betreten hatte, an der Ecke stehen, dann flitzte er über die Fifth Avenue in sein Büro zurück.

Vierzig Minuten zu spät. Hier und da scheint eine Braue sich eine winzige Spur gehoben zu haben; er vermeint, während er an seinen Schreibtisch hastet, ein wenig mehr Aufmerksamkeit auf sich zu ziehen als sonst. Sollte hinter einer geschlossenen Tür ein Vorgesetzter die Stirn runzeln? Na wenn schon, wenn dem so wäre – das hält nicht lange an. Niemand würde ihn aufknüpfen, weil er ein paar Minuten zu spät gekommen ist. Er würde seine Arbeit mühelos schaffen, und es würde nicht wieder vorkommen. Also glätten Sie Ihre Stirn und beruhigen Sie sich. Alles in Ordnung. Ich mach das hier schon richtig. Auf und ab – so ist das Leben.

Die Mittagspause am folgenden Tag war noch köstlicher. Es gab keine Feindseligkeiten zu überwinden, und sie unterhielten sich gelöst und guter Laune. Harry hatte sich vorgenommen, ein paar Minuten früher wieder zurück zu sein und sah, ohne es verbergen zu wollen, auf die Uhr und sagte zu Mary, daß er auf jeden Fall vor zwei im Büro sein müsse, da er einen sehr wichtigen Anruf aus Chicago erwarte, es hat mit dieser dringenden Sache zu tun, wegen der ich dorthin fliegen mußte.

Worum geht es eigentlich bei dieser so wichtigen Sache? Sie haben mir nichts Genaueres darüber erzählt.

Also, es handelt sich um die Koordinierung verschiedener existierender nationaler und internationaler Kommunikationssysteme zu einem Gesamtverbund für verzögerungsfreie Verteilung telemetrischer Daten und der damit zusammenhängenden fixierten Logarithmen –

Okay, okay, sie lachte und winkte ab, schon gut. Er stimmte in ihr Lachen ein und ließ die Sache auf sich beruhen, sah jedoch immer wieder auf die Uhr.

Das war keine Angeberei, sondern eine Notwendigkeit. Er genoß das Spiel, das er spielte, so sehr, daß er Gefahr lief, die Zeit völlig zu vergessen – wie am Tag zuvor. Und das wollte er nicht. Das Geplänkel mit Mary schärfte aufs neue den Stachel der Erregung in ihm, jenes Zerren und Ziehen der Erwartungen und vagen Vorahnungen, aber er wollte, sosehr er das Spiel auch genoß, deswegen seine Stellung nicht gefährden.

Harry White war fast fünf Minuten zu früh wieder im Büro und saß, als könnte er kein Wässerchen trüben, an seinem Schreibtisch, was auf den finsteren Gesichtern von gestern lächelnde Zustimmung auslöste. Ein Teil des Spiels mit Wie-heißt-sie-doch-gleich bestand natürlich darin, sie zappeln zu lassen. Und je länger sie zappelte, desto größer die Erregung, desto stärker wurde jenes Stechen, und desto mehr breitete es sich in wellenförmigen Schwingungen in seinem Körper aus, bis es die Fingerspitzen erreicht hatte.

Und, natürlich, je länger sie zappelte, desto ängstlicher wurde sie. Er wollte, daß sie sich Blößen gab, wie sie es bereits andeutungsweise tat mit ihren unbeholfenen Versuchen, ihm klarzumachen, daß sie ihn wiedersehen wolle, und nicht nur in der Mittagspause, herauszukriegen, wo er wohnte (sie fragte ihn heute, wie lange er jeden Tag mit der U-Bahn fahren müsse, und er sagte, er führe etwa zwanzig Minuten mit dem Bus) und was er in seiner Freizeit tue und wohin er abends ginge und mit wem …

Harry wich geschickt jeder gezielten Frage aus, wenn er auch zugab, nicht verheiratet zu sein, was sie, wie Harry es vorausgesehen hatte, offensichtlich freute. Und mit jeder Antwort steigerte Harry ihre Neugier, und so wurde ihre gemeinsame kleine Mahlzeit am See oder das Schlendern am Ufer entlang für Harry zu Spiel und Spaß, Erregung und Erholung. Und es war deutlich, daß auch Mary es genoß. Vielleicht noch mehr als Harry und sicherlich auf andere Weise und aus anderen Gründen.

Es gab etwas, und zwar etwas sehr Wichtiges, das es Harry leichtmachte, dieses Spiel immer weiter zu spielen (etwas, das er nie zuvor getan hatte), nämlich die Tatsache, daß er gern mit ihr zusammen war, zumindest die kurze Zeit, die sie jeweils miteinander verbrachten. Und diese Zeit belief sich nie auf mehr als einige wenige Stunden wöchentlich, denn eine von Harrys Spielregeln bestand darin, sie niemals öfter als zwei Tage hintereinander zu sehen und niemals öfter als drei Tage in einer Woche. Nach einigen Wochen wurde das Spiel zum Sport, und Harry wollte, abgesehen von seinen anderen Zielen, feststellen, wie lange er es so weitertreiben könne ... oder vielleicht genauer gesagt: wie lange es ihm Spaß machen würde, das Spiel weiterzutreiben. Ach, schon gut, nur die Zeit kann diese Frage beantworten. Nur die Zeit, die glückverheißende Zeit würde erweisen, wann Harry Wie-heißt-sie-doch-gleich gestatten würde, ihn zu verführen. Lassen Sie mich Ihnen sagen, wie wunderbar es ist zu sehen, wie der Frühling im Central Park in den Sommer übergeht, zu sehen, wie die Büsche und Bäume sich mit jedem Tag dichter belauben und wie die begehrliche Ungeduld in ihrem Blick wächst. O ja, Harry wußte, daß das stimmte, daß New York in der Tat ein Sommer-Festival war.

Ja, und ob es festlich war am See im Central Park: Mary sprach immer häufiger über ihren Mann und wie unzufrieden sie sei und wie enttäuscht von ihrer Ehe. Harry unterließ es klugerweise, ihren Mann anzugreifen, was sie dazu gezwungen hätte, ihn in Schutz zu nehmen und anzuführen, was liebenswert an ihm sei, doch er verteidigte ihn auch nicht und entschuldigte oder erklärte weder sein Verhalten ihr gegenüber noch seinen Mangel an Interesse und Aufmerksamkeit. Er hörte schweigend und teilnahmsvoll zu, als Mary erklärte, ihr Mann sei ein Arschloch, ein großmäuliger Sauhund. Nie, nicht ein einziges Mal, hat er sich neben mich gesetzt und mir zugehört … wie Sie das tun – Harrys Miene drückte Schutzbereitschaft und Verständnis aus –, er stellt einfach den Fernseher an oder geht aus dem Zimmer, und wenn ich ihm nachrenne und versuche zu erreichen, daß er mir zuhört, wenn ich versuche ihm klarzumachen, daß ich ein menschliches Wesen mit Gefühlen und Bedürfnissen und so weiter bin, nennt er mich eine dämliche Ziege und geht einen draufmachen, mit seinen Kumpeln. Oohhhh, sie schüttelte erregt den Kopf, manchmal glaube ich, wenn ich einen Revolver hätt … ich würd ihn erschießen.

Aber, aber, nicht doch, er berührte besorgt ihre Hand, da kämen Sie ja bloß ins Gefängnis und würden mich und alle anderen Menschen Ihrer

Gesellschaft berauben. Mary lächelte Harry an, runzelte jedoch gleich darauf die Stirn, als er sagte, ihr Mann tue ihm leid.

Der und einem leid tun? *Er* ist derjenige, der sich dauernd irgendwo rumtreibt, der kommt und geht, wies ihm paßt, der das Essen runterschlingt, das ich im Schweiße meines Angesichts vorbereitet habe, und dann rülpst er mir ins Gesicht und haut ab, als müßte das so sein. Er haut ab, wohin auch immer, kein Dankeschön, kein nichts. Und läßt mich mit dem schmutzigen Geschirr allein. Jetzt ist Schluß, ich schufte nicht mehr in der Küche. Er kann von Glück sagen, wenn er ein Fertiggericht bekommt.

Sie haben mich nicht verstanden, er tätschelte ihre Hand und lächelte, ich meinte, er tut mir leid, daß er sich des außergewöhnlichen, anregenden Vergnügens beraubt, Ihnen zuzuhören und zu sehen, wie das Licht in Ihren Augen tanzt, wenn Sie sich ereifern.

Oh, ist das Ihr Ernst … daß es anregend ist, mir zuzuhören?

Natürlich, er lachte leise und sah ihr in die Augen, warum sollte ich das denn sagen, wenn es nicht stimmt?

Und so ging das Spiel weiter. Harrys Erregung steigerte sich in dem Maße, wie die ihre wuchs.

Hin und wieder schienen seine Nasenflügel zu zucken, als wittere er eine läufige Hündin, und so führten das Muster des Spiels, das er spielte, sowie Marys verzweifeltes Ringen mit sich selbst und die Vernachlässigung von seiten ihres Mannes dazu, daß Harry klar wurde, das Spiel müsse nun bald sein Ende finden. Jedenfalls diese Phase des Spiels.

Und dann, im wunderschönen Monat Mai (wenn es auch bereits Juni war), reagierte Harry endlich entsprechend auf das Gambit von Mary. Sie saßen auf ihrer Bank und plauderten, und Harry war gerade fertig mit seinem Sandwich und knüllte das Papier zusammen, als Mary sich vorbeugte, um die Krümel von seinem Schoß wegzuwischen, wobei sie sich besonders ausdauernd um ein hartnäckiges Brotkrümchen an der Innenseite seines Oberschenkels bemühte. Harry war, als zirpe etwas in seinem Kopf, und er drückte sein Bein leicht gegen ihre Finger, legte dann die flache Hand auf die ihre, streichelte und drückte sie in unmißverständlicher Weise, wobei er ihr tief in die Augen sah, mit halbgeschlossenen Lidern und kaum merklich geblähten Nüstern. Er spürte ihre Hand zucken und fand endlich die Sprache wieder.

So kann es nicht weitergehen, Mary, er ließ seine Hand langsam von der ihren gleiten und strich mit der andern über ihren Nacken. Ihre Augen schlossen sich für einige Sekunden, während sie sich seiner Liebkosung hingab, und öffneten sich halb, als sie ihn ansah (Mann, ist das Weib scharf).

Was sollen wir tun?

Harry starrte ihr in die Augen, genoß das Spiel und hoffte, er würde nicht herausplatzen.

Wann? Sie rieb ihre Hand an der seinen, Harry lachte in sich hinein und kostete den kleinen Triumph aus, daß *sie* ihn darum bat. Er verstärkte den Druck seiner Hand auf ihrem Nacken ein klein wenig, sie schloß die Augen, und ihr Oberkörper schwankte vor Lust.

Morgen abend, nach der Arbeit.

Sie nickte und wiegte sich unter dem Druck seiner Hand auf ihrem Nacken. Ich werd meinem Mann sagen, daß ich mit Kolleginnen aus dem Büro ausgehe.

Harry nickte, sein Lächeln wurde breit, und seine grauen Zellen tanzten Step; er spitzte sich darauf, wie sie wohl reagieren würde, wenn er ihr morgen nachmittag sozusagen eine Spielplanänderung mitteilte.

Ah, morgen ... ein neues Spiel, ein neues Glück ... haha-haha, warum auch nicht? Ich will Ihnen mal was erzählen über morgen: Was die Leute über morgen sagen, ist eine Lüge. Es kommt. Es kommt immer. Haha, und ich auch. Und Mary? Nein, nicht? Hoho. Wieso das denn? Ich bin sicher, sie kommt … wenn ich sie dazu auffordere … hahaha, hast du Lust zu kommen, Schätzchen? He, Louie, komm wieder mal vorbei, auf einen Reispudding. Sei mein Gast. Morgen ist ein neuer Tag … mit Rabatz und Ringelpiez mit Dranfassen. Schreite herab diesen mit dreiundzwanzig Jungfrauen gesäumten Pfad. Mary? O nein, sie hat nichts dagegen. Hahaha. *Morgen* ist ein *neuer* Tag …

Und welche böse Nachricht bringt Ihr ihr? Eine Botschaft des Schmerzes oder der Freude? Ah, ja, Schmerz oder Freude? Wie soll ich darauf antworten? Mit einer wegwerfenden Handbewegung? Mit einem Zucken der Achseln? Einem Nicken des Kopfes? Oder mit der schrecklichsten aller Antworten, mit einer Gegenfrage? Also, wenn Ihr darauf besteht, eine Gegenfrage. Wie pocht ihr Herz? Wie beschleunigt sich ihr Atem? Und sagt mir, pocht und klopft ihr fiebernder Puls nicht in den Adern? Und wie bebt jener strotzende Venusberg zwischen üppig-weichen Schenkeln? Sicherlich, das Pochen pocht, und das Klopfen klopft, und das prickelnde Prickeln kriecht ihr unter die Haut. Ich will Euch sagen, was ich der harrenden Maid bringe: die Freude des Schmerzes und den Schmerz der Freude …

Jaa, du hast verdammtnochmal recht. Hin-ei-ei-n in die Spalte, in die feuchte, hungrige Spalte.

Am nächsten Tag verließ Harry frühzeitig das Büro und begegnete Mary an der Straßenecke.

Tom, was tun Sie hier, ich –

Ich muß mit Ihnen sprechen, Mary, er griff nach ihrem Arm und zog sie mit sich.

Mary sah ihn an, überrascht und verwirrt. Was ist los? Sie machen so ein ernstes Gesicht, so … irgendwie beunruhigt. (Ausgezeichnet, Dr. White. Behalten Sie diesen Ausdruck kurze Zeit bei, und wir sitzen wieder fest im Sattel.)

Vor einer Stunde kam ein Anruf aus Chicago, ich muß heute abend hinfliegen.

Tom, nein! Nicht heute abend, Tom, der Glanz in ihren Augen erlosch.

Und ich hab keine Ahnung, wie lange ich bleiben muß, der bekümmerte Ausdruck seines Gesichts paarte sich nun mit wilder Verzweiflung – und Begierde. Er sah ihr tief in die lichtlosen Augen. Dies war die vorletzte Runde des Spiels. In wenigen Minuten würde sie ihn entkleiden und ihn voll Gier auf sich herunterziehen.

Mary erwiderte starr seinen Blick, dann entdeckte sie ein Schild an dem Gebäude auf der anderen Seite der Straße, HOTEL SPLENDIDE. Tom, sieh dort, sieh, und er drehte sich um und sah auf das Schild und dann wieder in ihre glänzenden Augen.

Oh, und sing ein Lied, einen Sack voll Hafer, und all son Unsinn. Das Weib war hungrig, geradezu ausgehungert. So sehr, daß Harry es tatsächlich mit der Angst bekam und einen Augenblick nicht nur das ganze Spiel verwünschte, sondern auch um ein Haar ein Stoßgebet gen Himmel gerichtet hätte, er möge ihn erlösen. Sie hatten nicht allzuviel Zeit (weit weniger, als sie wußte), und nachdem die erste Runde vorbei war, gabs weder ein Zigarettenpäuschen noch irgendwelches Geschäker, weil sie soviel wie möglich in die Scheuer einbringen wollten (gar nicht schlecht, ein richtiges Bonmot), und so machte sie sich schmatzend über seinen Riemen her und es lief ihm kalt über den Rücken bei dem Gedanken, sie sei vielleicht sone Art Kannibalin, die ihn fressen würde, doch als er aufschrie, entschuldigte sie sich und ihre Tischmanieren besserten sich und Harry wünschte ihr mit einem Seufzer der Erleichterung und einer *laissez-faire-Geste bon appétit.*

Die Zeit war kurz und die Begierde lang, doch sie machten aus dem, was ihnen zur Verfügung stand (und das war, alles in allem, eine ganze Menge) das Beste. Ihr gemeinsamer *L'Après-Midi d'un Fick* brachte ihnen eindeutig keinerlei Enttäuschungen. Schließlich, als die Zeit und das Berufsethos in ihre hastige Romanze eindrangen, verließen sie sozusagen Bett und Tisch (tut mir so leid, daß du gleich nach dem Essen davonstürzen mußt – auch nicht schlecht) und gingen unter die Dusche.

Diese bestand aus einem großen, flachen, über der Wanne aus der Wand ragenden Gebilde, das an einen Gießkannenkopf erinnerte und einem ein Gartengefühl vermittelte. Sie seiften einander ein und massierten sich mit dem Schaum und hin und wieder versteckte er die Seife in Mary und bald stellten sie fest, daß Zeit und Beruf noch ein wenig würden warten müssen und Harry war Mary beim Ausstrecken in der Wanne behilflich und bestieg seine Schöne, während das Wasser herniederrauschte, auf seinem Rücken tanzte und in die Wanne plätscherte, während er vergnügt seine Schöne ritt, den großen Zeh im Abflußloch. Als der Galopp vorbei war (das Hufgetrappel klang noch nach), streckte auch er sich auf dem Rücken aus, neben ihr, und sie ließen das warme Wasser auf sich herunterrieseln und rutschten lachend in der Wanne auf und ab.

Doch leider, leider – dem Ansturm der Zeit ist nicht zu entrinnen, und so wurde der reinigende Sommerregen abgestellt und die Leiber mit unzulänglichen Handtüchern trockengerieben. Als sie damit fertig waren, nahm Harry ihr das Handtuch aus der Hand, ließ, indem er ihr in die Augen sah, seine Hände langsam über Marys Körper gleiten, zog sie dann eng an sich, wühlte sein Gesicht in ihr Haar und liebkoste mit den Lippen ihren Hals. Du bist eine wunderbare Frau, Mary, er küßte sie auf die Schulter, den Hals, die Lippen.

O Tom, sie hatte die Augen geschlossen und schwankte wie in Verzückung, mein Tom, ich liebe dich.

Darauf erfolgte verbal von beiden Seiten nichts weiter; er fuhr noch einige Sekunden fort sie zu küssen, dann zogen sie sich an und gingen, um Beruf und Zeit den schuldigen Tribut zu zollen.

Als sie sich an der Ecke trennten, sah Mary zu Harry hoch, die Augen glänzend, träumerisch, schmal. Du kommst doch bestimmt in den Park, wenn du wieder zurück bist, nicht wahr?

Aber selbstverständlich, er lächelte zart und drückte ihre Hand. Lebewohl, Mary.

Bis bald, Tom.

Harry ging zurück ins Büro, er wußte, daß er sich nicht mehr zu vergewissern brauchte, ob sie wartend am See saß. Sie würde immer da sein, lange Zeit noch. Und, wer weiß, vielleicht würde er eines Tages auf sie zurückkommen. Jawohl … sobald er das nächste Mal einen Dosenlunch brauchte, hahahaha. Doch das Weib war in Ordnung, zumindest solange sie hungrig war. Hungrig, mein Gott, sie war am Verhungern. Aber sie ist unersättlich. Und nicht nur, was den Schwanz angeht. Liebe. Jaa, *darauf* ist sie aus. Ein bißchen Glaube Liebe Hoffnung. Ein wenig Zärtlichkeit und Verständnis. Ich wette, sie könnte eine gute Ehefrau abgeben – aber nicht für mich. Wirklich schade. Wir könnten ein paar gelungene Mittagspausen haben, aber leider sind da die festen Pausenzeiten. Außerdem würde sie sich wahrscheinlich verändern, sobald sie nicht mehr so hungrig war, nachdem sie ein paar gute geregelte Mahlzeiten gehabt hatte.

Aber wie dem auch sei, dies ist das Ende der kleinen Affäre. War ganz lustig, solange es dauerte. Ich bin froh, daß sie nicht allzu sentimental wurde. Macht nicht viele Umschweife, das Weib. Aber es war das erste Mal, daß sie ihrem Alten Hörner aufgesetzt hat und mit einem andern vögelte. Was der sich wohl so denkt, wenn sie heute abend strahlend, gestrafft und glänzenden Auges nach Hause kommt? Wahrscheinlich merkt er es gar nicht. Er muß sone Art Neandertaler sein. Vielleicht hat sie recht, und er ist nichts als n Arschloch. Aber du kannst einen drauf lassen, daß es sich bei ihr in ein paar Wochen ausgestrahlt hat.

Arme Sau. Irgendwie tut sie mir leid. Wahrscheinlich wird sie mich verfluchen ... Doch eines Tages wird sie mir dankbar sein. Zumindest weiß sie jetzt, daß sie nicht zu Hause rumsitzen muß und auf ihren Alten warten. Jetzt weiß sie, daß auch sie zwischendurch mal einen draufmachen kann, hahaha ... Jawohl, sicherlich hab ich ihr ne Menge Zeit und Mühe erspart. Wer weiß, wie lange sie gebraucht hätte, um rauszukriegen, daß auch sie mit andern rummachen kann.

Harry verließ den Fahrstuhl, winkte der Empfangsdame zu und schlenderte zu seinem Schreibtisch. Noch bevor er Zeit gehabt hatte sich hinzusetzen, stand Mr. Wentworths Sekretärin neben ihm. Wo waren Sie?

Zum Lunch. Warum, haben Sie mich vermißt, Louise?

Ich nicht, aber Mr. Wentworth – Harry sah auf seine Uhr –, und der war ganz schön wütend, als er fortging.

O Gott, es ist schon sehr spät, wie?

Also, offen gesagt, es wundert mich, daß es Ihnen der Mühe wert schien, überhaupt noch hier aufzukreuzen – oder bleiben Sie vielleicht die Nacht über gleich hier? Sie lachte leise.

Danke. Ihr Frohsinn hat etwas Erfrischendes, er runzelte die Stirn. Was wollte er von mir?

Die Zahlen für das Compton & Brisbane-Projekt. Das meiste fanden wir auf Ihrem Tisch, aber die Kalkulation und die Datenblätter und noch ein paar andere Sachen waren leider nicht dabei.

O Gott, seine gehobene Stimmung schwand langsam dahin, das muß doch alles da sein, er öffnete eine Schublade, holte einige Notizbücher und Hefter hervor und legte sie auf die Tischplatte. Wozu brauchte er das Zeug denn so plötzlich, er suchte hastig die Papiere zusammen, er hat gesagt, das hätte Zeit bis morgen.

Offenbar hat sich da unerwartet etwas geändert, sie zuckte die Achseln, und er mußte sich schon heute nachmittag mit dem Kunden treffen. Es wäre gut, wenn Sie alles zurechtlegten, er sagte, er würde anrufen, wenn er die Unterlagen braucht. Er dachte, er – oh, da klingelts schon.

Louise ging, und Harry fuhr fort, die verschiedenen Papiere zu sortieren, er hoffte – fast hätte er darum gebetet –, daß Mr. Wentworth nicht anrief. Bei dem Gedanken, daß Louise vielleicht gerade mit ihm sprach, wurde ihm unvermittelt übel. Er drehte sich um und sah in Louises Richtung, sie nickte wiederholt mit dem Kopf und schrieb etwas auf einen Notizblock. Er bemühte sich, durch noch intensiveres Hinstarren ihre Aufmerksamkeit auf sich zu ziehen, doch sie hörte weiterhin konzentriert zu und machte sich Notizen. Ganz plötzlich geriet sein Magen in Aufruhr, und vor lauter Angst und Beklemmung war ihm, als ob sich alles in ihm verknote, samt Fleisch und Knochen. Um Himmels willen, Louise, sieh her, hörst du nicht? Harry spürte seine Zehen kribbeln, und seine Augen begannen von der Anstrengung des Starrens zu tränen. Verdammt noch mal, er preßte die Kiefer aufeinander, ist *er* am Apparat????

Louise legte auf, überflog ihre Notizen und bemerkte jetzt erst, daß Harry sie anstarrte. Einen Augenblick starrte sie zurück und fragte sich, was wohl mit ihm los sei, dann begriff sie, lächelte und schüttelte den Kopf, nein. Erleichterung überkam Harry, als sei ihm soeben Strafaufschub gewährt worden, doch dann wurde ihm klar, dieser würde nur von kurzer Dauer sein – als habe man ihn im letzten Augenblick aus der Gaskammer hinausgeführt, um ihn an den Galgen zu bringen. Er schüttelte den Kopf. Heiliger Jesus, was ist bloß mit mir los? Das ist doch völlig verrückt. Er betrachtete das Durcheinander, das er aus seinen Papieren gemacht hatte, schloß dann die Augen, holte tief Luft und war nun fest entschlossen, sich am Riemen zu reißen, die Sache nicht so tragisch zu nehmen und die fraglichen Unterlagen zu ordnen. Noch ein kurzer Blick darauf, dann begann er, die

Papiere sorgfältig und methodisch in die richtige Reihenfolge zu bringen.

Louise blieb auf ihrem Weg zur Ausgangstür an seinem Schreibtisch stehen. Sieht aus, als wollten Sie die Nacht hier verbringen.

Ja, also – ich … ich hab gedacht, ich bleib vielleicht noch n paar Minuten, er machte ein verlegenes, ein wenig dümmliches Gesicht, nur für den Fall, daß Mr. Wentworth anruft.

Ich glaube nicht, daß er das jetzt noch tut.

Jaja, wahrscheinlich haben Sie recht. Dann hau ich auch gleich ab.

Gute Nacht, Harry. Bis morgen.

Ja, gute Nacht. Harry machte Ordnung auf seinem Schreibtisch und war schon fast im Begriff zu gehen, als er sich entschloß, doch noch bis halb sechs zu bleiben. Er hatte das vage Gefühl, wenn er diese halbe Stunde zulegte, würde alles wieder in Ordnung kommen, würde irgendwie ausgelöscht, was heute geschehen war.

Geschehen???? Ja was zum Teufel war denn eigentlich geschehen? Was soll dieser ganze Unsinn überhaupt? Ich mache meine Arbeit. Was wollen sie von mir? Mein Gott, ich hab doch niemanden umgebracht oder was. Handelt es sich denn nur um *einen* Tag? *Herrgott.* Es scheint Jahre her zu sein, seit ich an der Ecke stand und auf Wie-hieß-sie-doch-gleich wartete ... Irgendwas stimmt hier nicht. Ich kann bloß nicht genau sagen, was. Ein Tag ... Ich mach meine Arbeit gut ... sie haben kein Recht, so auf mir rumzureiten. Scheiße. Weiß ums Verrecken nicht, was es ist, aber irgendwas läuft verkehrt, das ist mal sicher.

Er verließ das Büro und ging ein paar Blocks die Fifth Avenue entlang, in seinem Kopf wirbelten Bilder und Worte durcheinander. Dann nahm er einen Bus und fuhr zur Forty-second Street, stieg aus und ging in westlicher Richtung zum Times Square. Das Gedränge auf den Straßen erschien ihm heute ganz besonders bedrückend, und seine Ohren schmerzten, als stünden sie unter Druck, als würden sie von einem Eispickel durchbohrt, und in den Augen hatte er das Gefühl, als preßten sich zwei Riesendaumen hinein.

Als er bei Grants vorbeikam, aß er dort zwei Würstchen mit Muschelsauce, dann ging er weiter die Forty-second Street hinunter und schließlich in eines der Kinos. Er bekam nicht genau mit, was eigentlich auf der Leinwand passierte, doch es linderte den Schmerz in seinem Kopf. Er hatte in Gedanken den Ablauf des heutigen Tages so viele Male rekapituliert, im verzweifelten Bemühen, den Ereignissen auch nur die Andeutung eines Sinnes zu unterlegen, daß er nun allmählich geistig erschöpft war, und was auch immer auf der Leinwand vor sich ging – es beschäftigte, wenn auch nur oberflächlich, sein Gehirn immerhin so weit, daß der quälende Druck nachließ.

Nach einigen Stunden verließ er das Kino und fuhr nach Hause. Immer wieder schien ihm, als hörte er im stoßenden Rattern der U-Bahn die Worte *Comp*ton & Brisbane, *Comp*ton & Brisbane, und er mußte den Kopf schütteln und sich auf die Mitfahrenden oder die Werbeplakate konzentrieren, bis das Fahrtgeräusch wieder das übliche Klick-Klack war.

Am nächsten Morgen fuhr Harry zeitig ins Büro, um auf jeden Fall schon da zu sein, wenn Mr. Wentworth kam. Er überprüfte die Compton & Brisbane-Unterlagen zweimal, um ganz sicherzugehen, daß sie in Ordnung waren, dann versuchte er, sich ernsthaft mit einer anderen Aufgabe zu befassen, doch war es ihm unmöglich, sich zu konzentrieren, da er unwillkürlich immer wieder zur Tür sah, wobei er mit dem rechten Fuß wippte.

Er wollte weder Kaffee trinken noch sein Käsebrot essen, wenn Mr. Wentworth hereinkam, also verzichtete er heute morgen darauf und wünschte nun, er hätte irgend etwas, womit er den metallischen Geschmack im Mund wegspülen und seinen nagenden Hunger stillen könne. Ihm schien, als würde es in jedem einzelnen Teil seines Körpers, ja selbst in den Spitzen seiner Haare kribbeln vor ängstlicher Erwartung, und er versuchte, den Ausdruck tiefer, versunkener Konzentration beizubehalten, hatte jedoch das Gefühl, als würde seine Gesichtshaut darüber rissig.

Gott sei Dank, endlich war Wentworth da. Harry spürte seinen Puls in den Schläfen und Schweiß auf seiner Brust und unter den Augen, spürte, wie ihm das Herz in der Kehle schlug und wie sein Magen sich krampfhaft zusammenzog. Er folgte Mr. Wentworth mit dem Blick, bereit zu lächeln, falls dieser ihn ansehen würde, doch Mr. Wentworth ging grußlos geradewegs in sein Arbeitszimmer.

Dann wartete Harry … Und wartete … Die Minuten wurden zu Ewigkeiten. Er vermochte es kaum zu glauben, daß die Zeit so langsam vergehen oder daß ihm so schlecht, so elend sein konnte. Immerzu mußte er seine Übelkeit hinunterschlucken, und die Daumen auf seinen Augäpfeln drückten härter und härter. Er saß da und wartete darauf, daß Mr. Wentworth den Summer bediente, sein Fuß zuckte, ob er wollte oder nicht, auf und nieder, seine gesamte Willenskraft konzentrierte sich auf die Beherrschung seines analen Schließmuskels. Ihm war, als wäre seine Haut mit geschmolzenem Blei überzogen, und er wußte, daß er in wenigen Sekunden aufspringen und anfangen würde zu schreien, zu schreien schreien schreien, und er brauchte seine ganze Kraft, um den Schrei hinunterzuschlucken, immer wieder, wie seine Übelkeit. Er spürte stechenden Schweiß im Kreuz und einen beginnenden Krampf in den Zehen seines rechten Fußes, und als der Summer endlich in seine Ohren gellte, schälte sich seine Haut fast von den Knochen.

Kommen Sie mal rein, White. Harry wollte es nicht glauben, doch als er aufstand, drehte sich alles um ihn. Was ist das denn bloß? Das ist doch irre. Er bemühte sich um einen sachlich-geschäftlichen Gesichtsausdruck, doch Geist und Körper waren in einem Maße geladen mit Emotionen, daß er keine Ahnung hatte, wie er wohl aussah – er wußte nur eines, und zwar, daß ihm zumute war wie einem räudigen Schaf, das zur Schlachtbank geführt wird. Nicht nur dieser ganze Gefühlswirrwarr, sondern auch die Tatsache, daß *er* diesen Gefühlen ausgeliefert war, lastete so schwer auf ihm, daß es ihm fast nicht möglich gewesen wäre, die paar Schritte von seinem Schreibtisch bis zu Mr. Wentworths Zimmer zurückzulegen. Erneut bemühte er sich um eine selbstsichere Miene und betrat den Raum.

Sie haben sich gestern eine verdammt ungünstige Zeit ausgesucht, um sich vor der Arbeit zu drücken, White.

Es tut mir leid, Mr. –

Behalten Sie Ihre Märchen für sich. Dafür habe ich keine Zeit. Zum Glück ist es mir gelungen, die Leute zu beschwatzen und sie davon zu überzeugen, sie brauchten die Unterlagen, die ich gestern nicht bei mir hatte, nicht einzusehen, so daß uns der Auftrag nicht entgangen ist, noch nicht, doch – ein lautloser Stoßseufzer von Harry – das haben wir nicht Ihnen zu verdanken. Das mit dem Auftrag wird sich noch herausstellen. Hier sind die Papiere, die ich gestern mitgenommen habe, er warf einige Aktenordner auf den Tisch, sorgen Sie dafür, daß mir *alle* Unterlagen wohlgeordnet jederzeit zur Verfügung stehen. Ich treffe die Leute nächste Woche wieder. Das war ein hartes Stück Arbeit gestern, diese neue Verabredung durchzusetzen, also sehen Sie zu, daß Sie alles entsprechend vorbereiten. Verstanden?

Ja, Sir, ich –

Ich werde Mrs. Wills heute einen eingehenden Bericht diktieren, und Sie bekommen von ihr einen Durchschlag, sobald er abgetippt ist. Ich erwarte von Ihnen, daß Sie in unserer Zusammenfassung alle wichtigen Fakten unterbringen und nichts davon außer acht lassen.

Ja, Sir, ich –

Ich will, daß unser Angebot so hieb- und stichfest ist, daß es sich von selbst verkauft. Hieb- und stichfest.

Ja, Sir, er nickte und nahm die Aktenordner an sich.

Und noch etwas, Harry stand kerzengerade vor ihm und bemühte sich um einen aufgeweckten Gesichtsausdruck. Diese Herumbummelei am Nachmittag – Harry schluckte und flehte stumm um sein Überleben – hat jetzt ein Ende. Haben Sie mich verstanden? EIN ENDE!

Ja, Sir. Er stand stocksteif da und wagte nicht sich zu rühren.

Sie sind einer der fähigsten jungen Leute, einer der hellsten Köpfe, die wir haben, er lehnte sich im Sessel zurück, aber es ist mir schnurz, wie helle Sie sind – die Firma hat keinen Nutzen von Ihnen, wenn Sie sich irgendwo rumtreiben. Haben Sie mich verstanden? Ein kleinlautes Nicken. Ihnen steht bei uns eine große Zukunft offen. Sie besitzen alle Qualitäten, um auf der Erfolgsleiter aufzusteigen … bis zur höchsten Sprosse. *Aber* – und das sollte das Wichtigste in Ihrem Leben sein – Sie müssen es *wollen.* Sie müssen es mehr als alles andere wollen. Das ist der Schlüssel zum Erfolg, zu dem Sie alle Voraussetzungen mitbringen, aber geschenkt wird Ihnen hier nichts. Wir können Ihnen die Möglichkeit bieten, mehr nicht. Die Arbeit müssen *Sie* leisten. Hab ich mich verständlich ausgedrückt?

Ja, Sir, durchaus, er hoffte, daß Mr. Wentworth nun bald fertig war, damit er wieder an seinem Schreibtisch die Füße ausstrecken und zu Atem kommen könnte.

Sehr gut. Und jetzt los, und machen Sie Ihre Sache so, wie ich weiß, daß Sie es können, und wenn Sie damit fertig sind, geben Sie das Ganze Mrs. Wills.

Er schaffte es. Er saß an seinem Schreibtisch, und Körper und Geist gewannen, wenn auch langsam, wieder Leben, und sein Atem ging leichter, er saß viele Minuten nur da und schüttelte ungläubig den Kopf – er konnte es kaum fassen, daß der Aufruhr in ihm nun nachließ und daß er überhaupt so reagiert hatte. Er zitterte immer noch ein bißchen vor Angst.

Als er das Gefühl hatte, er habe nun lange genug an seinem Schreibtisch gesessen, um jeden eventuellen Beobachter beeindruckt zu haben, ging er auf die Herrentoilette. Er wusch sich das Gesicht mit kaltem Wasser, dann setzte er sich auf den geschlossenen Deckel eines Klosetts, um sich einige Minuten auszuruhen. Er wünschte, er könnte sich seiner Kleider entledigen, eine kalte Dusche nehmen und trockene Sachen anziehen. Nach einigen Minuten nickte er mit dem Kopf, erhob sich, ging zurück an seinen Schreibtisch und widmete sich seiner Arbeit. Er konnte nicht mehr allzuviel an dem Compton & Brisbane-Projekt tun, bevor er den Bericht von Louise hatte, also vertiefte er sich in ein anderes Projekt. Während der Arbeit wurde ihm bewußt, daß seine Beine auf und nieder wippten und daß es ihn schon wieder juckte. Er griff sich verstohlen zwischen die Beine und kratzte sich, dann rieb er sich mit der flachen Hand und stellte fest, daß er einen schmerzhaften Ständer hatte. Er mußte plötzlich an Mary denken und ob er wohl den Park aufsuchen – sie würde in wenigen Minuten dort sein – und mit ihr ins Hotel gehen sollte, verwarf den Gedanken jedoch rasch. Heute mußte er hier präsent sein, was auch immer geschah. Aber mein Gott, war er scharf. So arg wars noch nie. Jedenfalls nicht, soweit er sich erinnern konnte. Dieses Gefühl überwältigte ihn geradezu. Er versuchte, sich auf seine Arbeit zu konzentrieren, konnte jedoch an nichts anderes denken als an seine Erektion und an das Kribbeln zwischen seinen Beinen, und wenn er den Blick auf die Papiere auf seinem Schreibtisch richtete, sah er immer wieder Marys behaarte Möse vor sich und spürte das Fleisch ihres Hinterns zwischen den Zähnen oder eine ihrer Titten im Mund, und er rückte unruhig auf seinem Stuhl hin und her, bis er es nicht mehr aushalten konnte, schuldbewußt nach rechts und links schielte, bevor er aufstand, in die Herrentoilette ging und onanierte. Als er fertig war, saß er niedergeschlagen und mit gesenktem Kopf auf dem Klosett, die Hose schlängelte sich um seine Knöchel, Schweiß tropfte ihm vom Gesicht, und er würgte an einer widerwärtigen, bitteren Übelkeit, wie er sie noch nie geschmeckt hatte, und versuchte sich daran zu erinnern, wann er sich das letzte Mal einen runtergeholt hatte, doch es gelang ihm nicht. Er errötete vor Schuldgefühl und Reue und schüttelte verwirrt und verstört den Kopf und fragte sich, warum ihm wohl so zumute war wie eben jetzt.

Scheiß drauf. Er stand auf und zog sich die Hose hoch, wusch sich die Hände, klatschte sich noch einmal kaltes Wasser ins Gesicht und ging dann zum Lunch.

Er verlor sich und seine Gedanken und Gefühle in der Menschenmenge auf den Straßen und in den Geschäften, bevor er in einer Snackbar ein

Sandwich aß, dann ließ er sich wieder in der Menge treiben. Immer wieder sah er auf seine Uhr, damit er auf jeden Fall fünf oder zehn Minuten früher im Büro zurück war als nötig.

Als er wieder an seinem Schreibtisch saß, fühlte er sich abgespannt und verwirrt, stellte aber dankbar fest, daß er sich nicht gegen einen Ansturm unbekannter Empfindungen zur Wehr setzen mußte und also imstande war, ganz in seiner Arbeit aufzugehen. Am späteren Nachmittag gab Louise ihm den fertigen Bericht, in den er sich für den Rest des Arbeitstages vertiefte, und er war geradezu überrascht, als Louise ihm um fünf Uhr auf die Schulter tippte, es sei Zeit, nach Hause zu gehen.

Schon? Jungejunge, die Zeit fliegt einem förmlich davon. Ja, besonders wenn man sich so in die Arbeit vergräbt wie Sie heute. Wissen Sie, Harry, sie beugte sich ein wenig zu ihm herab, Mr. Wentworth hat Sie wirklich gern. Er findet, daß Sie der hellste, angenehmste junge Angestellte sind, den die Firma je gehabt hat.

Danke, Louise, er sah mit dem Ausdruck echter Bescheidenheit und Dankbarkeit zu ihr hoch, das hilft mir weiter.

Ich dachte, es könnte nichts schaden, wenn ich Ihnen das sage. Gute Nacht.

Er legte die Papiere zusammen und verließ das Büro. Sein Schritt auf dem Weg zur U-Bahn war leichter und schneller, es schien ein ganzes Leben her, daß er sich durch die Straßen zum Bus schleppte und dann die Forty-second Street hinunter. Der Grund für diese Beschwingtheit war die große Erleichterung, die er, nachdem er die gefürchtete Konfrontation mit Mr. Wentworth durchgestanden hatte, empfand, und die verhältnismäßige Milde und Kürze der Rüge. Und natürlich hatte es nichts geschadet, daß Louise diese Bemerkung fallenließ. Doch das Gefühl der Erleichterung war im Grunde sekundär, es war freudige Erregung, die seinen Schritt beschleunigte und sein Denkvermögen beflügelte.

Was Louise über seinen Arbeitseifer gesagt hatte, stimmte. Und es funktionierte. Er schob schließlich all die anderen Dinge, die ihm durch den Kopf wirbelten, beiseite und behauptete nach einer Weile das Feld allein, er war erneut der flinke und gewitzte, vielversprechende junge Angestellte. Um noch genauer zu sein: Das einzige, was ihn im Augenblick beschäftigte, war das Compton & Brisbane-Projekt. Irgendwann am Nachmittag, kurz bevor er Schluß machte, schienen sich einige der Informationen in Louises Bericht langsam in etwas einzufügen, das ihm von früheren Spezifikationen her in Erinnerung war, und er beeilte sich, die Sache rasch zu überprüfen und einige Fehlbeurteilungen auszumerzen. Er glaubte einen Weg gefunden zu haben, der nicht nur Zeit ersparen würde, vielleicht eine ganze Woche, sondern auch Geld ... Er war sich nicht sicher, aber es mochten ein paar hunderttausend Dollar sein. Seine innere Erregung ließ ihn das Stoßen und Schleudern der U-Bahn nicht wahrnehmen. Er konnte es kaum erwarten, sich morgen wieder in die Arbeit zu stürzen.

Am nächsten Morgen war er, schon bevor er seinen Kaffee und das obligate Käsebrot intus hatte, intensiv mit seiner neuen Idee beschäftigt. Um zehn wußte er, daß er sich nicht geirrt hatte. Er hielt einen Augenblick inne, brachte dann die verschiedenen Papiere in die richtige Ordnung und studierte das gesamte Angebot noch einmal von A bis Z, um vollständig sicherzugehen, daß er nichts übersehen hatte, und um noch mehr Informationen zur Unterstützung seiner Idee zusammenzutragen. Am Nachmittag war er soweit, seinen Vorschlag Mr. Wentworth zu unterbreiten.

Wieder war er davon überwältigt, wie rasch eine Situation sich in ihr Gegenteil verkehren kann – vor wenigen Tagen hatte ihn die bevorstehende Zusammenkunft mit seinem Chef in Angst und Schrecken versetzt, und heute sah er ihr mit gespannter Erwartung entgegen.

Er hatte eine zusammenfassende Darstellung auf den dafür vorgesehenen Tabellen vorbereitet, die er Mr. Wentworth nun vorlegte und Punkt für Punkt erklärte, wobei er auf die Kundendaten und die Spezifikationen hinwies sowie auf die hauseigene Erfahrung und die Expertise.

Ich glaube fast, Sie haben recht, Harry. Es sieht tatsächlich so aus. Wir würden auf die Weise fünf bis sieben Tage an Zeit einsparen und mindestens ein paar hunderttausend Dollar, verglichen mit dem ersten Entwurf. Und wer weiß, wieviel Geld noch, im Laufe der Zeit. Bei einer solchen Offerte unsererseits kann niemand mit uns konkurrieren. Harry, er klopfte ihm auf die Schulter, Sie haben gute Arbeit geleistet. Ich bin stolz auf Sie.

Danke, Mr. Wentworth, Harry lächelte, das freut mich ehrlich.

Wissen Sie – der Alte konnte seinen Geschäftssinn nicht abschalten –, ich glaube, wir können zusätzlich Geld und Zeit sparen, wenn wir einige Vorgänge aus einem laufenden Geschäft einbezögen und das gleiche im Hinblick auf einen Auftrag täten, der im nächsten Jahr auf uns zukommen dürfte. Aber das braucht Sie nicht weiter zu beschäftigen. Sie machen sich jetzt dran und arbeiten das aus, was Sie hier skizziert haben, und wir werden den Job bekommen. Sie lächelten einander an, und Harry nahm seine Unterlagen an sich, und Mr. Wentworth klopfte ihm auf die Schulter, als er das Büro verließ.

Die folgenden Tage flogen pfeilschnell vorüber, oder doch so schnell, wie ein Pfeil die Hitze und Feuchtigkeit eines New-York-City-Sommers durchfliegen kann. Das Wochenende verbrachte Harry mit einigen Freunden auf Fire Island, inmitten des üblichen hektischen Fire-Island-Irrsinns. Er schwamm, spazierte am Strand entlang, schlenderte über die mit grünen Büscheln getupften Dünen, starrte übers Meer in die Weite, ließ sich von der Brandung umherschleudern, tankte eine ganze Menge Sonne, spielte Volleyball, erduldete die schrille Kakophonie einiger Parties und vögelte ein paar Weiber.

In der folgenden Woche gab es eine Reihe von Dingen zu erledigen, Harry steckte erneut bis über beide Ohren in Arbeit, und so trug ihn sein Hochgefühl weiterhin durch die Tage, die U-Bahnfahrten und die Abende, die er zum größten Teil zu Hause verbrachte und mit seinen Leuten fernsah oder ein Buch las.

Am Ende der Woche hatte Mr. Wentworth den unterzeichneten Compton & Brisbane-Vertrag in der Tasche und sagte zu Harry, er lade ihn ein, an diesem Abend mit ihm auszugehen, als kleines Zeichen seiner Anerkennung. Volles Programm, genau so als wären Sie ein potentieller, umsatzträchtiger Kunde, er blinzelte Harry zu und lächelte.

Paßt mir ausgezeichnet, er lachte leise und nickte.

Sie warteten in ihrer Suite im Plaza auf die Mädchen. Diese erschienen um halb acht, und Harry wußte sofort, daß es ein gelungener Abend werden würde. Harry, dies sind Alice und – Cherry. Ich dachte mir, n Rotköpfchen wär das richtige für Sie, deshalb bat ich Alice, zu sehen, was sich da machen ließe.

Hallo.

Hallo.

Hallo.

Um es genau zu sagen, mir ist jedes Köpfchen recht, rot, braun oder schwarz, aber ich muß zugeben, daß Alice in diesem Fall mit Rot ins Schwarze getroffen hat.

Wentworth goß ein, Eis klirrte in den Gläsern, und sie saßen da und überließen es den kalten Drinks, die Atmosphäre aufzuheizen. Es war Harrys erste Erfahrung mit einer Professionellen, und erst recht mit einem Mitglied des Public-Relations-

Vergnügungs-Komitees – diese Ziehen-Sie-sich-aus-ich-möcht-mit-Ihnen-reden-, Legen-Sie-sich-hin-damit-ich-Sie-besser-verstehe-Sorte. *No business like showbusiness.*

Nach einem oder zwei Drinks gingen sie essen, und Harry beteiligte sich lebhaft an der Unterhaltung und dachte daran, wie er dieser Cherry einen verpassen würde. Und nicht nur einen.

Was er tat. Es war Cherrys gelungenste Nacht, seit sie sich in Public Relations betätigte. Nach dem Essen zogen sie noch durch ein paar Nachtlokale, machten unterm Tisch son bißchen mit Händen und Knien rum und gingen dann zurück in ihre Suite im Plaza.

Als sie im Hotel ankamen, war Harry schon auf 180, und noch bevor Cherry sich all ihrer Kleider entledigen konnte, hatte er sein Gesicht bereits zwischen ihren Schenkeln vergraben. Als er wieder aufgetaucht war, um Luft zu schöpfen, half er ihr beim Ausziehen, und dann scherzten und tändelten sie, bis sie schließlich heiaheia machten.

Am nächsten Morgen war Wentworth wieder ganz Chef, als er die Damen in bar entlohnte und seinen Tascheninhalt überprüfte, um sich zu vergewissern, daß er nichts liegengelassen habe. Als sie am Bordstein standen und auf Taxis warteten, tippte Mr. Wentworth Harry auf die Schulter und verzog sein Gesicht zu einer verschmitzten Grimasse. Kein schlechter Abend, wie, Harry? Die beiden sind in Ordnung. Hoffentlich wars Ihre Kragenweite.

O ja, genau, hat prima geklappt, er versuchte, ebenfalls verschmitzt zu lächeln, jedenfalls was mich angeht. Wentworth lachte und sagte, kurz bevor er die Wagentür schloß: Also bis Montag morgen, Harry, frisch, munter und pünktlich.

Am Sonntagabend landete Harry mit ein paar Freunden in einem Tanzlokal in Sheepshead Bay und verließ es nach kurzer Zeit wie gewöhnlich in Begleitung eines halben Ehepaares, nämlich der besseren Hälfte. Alles lief wie sonst auch, mit einer Ausnahme: Er schlief anschließend ein. Eine Tatsache, die er nicht realisierte, bevor er am Montagmorgen krampfhaft die Augen geschlossen zu halten versuchte, als das Licht ihn störte, und dann plötzlich erkannte, daß er nicht in seinem eigenen Bett lag. Er ließ den Blick wandern, begriff, wo er sich befand, und langsam dämmerte ihm, wie der vergangene Abend verlaufen war. Irgendwann gegen zwei oder drei Uhr morgens hatte Olga (wenn sie so hieß) ihn auf den Bauch gedreht und ihm Nacken und Schultern massiert, und das war das letzte, woran er sich erinnerte. Er setzte sich mit einem Ruck auf, sprang aus dem Bett, ging rasch unter die Dusche, zog sich an, drückte ein Küßchen auf Olgas Gesicht oder auf ihre Arschbacke und haute ab.

Er stürzte nach Hause, um sich umzuziehen. Dann stürzte er zur U-Bahn. Als er schließlich mit einer Hand an einer Halteschlaufe hing, war er ein wenig außer Atem, doch beunruhigte es ihn nicht übermäßig, daß er sich verspätete, obwohl es erst kurze Zeit her war, daß er einen schmerzhaften Rüffel hatte einstecken müssen. Aber schließlich, nach diesem Freitagabend sollte es keinerlei Auseinandersetzungen mit Wentworth mehr geben. Wenn er mich fragt, warum ich zu spät komme, sag ich ihm einfach, daß ich bei einem Weib war und nicht auf die Zeit geachtet habe. Doch er wollte auch nicht übertreiben, und so beschloß Harry, heute auf Kaffee und Käsebrot zu verzichten.

Harry betrat ein paar Minuten vor zehn das Büro, und aus irgendeinem Grund war es für ihn von Wichtigkeit, daß er sich weniger als eine volle Stunde verspätet hatte. Er sah, daß Mr. Wentworth bereits in seinem Arbeitszimmer war, doch das bereitete ihm keinerlei Unbehagen. Er setzte sich an seinen Schreibtisch und schlug den Aktenordner mit dem Angebot auf, an dem er zur Zeit arbeitete. Nach etwa zehn Minuten drückte Mr.

Wentworth auf den Summer, und Harry hob den Hörer ab. Ja, Sir?

White, Dienst ist Dienst und Schnaps ist Schnaps. Der Erfolgreiche bringt das nie durcheinander.

Klick! Ende der Durchsage. Harry brauchte einige Sekunden, um auf das Schweigen zu reagieren, die strenge Stimme und das Klick hallten irgendwo in seinem Kopf nach. Besonders das Klick. Es schien etwas so Endgültiges an sich gehabt zu haben. Etwas Abschließendes. Er legte den Hörer auf und spürte wieder das bohrende Stechen im Gedärm. Lieber Gott, nicht schon wieder. Das ist verrückt. Sich wohl fühlen, sich schlecht fühlen, sich wohl fühlen, sich schlecht fühlen. Irgendwas haut hier nicht so hin, wie es sollte …

Na, wenn schon, scheiß drauf. So wichtig ist das nun auch wieder nicht. Ich mach mich jetzt an die Arbeit, und bald wird das alles wie nicht gewesen sein – was immer es auch ist. Er vertiefte sich in seine Papiere.

Sein Eifer hielt den Rest der Woche über an, und seine Mittagspause von sechzig Minuten hatte für ihn nur deren fünfzig. Doch nach Ablauf der Woche war keine Eile mehr geboten, der Zeitdruck war von ihm gewichen, und bald aß er in seiner Mittagspause wieder eine Kleinigkeit und verbrachte die übrige Zeit damit, die Fifth Avenue entlang und durch die Geschäfte zu schlendern.

Von Zeit zu Zeit, ziemlich oft sogar, um es genau zu sagen, dachte er an Mary und die Stunden im Hotel Splendide. Nicht daß sie ihn besonders interessiert hätte, sie war vielmehr eindeutig eine Last, und er mied geflissentlich den See im Park – doch in jenen Wochen hatte er weiß Gott gewußt, was er mit seiner freien Zeit anfangen sollte. Andererseits hatte er auch nicht vergessen, was nachher geschah, und er wollte jene Marter nicht noch einmal erleiden. Um keinen Preis.

Also schlenderte Harry ziellos die Fifth Avenue entlang und durch die Geschäfte, immer in die Richtung, die ihn vom Park wegführte.

3

Eines Tages, als Harry sich in der Herrenabteilung eines Kaufhauses umsah, machte eine Frau eine plötzliche Kehrtwendung und stieß mit ihm zusammen. Sie ließ ihre Handtasche fallen, und der gesamte Inhalt lag verstreut auf dem Boden. Oh, entschuldigen Sie vielmals, das tut mir leid.

Nein, nein, das war meine Schuld, ich hätte mich nicht so plötzlich umdrehen sollen.

Warten Sie, ich helfe Ihnen, er war ihr behilflich, den Inhalt der Handtasche aufzusammeln, und bemerkte flüchtig den matten Schimmer ihrer Strümpfe, als sie neben ihm kniete.

Vielen Dank, sie warf die letzten Kleinigkeiten hinein und schloß die Tasche, es tut mir wirklich leid.

Ist ja nichts passiert, er lächelte.

Ich sah ein Schild, auf dem stand »Herabgesetzt«, sie kicherte entschuldigend, und da bin ich wohl losgerannt wie ein Stier.

Wenn Stiere so aussähen wie Sie, wär ich gern ein Matador. Sie lächelte über das Kompliment, und ihre Verspanntheit löste sich.

Wo ist denn das Schild, das Sie erwähnten?

Da drüben, in der Krawattenabteilung.

Ah … ja. Suchen Sie etwas für Ihren Mann?

Nein, sie lächelte, für meinen Vater. Er hat Geburtstag.

Aber dann kann ich Ihnen doch helfen. In Krawatten und Vätern kenn ich mich aus.

Wirklich? Sie lächelte.

Tatsache. Ich habe beides. Sie lachten, gingen hinüber zum Ladentisch und sahen sich die Auslage an.

Also, ich nehme an, Sie wollen Seide.

Mein Gott, ich weiß nicht recht. Bei Sachen wie Krawatten und so bin ich wirklich recht dumm.

Keine Angst, das Problem wird gelöst. Wie ist seine Haarfarbe?

Ja, also, sie kniff die Augen zusammen und verzog den Mund, eigentlich recht dunkel, ein bißchen graumeliert. Hauptsächlich an den Schläfen. Irgendwie distinguiert, Sie wissen schon.

Natürlich, wie könnte *Ihr* Vater auch anders aussehen, er erwiderte ihr Lächeln. Trägt er meistens graue oder blaue Anzüge?

Ahhh … ja, ich glaube. Wie wissen Sie das? Sie sah ihn verwundert an, Sie sind erstaunlich.

Oh, er machte eine lässige Handbewegung, sagen wir die Hälfte. Sehen Sie hier, diese Streifen passen zu allen Grau- und Blautönen. Mehr oder weniger jedenfalls.

Oh, zu dem Preis kann ich ihm sogar zwei kaufen. Harry nahm verschiedene Krawatten vom Ständer und zeigte sie ihr, sie betrachtete sie, schüttelte den Kopf und sagte schließlich, sie wisse nicht, für welche sie sich entscheiden solle.

Also, es geht nicht, daß eine schöne junge Dame sich weiterhin in einer solchen Verlegenheit befindet. Hier, er nahm zwei Krawatten vom Ständer, warum nehmen Sie nicht diese beiden? Ich bin sicher, daß die ihm gefallen. Sie passen großartig zu jeder Gelegenheit.

Okay, ein Lächeln blitzte auf. Sie bezahlte die Krawatten, ließ sie als Geschenk verpacken und verließ mit Harry das Geschäft. Er sah auf seine Uhr, dann sah er die Frau an und zuckte die Achseln. Ich muß mich leider verabschieden. Die Zeit fliegt, wenn man sich wohl fühlt.

Ich kann Ihnen gar nicht sagen, wie dankbar ich Ihnen bin. Ich würde immer noch da drin stehen und überlegen, welche Krawatte ich nehmen soll.

Oh, es war mir ein Vergnügen.

Jedenfalls haben Sie mir das Leben gerettet, sie sah ihn an mit einem Lächeln von vollkommener Aufrichtigkeit. Ich wünschte, ich könnte meine Dankbarkeit auf irgendeine Weise zum Ausdruck bringen.

Nun – mit einem charmanten Lächeln –, da gäbe es schon etwas. Sie könnten morgen mit mir lunchen.

Gut. Das wäre reizend. Wo?

Na … sagen wir doch da drüben, um ein Uhr.

Ich werde da sein.

Mein Gott, hatte die ein entzückendes Lächeln. Irgendwie warm und … ungekünstelt. Ja, das wird es wohl sein. Es ist wirklich echt und natürlich.

Er hastete zurück ins Büro, schaffte es gerade noch, pünktlich zu sein – genaugenommen kam er zwei Minuten zu spät – und hatte sich bereits ein Weilchen, wenn auch nicht sehr konzentriert, mit seiner Arbeit beschäftigt, als ihm aufging, was er getan hatte: Er hatte sich für morgen mit ihr verabredet. Er verspürte ein leichtes Brennen im Magen, als griffen Furcht und böse Vorahnungen nach seinem Gedärm. Ach was, was soll schon groß sein. Mit ihr zu lunchen wird mich nicht umbringen. Es ist vollkommen überflüssig, wegen ein paar Krawatten und einer Verabredung zum Lunch Bauchschmerzen zu kriegen. Er machte in Gedanken eine wegwerfende Handbewegung und wischte damit alle Bedenken fort. Eine Verabredung zum Lunch hat noch niemanden umgebracht.

Insbesondere wenn es dabei so anregend und lustig zuging. Sie sprudelte förmlich vor Begeisterung, als sie ihm strahlend erzählte, wie sehr ihrem Vater die Krawatten gefallen hätten. Und ich weiß, daß er das nicht nur mir zuliebe sagte – Sie wissen schon, so etwas spürt man einfach, Harry nickte –, sondern daß sie ihm wirklich gefielen. Er hat sie auch sofort anprobiert.

Es war ein herrlicher Lunch. Er konnte sich nicht erinnern, wann er zuletzt eine so angenehme Stunde verbracht hatte. Sie plauderten über alles und nichts, lachten viel, und worüber sie auch sprachen – das Beisammensein war erfreulich und entspannend. Als es Zeit wurde zu gehen, hatte die gelockerte Atmosphäre so weit auf Harry eingewirkt, daß er sie fast gefragt hätte, ob sie morgen wieder mit ihm lunchen wolle, doch er hielt schon beim ersten Wort inne. Wie wärs mit Freitag? Hätten Sie da Zeit, mit mir zu essen?

Ja, ich glaube schon.

Wieder hier?

Warum nicht. Ist ja ganz nett hier. Kurz bevor sie ging, griff sie nach Harrys Hand, das Lächeln war nicht aus ihrem Gesicht gewichen. Nochmals vielen Dank.

Keine Ursache, er lächelte und winkte ihr zu, als sie sich zum Gehen wandte.

Harry hastete zurück ins Büro, den letzten halben Block fast im Trab, und wieder saß er einige Minuten zu spät an seinem Schreibtisch, jedoch weniger als fünf Minuten. Gott sei Dank. Keiner schien etwas bemerkt zu haben. Hinter den Türen der Vorgesetzten schien es keine gerunzelten Stirnen oder vorwurfsvoll starrende Blicke zu geben. Und doch war ihm irgendwie nicht ganz wohl. Irgend etwas Beunruhigendes gärte in ihm. Doch das war ja lächerlich. Schließlich lunchte er ja nur mit ihr. Also was solls. Er fühlte sich wohl in ihrer Gesellschaft, das war alles. Er würde es nicht zulassen, daß ihm die Beherrschung der Lage entglitt. Überhaupt kein Grund, sich irgendwelche Sorgen zu machen. Er hatte die Sache fest in der Hand.

In der Mittagspause des folgendes Tages war Harry ein wenig ruhelos, nicht daß er dauernd an – na, so was, ich weiß ja nicht einmal ihren Namen. Gibts denn das. Das ist aber komisch – gedacht hätte, er wußte einfach nicht, was er mit seiner Zeit anfangen sollte. Das übliche Schlendern durch Straßen und Geschäfte erschien ihm fade und sinnlos. Er ging einige Blocks weit zu einer

Snackbar, in der er noch nie gewesen war, und aß so langsam wie möglich. Dann ging er zurück ins Büro, mit leicht gesenktem Kopf, den Blick starr geradeaus gerichtet.

Der gemeinsame Lunch am nächsten Tag war einfach wunderbar, und sie lachten viel und nach etwa einer halben Stunde wurde Harry klar, daß er das Spiel begonnen hatte. Dieser Feststellung folgte ein kleiner Schreck, doch dann zuckte er im Geist die Achseln und fuhr im Spiel fort. Helen war anders als Mary, also war natürlich auch das Spiel ein wenig anders.

Einer der Unterschiede bestand darin, daß Helen nie ihren Mann erwähnte, und so vermied auch Harry dieses Thema. Harry hätte gern Näheres über ihn gewußt, nahm aber an, sie würde früher oder später selbst davon anfangen. Er zog also weiter seine Blickvögelei ab, dazu die Hand-auf-dem-Schenkel-Masche, wohlbedacht durchsetzt mit lächelnden Komplimenten.

Harry kam zehn Minuten zu spät ins Büro zurück, vertiefte sich rasch in seine Arbeit und bemühte sich, den Eindruck zu erwecken, als säße er bereits fünfzehn Minuten an seinem Schreibtisch. Er wischte sich ostentativ mit dem Handrücken den Arbeitsdruck von der Stirn, doch obwohl er in die Arbeit vertieft schien, war er es nicht. Er errötete ein klein wenig, als er daran dachte, wie er sie gefragt hatte, ob sie Lust hätte, am Montag mit ihm zu lunchen – das wär prima. Na, sehr gut. Um eins hier. Er hatte vorgehabt, unverbindlich zu sein und das Ganze dabei zu belassen – vielleicht würde man sich irgendwann zufällig um diese Zeit begegnen und dann zusammen lunchen oder so was – oder sich allenfalls für Mitte nächster Woche zu verabreden. Na wenn schon, nicht so wichtig. Heute hatte er die Zügel ein wenig schleifen lassen, aber dazu würde es nicht wieder kommen. Die nächste Woche würde anders verlaufen.

Was auch geschah. Sie lunchten nun jeden Tag zusammen, und Harry überlegte sich schon am Vorabend, wie er lächeln oder sie berühren und wie das Spiel wohl weitergehen würde, nur um am nächsten Tag festzustellen, daß er hinter dem Spiel herrannte. Und er machte einige gravierende Fehler in der Arbeit. Dinge, die ihn früher keinerlei Nachdenken gekostet hatten, die er sozusagen automatisch erledigte, und jetzte baute er Scheiße. Louise fielen zwei dieser Fehler auf, und er brachte die Sache schnell in Ordnung, einen jedoch entdeckte erst Mr. Wentworth, der Harry mit dem Ausdruck des Erstaunens ansah, das sich bald in Ärger und Widerwillen zu verwandeln schien. Sind Sie vielleicht krank, Harry?

Nein, Sir, wieso? Es geht mir prima. Ich habe bloß –

Diesen Eindruck habe ich in letzter Zeit nicht. Ich würde vorschlagen, daß Sie ab jetzt wieder spuren.

Jawohl, Sir, er machte eine kleine Verbeugung und verließ Mr. Wentworths Arbeitszimmer.

Was meinte er? Wollte er mir damit irgend etwas sagen? Herrgottnochmal, man kann doch einem Menschen nicht gleich den Kopf abreißen, weil er sich nach der Mittagspause ein paar Minuten verspätet. Harry berichtigte den Fehler und ging dann zum Lunch. Er wartete einige Minuten, doch Helen war immer noch nicht da. Er sah auf die Uhr. Zehn vor eins. O Gott, er mußte eine Viertelstunde zu früh fortgegangen sein. Verdammt! Ach was, scheiß drauf, die Arbeit ist schließlich erledigt. Oder doch ein Teil davon. Ich kann ja abends länger dableiben, falls nötig.

Helen kam und das Spiel ging weiter und Harry verlor sich in ihm. Als er ins Büro zurückkam, versuchte er, sich noch intensiver auf seine Arbeit zu konzentrieren und den Zeitverlust wettzumachen, aber er konnte keinen klaren Gedanken fassen. Nicht daß andere Dinge ihn abgelenkt hätten – es war lediglich so, daß er den Blick auf Wohlvertrautes richtete in dem Bewußtsein, *daß* es ihm wohlvertraut war, doch es erschien ihm irgendwie verschwommen und fremd. Er sah sich gezwungen, Arbeitsgänge, die er mühelos hätte bewältigen müssen, zwei- bis dreimal zu überprüfen. Und obwohl er um fünf Uhr mit seiner Arbeit noch weiter im Rückstand war, als er es erwartet hatte, blieb er nicht länger da, um sein Tagespensum zu beenden. Es ging einfach nicht. Außerdem – morgen ist auch noch ein Tag. Dann würde er das eben morgen erledigen. Schließlich hat jeder hin und wieder mal einen schlechten Tag.

Doch die schlechten Tage hielten an. Nicht daß er sie wirklich schlechte Tage hätte nennen können, doch ganz gewiß auch nicht gute. Er wußte einfach nicht, wie er sie nennen sollte. Irgend etwas stimmte nicht, soviel wußte er, aber er wußte nicht, was da verkehrt lief. Was immer es war, es blieb unbestimmt und vage, und der einzige Beweis für dieses … dieses Nicht-Funktionieren war die Tatsache, daß es mit seiner Arbeit nicht so lief, wie es sollte. Er machte Fehler, die er früher nie gemacht hatte, brauchte mehr Zeit für Routinearbeiten, die ihm zuweilen sogar ein bißchen unverständlich vorkamen, darüber hinaus war es ihm fast unmöglich, irgend etwas Neues in seine Arbeit hineinzubringen. Wahrscheinlich lag es bloß daran, daß sich im Augenblick einfach nichts

Neues anbot. Sicher wars das. Unterschiedliche Berechnungen, doch im Grunde immer dieselbe Routinearbeit. Jawohl, das wirds sein. Sobald etwas daherkommt, das mich wirklich fordert, bin ich wieder voll da, und alles ist wieder okay. Kein Grund, sich graue Haare wachsen zu lassen.

Aber Gott sei gedankt für die Lunch-Pausen. Ohne sie wäre diese Woche zum Auswachsen gewesen. Weiß zwar nicht genau, wie es zu diesen täglichen Lunch-Verabredungen gekommen ist, aber ich bin weiß Gott froh, *daß* es dazu kam.

Endlich war der Freitag da und mit ihm das Wochenende und das Wissen darum, daß es in der nächsten Woche besser gehen würde. An diesem Tag fragte Helen, ob Harry Lust hätte, abends ins Theater zu gehen. Wir haben im Büro ein paar Freikarten bekommen.

Na klar, sehr sogar, er dachte an ihren Mann und was sich bei ihnen wohl so abspielte, war jedoch nach wie vor entschlossen, dieses Thema nicht anzuschneiden.

Am Nachmittag ging Harry, was immer er auch auf seinem Schreibtisch vor sich liegen hatte, dauernd das Spiel im Kopf herum. Der Versuch, sich auf seine Arbeit zu konzentrieren, bewirkte nur, daß er sich verkrampfte; was ihn mehr als irgend etwas anderes verstörte, war seine Unfähigkeit, die einfachsten Probleme zu lösen. Von Zeit zu Zeit war ihm, als würde ihm gleich der Kopf platzen, doch dann verging das wieder, und er schob die Arbeit zum soundsovielten Male beiseite und dachte an das Spiel und an Helens Mann und was dieser wohl heute abend triebe. Vielleicht war es der Abend, an dem er mit seinen Kumpels einen draufmachte.

Das Essen zu zweit war zauberhaft, und anschließend sahen sie ein sehr komisches Lustspiel. Nach der Vorstellung schlenderten sie ein Stück den Broadway hinunter, bis Helen sagte, es würde Zeit für sie nach Hause zu gehen. Ich hab meine Straßenschuhe nicht an, und ich bin müde und erschöpft vor Lachen. Das Stück war wirklich fabelhaft.

Ja, es war sehr komisch. Wo wohnen Sie?

In der Nähe vom Gramercy Park.

So, das ist ja gar nicht so weit. Das könnten wir ja sogar zu Fuß schaffen.

Nein, vielen Dank, beide lachten.

Die heiter-unverbindliche Unterhaltung spann sich während der Fahrt fort, und als sie vor ihrer Wohnungstür standen, öffnete sie, machte Licht und ging hinein. Harry ging ihr nach, der stillschweigenden Aufforderung Folge leistend. Er ließ den Blick durch den Raum schweifen, schloß dann die Tür und fragte sie schließlich, wo ihr Mann sei.

Oh, ich bin nicht verheiratet. Harry sah sie verwirrt und überrascht an. Das hier trag ich nur, sie hob ihre linke Hand und bewegte die Finger, um mir im Büro so n paar aufdringliche Typen vom Leibe zu halten, ihr Lächeln ging in verhaltenes Lachen über, und es funktioniert ausgezeichnet. Es hält sie natürlich nicht davon ab, es zu versuchen, aber ich sag dann einfach, ich müßte mich mit meinem Mann treffen. Harry versuchte seinen Schock zu überwinden und begann zu lächeln. Und dann zeige ich ihnen ein Foto meines ältesten Bruders und sage, das wär mein Mann, sehen Sie, hier, sie öffnete ihre Handtasche und zeigte ihm das Bild eines Mannes, der offensichtlich mindestens 1,86 groß war und mindestens 216 Pfund Lebendgewicht hatte. Harry brach in Lachen aus. Das haut immer hin, und sie lachten beide laut und ausgiebig.

Es wurde ein sehr gelungenes Wochenende. Am Sonnabendmorgen bereitete sie ihm das klassische Frühstück mit Rührei *à la Sorrentino,* und später machten sie eine Hafenrundfahrt. Dann Essen, ein Film, ein Spaziergang (sie trug ihre Straßenschuhe) und zurück nach Hause. Ein unkompliziertes, erfreuliches und entspannendes Wochenende, und als Harry sie am Sonntagabend mit einem Kuß und einem Klaps auf ihren köstlichen Hintern verließ, fiel kein Wort über Lunch am Montag oder sonstwas. Er verließ die Wohnung, er verließ Helen und das Wochenende und, wie er dachte, das Spiel.

Während der Fahrt nach Hause ging ihm auf, daß er das Wochenende mit einem ledigen Weib verbracht hatte (es sei denn, jener Koloß auf dem Foto war wirklich ihr Mann), und es hatte keinerlei Schwierigkeiten gegeben. Er dachte nicht allzu lange darüber nach, er ließ dem Gedanken nur Zeit, sich zu setzen und sich einzuordnen. Zur späteren Verwendung. Wenn nichts anderes, so bedeutete es, daß er sich in Zukunft die Mühe schenken konnte, unverheirateten Frauen aus dem Wege zu gehen.

Als er nach Hause kam, fand er seine Eltern im Wohnzimmer vor. Er wollte ihnen gerade ein munteres Hallo zuwinken, doch der verlorene und verletzte Blick seiner Mutter ließ ihn innehalten. Du hast nicht an die gestrige Geburtstagsfeier deiner Großmutter gedacht. Sie ist fünfundsiebzig geworden. Harry zuckte zusammen, und der stechende Schmerz, der ihn durchfuhr, machte ihn sprachlos. Er starrte sie endlose Sekunden lang an. Irgendwie schaffte er die Treppe zu seinem

Zimmer. Übelkeit preßte ihm Magen und Kehle zusammen. Er wollte mit der Faust in irgend etwas hineinschlagen ... seinen Kopf in den Armen bergen und schreien ... die Tür aus ihren Angeln reißen und sie zerschmettern ... weinen ...

irgend-

was ...

irgend etwas ... doch er konnte nichts anderes tun als dasitzen und zittern und sich fragen, was geschehen war und warum. Er liebte sie. Heiliger Jesus, er liebte sie wirklich. Warum???? Warum????

Es bereitete ihm keinerlei Schwierigkeiten, am Montagmorgen pünktlich im Büro zu sein und sich der Arbeit auf seinem Schreibtisch anzunehmen, alles Routinesachen. Es gab eine ganze Menge zu tun, aber alles war ihm vertraut, nichts Neues, Anspruchsvolles darunter, das große Anforderungen an ihn gestellt hätte.

Auch die Mittagspause war Routine, mit ihrem ziellosen Umherschlendern durch Straßen und Geschäfte. Zunächst wippten in den folgenden drei Tagen nur seine Beine auf und nieder, wenn er an seinem Schreibtisch saß, er rückte häufig unruhig hin und her und stand gelegentlich auf, um zum Behälter mit Eiswasser zu gehen, was er früher nicht getan hatte, da er nicht besonders gern Wasser trank, doch er befeuchtete seine Lippen und trank sogar ein paar Tropfen.

Sobald die Mittagspause nahte, trieb seine Ruhelosigkeit ihn schon einige Minuten zu früh aus dem Büro und ließ ihn mit einigen Minuten Verspätung wiederkommen. Wenn er so durch die Straßen ging, dachte er so lange über seine Empfindungen nach und versuchte ihnen auf den Grund zu kommen, bis er sich in einem Maße in sie verstrickt hatte, daß er geradezu spürte, wie eine tiefe Schwärze sich um seinen Kopf legte und durch sein Gedärm kroch, und unwillkürlich ergriff er die einzige Gegenmaßnahme, die sich ihm je geboten hatte.

Er lunchte in einer Cafeteria und ließ den Blick wandern, bis er einen freien Platz an einem Tisch erspäht hatte, an dem ein Weib saß und aß. Ein wenig unverbindliches Geplauder, ein kleiner Spaziergang bis zu ihrem Büro und dann zurück an die Arbeit, zehn Minuten zu spät. Die Mittagspause hatte seiner inneren Unruhe kein Ende gesetzt, dafür aber dem Zwang, seine Gefühle zu analysieren.

So wie ein beklemmender Tag dem andern folgte, so fuhr auch Harry fort, ruhelos auf seinem Stuhl hin und her zu rücken und seine Mittagspausen auszudehnen, um reichlich Zeit zur Erforschung unbekannten Geländes zur Verfügung zu haben, was ihn davon abhielt, in sich selbst hineinzusehen.

Auch begann er seine Arbeit zu vernachlässigen und ließ sich mit allem so lange Zeit, bis der Zeitdruck ihn dazu zwang, das, was jeweils vorlag, in letzter Minute zu Ende zu führen. Er spürte genau, daß ihn das in Schwierigkeiten bringen würde, doch sobald dieser Gedanke Gestalt anzunehmen begann, weigerte er sich, ihm einen Namen zu geben, und schob ihn mit einem imaginären Achselzucken beiseite. An einem Freitag saß er über etwas, das am Montag erledigt sein mußte, doch kaum merklich nahm sein Arbeitstempo immer mehr ab, er dehnte seine Mittagspause noch länger aus und verbrachte den Rest der Bürozeit mit allerlei Schnickschnack, mit dem Vorsatz, die Sache am Montagmorgen rasch zu beenden. Es handelte sich um eine unkomplizierte Routinearbeit, und er sah dem Zeitdruck am Montag jetzt schon erwartungsvoll entgegen.

Am Sonntagabend lernte er eine weitere Olga kennen und kam am Montag erst kurz nach zehn zur Arbeit. Als er das Büro betrat, sah Mr. Wentworth ihn nur an. Jede Bemerkung erübrigte sich, und Harry krümmte sich innerlich, als er guten Morgen sagte. Er stürzte sich in seine Arbeit und war rechtzeitig damit fertig, doch das Unglück war geschehen. Gott sei Dank begann nun die Mittagspause.

Benommen, verwirrt, ging er wie im Schlaf zu der dem Büro am nächsten gelegenen Cafeteria. Die Selbstanalyse war ihm inzwischen fast zur Gewohnheit geworden, und bei dem Versuch zu verstehen, was eigentlich vor sich ging, und wie und warum, spürte er eine innere Zerrissenheit. Er wußte auch, wann es begonnen hatte – jedenfalls war es nicht lange her, soviel stand fest –, und hoffte, daß er, sobald es ihm gelang, diesen Zeitpunkt zu fixieren, das Warum dessen, was geschah, erkennen und imstande sein würde, alles zu ändern. Oder wenn nicht das Warum, dann das Wie. Und daß er dann imstande sein würde, zu verhindern, daß diese Dinge geschahen. Doch je mehr er sich bemühte, diesen Punkt zu finden, und je näher er ihm zu kommen schien, desto verschwommener und konfuser schien alles zu werden, und er konnte nur noch ratlos dem Taumeltanz all der Bilder in seinem Kopf zusehen.

Dabei blieben Fragen wie diese unbeantwortet: Wie war es möglich, daß er plötzlich morgens zu spät zur Arbeit kam, und warum wartete Wentworth dann nur darauf, über ihn herzufallen? Und warum hatte er diese Schwierigkeiten mit seiner Arbeit? Er hatte seinen Job gern und brannte vor Ehrgeiz. Nichts von alldem ergab einen Sinn.

In seinem Kopf herrschte immer noch ein Durcheinander von Worten, Gedanken und Bildern, als er sich, sein Tablett mit Essen in der Hand, vor einem Weib wiederfand, sie anlächelte und fragte, ob der Platz frei sei.

Ja, sie nickte und fuhr fort zu essen und zu lesen.

Harry machte es sich am Tisch bequem, und nach einigen Minuten fragte er sie, wie ihr das Buch gefalle. Ich hab mal eine Besprechung darüber gelesen, bin aber zu dem Buch selbst noch nicht gekommen.

Es gefällt mir. Es ist – eh – mal was anderes.

Ja, genau, das stand auch in der Besprechung. Ich wußte nicht, daß es schon als Taschenbuch erschienen ist.

O ja, ich glaube, schon vor über einem Jahr, sie suchte vorne nach dem Erscheinungstermin. Ja, hier stehts, fast genau vor einem Jahr.

Was Sie nicht sagen. Wo habe ich nur meine Augen gehabt? Er lächelte und schüttelte den Kopf, die Verwirrung, die Zerfahrenheit, der Widerstreit der Empfindungen ließen nach, während er weiteraß und weitersprach.

Nach dem Lunch begleitete er sie bis zu ihrem Büro und vermied es, wie immer in letzter Zeit, sich für den nächsten Tag mit ihr zu verabreden. Er kam nur wenige Minuten zu spät zurück, und obwohl er immer noch ein bißchen zappelig war, verspürte er keinerlei inneren Aufruhr und tat seine Arbeit so, wie er das in letzter Zeit zu tun pflegte: unbeteiligt und langsam.

Am nächsten Morgen war er zeitig im Büro, mußte sich aber trotzdem beeilen, um eine bestimmte Arbeit termingerecht abzuschließen, etwas, das schon über einen Monat auf seinem Schreibtisch schmorte. Das wäre an sich kein Problem gewesen, wenn nicht Mr. Wentworth ihn um halb zehn zu sich gerufen und ihn gebeten hätte, eine eilige Sache für ihn zu erledigen, und Harry ihm sagen mußte, daß er die andere Arbeit erst beenden müsse, und er hörte den Ärger (den Widerwillen?) in Wentworths Stimme, als er sagte, dann müsse er eben Davis darum bitten.

Wieder an seinem Schreibtisch, hätte Harry fast laut und vernehmlich vor sich hin gemurrt. Irgendwas war völlig verfahren, und er konnte sich einfach keinen Reim darauf machen. Was will Wentworth überhaupt von mir? Ruft mich im letzten Moment für sone scheißeilige Arbeit und ist dann sauer, weil ich über etwas sitze, das heute vormittag fertig sein muß. Ich dachte, das hätten Sie schon seit Wochen fertig. Dachten Sie, wie? Tut mir wirklich furchtbar leid. Wenn Sie sich nicht den ganzen Tag in Ihrem verdammten Büro einschließen würden, wüßten Sie vielleicht, was hier draußen vor sich geht.

Geben Sie den Kram doch diesem Davis. Wen interessiert das schon? Was erwarten Sie von mir, soll ich vielleicht in Tränen ausbrechen, weil Sie eine eilige Arbeit einem andern übergeben? Sie könn mich mal.

Schnell zum Eiswasserbehälter. Kaltes Wasser traf seine Lippen, dann zurück zum Schreibtisch. Er kniete sich in die Arbeit, war rasch damit fertig und verließ auf der Stelle das Büro, um essen zu gehen, ohne daran zu denken, daß die Mittagspause erst in zwanzig Minuten begann.

Im Eiltempo brachte er die paar Blocks hinter sich, innerlich murrend und fluchend, bis er wieder mit seinem Tablett dastand und fragte, ob der Platz frei sei.

Ihr Chef war die Woche über verreist, und sie konnten sich Zeit lassen, und so plauderten sie gemütlich beim Kaffee und gingen dann noch ein wenig spazieren, bevor sie in ihre jeweiligen Büros zurückkehrten. Ehe sie sich trennten, fragte Harry, ob sie jeden Tag dort äße, und sie sagte ja.

Wenn ich Glück habe, sehe ich Sie dann vielleicht morgen.

Könnte schon sein, sie lächelte.

Auf dem Weg zurück ins Büro verspürte Harry einen Anflug von Übelkeit, die mit einer unbestimmten Angst einherging, doch schob er die unklaren Empfindungen, die verzweifelte Anstrengungen machten sich zu artikulieren, rasch beiseite. Es ging niemanden etwas an, wenn es ihm Spaß machte, mit irgendeinem Weib zu lunchen, was ist da schon dabei? Nicht das geringste. Das behindert meine Arbeit in keiner Weise und tut weiß Gott niemandem weh.

Er kam noch später ins Büro als sonst und spürte, wie bohrende Blicke zwischen der Uhr und seinem Rücken hin und her wanderten, als wollten sie ihm die Tageszeit einbrennen. Er packte energisch seinen Kugelschreiber und raschelte mit Papier, zum Zeichen, daß er soeben wiedergekommen sei, während seine innere Stimme allen, wie sie da waren, zurief, sie sollten sich zum Teufel scheren, und das gilt ganz besonders für Sie, Wentworth.

Am nächsten Tag gelang es ihm, seinen Zorn am Leben zu erhalten, da er ihn im Laufe der Nacht von Zeit zu Zeit genährt hatte, doch schien er ihn nicht fixieren oder ihm eine bestimmte

Richtung geben zu können – der Zorn war einfach da und tappte blind in ihm umher, auf der Suche nach einem Ausgang. Er aß langsam sein Käsebrot und schlürfte seinen Kaffee, bis er zu sehr abgekühlt war, um ihn noch mit Genuß trinken zu können, und doch nippte er immer wieder daran und begann erst zu arbeiten, nachdem er mit beidem fertig war.

Als er sich endlich an die Arbeit machte, malträtierte er seinen Taschenrechner und stieß den Kugelschreiber ein paarmal fast durch den Schreibblock, dann brachte er seine Papiere in die richtige Ordnung und klopfte sie heftig zurecht. Er arbeitete so langsam wie möglich, bemüht, erst am späteren Nachmittag mit dem, was vorlag, fertig zu werden, doch war nur noch so wenig daran zu tun, daß die Sache trotz seiner Bemühungen schon vor der Mittagspause erledigt war. Als er diese verdammte Arbeit hinter sich hatte, warf er den Kugelschreiber auf den Schreibtisch und ging essen.

Sie hatte sich gerade in die Schlange eingereiht, als er ankam. Während sie miteinander redeten, langsam aufrückten und sich gefüllte Teller auf ihre Tabletts stellten, legte sich sein innerer Aufruhr, und als sie schließlich an einem Tisch saßen, war er bereits vollauf mit ihr beschäftigt. Die Verspannung in Armen und Rücken löste sich, und er fühlte, wie er sich entkrampfte, während sie sich über dieses und jenes unterhielten. Mitten im Essen fühlte er, wie sich in seinem Gedärm ein Knoten bildete, ein ganz kleiner, und wie er begann, an seinem Rachen zu zerren, und er spürte, wie eine Veränderung ihn durchflutete, innerlich wie äußerlich. Er fühlte, wie seine Schenkelmuskeln zuckten und wie seine Augen sich halb schlossen, als er sie ansah, seine Zungenspitze fuhr feucht über die Oberlippe, er beugte sich zu ihr und wischte ein paar Krümel von ihrem Schoß, und dann lag seine flache Hand auf ihrem Schenkel, und er sah ihr noch dringlicher in die Augen und zog in Gedanken sowohl sie wie sich aus und spürte irgendwo in sich einen zweiten Harry, der dem, was geschah, zusah und ihm ein Ende zu setzen suchte. Sie erwiderte seinen Blick, legte ihre Hand auf die seine und lächelte, als Antwort auf das, was immer er ihr ohne Worte sagte.

Sie verließen die Cafeteria und schlenderten eine Weile die Straße entlang, wobei Harry, wenn er entgegenkommenden Passanten ausweichen mußte, ihre Brust mit seinem Arm streifte und ihr in die Augen lächelte und jenes Zerren im Bauch verspürte, während der andere Harry versuchte, ihn von dem Spiel fortzuziehen, doch Harry hatte jede Kontrolle darüber verloren und war eher ein Zeuge seines Verhaltens als dessen Erzeuger, und sie unterhielten sich über Filme und dann über Pornofilme und Harry spürte, wie der Knoten sich fester zusammenzog und wie das Zerren sich verstärkte, und er war sich auch des Vergehens der Zeit bewußt sowie eines berauschenden Gefühls höchster Gefahr, doch vor allem verspürte er, während er sie ansah, wie er in seiner Begierde aufging. Er führte sie aus dem Menschenstrom hinaus, an eine Hausmauer und stand fast in Tuchfühlung neben ihr, als er ihr sagte, er hätte Lust, sie so richtig zusammenzuficken, wobei er sie unverwandt ansah, und der nackte Ansturm seiner Begierde erregte sie; er ergriff ihre Hand und führte sie zum Hotel Splendide, und seine verschiedenartigen Empfindungen schossen in einen Wirbel der Erregung zusammen.

Nachdem sie das Hotel verlassen hatten, ging Harry in eine nahegelegene Bar, setzte sich in eine Ecke und versuchte, den Wirrwarr seiner Empfindungen zu entwirren. Er verstand das alles nicht. Es war, als bedauerte er es, nicht pünktlich wieder an seinem Schreibtisch gewesen zu sein, als habe er etwas Unrechtes getan, wüßte jedoch nicht was; als hätte er den unbestimmten Wunsch, etwas zu ändern, aber was? Er trank sein Glas leer und dachte daran, ins Büro zurückzugehen, doch der bloße Gedanke ließ ihn erröten, und er spürte, daß ihm das Blut in die Wangen stieg und der Schweiß ausbrach. Er konnte nicht mehrere Stunden zu spät im Büro aufkreuzen. Er versuchte, sich dazu zu zwingen, doch war er nicht fähig, irgendeine Bewegung zu machen. Er war wie gelähmt. Er bestellte noch einen Drink und beschloß dann anzurufen und ihnen zu sagen, er sei krank und ginge nach Hause. Er sprach mit Louise und sagte ihr, ihm sei nach dem Essen entsetzlich schlecht geworden, und nun sei er auf dem Nachhauseweg, er hätte über eine Stunde in der Herrentoilette verbracht und unmöglich früher anrufen können, und er spürte, wie jener andere Harry ihn beobachtete und wie sein Kopf zitterte und schließlich murmelte er auf Wiedersehen und hängte ein.

Er nippte langsam an seinem Drink und dachte daran, sich zu besaufen, doch irgendwie hatte diese Vorstellung für ihn nicht nur keinerlei Reiz – er wußte auch nicht genau, wie man das macht, da er noch nie genügend Alkohol heruntergebracht hatte, um betrunken zu werden. Sobald ihm schwummerig wurde, hörte er immer auf.

Während er seinen dritten Drink schlürfte, bemühte er sich, etwas zu finden, über das er sich aufregen, etwas, das er aus dem Wust seiner Gefühle herausheben und angreifen konnte, etwas, das sich als Ursache seiner beunruhigenden und ungewohnten Empfindungen erweisen würde – doch zwischen Wunsch und Wirklichkeit gab es keine Verbindung in ihm. Schließlich gab er es auf und trank aus und ging.

Am nächsten Morgen verließ er das Haus zur üblichen Zeit, damit seine Mutter ihm keine Fragen stellte, dann rief er im Büro an und meldete sich krank. Nach wie vor konnte er die Vorstellung, seine Abwesenheit am vergangenen Tag erklären zu müssen, nicht ertragen, und selbst in der Stille seines Zimmers war es ihm nicht gelungen, eine Story zu erfinden, die er glaubwürdig hätte vorbringen können. Da er sich heute abgemeldet hatte, würde es keinen Zweifel geben, daß er wirklich krank war, und wahrscheinlich würden sie ihm keine Fragen stellen.

Er ging zur Forty-second Street und sah sich ein paar alte Western an, spazierte dann zum Bryant Park und setzte sich auf eine Bank und wich allen Blicken aus, selbst denen der Tauben. Er kam sich selbst merkwürdig auffällig vor und hatte das unbestimmte Gefühl, daß die Leute ihn ansahen und überlegten, was er dort wohl mache. Er blieb sitzen, solange er es aushalten konnte, sah den Tauben zu, die das ihnen zugeworfene Futter aufpickten, hörte das Schallplattenkonzert aus der Ferne und versuchte, sich darauf zu konzentrieren, wie das Sonnenlicht von den Blättern der Bäume abprallte und schräg durch die Zweige brach und unruhige Schatten warf ... die Blumen Sträucher Statuen ... es nützte nichts. Wie sehr er sich auch bemühte, auf der Bank sitzen zu bleiben und zu wünschen, daß die Zeit verstriche – er konnte es nicht und mußte aufstehen und einmal um den Park herumgehen, den Blick auf den Weg vor sich gerichtet.

So ging er immer weiter, bis er die Bibliothek erreicht hatte und sie betrat, in der Hoffnung, daß irgend etwas da drinnen ihn interessieren und fesseln würde, doch konnte er nichts anderes tun, als ziellos durch Räume und an Bücherregalen vorbeizuwandern, bis er sich abermals im Bryant Park wiederfand. Er ging zur Forty-second Street, dann hinunter zum Times Square und in ein anderes Kino. Er versuchte, beide Filme abzusitzen, hielt es jedoch nicht länger aus, nachdem er die zweite Hälfte des einen Films und die erste Hälfte des anderen gesehen hatte. Er fuhr mit der U-Bahn nach Brooklyn zurück und ging ins Casey.

Er ging ans Ende der Bar, wo Tony und Al hockten. Ach du Scheiße, wen haben wir denn da? Heute muß Sonntag sein.

Ja, oder es ist schon sechs. He, wasislos?

He.

Ach du große Scheiße, Harry, was is denn, dein Boss tot oder was? Beide lachten, und Harry zog einen Barhocker heran und setzte sich.

Halt die Schnauze, Al – he, Pat, ein Bier. Und den beiden da auch eins, sie sehen genauso aus, als würden sie darauf warten, daß ihnen jemand einen ausgibt.

Das hör ich gern, sie leerten hastig ihre Gläser und schoben sie Pat hin.

Spaß beiseite, Harry, wasislos?

Nichts. Wieso? Kann man sich denn nicht mal einen Tag freinehmen, ohne daß jeder gleich durchdreht?

Doch, klar, aber *du* doch nicht. Du hast doch noch nie blaugemacht und bist dann hierher gekommen.

Na schön, heute bin ich eben da. Ich mach heute blau und werde mir ein paar Biere genehmigen.

Jaja, aber wieso?

Ich dachte, ich würd mich mal n bißchen informieren.

Informieren? Über was?

Darüber, was wohl in sonem Rumsitzer und Schnorrer vor sich geht, und ich kann mir niemanden vorstellen, der geeigneter wäre als ihr, mir da Material zu liefern.

He, Vorsicht, ja? Sie lachten, und auch Pat stimmte ein.

Du glaubst, nur weil ich nicht jeden Tag in n Büro renne –

Was soll das heißen, ist das hier etwa nicht unser Büro –

Jaa, alle lachten. Du denkst wohl, weil ich nicht U-Bahn fahre, arbeite ich nicht? Ich will dir mal was sagen, meine Pferdewetten sind vielleicht ein härteres Stück Arbeit als dein ganzer Job. Wieder lachten sie alle.

Das kann ich mir vorstellen.

Da wir grade von Jobs reden: Wieso machst du heute blau? Hast du keine Angst, daß dein Job dir flötengeht?

Harry lächelte über das Gelächter. Ich dachte mir, ich würds mal mit dem gefährlichen Leben versuchen.

Also, ich hab ja immer schon gesagt, man braucht nur lange genug hier bei Casey rumzuhängen, und man erlebt ein Wunder, und jetzt erleb ich eins. Harry macht blau und hockt bei Casey. Das schreit nach einem Toast. Tony hob sein Glas, dann Al das seine. Auf Harry den Aufreißer, und sie leerten ihre Gläser auf einen Zug, stellten sie auf den Tresen zurück, und Harry lächelte und bemühte sich, in ihrem Spiel drinzubleiben, um nicht wieder in sich selbst zurück zu müssen.

He Pat, noch drei.

He Mann, warum gehst du heute abend nicht mit uns ins Fort? Sicher gibts n paar gute Kämpfe.

Ja, für die Hauptkämpfe haben sie da ein paar schwere Brocken, sehn recht vielversprechend aus.

So? Er zuckte die Achseln, vielleicht komm ich mit.

Harry ließ sich durch den Tag treiben, nippte an seinem Bier und saß eine Stunde über seinem dritten Glas, obwohl Al und Tony versuchten, ihn zum Mithalten zu animieren. Harry hörte zu, lächelte lachte redete. Zwar war er nicht ganz bei der Sache, aber er konnte, zumindest für den Augenblick, das innere Zerren und Ziehen ignorieren.

Er ging mit ihnen und ein paar anderen zu den Boxkämpfen, nachdem sie in einem italienischen Restaurant etwas gegessen hatten, und als sie im Stadion saßen, spürte er, wie seine Verspanntheit sich allmählich löste. Es war eine schöne Nacht, vom Hafen her wehte eine angenehme Brise, und er ließ sich von der Aufgekratztheit und dem Übermut der Jungs anstecken, und die Kämpfe nahmen sein Interesse in Anspruch. Die meisten der Vorkämpfe konnten sich sehen lassen, einer davon war sogar sehr gut, ein Niederschlag in einer extrem harten Runde, und der eigentliche Hauptkampf war ne Bombe. Und Harry ging in der allgemeinen Erregung völlig auf und stand wie alle andern da und gestikulierte und schrie und brüllte.

Nachher gingen sie alle zu Casey zurück, doch Harry winkte ihnen schon nach kurzer Zeit zum Abschied zu und fuhr nach Hause. Er lag im Bett und dachte über den Tag nach, dann über den gestrigen Tag, die vergangenen Wochen und Monate, und plötzlich schlang sein Gedärm sich zu einem kalten Knoten, und er zog unwillkürlich die Knie an, um den Druck zu mildern, und als der Knoten sich allmählich löste, sah er nicht mehr auf den vergangenen Tag oder sonst einen Teil seines Lebens zurück, sondern schloß die Augen und trieb mit Hilfe des genossenen Bieres davon, in einen flachen Schlaf.

Wenn eine solche Ruhelosigkeit Schlaf genannt werden konnte. In dieser Nacht zerrte nichts an ihm, er wurde weder hin und her geworfen noch gefoltert, sondern war Teil eines fortlaufenden Traums – vielleicht geschah es nur einmal und er träumte, daß es immer wieder geschah –, der ihn nicht aus dem Schlaf riß, ihn jedoch am Rande des

Wachseins hielt, so daß sein Gehirn, sein Geist nicht das nötige Maß an Ruhe fanden. Es war ein so simpler Traum, daß es sich fast nicht lohnte, ihn zu träumen. Ein Traum, der einen daran hindert, sich auszuruhen, wie es sich gehört, sollte zumindest ein wenig sensationell sein oder von Sexualsymbolen strotzen.

Jedenfalls nicht so läppisch, wie im Wagen in einem normalen Verkehrsstrom durch die Straßen zu fahren und zu sehen, wie die Bremslichter des vor dir fahrenden Wagens aufleuchten und du nimmst deinen Fuß vom Gaspedal und er verfängt sich unter dem Bremspedal und du näherst dich dem Wagen vor dir immer mehr und kämpfst darum, deinen Fuß unter dem Bremspedal freizubekommen, damit du heftig drauftreten kannst und den Wagen vor dir nicht rammst, und natürlich spielt sich das alles in Zeitlupe ab und es scheint, als ob du das immer und immer wieder durchmachen mußt und du rammst den Wagen vor dir kein einziges Mal, kannst aber auch nicht genau feststellen, was eigentlich los ist …

Am Morgen erinnerte Harry sich nicht mehr an den Traum, obwohl ihm so war, als hätte ihm irgend etwas geträumt, doch er fühlte sich wie gerädert, und die morgendliche Dusche und Rasur bedeuteten eine

Anstrengung. Als er die Treppe zur Küche hinunterging, war sein Schritt müde und matt.

Wie auch seine Stimme. Er hörte es selbst, als er seinen Eltern guten Morgen wünschte.

Alles in Ordnung, Harry?

Ja, klar, Pop, warum?

Ich weiß nicht genau, bloß – du kommst mir in letzter Zeit irgendwie so ... so gedrückt vor. Ich kann das nicht so genau beschreiben, aber du bist anders als sonst.

Ach, er versuchte, so aufrichtig wie möglich dabei auszusehen, ich weiß auch nicht. Es ist alles in Ordnung.

Harry kaufte eine Zeitung und war bemüht, sich während der Fahrt ins Büro darauf zu konzentrieren, doch seine Gedanken wanderten zu der Frage seines Vaters zurück, und er fragte sich immer wieder selbst, ob irgend etwas nicht in Ordnung sei. Was sollte das wohl sein? Die Dinge liefen in letzter Zeit nicht ganz so, wie sie sollten, in der Arbeit war irgendwie der Wurm drin, aber nur ein kleiner, und Wentworth schien es auf ihn abgesehen zu haben, doch sonst war alles in Ordnung. Jedenfalls fiel ihm nichts Bestimmtes ein, das nicht in Ordnung gewesen wäre. Er versuchte, sich in die Comics zu vertiefen, doch das vage

Unbehagen wollte nicht weichen. Die ihn bedrängenden Fragen schüttelte er immer wieder ab. Wenn irgendwas nicht in Ordnung war, war es jedenfalls nicht seine Schuld. Da war er ganz sicher.

Harry hatte schon einige Minuten an seinem Schreibtisch gesessen, als Louise zu ihm kam und ihn fragte, wie es ihm ginge.

Ganz gut, ich werd wohl noch n bißchen leben.

Na also, das freut mich. Sie hatten wohl einen Magenvirus erwischt?

Er fühlte sich plötzlich in der Falle und eine Sekunde lang überkam ihn Panik, bis ihm einfiel, daß er Louise gesagt hatte, ihm sei nach dem Essen schlecht geworden und er hätte nach Hause gehen müssen.

Ja, das wirds gewesen sein. Ich konnte mich kaum von zu Hause wegrühren, er lächelte ihr vielsagend zu.

Ich hab mir schon gedacht, daß Sie irgendwas ausbrüten.

Wieso? Er runzelte die Stirn.

Ach, Sie waren irgendwie anders als sonst. Sie wissen schon, irgendwie unruhig und bedrückt. Aber ich bin froh, daß es Ihnen wieder gutgeht, sie klopfte ihm auf die Schulter und ging an ihren Schreibtisch zurück.

Harry saß über seinem Kaffee und seinem Käsebrot und zerbrach sich den Kopf darüber, was zum Teufel eigentlich los sei, daß die Leute ihre Nase in seine Angelegenheiten steckten. Er wünschte weiß Gott, sie würden sich um ihren eigenen Dreck kümmern. Das einzige, was hier nicht in Ordnung war, waren *sie*.

An diesem Vormittag arbeitete er mit Volldampf, und als er bemerkte, daß Menschen kamen und gingen und ihm klar wurde, daß die Mittagspause begonnen hatte, fühlte er sich lokker und entspannt. Er sah auf die Papiere, die vor ihm lagen. Er hatte heute vormittag gute Arbeit geleistet. Verdammt gute sogar. Die Wilson-Sache lag wohlgeordnet und fix und fertig da und konnte sofort rausgehen.

Er nickte befriedigt und ging mit einem Hochgefühl fort, die Fifth Avenue hinunter. Doch schon als er die erste Ecke erreicht hatte, wich das Hochgefühl jenem undefinierbaren Unbehagen, und er machte kehrt und ging in die Hauskantine. Nachdem er gegessen hatte, ging er zurück in sein Büro und verbrachte den Rest der Mittagspause im Empfangsraum.

In der folgenden Woche, bis zum Betriebsausflug am Freitag, ließ Harry sich seinen Lunch aus der Kantine kommen und verbrachte die Mittagspausen mit Lesen im Empfangsraum. Er verspürte nicht die geringste Lust, zum Essen fortzugehen, er konnte sich nicht einmal dazu zwingen, wenn der Gedanke auftauchte. Er hatte sich ein paar Science-fiction-Romane aus der Bücherei in der Nähe geholt und las darin sowohl in der U-Bahn wie in der Mittagspause, und sie schienen ihn geistig wenigstens so weit in Anspruch zu nehmen, daß er jegliches innere Zerren und Ziehen ignorieren konnte.

Obwohl er es gern gewollt hätte, konnte er sein Arbeitstempo nicht durchhalten. Eine oder zwei Stunden gelang es ihm, länger jedoch nicht, und dann erst wieder, wenn er mit seiner Arbeit im Rückstand war und sich wie wild dranhalten mußte, um damit fertig zu werden.

Von Zeit zu Zeit begann Harry White sich zu fragen, woran es lag, daß er nicht mehr so kontinuierlich und konzentriert arbeiten konnte wie früher, und warum er wohl nicht imstande war, in der Lunchpause das Büro zu verlassen, doch sobald er spürte, daß diese Fragen im Begriff waren Gestalt anzunehmen, überkam ihn ein Angstgefühl, und er schob sie von sich fort und füllte seinen Kopf mit etwas anderem, mit irgend etwas, nur um sich diesen Fragen nicht stellen zu müssen.

Am Tag vor dem Betriebsausflug ließ Mr. Wentworth Harry in sein Büro kommen. Harry wußte, daß es ernst wurde, wenn Mr. Wentworth ihm sagte, er solle sich setzen, und etwas in ihm stülpte sich um, und leichte Übelkeit zerrte an seinem Schlund. Ich wollte, daß Sie es von mir hören, Harry, statt bei dem Essen morgen abend. Wie Sie wissen, vergrößert sich unsere Firma unaufhaltsam, und zwar vergrößert sie sich, und das sage ich mit Stolz, im Eiltempo. Es verhält sich in der Tat so: Unser Wachstum in den letzten zwei Jahren ist geradezu phänomenal.

Das ist großartig, er bemühte sich um eine respektvoll-beeindruckte Miene.

Genau das ist es. Nun also – dieses besagte Wachstum hat nun den Bedarf an weiteren gehobenen Angestellten nach sich gezogen, und erst kürzlich ist die Position eines Direktionsassistenten geschaffen worden – er lehnte sich zurück und sah Harry einen Augenblick an. Harry spürte, wie die Kugel in seinem Unterbauch hochsprang und sich in seiner Kehle festsetzte – und sie ist Davis übertragen worden – plop, die Kugel fällt, windet sich durch die Luftröhre und wühlt in seinem Bauch –, und zwar auf meine Empfehlung hin. Ich möchte Ihnen sagen, warum. Sie haben einen besseren Kopf, Sie sind heller als Davis – Harry spürte seine Augenlider flattern und hoffte um alles in der Welt, daß er jetzt nicht anfing zu weinen. Er mußte eigentlich auch nicht weinen, verspürte jedoch einen Druck hinter den Augen und wie sie sich in müder Trauer verschleierten, und er versuchte krampfhaft, den angemessenen Ausdruck auf seinem Gesicht zu behalten, was auch immer man sich darunter vorzustellen hatte. Er jedenfalls wußte es weiß Gott nicht – Sie haben mehr Phantasie, mehr Ideen und ein größeres Einsatzvermögen, mit anderen Worten, Sie besitzen alle Eigenschaften eines erfolgreichen, mitdenkenden gehobenen Angestellten (hör doch um Gottes willen auf und laß mich hier raus), außer den allerwichtigsten, er beugte sich vor, um diesem Punkt besonderen Nachdruck zu verleihen – Beständigkeit und Verläßlichkeit. Ich hätte Sie gern als Direktionsassistenten gesehen, ich glaube, Sie könnten viel für die Firma leisten, aber ich kann mich nicht auf Sie verlassen. Davis hat vielleicht nichts zu bieten, was ihn befähigen würde, über diesen Posten hinauszugelangen, aber er ist zuverlässig und ausdauernd. Er hat eine Familie, hat drei Kinder. Ein Mann, der sich im Leben eingerichtet hat und *jeden* Tag gute Arbeit leistet. Verstehen Sie, das ist es, worauf es ankommt. Er schnellt nicht den einen Tag vor Tatendrang wie eine Rakete in die Höhe, nur um am nächsten Tag am Boden zu verpuffen. Und das ist wichtiger als Ideenreichtum, auch wenn dieser der Firma zugute kommt, jedenfalls im Augenblick und in dieser besonderen Position.

Nun, ich weiß nicht, was in letzter Zeit mit Ihnen los ist, aber ich kann mich nicht in der Weise auf Sie verlassen wie früher. Wenn ich etwas ausgeführt haben will, muß ich auf diesen Knopf hier drücken können und wissen, daß es ausgeführt wird, ohne Fragen, ohne Verzögerung. In letzter Zeit kann ich Sie nicht einmal *finden*, wenn ich Sie brauche, es liegt also auf der Hand, daß Sie mir keine Hilfe bedeuten, falls irgend etwas plötzlich erhöhte Aufmerksamkeit beansprucht. Es scheint (Herrgottnochmal, hör doch auf mit dem Scheißgequassel. Ich will hier raus), als wollten Sie sich in letzter Zeit jeder Verantwortung entziehen und, glauben Sie mir, nichts ist einer Karriere hinderlicher. Meiner Ansicht nach ist es Zeit für Sie, einen Hausstand zu gründen und die Pflichten und Verantwortungen eines Mannes auf sich zu nehmen. Nichts ist geeigneter, einem die klare Sicht auf das Leben zu ermöglichen und den Nebel vor den Zielen, die wir erreichen wollen, zu vertreiben. Ich persönlich glaube, daß das der Ansporn ist, den Sie brauchen.

Doch das sind nicht die einzigen Gründe, weshalb ich Davis für diese Position empfohlen habe. Verstehen Sie, ich habe meine Überzeugung nicht geändert, was Sie und Ihre Fähigkeiten angeht. Ich glaube nach wie vor an Ihre unbegrenzten Möglichkeiten und daß Sie der Firma eine große Stütze bedeuten könnten. Eine große Stütze. Aber Sie werden Ihre innere Einstellung in bezug auf Ihre Arbeit ändern müssen, um Ihre Fähigkeiten voll einsetzen zu können, und ich hege die Hoffnung, daß diese Unterhaltung Sie so weit aufrüttelt, zu begreifen, daß Sie eine große Zukunft aufs Spiel setzen, und ich hoffe ferner, daß Sie Ihre innere Haltung ändern.

Ich glaube an unsere Firma, ohne jede Einschränkung. Wir vergrößern uns und werden uns auch weiterhin vergrößern, solange es Mitarbeiter gibt, die bereit sind, diesem Unternehmen ihr Leben zu weihen und ihm die Treue zu halten, und zwar ebenfalls ohne jede Einschränkung. Einen anderen Weg gibt es nicht. Es ist eine Frage der Einstellung, Harry. Und ich will, daß Sie eine unserer Stützen werden, ich weiß, daß Sie dazu befähigt sind. Jetzt als Direktionsassistent übergangen zu werden bedeutet nichts, wenn Sie nur meinen Rat akzeptieren und Ihre Einstellung ändern. Haben Sie mich verstanden?

Ja … ja, ich habe Sie verstanden, Mr. Wentworth. Ich –

Gut. Denken Sie darüber nach. Wissen Sie, Harry, eines Tages werden Sie mir dankbar sein. Sie werden auf diesenTag zurückblicken als auf den Wendepunkt zu einer sensationellen Karriere. Harry nickte und blinzelte mit den Augen. Okay, Ende der Vorlesung. Bis morgen.

Bis morgen. Er ging an seinen Schreibtisch zurück und ließ sich auf seinen Stuhl fallen, seine Augen blinzelten immer noch heftig, die rotierende Kugel sprang immer noch in die Höhe, setzte sich in seiner Kehle fest und zerrte an ihr. Bis morgen. Eines Tages werden Sie mir dankbar sein. Was soll dies Scheißgequassel? Was bildet der sich eigentlich ein? Ich arbeite mich für ihn zuschanden und er, was tut er … Ach, scheiß drauf. Er ging in die Herrentoilette, pißte, spritzte sich kaltes Wasser ins Gesicht und vertrödelte noch ein paar Minuten, bis es Zeit war nach Hause zu gehen.

Die Science-fiction-Romane erwiesen sich auf der Heimfahrt nicht als sehr hilfreich, denn er kam nicht von der Frage los, für wen Wentworth sich wohl hielt, wenn er dermaßen geschwollen daherredete. Man könnte beinahe glauben, ich wäre der einzige, der mit Weibern rummacht. Wie kommt er dazu, so das Maul aufzureißen???? Ja, wer bist du, daß du den ersten Stein wirfst, du mit deinem Public-Relations-Team … Ahhh, scheiß drauf … ist ja nicht der einzige Job in der Welt … die brauchen mich mehr als ich sie … wolln mal sehen, was passiert, wenn *ich* die Arbeit nicht mache … jaa, wie lange wird der Herr Direktionsassistent dann wohl auf seinem Stühlchen sitzen … ach, ich weiß nicht … irgendwie geht mir alles durcheinander … Scheiße! Zum Teu – warum hören die denn bloß nicht auf, auf mir rumzureiten … ahhh …

Tony, Mike und Steve gingen an diesem Abend zum Baseball-Spiel, also ging Harry mit. Während er dem Spiel zusah, stellte er von Zeit zu Zeit fest, daß er dabei war, in die dunklen, feindseligen Winkel seiner Seele hinunterzugreifen, um Wentworth zu beschimpfen und ihn wissen zu lassen, was für ein Arschloch er sei und wie er es ihm eines Tages zeigen würde, doch hatte er einen großen Teil seiner Kraft bereits vertan, und die Erregung, die das Spiel mit sich brachte, beschäftigte ihn immerhin so weit, daß es jener inneren Hand nicht gelang, den Haß ans Licht der Nacht zu bringen.

4

Es war ein herrlicher Tag für einen Ausflug und der Wooddale Country Club ein ideales Ziel mit seinem Achtzehn-Loch-Golfplatz, dem großen Swimmingpool und den gepflegten Rasenflächen inmitten lichter, freundlicher Waldungen, dazu all die anderen Bequemlichkeiten und Annehmlichkeiten eines exklusiven Landclubs.

Die meisten saßen an kleinen Tischchen in der Sonne oder im schattigen Patio. Einige spielten Tennis, und Harry sah ihnen ein Weilchen zu und schlenderte dann müßig am Waldrand entlang.

Er genoß das Alleinsein, nicht weil er sich auf die Weise den ihn umgebenden Bäumen, den zwitschernden, zwischen den Zweigen hin und her schießenden Vögeln, dem grüngesprenkelten Erdboden unter sich und der Sonne und dem blauen Himmel über sich näher gefühlt hätte, auch nicht aus Menschenscheu oder wegen irgendwelcher Kontaktschwierigkeiten – auf diesem Gebiet hatte er keine wirklichen Probleme –, eher schon genoß er das befriedigende Gefühl, das er empfand, als er das ausgedehnte Clubgelände überblickte in dem Bewußtsein, daß dort überall Menschen sich allerlei Aktivitäten hingaben und daß ihnen seine Abwesenheit nicht entging und sie sich fragten, wo er wohl stecke.

Er stand im Schatten der Bäume und sah ins helle Sonnenlicht hinaus, das auf der abfallenden Rasenfläche lag, die sich bis zu den tiefer gelegenen Parkanlagen und dem Swimmingpool hinunterzog, und ein Gefühl der Macht überschwemmte ihn wie eine Woge. Mit halbgeschlossenen Augen betrachtete er die in ihm aufsteigenden Bilder und sah das Schicksal vor sich, das ihm Geld, Besitz und Ansehen bescheren würde, all das, was er begehrte und, wie er sicher wußte, eines Tages auch haben würde.

Die Linie zwischen Licht und Schatten war scharf und der Übergang abrupt, als er in das fast mit Händen zu greifende Sonnenlicht hinaustrat. Er spürte die Wärme des Gestirns auf seinem Gesicht, während die Kühle des Schattens noch auf seinem Rücken lag, doch sobald er diese beiden Empfindungen in seinem Bewußtsein registriert hatte, war der kurze Augenblick auch schon vorüber, und er fühlte das leuchtende Licht der Sonne und ihre Wärme nun auch auf seinem Rücken.

Er ging auf den Swimmingpool zu, um den herum etwa ein halbes Dutzend Leute in der Sonne lag, ein paar andere tummelten sich im Wasser. Als er näher herankam, bemerkte er eine junge Frau im Bikini, die am Schwimmbecken stand, und ihm wurde bewußt, daß er sie anstarrte. Er hörte die Stimmen der anderen, die Geräusche von den ein paar hundert Meter jenseits des Swimmingpools gelegenen Tennisplätzen, ab und zu einen Aufschrei und das Aufklatschen, wenn jemand ins Wasser sprang, doch in Gedanken war er ausschließlich mit dem Mädchen im Bikini beschäftigt, damit, wie ihre Brüste aus dem Oberteil herauszuquellen schienen und ihre Hinterbacken wie durch ein Wunder von einem schmalen Band unter der sanften Wölbung des Bauchs gehalten wurden …

Er starrte auf das Wasser, das zu ihrem Nabel hinuntertropfte, und mußte an ein Schlüsselloch denken, kniff die Augen zusammen, teils wegen der grellen Sonne, teils wegen des elektrisierenden Schocks seiner Begierde. Mein Gott, am liebsten würde er sie auf der Stelle vögeln, hier und jetzt. Sie nahm die Badekappe ab und schüttelte ihr Haar, bevor sie sich neben dem Becken auf ein Handtuch legte. Er war sich ganz sicher, daß ihre Schamhaare nicht dicht waren und nur eine kleine Fläche bedeckten.

Er stellte sich so hin, daß sein Schatten über sie fiel. Sie öffnete die Augen und hob den Kopf ein wenig. Sie stehen mir in der Sonne.

Oh, das tut mir leid, er trat zur Seite und sah, wie sein Schatten langsam über ihren Körper glitt und weiter aufs Gras. Es gibt nichts Schlimmeres als jemand, der einem die Sonne stiehlt.

Danke, sie lächelte, die Augen wieder geschlossen, im Augenblick bin ich vor allem daran interessiert, zum Lunch trocken zu sein.

Na, bei *der* Sonne und einem solchen Badeanzug sollte das nicht allzu lange dauern –

He, Harry. Komm doch rein. Das Wasser ist herrlich.

He, Steve, Joan, er winkte ihnen zu, jetzt nicht. Ich warte bis nach dem Lunch –

Ich weiß nicht genau wieso, sie runzelte die Stirn, aber irgendwie ist mir das nicht klar, was Sie da über das Trockenwerden und meinen Badeanzug gesagt haben.

Ach so, na ja, ich meinte bloß, daß der Badeanzug die meiste Zeit braucht, um zu trocknen, und an Ihrem Badeanzug gibts nicht allzuviel zu trocknen, in seiner Stimme klang unterdrücktes Lachen, und sie reagierte mit einem leisen Glucksen.

Gefällt er Ihnen nicht?

Oh, ganz im Gegenteil, er lachte und hockte sich neben sie. Ich bin Harry White. Ich glaub, ich hab Sie noch nie gesehen.

Ich bin Linda Sorrenson, sie drehte den Kopf zu ihm hin und öffnete ein Auge, Mr. Donlevys neue Sekretärin. Ich bin erst seit n paar Monaten in der Firma.

Sie sind schon ein paar Monate bei uns, und ich hab Sie noch nie gesehen? Mein Gott, ich muß verrückt sein. Das werd ich mir nie verzeihen. Wo haben Sie denn diese ganze Zeit über gesteckt?

Wo ich hingehöre – an meinem Schreibtisch, wieder wandte sie den Kopf, sah zu Harry hinauf und lächelte.

Nun, ich fürchte, ich werde in Zukunft eine ganze Menge mit Donlevy zu tun haben, sie lachte in sich hinein, und Harrys Blick schweifte über das Gelände und weiter zu den Gebäuden. Es sieht so aus, als gäbs bald was zu essen. Vielleicht sollten wir so langsam rübergehn.

Ach, ich glaube, das spar ich mir. Ich esse nicht viel.

Das haben Sie aber nicht nötig, er lachte.

O doch. Es ist gar nicht so einfach, eine Bikinifigur zu behalten.

Sie sollten trotzdem mitkommen. Zumindest wird es Ihnen gefallen, wie sie alles aufgebaut haben.

Wirklich?

Bestimmt. Es gibt ein kaltes Büfett, und das sieht ganz wunderbar aus, er war aufgestanden und streckte sich ein wenig, es wird Ihnen gefallen, glauben Sie mir.

Sie sah einen Augenblick zu ihm hoch, dann drehte sie sich auf den Rücken. Okay, Sie haben mich überzeugt.

Harry streckte eine Hand aus, die sie ergriff, und er zog sie mit Schwung hoch, so daß sie erst wenige Zentimeter vor ihm zum Stillstand kam. Jetzt sind Sie mir schon ganz vertraut, er lächelte sie an.

Hoffentlich nicht zu vertraut, sie zog ihre Hand aus der seinen und rollte die Badekappe ins Handtuch.

Sie gingen über den Rasen, Harry neben ihr, während ein Teil von ihm zurückblieb, um ihre Bewegungen zu beobachten, und er ließ seine Augen vom fließenden Schwung ihrer Hüften und ihres Hinterns umschmeicheln.

Sie aßen in einem schattigen Patio, einige andere saßen an kleinen Tischen im Freien, die meisten jedoch waren im vollklimatisierten Speisesaal geblieben. Louise und Rae setzten sich mit ihren bunt gefüllten Tellern zu Harry und Linda.

Sie haben doch nichts dagegen, Harry, oder?

Haben Sie die Plätze vorbestellt? Er lächelte die beiden an.

Natürlich hat er nichts dagegen, Louise, warum sollte er wollen mit einem schönen jungen Mädchen allein sitzen? Oi, ich Sie schon hasse, auf Lindas Gesicht malte sich leichtes Befremden, so ein niedliches Figur, Harry und Louise lachten. Sogar bevor ich war Großmutter, ich hatte kein solches Figur.

Iß noch einen *blintz* und beruhige dich.

Harry, die Platze sollst du kriegen. Alle lachten, und sie aßen weiter, unter Gelächter und dem Klicken der Gabeln auf den Tellern.

Nach dem Lunch zog Harry seine Badehose an und ging zu den Leuten am Swimmingpool. Er sprang hinein und schwamm ans andere Ende und stand nun neben Linda. Sie kommen mir irgendwie bekannt vor.

Hoffentlich nicht nur irgendwie.

Oh, ganz und gar nicht. Ganz und gar nicht, er bespritzte sie und sie bespritzte ihn und sie tummelten sich lachend im Wasser.

Jemand hatte einen Wasserball mit und die Badenden bildeten im Schwimmbecken einen großen Kreis und der Ball wurde in die Luft geworfen und dann mit der Faust vom einen zum andern geschlagen und der erste, der ihn verfehlte, wurde getaucht. Die meisten hatten nach einer Weile genug; Harry tollte noch längere Zeit mit Linda im Wasser umher.

Davis und seine Frau näherten sich nun ebenfalls dem Swimmingpool, und als Harry sie kommen sah, verspürte er jenes stechende Zerren im Gedärm. Das Wasser reichte ihm bis zum Kinn, und er stand still da und bewegte die Hände, um das Gleichgewicht zu behalten, und nährte das Wühlen in seinem Leib und starrte die beiden an, wobei er die Frau in ihrem einteiligen Badeanzug, in den ganz offensichtlich eine Menge schlaffer Haut gezwängt war, automatisch und unbewußt taxierte und Davis, mit seinen knochigen, unbehaarten Beinen schon reichlich abgetakelt, hämisch angrinste. Aber sie ist nicht übel, nicht übel, wenn man bedenkt, daß sie ein paar Kinder gehabt hat, und so n bißchen Bauch ist gar nicht schlecht, solange sie keine Falten am Hintern haben –

He Harry, mach Platz, Harry hörte nichts, bist du taub oder was? – Jawohl, das ist keine schlechte Idee … hab noch nie die Frau eines Direktionsassistenten gevögelt –

He, los, jemand zog ihn am Arm, er drehte sich um und sah Linda fragend an, sie wollen um die Wette schwimmen.

Wie???? Ach so, er rückte mit Linda zur Seite, an die Längswand des Beckens.

Sie müssen eine außergewöhnlich starke Konzentrationsfähigkeit haben.

Wie?

Die haben Ihnen zugebrüllt, und Sie haben kein Wort gehört.

Ich machte gerade eine Joga-Übung, er lächelte ihr zu und beobachtete das Ehepaar Davis aus dem Augenwinkel, half ihr auf den Rand des Beckens hinauf und setzte sich dann neben sie, genau in dem Augenblick, als die Wettschwimmer kopfüber ins Wasser sprangen und so schnell wie möglich auf das andere Ende des Swimmingpools zukraulten. Kurz aufbrandendes Geschrei und Hallo zerriß die Verbindung zwischen ihm und den beiden Davis.

Wollen wir uns in die Sonne legen?

Ich komm gleich nach, er sah Linda an und spürte, wie sein Gesicht lächelte, doch fühlte er sich nicht eigentlich als Teil dieses Lächelns. Ich möcht mich erst noch n bißchen lockerschwimmen.

Linda ging, und Harry ließ sich hinuntergleiten und schwamm unter Wasser zur anderen Seite des

Swimmingpools, dann schwamm er ein paarmal vom einen Ende zum andern und spürte, wie ein kleiner Aggressionsknoten sich langsam auflöste und bei der dritten Runde bereits auf halbem Wege nicht mehr vorhanden war. Und so stemmte er sich, als er das Ende des Beckens erreicht hatte, hoch, schwang sich hinaus und ging zu Linda hinüber.

Er stellte sich über sie und ließ ein paar Wassertropfen auf ihren trockenen Rücken hinunterfallen.

Iiiiihhh, das ist kalt, Sie Ekel, sie krümmte sich und rollte sich zur Seite.

Sie sind eine Stunde im Wasser, und dann schreien Sie wegen zwei Tropfen, er lachte und setzte sich neben sie.

Das ist aber auch zum Lachen, nicht wahr? Auch sie lachte und machte es sich wieder auf ihrem Handtuch bequem.

Junge, das hat gutgetan, er streckte sich auf dem Bauch aus und sah sie an, sie hatte den Kopf seitwärts auf die verschränkten Arme gelegt, und ihr Gesicht befand sich nur wenige Zentimeter vor dem seinen. Mal so richtig schwimmen ist das Entspannendste, was es gibt.

Ja, das ist es. Man fühlt sich nachher irgendwie zum Träumen aufgelegt, sie hatte die Augen geschlossen, und in ihrer Stimme lag ein Lächeln.

Es klingt, als würden Sie gleich einschlafen.

Hhhmmmm. Wecken Sie mich nach einem Weilchen, damit ich vorn auch ein bißchen Sonne mitkriege.

Wie lange ist ein Weilchen?

Ach, Sie wissen schon, wenn mein Rücken genügend Sonne gehabt hat.

Aha, okay, er spürte intensiv ihre Nähe und lächelte.

Harry schlief nicht, sondern trieb in sich selbst dahin, und wenn er sie auch hörte, achtete er doch nicht auf die Geräusche der Badenden und andere Laute vom Swimmingpool her, die verschiedenen Stimmen vermischten sich mit den Geräuschen, und das Ganze verschmolz zu einem einzigen, langgezogenen Ton mit nur wenig abweichenden Ober- und Untertönen, und dieser Ton nahm seinen Geist in Anspruch, wenn auch nur oberflächlich, so, wie die Filme in der Forty-second Street es getan hatten, und Davis und seine Frau hatten keinen Zutritt zu ihm, da seine Sinne jenen Teil seines Geistes ausfüllten. Wie im Halbschlaf nahm er die Sonnenwärme auf seinem Rücken wahr, spürte Gras und Erde und das Handtuch unter ihm, die Berührungen von Fliegen und anderen Insekten, die seinen Rücken und seine Beine inspizierten, doch am stärksten war er sich Lindas, die dieselbe Sonne auf ihrem Rücken spürte, bewußt – die kleinen Insekten verließen seine Haut, um die ihre zu berühren – und des Geruchs der Feuchte, der von ihr ausging, als sie aus dem Wasser stieg, dieses Geruchs von Wasser und Haut und Luft, der ihn erregte und ihm selbst jetzt noch gegenwärtig war, da die Sonne die Feuchtigkeit zu etwas Vergangenem gemacht hatte.

Er verharrte bewußt in diesen Empfindungen und Wahrnehmungen und verspürte dann allmählich etwas anderes, ein anderes Gefühl ... das Gefühl wirklicher Entspannung. In ihm lachte es ganz leise, als ihm klar wurde, daß er dieses Gefühl nicht gehabt hatte, als er sagte, schwimmen sei entspannend, doch jetzt hatte er es. Wie sonderbar. Und sonderbar auch, wie man sich trotz des Wissens, daß eine Menge Leute einen umgeben, gänzlich abgesondert von ihnen vorkommen kann. Wie war das schön, sich so treiben zu lassen, den Erdboden unter sich zu fühlen ... wirklich schön ...

Freundliches Wasser ...

klarblauer Himmel ...

und Bäume ...

Er

hörte Linda tief Atem holen und leise aufseufzen, als sie sich auf den Rücken drehte.

Das Weilchen schon rum?

Hhhmmmm.

So schnell?

Der Rücken hat genug, sie drehte den Kopf hin und her, um eine kleine Vertiefung im Erdboden für ihn zu schaffen, und lag, nachdem das erreicht war, still.

Ja, ich glaub, ich dreh mich jetzt auch um.

Harry spürte das grelle Sonnenlicht auf seinen Augenlidern, doch nach kurzer Zeit störte es ihn nicht mehr, und er begann langsam in die summende Höhle des Schlafes zu sinken, tiefer und immer tiefer, bis das Summen fast verstummt war, was ihn jäh erwachen ließ. Mit zusammengekniffenen Augen blinzelnd rollte er sich auf die Seite. Er hörte, daß sich niemand mehr im Swimmingpool befand, und es war nun viel ruhiger als zuvor. Er sah um sich und stellte fest, daß die meisten in der Sonne lagen und einige Karten spielten.

Es wird Zeit aufzustehen.

Hhhmmmm, sie bewegte sich ein wenig.

Wenn Sie nicht geröstet werden wollen, sollten Sie jetzt aufstehen.

Sie rollte sich auf die Seite und öffnete die Augen halb, blinzelte heftig und versuchte sie ganz zu öffnen.

Ich dachte, Sie hätten sone Art eingebaute Eieruhr, damit Sie nicht zu lange in der Sonne bleiben.

Ich war nicht zu lange in der Sonne.

Jaa, aber wenn ich Sie nicht geweckt hätte, wäre aus Ihnen glatt ein Zwieback geworden.

Ich hab ja nicht genau gesagt, wodurch ich aufwachen würde, nicht wahr? Es gibt die verschiedensten Wecker.

Ah, ich verstehe, Sie haben *meine* Weckuhr gestellt.

Ja, und Sie haben mich geweckt, als ich genug hatte. Sie stimmte in sein Lachen ein.

He Harry, wie wärs mit einer Partie Rommé? Du auch, Linda, wir brauchen noch n paar Mitspieler.

Harry sah Linda an, und sie antwortete mit einem Warum-nicht-Achselzucken und einer ebensolchen Miene, und sie setzten sich zu den andern, die rund um das Handtuch saßen, das als Spielfläche diente. Kannst du Fünfhundert, Linda?

Ich glaube, ich weiß noch, wie das geht.

Ich seh, daß du schreibst, Tom.

Na klar, Harry, wer denn sonst? Sie lachten und kicherten, und während des Spiels wechselten die Frauen die Plätze, damit die Sonne sie gleichmäßig bräunte.

Nachdem das Spiel, das Tom gewann – es gab ein großes Geschrei, er hätte gemogelt und solle mal seinen Block herzeigen –, vorbei war, gingen sie mit den andern, um sich zum Aperitif und dem nachfolgenden Dinner anzuziehen.

Als Harry an die Bar kam, winkte Mr. Wentworth ihn heran und stellte ihn Mr. Simmons, dem Präsidenten, vor. Schön, Sie kennenzulernen, White. Walt hat mir viel Gutes von Ihnen erzählt, er hatte einen Arm um Harrys Schulter gelegt, ich lege großen Wert darauf, unsere tüchtigen jungen Mitarbeiter näher kennenzulernen, das junge Blut, das das Rückgrat unserer Firma ist.

Vielen Dank, Mr. Simmons, ich hoffe, ich kann einen gewichtigen Beitrag zum Wachstum des Unternehmens leisten.

Sehr gut, sehr gut, das ist die Einstellung, die ich schätze.

Einen Drink, Harry?

Einen Scotch, mit Wasser, bitte.

Wentworth winkte dem Barkeeper, und nachdem dieser den Drink gebracht hatte, gab Wentworth ihn Harry.

Danke. Wie *ich* es sehe, ist es einfach so: Je mehr ich zum Wachstum der Firma beitragen kann, desto mehr Aufstiegschancen habe ich selbst.

Genau, wie ich immer gesagt habe: Je mehr die Firma Ihnen bedeutet, desto mehr bedeuten Sie ihr. Sie sahen einander an und nickten sich bestätigend und im Einverständnis zu.

So blieben sie kurze Zeit als kleine Gruppe stehen; es überraschte Harry ein wenig, daß er sich in Wentworths Gegenwart eigentlich ganz behaglich fühlte, da keinerlei Zorn in ihm brodelte. Er meinte jedes Wort, wie er es sagte: Er wollte wirklich zum Wachstum der Firma beitragen und ein erfolgreicher leitender Angestellter werden, er hing wirklich an der Firma und an seiner Arbeit, und er war vollkommen damit einverstanden, für den Rest seines Lebens bei diesem Unternehmen zu bleiben, eines Lebens, dessen Verlauf von ihm geplant war und das er im Geiste vor sich sah, eines Lebens, das nicht nur eine hohe Position und Erfolg versprach, sondern auch ein weitläufiges Haus, mehrere Wagen, eine Segel- und eine Motoryacht und all die äußeren Merkmale des Erfolgs wie etwa die Zugehörigkeit zu einem exklusiven Country Club wie Wooddale.

Harry nippte an seinem Drink und hörte mit aufrichtigem Ernst ihrer ernsthaften Aufrichtigkeit zu, er fühlte sich der Unterhaltung und den beiden Männern vor ihm zugehörig und empfand doch ein leises, unbestimmtes Gefühl des Abgesondertseins. Automatisch und rasch schob er dieses Gefühl beiseite und setzte an seine Stelle ein inneres Aufwallen und Erglühen, das daher rührte, daß er spürte, wie die andern im Raum seiner Unterhaltung von gleich zu gleich mit Simmons und Wentworth zusahen, und von dem Wissen, daß das den Zuschauern Respekt vor ihm abnötigte und sie ihn beneideten.

Die Unterhaltung fand schließlich ihr Ende, und Harry mischte sich unter die andern, er fühlte sich ein wenig beschwipst und überlegen und ein kleines Stückchen größer als die andern (in einigen Fällen auch ein großes Stück). Außerdem war ihm menschenfreundlich zumute, und es machte ihm Spaß, sein Glas zu schütteln und die Eiswürfel klirren zu hören.

Er ging auf das Ehepaar Davis zu, spannte dabei kaum merklich die Schultern und sah die Frau eindringlich an, als Davis sie miteinander bekannt machte. Das ist Harry White, Schatz. Harry, meine Frau Terry.

Hi. Freut mich sehr. Hi. Mark hat oft von Ihnen gesprochen.

So, wirklich? Er sah Davis an und lächelte, dann sah er wieder sie an, nichts Gutes, hoffe ich. Mark hat auch von Ihnen gesprochen, aber er hat nie mit auch nur einem Wort erwähnt, daß Sie so schön sind. Terry errötete leicht. Mark, du alter Teufel, kein Wunder, daß ich deine Frau bis jetzt noch nicht kennengelernt habe. Wenn ich mit Ihnen verheiratet wäre, er sah sie erneut eindringlich an, hätte ich Angst, Sie aus dem Haus zu lassen, sein Gesicht öffnete sich in einem liebenswürdigen Lächeln, Mark ist glücklich zu preisen, und Harry ließ seinen Blick noch einige Sekunden auf ihr ruhen und verspürte ein leichtes Stechen, dem er gern dorthin gefolgt wäre, wohin es ihn führen wollte, doch andere Leute kamen dazu, und so schlenderte er mit einem Gefühl der Erleichterung davon.

Schließlich stieß er auf Linda, die mit Rae und Louise zusammensaß. Drei entzückende junge Damen ganz allein, ich muß heut meinen Glückstag haben.

Setzen Sie sich zu uns?

Danke, gern, Louise.

Jetzt hört euch Sir Finklestein an. Ich soll wohl glauben, daß Sie werden haben auch nur einen Blick übrig für uns alte Schabracken, wenn ein so schönes junges Mädchen wie Linda ist da?

Alle lachten über Raes unverhohlen boshaftes Grinsen. So scherzten und lachten sie, bis es Zeit war, zum Essen zu gehen; dann standen sie auf und folgten den andern in den großen Speisesaal.

Harry war sich erneut der Gegenwart Lindas bewußt, und auf dem Weg zum Speisesaal spürte er förmlich, wie eng ihr Kleid ihren Körper umspannte. Sie setzten sich an eine der festlich gedeckten langen Tafeln, Rae und Louise an die eine Längsseite und Harry und Linda ihnen gegenüber. Lindas Nähe und ihr enges Kleid waren ihm, als sie am Tisch saßen, weiterhin bewußt, ihr nackter Arm befand sich nur wenige Zentimeter von ihm entfernt.

Das lockere Geplauder hinüber und herüber und Raes Humor verhinderte, daß Harry sich in Gedanken und auch sonst ausschließlich mit Linda beschäftigte, obwohl er, trotz der Scherze und des Gelächters, ihre Gegenwart keinen Augenblick vergaß und ein neues, unbestimmtes Gefühl in sich spürte, das von ihr auszugehen schien. Er fühlte sich zu ihr hingezogen, und doch gab es in diesem besonderen Augenblick weder den Knoten der Angst in seinem Gedärm noch besorgte Anspannung. Seine Gedanken beschäftigten sich flüchtige Augenblicke mit diesem Gefühl, doch vermochte er es nicht genauer zu definieren. Er nahm nur wahr, daß gewisse andere, ihm nur zu bekannte Empfindungen nicht vorhanden waren. Die meiste Zeit über versuchte er einfach nur Vergnügen an dem, was geschah (oder *nicht* geschah), zu finden, während die Tafelnden, die mit der Suppe begonnen hatten, allmählich bis zum

Nachtisch vorgedrungen waren, von dem Rae wiederholt behauptete, sie würde ihn nicht essen, und dann fing sie an, davon zu kosten, mit anerkennender Miene und genußvollem Aufseufzen.

Morgen früh wirst du dich selbst nicht leiden können.

Harry, du bist gräßlich.

Na und? Ich stell mich einfach ein paar Tage nicht auf die Waage und bilde mir ein, ich bin schlank.

So lachten und kicherten sie immer weiter, bis Mr. Wentworth aufstand, an sein Glas schlug und die Anwesenden um Aufmerksamkeit bat. Es wurde still im Saal und alle wandten sich Mr. Wentworth zu. Ich danke Ihnen. Er ließ mit einem breiten Lächeln den Blick über die Anwesenden schweifen. Ich hoffe, es hat Ihnen allen gut geschmeckt – aufbrandende Zustimmung und Applaus – und, Mr. Wentworths Lächeln wurde noch breiter, daß die zwanglose Cocktailstunde Ihren Beifall gefunden hat – weiterer Applaus, Gelächter und heftig nickende Zustimmung. Mr. Wentworth schwieg einen Augenblick und sah erneut umher. Jetzt wird Ihnen die Rechnung präsentiert … ich werde eine Rede halten – plätschernder Applaus und eine kurze, befangene Stille, und Mr. Wentworth lachte ein wenig und fuhr einmal mit der Hand durch die Luft. Nein, nein, keine Angst. Ich habe nicht vor, ein gutes Essen nachträglich zu verderben – Kichern und Gelächter. Ich will Ihnen lediglich unseren Präsidenten, Clark Simmons, vorstellen, er wandte sich in dessen Richtung und streckte die Hand aus, dann applaudierte er ihm, und die anderen taten es ihm gleich.

Clark Simmons erhob sich, nahm, breit lächelnd, den Beifall zur Kenntnis und hob um Ruhe bittend die Hände. Ich danke Ihnen, vielen herzlichen Dank. Es ist mir wirklich ein Vergnügen, anläßlich dieser festlichen Gelegenheit bei Ihnen zu sein. Und genau wie mein guter Freund Walter – Blick auf Wentworth – möchte ich ein gutes Essen nicht mit unnötigen Worten verderben. Er lächelte und schwieg, bis das Gelächter verebbte. Indes … ich möchte nicht versäumen, jedem einzelnen von Ihnen dafür zu danken, daß er sich als pflichtgetreuer, gewissenhafter Mitarbeiter erwiesen hat – das gilt natürlich ebenso für die Damen – und als Persönlichkeit, die sich ihrer Verantwortung mit Enthusiasmus und unter Einsatz aller Kräfte stellt und auf die Weise mitgeholfen hat, dieses Jahr zum erfolgreichsten Jahr in der fünfzehnjährigen Geschichte unserer Firma zu machen. Und um diese Entwicklung und unser Wachstum, das Ihnen zu verdanken ist, beizubehalten, möchte ich Ihnen jetzt kurz mitteilen, daß wir eine neue Position geschaffen haben, die das erwähnte Wachstum möglich und notwendig gemacht hat … und Ihnen den Mann vorstellen, der unser neuer – und erster – Direktionsassistent sein wird – Louise und Rae sahen rasch zu Harry hinüber, ein breites Glückwunschlächeln auf ihren Gesichtern, und Louise wollte schon nach Harrys Hand greifen, doch er nahm sie rasch vom Tisch, um sich den Nacken zu kratzen. Ich muß dazu sagen, daß der tüchtige junge Mann, von dem ich spreche, von dieser Änderung seines Status bis jetzt noch nicht in Kenntnis gesetzt worden ist, und so wird es eine Überraschung für ihn sein, und für seine schöne Frau ebenfalls. Meine Damen und Herren, ich möchte Ihnen unseren Direktionsassistenten Mark Davis vorstellen – *Ooo-ohhhs und Aaaahhhs,* und Mark Davis sah überrascht in die Runde, glücklich und ein wenig erschrocken lächelnd, und seine Frau hüpfte auf ihrem Stuhl auf und nieder, klatschte wie wild in die Hände und kreischte Hurra und schubste ihren Mann in Richtung von Präsident Simmons, während die näher Sitzenden Mark die Hand schüttelten und ihm auf den Rücken klopften und er sich zögernd vorwärtsbewegte und die ausgestreckten Hände von Clark Simmons und Walter

Wentworth ergriff, und einige brachen in einen Sprechchor aus, eine Rede, eine Rede, und andere fielen ein, während Wentworth und Simmons dem zwischen ihnen stehenden neugebackenen Direktionsassistenten jeder einen Arm um die Schulter legten, und einige Blitzlichter flammten auf, als Fotos für die Fachzeitschriften gemacht wurden, und schließlich verebbte der Applaus, und der Sprechchor wurde leiser und verstummte, so daß Mark Davis reden konnte, und Louise und Rae sahen Harry ungläubig mißbilligend fragend an, und Harry kämpfte wie ein Idiot, um das verdammte Lächeln auf dem Gesicht beizubehalten und die stummen Fragen und Anschuldigungen von Louise und Rae mit einem Achselzucken abzutun und seine Haut nicht aufplatzen zu lassen, von der Hitzewelle, die ihn hämmernd durchfuhr und von der Übelkeit, die plötzlich in seinem Gedärm wühlte und ihm die Kehle zuschnürte, und Wentworth und Simmons saßen da mit ihren grinsenden Gesichtern als diese Flasche Davis irgend etwas Dämliches von sich gab wie glücklich er sei und wie er sich darum bemühen würde sich der Verantwortung seiner Stellung würdig zu erweisen – deiner *neuen* Stellung, du Flasche – und er müsse auch seiner wunderbaren Frau dafür danken, daß sie ihm immer eine so große Hilfe gewesen sei und es ihm dadurch ermöglicht hätte seine Kräfte voll und ganz in den Dienst der Firma zu stellen was wiederum zu seiner Beförderung geführt habe – und er fuhr fort sich bei Leuten mit einem Haufen sinnlosem Quatsch zu bedanken der Schleimscheißer und endlich setzte er sich wieder auf seinen Platz und alle klatschten in die Hände wie ein Haufen geistig minderbemittelter Seehunde und Harry spürte wie Louises und Raes Augen sich in ihn brannten wie die zweier Mütter die soeben erfahren haben daß ihr Sohn ein Massenmörder ist und er müsse vor ihnen stehen und den Reißverschluß seiner Brust öffnen und jeden in sein Inneres sehen lassen, die Schändlichkeit und Fäule sehen lassen, die sich dort verbarg und langsam vor sich hin schwärte und Erklärungen abgeben und warum er hier auf seinem Stuhl hockte während dieser Arschkriecher Davis all die Komplimente einheimste und sein Fischweib von einer Frau kreischte und an seinem Hals hing wie son syphilitischer Albatros als hätte dieser Idiot wirklich etwas geleistet worauf er/sie stolz sein könne wo er doch von Glück sagen konnte wenn es ihm gelang die Zähne zu putzen und sich zu kämmen ohne Kamm und Zahnbürste zu verwechseln und Harry knirschte mit den Zähnen als er Louise und

Rae freundlich zulächelte und ihm war als würden seine Beine seinen Körper verlassen und davonlaufen und wieder zuckte er die Achseln und wollte lachen befürchtete jedoch er würde über den ganzen Tisch kotzen und er versuchte Unbekümmertheit und Gleichgültigkeit vorzutäuschen und seine beiden Ersatzmütter wissen zu lassen daß er den Job mit Handkuß hätte haben können ihn aber abgelehnt hätte da er möglicherweise seine Zukunft behindern würde doch konnte er das nicht wirklich sagen sondern nur stumm durchblicken lassen da es sich sonst herumsprechen könnte, was solls die Zukunft hält schließlich größere Dinge für mich bereit und Davis hats bitter nötig bei all den Mäulern die er zu stopfen hat der bedauernswerte Trottel und das ist sowieso auch der wirkliche Grund warum sie ihm den Posten zugeschanzt haben und wen interessiert schließlich das Ganze überhaupt und Harrys Bein- und Nackenmuskeln fühlten sich an als würden sie gleich reißen und der Schmerz wurde so heftig daß er entweder ohnmächtig werden oder auf den Tisch springen und schreien würde und das verdammte Lächeln schien auf seinem Gesicht zementiert zu sein und Louise und Rae schienen nicht mehr mit ihm sprechen zu wollen und langsam drang die Wahrnehmung zu ihm durch daß etwas

Neues vor sich ging etwas das zu dem Stimmengewirr dem Kichern und Lachen das wieder eingesetzt hatte hinzugekommen war und aus dem Augenwinkel nahm er Bewegung wahr und dann hörte er Musik Tanzmusik und er zwinkerte ein paarmal heftig was den Zement zum Bröckeln zu bringen und seinen Herzschlag zu verlangsamen schien genau um so viel daß er nicht mehr in seinen Ohren hämmerte und dann vernahm er so etwas wie Worte als Rae ihm sagte, er solle doch endlich aufstehn und tanzen. Was bist du eigentlich, irgendson alter Schlemihl, der vorhat, hier nur rumzusitzen? Und er hörte Linda lachen und er spürte sich aufstehen mit Beinen die von den schmerzhaften Muskelkrämpfen geschwächt waren und seine Augen füllten sich mit Tränen als er stand und versuchte zu gehen und er zwinkerte die Tränen rasch fort und lachte leise in sich hinein als er stolperte und hoffte inständig daß seine Beine nicht nachgeben würden und stützte sich auf die Rücken der Sitzenden während er sich zur Tanzfläche schleppte und Linda, sich halb an ihr festhaltend, in das Gewühl der dort Herumstolpernden hineinführte und sich gegen jeden in seiner Nähe plumpsen ließ bis seine Beine endlich wieder an Standfestigkeit gewannen und er stehen und sich bewegen konnte ohne einen Sturz befürchten zu müssen auch war es dazu auf der Tanzfläche zu voll und es war nicht schwierig an anderen Paaren abzuprallen solange bis er stehen konnte, ohne Hilfe auf seinen eigenen zwei Beinen stehen konnte und es war als sei die in ihm aufgestaute Luft langsam entwichen und der Zement der ihn und sein Lächeln zusammengehalten hatte abgesplittert und er zog Linda näher an sich heran und schmiegte seine Wange an ihr Ohr und spürte die Weichheit ihres Kleides und die Wärme seines Atems der sich in ihren Haaren verfing und zu ihm zurückkehrte.

Was sollten all diese Blicke vorhin?

Was für Blicke?

Was für Blicke? Rae und Louise sahen mich an, als wäre irgend etwas Abwegiges geschehen und sie würden erwarten, daß ich es ihnen erklärte, Linda lachte, oder, wie Rae sagen würde, ich mich ihnen erklären.

Harry fand allmählich seine Fassung wieder, während sie sich zwischen den Tanzenden verloren, er kam sich anonym und unauffällig vor, und sein Gesicht trug nun wieder sein gelöstes Lächeln. Wer kann das schon wissen? Aber egal, worum sichs auch handelt, es lohnt nicht, jetzt weiter darüber zu reden. Tanzen wir lieber und haben unseren Spaß. Linda lächelte und legte den

Kopf auf die Seite und zuckte mit den Achseln, und Harry zog sie erneut an sich, und sie fuhren fort zu tanzen.

Als sie an den Tisch zurückkamen, waren einige Leute bereits gegangen, und sie beschlossen, noch eine Tasse Kaffee zu trinken, bevor Harry Linda nach Hause fuhr, was sie dankend akzeptiert hatte.

Als sie am Pförtnerhaus vorbeifuhren, zwischen den hohen steinernen Pfeilern hindurch und vorbei an dem schmiedeeisernen Gittertor und dann auf die schmale Fahrstraße einbogen, die zur Autobahn führte, sah Linda durch die Heckscheibe auf das nun im Dämmer liegende, verschattete Clubgelände und auf die Lichtpunkte einiger weniger Wagen, die sich auf dem schmalen Weg auf das Gittertor zubewegten. Eine Kehre entzog das Clubgelände unversehens dem Blick, doch in Lindas Gedanken waren der Swimmingpool, die Gartenanlagen und der abfallende grüne Rasen und die Bäume und Sonne und Lachen immer noch wie greifbar vorhanden. Sie lächelte, als sie sich umdrehte und in ihren Sitz kuschelte. Louise und Rae sind wirklich besonders nett. Ich glaube, ich hab noch nie soviel gelacht in meinem Leben. Sie betrachtete die Schattenrisse der Bäume und den hell leuchtenden Mond und die

Sterne. Mein Gott, ist der Himmel schön. Der Mond ist fast so hell wie die Sonne, aber der Himmel ist jetzt irgendwie weicher ... wie Samt. Sie drückte sich tiefer in ihren Sitz und seufzte leise. Irgendwie ein rundherum geglückter Tag. Ich hab mich herrlich amüsiert. Es ist wohl fast unmöglich, sich dort nicht wohl zu fühlen, es ist alles so wunderschön. Linda lachte leise in sich hinein. Ich habs bis jetzt nicht gewußt, aber ich bin fürs Landklubleben geboren ... für ein luxuriöses Leben, wie man so sagt. Finden Sie nicht auch, Harry? Finden Sie nicht auch, daß es dort wunderschön ist?

Ja, aber es ist vorbei, bis zum nächsten Jahr. Sehr bald schon sind wir wieder im Benzingestank und Schweißgeruch der Stadt.

Linda lachte leise und sah zum samtenen Himmel hinauf; Harry spürte, wie die Telegrafenmasten vorbeizuckten. Das mag schon stimmen, aber jetzt, im Moment, ist es schön.

Linda drehte das Radio an und stellte es auf einen Sender mit leichter Musik ein und schmiegte sich in ihren Sitz und in die sie wärmenden Empfindungen, sie behielt ihr sanftes Lächeln und ihre Haltung bei, als die Bäume sich zu fernen Fabrikschornsteinen und planlos umherstehenden Gebäuden wandelten. Harry nahm in Gedanken die

Unebenheiten der Straße und die Rauchschwaden aus den nicht rauchenden Schornsteinen vorweg. Da wird Davis wohl in einen teuren Vorort umziehen müssen, wo er nun so ein großes Tier geworden ist. In sone elegante Pappschachtel in Levittown – nein, in Jersey. Ja, auf irgendsonen Ameisenhügel in Jersey.

Wie? Linda hatte zwar Harrys Stimme gehört, doch die Bitterkeit darin war ihr bis jetzt entgangen. Sie war in Gedanken immer noch bei den Blumen, bei Sonne und Lachen.

Sie wissen doch, wenn man einen so fulminanten Titel wie Direktionsassistent hat, dann muß man einfach in einem schicken Vorort leben. Linda sah ihn an, immer noch lächelnd, und blinzelte. Ich meine, schließlich kann ein Direktionsirgendwas sich Central Park West nicht leisten. Außerdem taugt es nicht, so in der Nähe von Park Avenue zu wohnen, das könnte einem Flausen in den Kopf setzen. Natürlich gäbe es da noch Connecticut, aber das Fahrgeld würde ihn ins Armenhaus bringen. Nein, es muß schon Jersey sein. In irgendeiner trostlosen Gegend, wo im Winter alles einfriert und die freiwillige Feuerwehr aus zwei Mann besteht. Dort können sie rumsitzen und über das Haus quasseln, das sie eines Tages haben werden, mit einem Rasen mit automatischen Rasensprengern und einem Azaleenbusch neben der Haustür.

Wovon in aller Welt reden Sie bloß? Sie lachte leise und schüttelte den Kopf.

Was? Von unserem neuen Industriegiganten. Unserem Direktiooonsassistenten, diesem Weltstar Davis.

Ach so. Sie haben mich ganz durcheinandergebracht. Ich hatte keine Ahnung –

Haben Sie denn seine Rede nicht gehört? Mein Gott, soviel gequirlte Kacke auf einem Haufen –

Mir ist das nicht aufgefallen, sie sah Harry aufmerksam an und runzelte die Stirn.

Ist das Ihr Ernst? Mein Gott, es klang ja gerade so, als hätte er den Nobelpreis bekommen oder zumindest den Preis als »Mann des Jahres«: Und ich möchte auch meiner lieben, süßen Frau danken, die mir beigestanden hat (während ich meinen Vorgesetzten in den Arsch kroch) und mich immer ermutigt hat und mir – puuhh, was fürn Haufen Scheiße.

Es ist Ihnen Ernst, nicht wahr?

Was meinen Sie?

Ich meine, seine Beförderung hat Sie geärgert. Sie sind ernsthaft böse.

Wegen seiner Beförderung? Nein. Wen interessiert das? Das ist es überhaupt nicht. Bloß all das

Trara wegen nichts und wieder nichts, und diese dumme Kuh, seine Frau, die aufsprang und quiekte wie eine gemästete Sau –

Mein Gott, Sie sind aber wirklich böse. Ich glaube, Sie sind neidisch.

Das soll wohl n Witz sein? Er wandte den Kopf, um sie anzusehen, seine Hände krampften sich ums Steuerrad, neidisch auf *den*! Das ist doch nicht Ihr Ernst. Ich hab in meinem kleinen Finger, er hob ihn in die Höhe, mehr los als der in seinem ganzen leeren Schädel. Und um nichts in der Welt würde ich mit dem seiner Frau im selben Bett aufwachen wollen. Himmel, was für eine dämliche Ziege.

Ich fand, daß sie reizend aussah, sie sah Harry ernst an, sehr niedlich und hübsch.

So? Na, ich möcht jedenfalls nicht mit der verheiratet sein, er schüttelte den Kopf, und Direktionsassistent ist auch nichts, womit man sich dicke tun kann.

Die Dame, wie mich dünkt, gelobt zu viel, sie sah beim matten Licht der Straßenlaternen in Harrys Gesicht. *Sie* sind derjenige, der aus Nichts ne große Sache macht.

Er sah sie kurz an. Sie war offensichtlich ganz ruhig, und ihre Worte waren aufrichtig gemeint. Sie nahm ihn nicht auf den Arm. Hören Sie zu, ich will Ihnen mal was sagen. Wenn ich irgendson serviler Direktionsassistent sein wollte, so könnte ich das im Schlaf werden. Davis mag ein netter Bursche sein und sonstwas, aber er hat Scheiße im Kopf, seine Stimme wurde lauter und heftiger, und alles, was diese dämliche Flasche kann, kann ich mit dem kleinen Finger tausendmal besser als er mit der ganzen Hand, und wenn Sie glauben, daß ich als son trauriges Würstchen immer so weiterwursteln werde, während dieser Schleimscheißer was erreicht im Leben, dann haben Sie sich geschnitten, meine Dame, und wenn Sie sich überhaupt dafür interessieren sollten, dann werden Sie schon sehen, was passiert, weil ich ihn nämlich überflügeln werde und längst sonstwo bin, wenn er immer noch als Direktionsassistent irgendwo im Sumpf von Jersey in irgendsoner Bruchbude lebt und – Harry holte tief Atem und umfaßte krampfhaft das Steuer und blinzelte angestrengt. Auch ihm war nun die Wut in seiner Stimme deutlich geworden, und sie erschreckte ihn. Dazu entging ihm nicht, wie kleinkariert all das, was er da vorbrachte, war, und er krümmte sich innerlich, so peinlich war es ihm. Ach scheiß drauf. Es lohnt nicht, sich deswegen zu ärgern. Er preßte die Kiefer aufeinander und schob den Zigarettenanzünder hinein. Als dieser heraussprang, hielt Linda ihm den Anzünder hin, und er steckte sich eine Zigarette an. Er nickte und murmelte »Vielen Dank« und kämpfte immer noch gegen das in ihm bohrende Gefühl der Peinlichkeit und fragte sich ängstlich-besorgt, was Linda sich wohl so dachte, und traute sich nicht, sie anzusehen, um nicht möglicherweise ihrer Miene entnehmen zu müssen, was in ihrem Kopf vor sich ging.

Linda streckte sich und beugte sich dann ein wenig vor, um die leise Radiomusik besser zu hören, ein zufriedenes Lächeln machte ihre Züge weich. Schon lange bevor Harry mit seiner Tirade begonnen hatte, schon ehe sie die Heimfahrt angetreten hatten, hatte sie für sich beschlossen, daß es ein guter und gelungener Tag gewesen war, ein Tag, den man noch nachträglich genießen mußte, und daß nichts und niemand ihn ihr verderben könne. Sie hatte eher neugierig als mit wirklichem Interesse zugehört und hatte nicht vor, die Mühe auf sich zu nehmen, sich an Harrys Auslassungen zu erinnern, sondern war zufrieden, daß seine Worte sich wie die vorbeigleitende Szenerie und die verstreichende Zeit irgendwohin verflüchtigten.

Das Radio verstummte abrupt, als sie in den Lincoln-Tunnel einfuhren, und Harry bemühte sich verzweifelt, bei Lindas Geplauder mitzuhalten, doch fand er es fast unmöglich, sich zu unterhalten, und spürte, wie der Schweiß an seinen Flanken hinuntertropfte, und er verfluchte im stillen den Kerl vor ihm, daß er nicht schneller fuhr, damit sie wieder aus dem Tunnel rauskamen und Linda wieder Radio hören konnte.

Als sie den Tunnel endlich verließen und sich in den New Yorker Straßenverkehr einfädelten, fühlte Harry sich allmählich ein wenig besser. Doch je näher sie Lindas Wohnung kamen, desto beklommener wurde ihm zumute. Ihm war einfach nicht danach, herumzusitzen und mit irgendnem Weib sone Scheißkonversation zu machen, und sie aufs Kreuz zu legen, danach war ihm ganz bestimmt auch nicht, und es würde darauf hinauslaufen, daß sie rumsaßen und über den vergangenen Tag redeten und wie entzückend alles gewesen sei und lauter son Scheiß, und dazu hatte er nun weiß Gott überhaupt nicht die geringste Lust.

Er hielt vor ihrem Haus, und Linda sah zum dritten Stock hinauf. Es ist dunkel. Ich nehme an, daß meine Mitbewohnerin schon schläft. Es tut mir leid, sie lächelte, aber ich kann Sie nicht bitten, auf einen Kaffee mit raufzukommen. Ich will sie nicht aufwecken.

Das ist okay. Ich bin auch ziemlich geschafft.

Es war ein wunderbarer Tag, ihr herzliches, offenes Lächeln war ohne Falsch, und vielen herzlichen Dank, daß Sie mich nach Hause gebracht haben. Harry wartete, bis sie das Gebäude betreten hatte, dann fuhr er weiter, um möglichst rasch nach Hause zu kommen und zu schlafen.

Mein Gott, der darauffolgende Montag war gräßlich, nervtötend langweilig und gräßlich. Je näher die Zeit zum Aufstehen heranrückte, desto unruhiger wurde sein Schlaf. Er wälzte sich unruhig von einer Seite auf die andere, bemüht, eine bequeme Lage zu finden, doch vergebens, er hing zwischen Schlaf und Wachsein gefangen in einem grauen, peinigenden Niemandsland. Sein Körper schmerzte und brannte wie im Fieber, doch seine Stirn war kühl. Er versuchte sich mit aller Gewalt einzureden, er habe Grippe und sollte den ganzen Tag im Bett bleiben, doch an Schlaf war nicht zu denken, und im Bett zu liegen, wach, den Betriebsausflug und die Heimfahrt mit Linda im Geiste immer und immer wieder zu rekapitulieren war einfach zu quälend, also stieg er, fünf Minuten nachdem der Wecker geschrillt hatte, aus dem Bett und nahm zur Abkühlung eine heiße Dusche.

Und die verdammte U-Bahn roch wie ein Gully. All diese gottverdammten Tiere, in den Wagen gepfercht wie in die Arche … jawohl, das sind sie, ein Haufen stinkender Tiere. Wie ein Zoo an einem heißen Sommertag. Jaa, New York ist ein Sommer-Festival. Diese beschissenen Stinker. Von wegen Festival … bei diesem Wetter. Einfach wunderbar, das Wetter. So gottverdammt heiß und feucht wie unter der Dusche, der Schweiß läuft einem nur so runter. Und diese Arschlöcher stinken ärger als Tiere. Nie was von Wasser und Seife und Zahnpasta gehört. Guter Gott, was für ein Gestank. Häßliche gottverdammte dreckige Proleten. Sie riechen, als würden sie ihre Achselhöhlen mit Knoblauch und Zwiebeln einreiben … und als hätten sie auf verschissenen Unterhosen rumgekaut. Wie dieser verdammte Pavian da drüben. Sieht richtig natürlich aus, wie er da an der Schlaufe hängt. Wahrscheinlich wär er begeistert, wenn ich ihm ein paar Erdnüsse zuwerfen würde. O Gott, ich würd gern den Orang-Utan sehen, mit dem er verheiratet ist. Ich sehs direkt vor mir, wie sie rumsitzen und in die Röhre glotzen, einander die Läuseeier absuchen und sie auffressen. Sicher ist sie so behaart wie der Hund da drüben. Hat einen größeren Schnurrbart als Groucho Marx. Aus dem Leberfleck auf ihrer Wange wachsen mehr

Haare raus, als ich auf dem Kopf habe. Um nichts in der Welt möcht ich ihre Beine sehen. An denen hängen wahrscheinlich die Haare runter wie Girlanden ... Mein Gott, ist es heiß hier in dieser stinkenden Falle. Der Schweiß läuft mir in Strömen den Rücken runter. Heilige Mutter Gottes, was für ein elendes Leben, den Tag damit zu beginnen, daß man mit einer Horde stinkender Tiere in einen Zug gepfercht wird ... ach was, kein Tier stinkt so sehr ... oder sieht so gräßlich aus. Ein Haufen gottverdammter Bauern ... PROLETEN! Sieh dir doch bloß an, wie sie gemustert sind. Die Schimpansen im Zirkus sind besser angezogen als diese Kretins. Diese gebündelten Sonderangebote von Kleins Warenhaus. Einen Dollar achtundneunzig alles zusammen, dazu ein Radio als Zugabe. Rote Slacks! Rote Jacke! Ein rosa Strickhemd und sone rote Scheißkrawatte aus Polyester. Mein Gott. Das müssen Zwillinge sein, einer allein kann einfach nicht so hirnrissig sein. Und die Weiber. Himmel, wie die ausstaffiert sind. In diesem Jahr wirklich häßlich wie Krähen. Ahhhhh, zum Teufel mit ihnen. Die sind ... aber ich sollte vielleicht doch in die Stadt ziehen, um nicht mehr auf diese ekelhafte U-Bahn ... oder vielleicht in einen Vorort, wo eine gehobenere Sorte von Proleten den Zug benutzt. Ach Scheiße. Was solls. Scheiß auf die Vororte. Und auf diese Arschlöcher. Diese Untermenschen. Die solln mich mal. Wo die essen … Vororte. Scheiße. Was solls … Wer will schon …

Er wurde durch den schweißigen Tunnel geschüttelt und geschleudert, durch Dekaden von Gestank und vollgekritzelten Mauern vorbei an mausoleumsartigen Kacheln, und die Neandertaler von Proleten husteten Schleim aus den Tiefen ihrer Eingeweide hoch und lutschten dran rum, bevor sie ihn auf die Gleise oder in den Schatten eines Eisenträgers spuckten, ihn mit dem Fuß in die Poren des Zementbodens hineinrieben, ihn unter dem Dreck vom vergangenen Jahr verbargen

und hinauf in die Lust des hupenden Verkehrs und der Straßen dieses Zoos, aufgeheizt von einer Sonne, die von jenen gottverdammten Riesentafeln aus Stahl und sonstwas verdeckt wird, doch man weiß, daß es diese verdammte Sonne irgendwo da oben gibt, weil es so heiß ist, und nicht die leiseste Brise zur Abkühlung, da sei Gott vor, denn selbst wenn eine solche es versuchen würde, sich in diesen Heizkessel von einer Stadt einzuschleichen, so würde ihr von einem jener Phallussymbole der Weg abgeschnitten werden, außer im Winter, wenn nichts den Wind daran hindert, einem die Eier abzufrieren doch selbst die Straßen sind dann noch besser als eingepfercht in irgendnem Fahrstuhl neben sonem Scheißweib zu stehen, das sich mit billigem Parfum überschüttet hat, das dir in den Augen brennt, bis du das Gefühl hast, statt Augen hättst du zwei in den Schnee gepißte Löcher im Kopf

und schließlich hockst du an deinem Schreibtisch und fängst an, den Mist durchzusehen, der dort liegt, und wartest darauf, daß die Klimaanlage zusammenbricht …

Ein tiefer Atemzug, ein Seufzer, und ein Ahhhh, Scheiße, und ein neuer Tag, eine neue Woche hat begonnen …

Und überhaupt, was soll das alles, worüber zum Teufel haben sie denn alle zu mosern? Ich hab doch nichts Ungehöriges gesagt. Ich hab niemand auf den Kopf geschlagen und niemandes Frau vergewaltigt. Vielleicht klingt es, so aus dem Zusammenhang gerissen, nicht gerade umwerfend liebenswürdig, doch es ist einfach, einen Scherz oder eine hingeworfene Bemerkung wie diese zu mißdeuten. Sie wissen schon, man fährt, den Blick auf die Straße gerichtet, so dahin, das Radio spielt, dazu der Verkehrslärm und der Fahrtwind durchs offene Fenster und man konzentriert sich aufs Fahren und man versteht vielleicht ein Wort nicht ganz genau und man sagt etwas wie zum Beispiel: der hat mir eigentlich doch recht gut gefallen, und das Ohr des anderen bringt alles durcheinander und dem klingts vielleicht wie – na ja, wie irgendwas, Sie wissen schon – wie: der kann von mir aus tot umfallen oder so was, ich weiß auch nicht, vielleicht ist das kein gutes Beispiel, aber Sie wissen schon, was ich meine, oder vielleicht haben Sie wirklich so etwas Ähnliches gesagt, wie daß er tot umfallen könnte, aber Sie haben es scherzhaft gemeint, und wenn die Zuhörer Ihr Gesicht sehen könnten, wüßten sie, daß Sie scherzten, aber sie können Ihr Gesicht im Dunkeln nicht sehen und sind nicht an Ihre Art von Humor gewöhnt, und so nehmen sie es ernst und wenn sie es dann irgendwann weitererzählen, hat das Gesagte eine völlig andere Gestalt angenommen, einen anderen Klang und eine andere Bedeutung, die nichts mehr damit zu tun hat, was Sie wirklich gesagt oder gemeint haben … Sie wissen doch, was ich meine, stimmts? Ich brauch da wohl nicht ins Detail zu gehen und die Scheiße noch mehr breitzutreten –

und wo verdammtnochmal steckt die Spezifikation für das Clauson-Projekt? Ich weiß ganz genau, daß sie am Donnerstag noch hier lag, hier vor mir, und jetzt ist das Scheißding fort. Wenn Louise es genommen hat, werd ich …

okay, okay, da ist es ja. Jemand hats wahrscheinlich woanders hingelegt, als er nach etwas suchte. Ich wünschte weiß Gott, die Leute würden die Finger von meinem Schreibtisch lassen …

Und behalt um Himmels willen diese spießigen Witze für dich. Ich hab keine Zeit, jedesmal meine Arbeit zu unterbrechen, um mir einen dämlichen Witz anzuhören, den irgendein Idiot mir erzählt. Ich hab zu arbeiten, n paar von diesen dummen Weibern denken, daß alle so sind wie sie und … bloß hier sind, weil sie sonst nichts zu tun haben, und sie kümmern sich einen Scheiß um ihre Arbeit und denken nur an Kaffeepausen, Mittagspausen und Urlaub –

aber das wissen Sie doch genau, Mr. Wentworth. Sie wissen doch, daß ich so etwas von keinem meiner Kollegen sagen würde. Mein Gott … wissen Sie … ich will nicht so weit gehen, zu sagen, daß der, der gesagt hat, daß ich das gesagt habe, ein Lügner ist, sondern nur, daß er es falsch verstanden hat …

Ich nehme an, das klingt, als wäre ich neidisch, aber ich sage die Wahrheit, Linda, die reine Wahrheit. Ich bin es nicht. Erstens mag ich Davis, Harrys Gesicht entspannte sich in einem aufrichtigen Lächeln, und ich respektiere ihn. Er arbeitet so angestrengt wie nur möglich und war mir schon oft eine große Hilfe. Und schließlich ist er schon länger hier als ich und …

Aber nein, Mr. Wentworth, überhaupt nicht. Ich habe überhaupt nichts dagegen, aufzuarbeiten, was er angefangen hat. Schließlich sind wir ja alle hier, um unser Bestes zu leisten, nicht wahr? Und wenn …

O Gott! Es ist wirklich erstaunlich, wie die Leute die Dinge verdrehen und umficken und aus einem Nichts ne große Sache machen. Man sagt irgendnem Weib irgendwas, und dann muß jemand daherkommen und eine Staatsaktion daraus machen. Und überhaupt, das geht Sie gar nichts an. Stecken Sie Ihre Nase doch woanders rein. Ich hab Sie nicht nach Ihrer Meinung gefragt. Wenn Sie mir nicht glauben, so ist das Ihre Sache. Ich weiß, daß ich nichts gesagt habe, und das genügt mir, und wenn Ihnen das nicht paßt, dann könn Sie mich mal. Sehen Sie zu, daß Sie Ihren Scheißdreck woanders loswerden. Ich kann ihn nicht brauchen. Ich mach meine Arbeit und brauch mich nicht bei Ihnen oder sonst jemandem zu entschuldigen, für nichts! Nichts!!!!

Und dann die Heimfahrt ... klicketi, klacketi, scheißeti, kacketi, kotzeti, rotze-ti ... da, endlich, kau doch noch n bißchen drauf rum, du Scheißkerl, spiel noch n bißchen damit rum, mit der Zunge – ahhh, was für ein Tier. Aber zumindest ist der Tag rum, und ich muß mir im Büro nicht mehr diesen Scheißdreck anhören und was diese verhuschten Weiber so reden, wie wunderbar sie sich am Freitag amüsiert haben, ist es nicht wunderschön dort und, stell dir mal vor, all das hat mal einem Mann ganz allein gehört, und war das Essen nicht herrlich und und und ...

Scheiß drauf. Ich werd mir heute abend mit n paar von den Jungs n Film ansehn, oder irgendwas. Morgen wirds schon besser sein – das bitt ich mir aus! Wenn sie nicht mehr so von den Socken sind wegen dieses Ausflugs, krieg ich auch wieder die Kurve mit meiner Arbeit – Gott seis gedankt, daß dieser Scheißhuster ausgestiegen ist, sie sollten solche Säue gar nicht in die U-Bahn reinlassen – und dann wird mir auch das Richtige für dieses neue Langendorff-Angebot einfallen, und dann werden wir schon sehen, was der Alte dann sagt ... jawohl, Mr. Wentworth ... Dabei muß mehr rausspringen als bloß son nächtlicher Stadtbummel und so weiter ...

Harry gab sich seiner Arbeit voll und ganz hin, mit einem Elan, der seine gesamten Kräfte in Anspruch nahm. Es ging ihm nicht um einen Titel, er brauchte keinen dämlichen Titel, um zu beweisen, wer hier in Wahrheit der wichtige Mann war. Und er würde niemandem mehr etwas erzählen, sondern stur seine Arbeit machen und eine Idee ausarbeiten, die schon eine ganze Weile in seinem Kopf herumspukte, und, wenn es soweit war, Wentworth den besten Vorschlag auf den Schreibtisch legen, den der Mann je gesehen hatte … den überhaupt jemand je gesehen hatte, ob mit oder ohne Titel – hahaha, ob der sich wohl jetzt n Perser auf den Fußboden legt????

Er kam als einer der ersten ins Büro und vertiefte sich sofort in seine Arbeit – wurde also von dem üblichen morgendlichen Geschwätz und dem schleppenden Arbeitsbeginn nicht gestört – und blieb nach Büroschluß noch da, genoß die Ruhe und das Alleinsein und freute sich über die Quantität und die Qualität der Arbeit, die er in diesen wenigen Abendstunden geleistet hatte.

Einige Tage lang verbrachte er die meiste Zeit nicht an seinem Arbeitsplatz – er trug Informationen zusammen und überprüfte schon früher archivierte Unterlagen. Je länger er an dem Projekt arbeitete, desto mehr fesselte es ihn, und wenn er spätabends nach Hause kam, saß er still in seinem Zimmer und ließ sich die Arbeit des Tages durch den Kopf gehen und überprüfte im Geiste alles noch einmal, um ganz sicher zu sein, daß er nichts übersehen hatte. Und je intensiver die Sache ihn beschäftigte, desto mehr war er davon überzeugt, daß er sich nicht irrte und daß seine Idee im höchsten Grade brauchbar war, und je klarer ihm das wurde, desto größer wurde seine innere Erregung, und ein wunderbar wärmendes Gefühl der Befriedigung erfüllte ihn.

Er ging auch am Sonnabend ins Büro, und am frühen Nachmittag hatte nicht nur sein Projekt, sondern auch die zu erwartenden Resultate in einem Maße von ihm Besitz ergriffen, daß er vor Aufregung nicht mehr stillsitzen konnte und eine Weile im Büro umhergehen mußte, besser gesagt, er stolzierte federnd umher und wippte bei jedem Schritt auf und nieder, wie seine Füße das an seinem Schreibtisch getan hatten.

Er blieb vor einem der anderen Schreibtische stehen und stellte fest, daß es Lindas Arbeitsplatz war, und gleichzeitig ging ihm auf, daß er seit Tagen weder an sie noch an Davis gedacht hatte – es schien Jahre her zu sein. Mein Gott, und dabei war doch erst eine Woche vergangen. Unglaublich. Es scheint so lange zurückzuliegen, daß es einer fernen Erinnerung gleicht. Schon gut, scheiß drauf, hat wenig Sinn, an sie und Davis zu denken. Nicht jetzt. Erst diesen Job erledigen … Jawohl.

Er kehrte rasch an seinen Schreibtisch zurück und nahm die Arbeit sofort wieder auf, sein rechter Fuß wippte auf und nieder, als pumpe er Treibstoff in sich hinein.

In der Mitte der folgenden Woche packte er das Langendorff-Angebot und zwei kleinere Standard-Angebote der besten Klasse zusammen, um zu belegen, wie seine neue Methode sich auf diesen Offertentyp gleich welchen Umfangs auswirken würde. Außerdem suchte er sich aus den Akten aus früheren Jahren diejenigen heraus, die für den gleichen Typ erstellt worden waren. Als er alles beieinander hatte, um es Mr. Wentworth vorzulegen, war er so aufgeregt, daß er im Geiste auf und nieder sprang. Das, was er geleistet hatte, vor sich zu sehen, entzückte ihn geradezu. Er mußte sich bei dem, was er Wentworth sagen wollte, am Riemen reißen, denn am liebsten wäre er reingestürmt, hätte ihm auf die Schulter geklopft und gefragt, was machen die Geschäfte? n paar gute Dinger gedreht in letzter Zeit? Hahaha. Wart nur, bis du siehst, was ich hier für dich habe, Jungchen, du scheißt dich ein vor Begeisterung, scheißt pures Gold. Die Konkurrenz kann uns jetzt mal. Was hältst du davon, Wenty-Schätzchen, du alter Gauner, er gluckste und wieherte im Geiste, glaubst du, daß das einen Stadtbummel wert ist und daß eine von deinen Pupp – äh, Entschuldigung, Public-Relations-Damen sich *viel* Zeit nimmt, mich nach allen Regeln der Kunst abzublasen? Oder vielleicht nicht nur eine der Damen, sondern die ganze Innung, er schlug ihm in Gedanken auf die Schulter und lachte laut …

Aber auf welche Weise liefern uns *diese* Daten die Resultate, die wir für *diese* Computerberechnung benötigen?

Ja, also, ich habe diese Information auf einer semi-dezimalen Basis mit den vorliegenden Daten interpoliert, dann habe ich das Ergebnis mit den Erfahrungswerten koordiniert, die ich auf *diese* Daten projiziert hatte, und habe das alles in den IL 30-Computer gegeben, basierend auf einem Verhältnis von 1 zu 17, was *ultra*konservativ ist, und habe trotzdem ein niedriges Resultat erhalten.

Wentworth lehnte sich einen Augenblick in seinem Sessel zurück, starrte auf all die Papiere und Tabellen, die Harry ihm vorgelegt hatte, beugte sich dann vor und starrte immer noch darauf. Wenn wir das mit der Technik, die Sie beim Compton & Brisbane-Projekt angewandt haben, kombinieren, sind wir nicht zu schlagen.

Genau.

Woher wissen Sie, daß Sie sich nicht irren?

Ich habe auf unser Archiv zurückgegriffen und alte Voranschläge auf dieser Basis neu durchgerechnet und dann die Ergebnisse mit unseren derzeitigen Erfahrungen verglichen, und in jedem Fall ergab sich eine Abweichung von weniger als 1 Prozent von den jetzigen Kosten für den abgeschlossenen Auftrag, einschließlich der unvorhersehbaren Größen.

Mit anderen Worten, er sah zu Harry hoch, wir können den Irrtumsfaktor von 10–12 Prozent eliminieren und haben immer noch ein Minimum von 8 Prozent Gewinn unterm Strich.

Genau, mühelos. Dazu kommt, daß man nur noch die halbe Zeit benötigt, so einen Voranschlag durchzuarbeiten.

Wann ist der Langendorff-Kostenvoranschlag fällig?

Am siebenundzwanzigsten, nächsten Monat.

Okay, und jetzt tun Sie folgendes. Sie nehmen das hier, alles, wie es da liegt, und bringen es zur Analyse und sagen denen, sie sollen diese Angebote und diese Methode genauestens durchchecken. Ich will, daß sie alles bis ins kleinste auseinandernehmen. Wenn Ihre Idee irgendwelche Mängel aufweist, dann sollen sie sie finden, und zwar jetzt. Klar?

Jawohl, sein Inneres brannte vor Erregung, und seine Arme und Beine zitterten, als er die verschiedenen Papiere und Tabellen an sich nahm und sich zum Gehen wandte.

Noch etwas, Harry.

Ja, Mr. Wentworth?

Schießen Sie diesmal nicht wieder ein Eigentor, die Andeutung eines Lächelns spielte um seine Lippen.

Nein, Sir. Ganz bestimmt nicht.

Nein, nein, keine Sorge. Ich hab keine Lust, hier die letzte Arschgeige zu sein. Ich klemm mich jetzt dahinter und kneif die Arschbacken zusammen. Ach ja, hab ja ganz vergessen, ihn zu fragen, wies mit den Damen steht – ist ja nicht alles Trübsal, was geblasen wird, und vorher ein Tänzchen, Wange an Wange. Warum nicht, ne Nummer kann man immer schieben. Jawohl, und ein Finger ist ein Finger. Finger, Schminger. Aber das kann warten. Erst das hier erledigen. Bitteschön, sehts euch nur genau an, dreht und wendet es, fieselt es auseinander, und wenn ihr damit fertig seid, legt gefälligst alles wieder hübsch ordentlich zusammen und legts dort zurück, wo es hergekommen ist – hier auf meinen Schreibtisch.

In der folgenden Woche tauchte er von Zeit zu Zeit bei den Analyse-Knaben auf und bekam jedesmal die gleiche Auskunft: bis jetzt keine Schwachstelle gefunden. Schließlich fiel ihnen nichts mehr ein, womit sie Harrys System hätten zu Fall bringen können, und so bekam Wentworth einen detaillierten Bericht, auf welche Weise versucht worden sei, das neue System zu widerlegen, und das Resultat: Es ist sowohl theoretisch wie praktisch hieb- und stichfest.

Äußerlich gelassen akzeptierte Harry Wentworths Einladung zum Lunch. Er genoß es, wie Wentworth und er langsam durchs Büro zum Fahrstuhl gingen, das Geplauder auf dem Weg zum Restaurant, den sie zu Fuß zurücklegten, das Warten auf den Oberkellner, die Geräusche im Speisesaal, während sie zu ihrem Tisch geleitet wurden, das Hin- und Herrücken des Stuhls, bis er bequem saß, und das Entfalten der Serviette, die unauffällige, rasche Geschicklichkeit des Kellners und des Piccolos, das Nippen am Aperitif, das Rot und Gold der Speisekarte mit ihrer schön geschwungenen Schrift, und während er sie überflog, lehnte er sich auf seinem Sitz zurück, um sie dann lässig zur Seite zu legen. Dies war eine Art zu leben, die ihm zur Gewohnheit werden sollte – das hatte er fest vor. Lokale wie dieses hier waren nur eine der Begleiterscheinungen – Belohnungen –, die der Erfolg, den er suchte und entschlossen war zu erringen, mit sich brachte. Harry White war erregt und fühlte sich hier, mit Wentworth an einem Tisch, eigentlich sehr wohl, doch ein Teil von ihm kam sich wie ein Außenstehender vor, wie der Gast, der er in Wirklichkeit war, aber er wußte, daß er eines Tages hier genauso zu Hause sein würde wie Wentworth und all die anderen, die er hier sitzen sah, als er den Blick durch den Raum schweifen ließ. Man sah ihnen an, daß sie sich an diesem Ort durchaus am Platze fühlten und nicht wußten, was das heißt, sich als fremder Gast zu fühlen, und er war entschlossen, eines Tages, und zwar bald, ebenso selbstverständlich dazuzugehören wie die anderen.

Falls Sie das erwartet haben, Harry: Ich habe nicht die Absicht, noch viel über diese Langendorff-Geschichte zu reden – Sie haben den Bericht der Analyse-Knaben gelesen –, was mich betrifft, so kanns jetzt losgehen, er lächelte und sah Harry an, so, wie Sie es ausgearbeitet haben. Harry erglühte innerlich und strengte sich an, sein gelöstes Lächeln beizubehalten, als die Bedeutsamkeit von Wentworths Bemerkung ihm immer klarer wurde, und er dachte an seine Zukunft und was sie für ihn bereithielt und wie die Hürden vor dem Erfolg sich in Nichts auflösen würden, und er würde aufsteigen, höher und immer höher … Wenn die Verträge erst unterzeichnet sind – woran ich keinen Augenblick zweifle –, werde ich dafür sorgen, daß Sie eine ansehnliche Gehaltserhöhung bekommen.

Vielen Dank, er lächelte und bemühte sich ganz bewußt, so ruhig wie möglich zu sprechen, da sage ich nie nein.

Wentworth sah Harry einen Augenblick an. Doch worüber ich wohl mit Ihnen reden wollte – noch einmal –, ist der Grund, warum ich Sie nicht für eine Beförderung vorschlagen werde ... jedenfalls im Moment nicht. Harry wurde flau im Magen, er hoffte zu Gott, daß sein Gesicht das nicht verriet. Ich will hier keine alten Geschichten aufwärmen – was mich angeht, ist die Sache erledigt –, aber Sie wissen, daß wir uns damals über Ihre mangelnde Ausdauer unterhalten haben. Ich habe Ihnen gesagt, daß ich viel von Ihnen halte, und das tue ich wirklich. Wenn Sie sich voll und ganz Ihrer Arbeit widmen – was Sie gerade zustande gebracht haben, ist das beste Beispiel –, sind Sie der hellste Kopf unter den jungen Leuten in unserer Firma ... und vielleicht nicht nur unter den jungen Leuten. Ich garantiere Ihnen eine große Zukunft, eine sehr große sogar, vorausgesetzt, daß Sie sich die erwähnte Ausdauer zu eigen machen. Aber, er machte eine wegwerfende Handbewegung, darüber ist ja nun genügend gesprochen worden, und ich glaube, das reicht. Der springende Punkt ist – um es ganz genau zu sagen –, daß ich weiß, daß Sie eine Zeitlang großartige Arbeit leisten können – dies ist ja nicht das erste Mal, daß Sie das bewiesen haben –, aber wie steht es mit dem Durchhaltevermögen? Das, mein junger Freund, ist hier *die* Frage. Im Kurzstreckenlauf sind Sie großartig, aber das ist nicht das, was wir brauchen. Wir brauchen Leute, die nie ermüden, die Tag für Tag weitermachen, und das Jahr um Jahr. Nun, ich glaube, daß Sie dazu fähig sind, aber ich bin mir nicht sicher, ob Sie das auch glauben. Ich habe das Gefühl, daß Sie irgendwo in Ihrem Hinterkopf daran zweifeln, daß Sie Ihren Möglichkeiten gerecht werden können – auf die Dauer. Harry spürte, wie es in seinem Gesicht zuckte, und bemühte sich verzweifelt um einen passenden Gesichtsausdruck, wenn er nur in Gottes Namen genau gewußt hätte, welches der passende war. Und deshalb halte ich eine Beförderung zum gegenwärtigen Zeitpunkt für unangebracht. Ich will nicht, daß Sie glauben, Sie hätten das Rennen gewonnen, und nun anfangen, sich auf Ihren Lorbeeren auszuruhen, um Ihre Siegestrophäen zu zählen, wie es ja bereits vorgekommen ist. Verstehen Sie, Harry, in diesem Rennen gibts keine Ziellinie, außer man ist erledigt und damit raus. Jeder Tag bedeutet ein neues Rennen, fordert einen neuen Sieg. So, und nun möchte ich, daß Sie sich selbst beweisen, daß Sie in Ihrer Arbeit die nötige Ausdauer und Beständigkeit aufbringen können. Und, er lehnte sich ein wenig zurück und lächelte, ich will Ihnen die Sache sogar ein bißchen erleichtern, indem ich Ihnen zusätzliche Arbeit gebe. Ich weiß, was es heißt, sich zu langweilen. Beide lächelten, und Harrys Verkrampftheit löste sich allmählich. Ausdauer ist das Geheimnis des Erfolgs, Harry, die Voraussetzung für den Aufstieg zum Gipfel.

Den Rest des Tages schwankte Harry zwischen Freude und Enttäuschung; verärgert darüber, daß er nach wie vor an seinem alten Schreibtisch saß in freudiger Erwartung angesichts der zusätzlichen Arbeit und des zusätzlichen Geldes. Er machte sich über die zu erledigenden Dinge her, die im Augenblick eher uninteressant waren, hielt von Zeit zu Zeit inne und sah sich um. Mal hatte er das Gefühl, als habe er schon sein ganzes Leben hier gesessen, und dann wieder war ihm, als wüßte er zwar, daß er schon einmal hier gewesen sei – obwohl alles ihm unvertraut erschien.

Er dachte an Davis, den neuen Direktionsassistenten, und zuckte ein wenig zusammen, wie aufgescheucht, doch dann fielen ihm die bevorstehende Gehaltserhöhung und die schmeichelhaften Dinge ein, die Wentworth geäußert hatte, und er lächelte selbstgefällig, als er daran dachte, daß er wahrscheinlich mehr bekommen würde als Davis mitsamt seinem Titel. Und immer wieder mußte er an das Restaurant denken, an die Geräusche und Gerüche, an die Serviette auf seinen Knien und wie er sich von Zeit zu Zeit die Lippen damit abgetupft hatte, und an Wentworths Miene und an sein Verhalten. Er wußte, daß Wentworth ihn keinesfalls verarschte. Der war in Ordnung. Und das, was er sagte, auch. Das wußte Harry. Tief in ihm lebte die Gewißheit, daß jedes seiner Worte auch so gemeint gewesen war. Und in seinem Verhalten war etwas gewesen, das ihm ein gutes Gefühl gegeben hatte. Wentworth hatte mit ihm wie mit seinesgleichen gesprochen, jawohl. Daran war nicht zu zweifeln. Harry brauchte nichts anderes zu tun, als sich dranzuhalten, und Wentworth würde ihm jede Hilfestellung auf dem Weg nach oben leisten. War ja auch wirklich alles gar nicht der Rede wert. Er wußte zwar nicht genau, was da eigentlich gelaufen war, daß er sich noch vor kurzer Zeit aufgeführt hatte, als hätte man ihm ins Hirn geschissen, womit er sich seine Beförderung vermasselt hatte, doch was es auch gewesen war, es würde nicht wieder passieren. Dafür würde er sorgen. Er würde jeden Tag auf die Sekunde pünktlich im Büro erscheinen und die beste Arbeit leisten, die Wentworth oder wem auch immer je untergekommen war, und bald … Jaja, wer weiß. Es gibt nur einen Weg: nach oben. Keine schäbigen Cafeterias mehr, er wußte, wohin man zum Lunch ging. Und der Quatsch, sich rasch einen Hamburger kommen zu lassen, wenn er Überstunden machte – das war vorbei. Er wußte, wie man lebt – wie man wirklich lebt. So weit entfernt ist Central Park West nicht. Ein hübsches kleines Apartment, so hoch gelegen, daß man über den ganzen Park sehen kann, vielleicht sogar bis zum Meer. Das heißt leben. Wenn man rasch irgendwohin muß, springt man einfach in ein Taxi. Keine U-Bahn mehr, kein Gedränge und Geschiebe. Es dauert nicht mehr lange. Jawohl … Harry starrte vor sich hin, lächelnd, in seinen Gedanken und Gefühlen ganz mit der Zukunft beschäftigt; ihm war warm und wohlig zumute.

Sein Lächeln verstärkte sich, und er stand auf und ging zum Büro des neuen Direktionsassistenten. Hallo. Wie gehts, wie stehts? Mir fiel gerade ein, daß ich dein neues Büro ja noch gar nicht gesehen habe, also hab ich mir gedacht, hol das möglichst schnell nach, bevor er wieder befördert wird.

Beide lachten, und Davis stand auf und drückte Harrys ausgestreckte Hand. Hallo Harry. Wie gehts?

Prima. Einfach prima. Jungejunge, das ist vielleicht n Büro, er sah sich im Raum um. Komplett mit Ölbild und Topfpflanze, wie?

Ja, er lachte, die denken wohl, wenn einer Direktionsassistent geworden ist, braucht er ein wenig zusätzlichen Sauerstoff.

Sieht so aus, beide glucksten, und Harry wandte sich Davis wieder zu, mit einem seriösen Lächeln. Was ich dir eigentlich sagen wollte: ich freue mich ehrlich für dich, und wenn ich irgend etwas tun kann – du weißt schon, irgendwie behilflich sein oder so –, dann melde dich.

Vielen Dank, Harry, das weiß ich wohl zu schätzen.

Ist doch selbstverständlich. Sie lächelten einander an, und Harry drückte Davis' Schulter und ging.

Harry fühlte sich so wohl und aufgekratzt, daß er sich dazu zwingen mußte, an seinem Schreibtisch sitzen zu bleiben. Er wußte nicht, wonach ihm eigentlich war und was er gern getan hätte, aber getan hätte er gern irgend etwas – egal was. Sein Telefon klingelte, und er hob sofort ab. Hallo Harry, hier ist Linda. Sind die Burrell-Unterlagen immer noch bei Ihnen?

Einen Augenblick lang drehte sich alles in seinem Kopf, und er versuchte krampfhaft, sich zu konzentrieren. Er wußte, daß er eine Linda kannte, und auch die Burrell-Akte war ihm nicht unbekannt, doch gelang es ihm nicht, beides in einen Zusammenhang zu bringen. Dann, nach einigen endlosen Sekunden, machte es bei ihm Klick.

Hallo. Lange nicht gesehen. Ja, ich hab sie tatsächlich noch hier.

Sehr gut, ich brauche sie. Ists recht, wenn ich jetzt komme und sie mir hole?

Die Mühe können Sie sich sparen. Ich muß sowieso dort rüber, wo Sie sitzen. Bin gleich da. Er suchte den Ordner heraus und verließ bester Laune seinen Schreibtisch. Zumindest hatte er nun etwas vor und ein bestimmtes Ziel. Er hätte keinen Augenblick länger stillsitzen können.

Auf seinem Weg zu Lindas Schreibtisch tauchten verschiedene Bilder vor ihm auf: Linda, in der Sonne liegend, neben dem Swimmingpool – er selbst – und wie sie miteinander getanzt hatten, er dachte daran, wie sie ausgesehen hatte, und an das Gefühl ihrer Körpernähe und fragte sich flüchtig, ob ihre Mitbewohnerin vielleicht verreist sei. Hallo. Wo soll ich es hinlegen? Er hielt ihr den Ordner hin.

Oh, legen Sie ihn nur zu den anderen dort, sie lächelte ihm herzlich zu.

Ich hoffe, der Stapel fällt nicht um, er legte den Ordner oben drauf, er könnte Sie erschlagen, und das wollen wir doch nicht.

Da bin ich ganz Ihrer Meinung. Eines Tages werd ich die ja wohl durch haben, hoffe ich, dann räum ich das Zeug weg, und es kann mir nichts mehr zustoßen. Übrigens, ich höre, daß Sie in letzter Zeit Überstunden bis spät abends machen.

So? Sie haben wohl mit Rae und Louise gesprochen, er lachte leise und drohte ihr mit dem Finger.

Na ja, sie lachte, ich hab mittags ein paarmal mit ihnen gegessen.

Apropos essen, wie wärs, wenn wir zwei morgen zusammen essen würden? Ich lade Sie ein.

Ich dachte, Sie gehen in der Mittagspause nicht mehr fort.

Na ja, er machte eine ausladende Handbewegung, für Sie mach ich mal ne Ausnahme.

Vielen Dank, sie lächelte und lachte in sich hinein, das ist sehr großzügig von Ihnen.

Aber Sie kennen mich doch, er legte die Hand auf die Brust, Großzügigkeit ist meine Stärke.

Wie könnte ich einer solchen Einladung wohl widerstehen – nein, sie hob die Hand, sagen Sie es mir nicht, ich weiß es selbst: leicht. Beide lachten.

Ich muß an meinen Schreibtisch zurück. Bis morgen.

Das gemeinsame Mittagessen war äußerst gelungen. Es schien Jahre her zu sein, daß er seinen Lunch in aller Ruhe eingenommen hatte, und er konnte sich nicht daran erinnern, wann er das letzte Mal in der Mittagspause mit einer Frau in einem Lokal gewesen war und mit welcher Frau, es war so lange her. Und wann dieses letzte gemeinsame Mittagessen auch stattgefunden hatte und mit wem auch immer, er wußte eines ganz sicher, so war es nicht gewesen – entspannt und locker, kein Zeitdruck, keine Spielchen, keine Tricks. Nichts als eine nur zu rasch enteilende gemeinsame Mittagsstunde mit einer vor Leben sprühenden Frau (hmmm, aber was weiß man? Sie ist keine von den üblichen Weibern) und anregendem Geplauder.

Ein Vögelchen hat mir zugezwitschert, daß Sie etwas Neues auskochen?

Das Vögelchen heißt wohl Rae?

Beide kicherten. Ich hab das Gefühl, daß Rae und Louise sich sehr für Ihr Wohl und Wehe interessieren.

Und noch für so manches andere.

Ja, das stimmt, aber ich hab die beiden wirklich gern. Sie sind so nett und – na ja, einfach lieb und freundlich. Irgendwie mütterlich.

Ja, er schmunzelte, ich weiß. Aber *eine* Mutter genügt mir, ich brauche nicht noch zwei dazu –

Harry lachte plötzlich laut auf –, die sich Gedanken über unser gemeinsames Mittagessen machen und wann wir wohl heiraten.

Da haben Sie wahrscheinlich recht, sie lächelte, wie viele Kinder wollen Sie?

Och, ich weiß nicht, sagen wir doch zehn, für den Anfang.

Wie wärs, wenn wir uns jetzt wieder dem Essen zuwenden, wenn Sie nichts dagegen haben?

Okay, beide lachten, das ist auch viel gefahrloser.

Aber eines steht fest, und zwar, daß die beiden eine großartige Informationsquelle sind. Die wissen einfach alles, was so im Büro vor sich geht, sogar wenn es noch gar nicht passiert ist.

Jaja, er nickte mit dem Kopf, das stimmt allerdings – ach, übrigens, ich wollte mich bei Ihnen entschuldigen, daß ich Sie neulich auf der Heimfahrt so genervt habe.

Mich genervt? Was meinen Sie damit?

Na ja, Sie wissen schon, er rückte unruhig auf seinem Stuhl hin und her und fingerte an seiner Kaffeetasse herum, ich, eh ... na ja, vielleicht klang das ein bißchen negativ, was ich da über dies und jenes sagte, und, er zuckte die Achseln, die Art und Weise, in der ich über – eh – über Davis und seine Beförderung sprach, klang vielleicht n bißchen komisch – nachträglich kam mir der Gedanke, daß ich da bei Ihnen vielleicht einen falschen Eindruck erweckt habe.

Sie brauchen sich nicht zu entschuldigen, Harry, sie lächelte herzlich und beruhigend, soweit es mich betrifft. Ich habe wirklich nicht die leiseste Ahnung, wovon Sie sprechen. Dieser Tag war für mich ganz herrlich, mit allem Drum und Dran.

Wie schön, er lächelte und seufzte im stillen erleichtert auf, das freut mich zu hören.

Aber erzählen Sie mir doch etwas über Ihr neues Projekt, ich sterbe vor Neugier. Rae sagte, ich zitiere: Das ist eine großartige, phantastische Sache – jetzt schon.

Na ja, so großartig ist es nun auch wieder nicht, er setzte sich bequemer hin und genoß die Wärme in ihrem Lächeln und in ihrer Stimme, es wird die Welt nicht aus den Angeln heben. Aber, sein Lächeln verstärkte sich, es kurbelt mich an, gibt mir Auftrieb. Verstehen Sie, einer der großen Vorteile dieser Idee von mir, er beugte sich vor und sprach nun mit Enthusiasmus, ist, daß sie sich wahrscheinlich auch auf anderen Gebieten anwenden läßt als nur auf dem, für das sie ursprünglich gedacht war – zumindest werde ich das versuchen – versuche ich es bereits. Und wer weiß, was sich daraus ergibt, wenn ich mich dran – Linda lachte, und Harry sah sie einen Augenblick verstört an, und sie langte über den Tisch und drückte mit beiden Händen seine Hand.

Entschuldigen Sie, Harry, ich wollte Sie nicht unterbrechen oder aus dem Konzept bringen, aber ich hab noch nie jemanden so begeistert über seine Arbeit reden hören. Ich finde das wunderbar, einfach großartig. Sie lieben Ihre Arbeit wirklich, nicht wahr?

Ja, er errötete leicht, ich glaube schon. Manchmal packt es mich so richtig, wissen Sie, wenn ein Problem auftaucht, das man einfach lösen *muß*, Linda zog ihre Hände zurück und sah ihn weiterhin aufmerksam und lächelnd an, oder wenn man plötzlich eine Idee hat und man dreht und wendet sie hin und her, hin und her und arbeitet so lange daran, bis sie realisierbar ist – Harry lehnte sich zurück und lachte leise, ich glaube wirklich, daß mir meine Arbeit Spaß macht.

Ja, das merkt man. Aber ich fürchte, wir werden das Ganze ein anderes Mal fortsetzen müssen, es wird Zeit zu gehen.

Wie schade. Das einzige, was ich mehr als meine Arbeit liebe, ist, darüber zu reden, er ruderte mit den Armen und sah sie lächelnd an, mit Ihnen darüber zu reden. Wollen wir morgen wieder zusammen essen?

Ja, sehr gern.

Der gemeinsame Lunch am folgenden Tag war noch anregender, sie sprachen fast die ganze Zeit über Harrys Arbeit und darüber, was er bereits getan hatte und was er hoffte, noch tun zu können, und wie wohl ihm dabei war – ah, wie irgendwie »ganz« er sich dann fühlte, wenn seine Arbeit ihn völlig in Anspruch nahm – und von seinen ehrgeizigen Plänen und seinen Träumen von Erfolg. Und das erstaunlichste daran, etwas, das Harry White, da er zu sehr mit sich selbst beschäftigt war, nur unvollständig mitbekam, aber doch irgendwie spürte, war, daß Linda nicht nur aufmerksam zuhörte, sondern daß es sie auch wirklich interessierte, was er da sagte, und daß sie die Unterhaltung sichtlich genoß – oder, genauer gesagt, den Monolog.

Zurück im Büro fragte er Rae, ob sie wissen wolle, worüber sie geredet hätten, oder ob sie's schon wüßte.

Klar weiß ich das – Louise lachte –, aber ich sagen Ihnen nicht. Das Sie müssen selbst finden, Schätzchen.

Der gemeinsame Lunch mit Linda war nun fast schon zur ständigen Einrichtung geworden, einer für Harry äußerst erfreulichen und erholsamen

Einrichtung. Er wußte, daß sie nur dorthin gingen, um zu essen und sich zu unterhalten, und daß sie pünktlich wieder im Büro sein würden, und so brauchte er nicht zu befürchten, daß die Dinge seiner Kontrolle entglitten und er nach der Mittagspause zu spät ins Büro käme und in erneute Schwierigkeiten mit Wentworth geriete. Das wollte er nicht. Alles ging gut, sogar sehr gut, und er wollte, daß es so blieb. Er liebte seine Arbeit und freute sich jeden Tag von neuem darauf.

Er hatte auch nicht mehr das Bedürfnis, während der Mittagspause umherzustreifen, um Weiber aufzureißen und seine Spielchen mit ihnen zu spielen. Irgendwie schien all das Teil einer fernen Vergangenheit, an die er sich nur dunkel erinnerte, zuweilen mit einem Anflug von Peinlichkeit, dann wieder mit dem vagen Wissen, daß es, falls er seine früheren Gewohnheiten je wieder aufnahm, nicht nur den Verlust seiner Stellung bedeuten würde, der Arbeit, die ihm nun so sehr am Herzen lag und die ihn so sehr befriedigte, sondern auch den Verlust von etwas anderem. Wovon, wußte er nicht, doch hatte er das unbestimmte Gefühl, daß er sich in acht nehmen mußte, weil es etwas gab, eine unbekannte Größe, die nicht nur unmerklich an diesen Aktionen teilhatte, sondern die todbringend war.

Und natürlich fand er großes Vergnügen an Lindas Gesellschaft. Sie war anders, anders als jedes Weib – jedes weibliche Wesen –, das er je kennengelernt hatte. Er verspürte nicht den Drang, diesen Unterschied zu analysieren oder darüber nachzugrübeln, sondern genoß einfach das Gefühl ihres Andersseins. Und mehr und mehr wurde ihm bewußt, was für Gefühle sie in ihm auslöste.

Etwas, woran er von Zeit zu Zeit mit einem gewissen Erstaunen dachte, war, wieviel Freude es ihm bereitete, bloß mit ihr zu reden. Sie hatten immer soviel Spaß zusammen, obwohl sie sich nur unterhielten und in einer überfüllten Snackbar oder Cafeteria ihre Sandwiches aßen und ihren Kaffee tranken. Immer hatten sie jede Menge Gesprächsstoff und allerlei Gedanken auszutauschen, was für Harry etwas völlig Neues war.

Doch das wichtigste, das allerwichtigste, woran er immer und immer wieder dachte und woran er immer mehr Freude hatte, war ihr Lachen, das vergnügteste Lachen, das er kannte. Es war so unverstellt, so natürlich. Als würde sie nicht nur gern lachen, sondern gern leben. Oft lachte er schon, bevor sie zur Pointe eines Witzes, den sie erzählte, gekommen war, nur weil sie selbst schon mittendrin zu lachen begann.

Doch es war nicht nur der Klang ihres Lachens oder was es ihm bedeutete und bei ihm auslöste. Es war auch der Anblick. Sie sprühte förmlich, wenn sie lachte, und ihr ganzer Körper, ihr gesamtes Wesen war die reine Lebensfreude. In ihren Augen spielten kleine Lichter, und selbst ihre Fingernägel schienen zu leuchten. Sie liebte das Lachen.

5

Am Freitag verabredeten sie, am nächsten Tag schwimmen zu gehen. Sie kamen am späten Vormittag an den Strand, und obwohl sich dort erholungsuchende Wochenendler drängten, fanden sie in geringer Entfernung vom Ufer ohne Mühe ein leeres Plätzchen, das ihren Ansprüchen vollauf genügte. Sie breiteten ihre Decke aus, rollten ihre Kleider zusammen, schoben sie unter ihre Handtücher und gingen schwimmen.

Zunächst schien ihnen das Wasser sehr kalt, doch nachdem sie den ersten Schock überwunden hatten, fanden sie es äußerst belebend, und sie blieben eine ganze Weile drin, schwammen bis zum äußersten Floß hinaus und wieder zurück, warfen sich den Wellen entgegen und stürzten sich in die Brandung. Dann trotteten sie lachend zurück zu ihrer Decke und schüttelten sich die Nässe vom Leib.

Sie streckten sich auf der Decke aus, und als Linda trocken war, begann sie sich mit Sonnenöl einzureiben. Schließlich drückte sie Harry die Flasche in die Hand und legte sich auf den Bauch. Bitte, reiben Sie mir den Rücken ein, Harry.

Klar. Harry ließ ein wenig Öl langsam auf ihren Rücken tropfen und lachte, als sie zusammenzuckte.

Auah ... nicht, Harry, das ist doch kalt!

Ja, ich weiß, er goß sich lachend ein wenig Öl in die Handfläche.

Sie sind gräßlich.

Ja, ich weiß, er lachte in sich hinein, während er das Sonnenöl auf ihrem Rücken verrieb. Bei sonem Bikini gibts ne ganze Menge Rücken zum Einreiben. Sie kicherte und Harry fuhr in seiner Arbeit fort. Ihre Haut fühlte sich wunderbar an, seidig und warm von Öl und Sonne. Er rieb immer weiter, beobachtete wie hypnotisiert seine Hand, die über ihren schönen Rücken glitt; auch ihm wurde warm, von der Sonne und der Erregung, die sich, von seinen Händen ausgehend, die Arme hinaufzog.

Oh, das tut gut, ich könnte gleich einschlafen.

Nun, er lachte, mich hälts wach. Er fuhr zum Abschluß noch einmal mit der flachen Hand über ihren Rücken und wollte ihr schon einen Klaps aufs Gesäß geben, unterließ es dann aber. Er gab ihr die Flasche zurück, okay, jetzt bin ich dran, dann streckte er sich auf der Decke aus. Es wurde ein typischer Strandtag, auch der Sand, der ihnen ins Gesicht flog, wenn Kinder vorbeirannten, fehlte nicht. Sie schwammen, ließen sich auf dem Wasser treiben, sprangen und tauchten, tranken kaltes Bier zu warmen Würstchen und aßen sogar einige Sahnekaramellen.

Am späten Nachmittag verließen sie den Strand, und die Straßen waren überfüllt, und zuweilen kroch der Verkehr nur langsam dahin, doch schien das Harry heute nichts auszumachen. Sie hatten ja keine Eile und schwatzten und lachten – mein Gott, wie gern er sie lachen hörte –, und obwohl es nur langsam vorwärts ging – die Zeit wurde ihnen nicht lang, und es war eine erfreuliche Heimfahrt. Welcher Unterschied zum letztenmal, als er sie nach Hause fuhr. Unglaublich, es lag gar nicht so lange zurück, und doch schien es wie etwas aus nebelhafter, ferner Vergangenheit. Mein Gott, welcher Unterschied zwischen jener Fahrt und dieser. Überhaupt kein Vergleich.

Lindas Mitbewohnerin war übers Wochenende nicht da, und so beschlossen sie, bei Linda zu Abend zu essen. Ich werd uns n paar Schnitzel braten und einen Salat zaubern und sehen, was sonst noch da ist.

Wunderbar. Das genügt vollkommen.

Aber erst geh ich rasch unter die Dusche, den Sand wegspülen. Bin gleich wieder da.

Harry streckte sich in einem Sessel aus, und langsam wurde ihm bewußt, daß er dem Geräusch der Dusche zuhörte, und anschließend, daß er sich vorstellte, wie das Wasser an Lindas Körper hinunterrann, und er schüttelte den Kopf und blinzelte und verbannte das Bild aus seinen Gedanken. Er wußte nicht warum, aber er wollte nicht in eine jener Phantasien hineingeraten. Das Geräusch des fließenden Wassers hörte abrupt auf, und kurz darauf kam Linda aus dem Badezimmer, in einen weiten Frotteemantel gehüllt, und rieb sich die Haare mit einem Handtuch trocken. Okay, es steht alles zu Ihrer Verfügung. Wissen Sie, das Beste von so einem Tag am Strand ist eigentlich die Dusche, wenn man nach Hause kommt.

Harry stimmte in ihr Lachen ein. Na ja, so kann mans auch sehen.

Als er nach der Dusche aus dem Badezimmer kam, sauber und angenehm erfrischt, war Linda in der Küche eifrig mit Hacken, Klopfen und Mischen beschäftigt. Sie haben recht, es ist wirklich der beste Teil eines Tages am Meer. Er ging in die Küche und sah Linda kurze Zeit zu. Mann, Sie wirtschaften hier rum, als würden Sie tatsächlich etwas davon verstehen.

Das tue ich auch, sie sah ihn an und zog die Nase kraus, dann fing sie an zu lachen, und ich tu es außerdem sehr gern. Ich glaube, ich wurde dafür geboren. Es kurbelt mich an, um einen arbeitsamen jungen Mann, den ich kenne, zu zitieren.

Bei einem Gedächtnis wie dem Ihren werde ich auf meine Worte achten müssen. Kann ich Ihnen irgendwie helfen?

Eigentlich nicht. Außer, Sie wollen Wein zum Essen trinken. Na klar, warum nicht? Wie wärs mit einer ›Blauen Nonne‹?

Nein, ich glaube nicht, sie machte ein ernstes Gesicht, ich dachte, wir essen allein. Jetzt lächelte sie übers ganze Gesicht, und Harry lachte.

Vorsicht, das kann zur Gewohnheit werden. Beide lachten leise und Harry fragte sie, ob sie einen bestimmten Wein bevorzuge?

Nein. Ich kann den einen nicht vom andern unterscheiden. Gewöhnlich kaufe ich einen importierten Bordeaux zu 97 Cent. Der scheint mir recht gut zu sein.

Okay, ein importierter teurer Wein also. Rot oder weiß?

Rot. Sieht hübscher aus.

Ich glaube nicht, daß das im allgemeinen ein Kriterium ist, er lächelte und freute sich daran, wie sie sich in der Küche hin und her bewegte, aber wie Sie wollen.

Als Harry den Tisch betrachtete, bevor er sich hinsetzte, kam ihm das Ganze wie ein Wunder vor. Alles zusammen. Ein Wunder. Auf einem antiken Holztisch befanden sich Kerzen, eine große und zwei kleine Salatschüsseln, dazu Teller, Besteck, Servietten – nichts Ungewöhnliches oder Besonderes, und doch hatte Linda etwas Außergewöhnliches daraus gemacht. Es war außergewöhnlich.

Das ist unglaublich. Wie haben Sie das bloß gemacht? Und alles in der kurzen Zeit.

Ach was, nicht der Rede wert. Jeder große Chefkoch hätte das genausogut hingekriegt.

Ich glaube, Sie haben recht: Es kurbelt Sie wirklich an, Ende des Zitats.

Das Essen schmeckte köstlich. Als sie fertig waren, brachte Linda aus der Küche noch Käse und eine Schale mit Obst. Ich hoffe, Sie essen Stinkkäse gern. Ich liebe Stinkkäse.

Sie blieben am Tisch sitzen, tranken Kaffee und plauderten. Harry hatte gar nicht darüber nachgedacht, wie er sich den ganzen Tag über fühlte. Er wußte nicht, ob er überhaupt an irgend etwas gedacht hatte. Er fühlte sich wohl und gab sich dem hin, ohne Fragen zu stellen. Hätte er es versucht, wäre es ihm nicht möglich gewesen zu sagen, wann in seinem Leben er sich wohler gefühlt hätte. Seit seiner Kindheit war er nicht so gelöst gewesen. Einer der Gründe dafür, daß er einen so angenehmen Tag verbracht hatte, war, daß ihm all das nicht zum Bewußtsein kam.

Doch dann, ganz allmählich, merkte er, wie sich irgendeine beunruhigende Empfindung in ihm regte. Er fühlte sich plötzlich unbehaglich, ohne jeden Grund. Der Abend verlief auf die gleiche Weise, wie der Tag verlaufen war: Sie redeten und lachten, doch nun verspürte er ein leises inneres Ziehen und Zerren, das gegen die Stimmung dieses Tages ankämpfte und versuchte, dem, was geschah, eine andere Richtung zu geben. Ihm wurde bewußt, daß das, was er tat, für ihn unnatürlich war. Wie kam er dazu, mit irgendeinem Weib nur so rumzusitzen und zu schäkern? Das war einfach verrückt. Das hatte er noch nie gemacht. Er sollte etwas anderes tun, doch im Augenblick wußte er nicht recht, was. Es war idiotisch: Er spürte, er wußte, was er tun sollte, und daß er es tun sollte, und konnte doch zugleich nicht herausfinden, was es war – oder warum es so war – oder auch nur, was da eigentlich in ihm vorging. Dieser innere Konflikt brachte ihn immer mehr in Verwirrung, und seine Verwirrung verwirrte ihn noch mehr.

Und zu all der Verwirrung kam noch der irritierende Umstand hinzu, daß er sich wohl fühlte, wie er da mit Linda nur redete und scherzte und Kaffee trank und an einem Stück Käse knabberte. Stinkendem Käse. Und sie erregte ihn, und er wollte über den Tisch greifen und ihre Hand berühren, doch das schien ihm nicht möglich zu sein. Herrgott, was war denn dabei? Warum zog sich in seinem Bauch etwas zusammen, warum hatte er das Gefühl, daß etwas passieren würde? Dieses sonderbare Gefühl und die Tatsache, daß er nicht über den Tisch greifen und ihre Hand in die seine nehmen konnte, beschäftigten ihn immer mehr. Und warum wollte er überhaupt ihre Hand halten? Das war doch Kinderkram, du lieber Gott. Irgendwie hatte er die Kontrolle über das Spiel verloren. So war es noch nie gelaufen. Aber wie war es denn gelaufen? Es wollte ihm nicht einfallen. Oder doch? Einerseits war ihm, als wüßte er dunkel, wie das Spiel laufen sollte, doch andererseits empfand er sich nur als Zuschauer, der zusah, wie es in die falsche Richtung ging. Am liebsten wäre er aufgesprungen und hätte geschrien, He, hier läuft irgendwas verkehrt. So geht das nicht. Doch er blieb sitzen und redete und scherzte und lachte und verbrachte die schönste Stunde seines Lebens, während er gegen den Dämon kämpfte, der in ihm

Gestalt annahm, wuchs und bedrohlich knurrend nach oben drängte und sein inneres Auge blinzeln machte vor Furcht und Verwirrung.

Er stand auf und ging ins Badezimmer und sah sein Spiegelbild finster an – oder sah sein Spiegelbild ihn finster an? – und legte den Kopf auf die eine Seite und dann auf die andere und verzog den Mund zu einem schiefen Lächeln, schüttelte dann den Kopf und lachte leise in sich hinein, du spinnst, du Rindvieh. Du hast ne Meise. Er näherte sein Gesicht dem Glas, beugte sich zurück und dann wieder vor, zuckte die Achseln und verließ das Badezimmer. Er stand kurze Zeit hinter Linda, dann legte er die Hände auf ihre Schultern und küßte sie auf den Hals und ließ seine Hände langsam an ihren Armen hinuntergleiten. Sie schien sich seinem Kuß hinzugeben, doch als er fortfuhr, ihren Hals zu küssen, wurde er unsicher und befangen, als spielte er eine Filmrolle – oder eher, als imitierte er einen Schauspieler in einer Liebesszene. Er kam sich steif, ungeschickt und unnatürlich vor, zwang sich jedoch dazu, weiter ihren Hals zu küssen und seine Hände über ihre Brüste gleiten zu lassen. Sanft, doch bestimmt schob sie seine Hände fort. Er atmete weiterhin schwer an ihrem Hals und bemühte sich, mehr Begeisterung aufzubringen für das, was er tat, und gleichzeitig tadelte er sich für seine schlechte Leistung. Aber er konnte nicht aufhören.

Komm, gehn wir ins Bett.

Linda lachte leise und drehte sich um und sah amüsiert zu ihm hoch. Die eine Minute lachst du über *Abbott und Costello treffen den Werwolf* und die nächste willst du ins Bett.

Was ist denn daran so sonderbar, daß man mit einer schönen Frau ins Bett will, er zwang sich zu einem nochmaligen Versuch, sie zu küssen, doch sie wehrte ihn sacht ab, und er setzte sich.

Nichts. Nur der Zeitpunkt ist sonderbar. Und komisch.

Er zuckte die Achseln und bemühte sich, unbekümmert und gelassen zu erscheinen, fühlte sich jedoch nach wie vor verkrampft und befangen. Ich wußte nicht, daß es da einen besonderen Zeitpunkt gibt.

Doch, den gibt es, ihr Lächeln war immer noch lieb und freundlich, nämlich den richtigen Zeitpunkt.

Ich hab immer gedacht, daß jederzeit der richtige Zeitpunkt ist.

Für dich vielleicht, aber nicht für mich. Und es gehören nun mal zwei dazu.

Harry zuckte die Achseln und versuchte mit aller Gewalt, den Dämon hinunterzuwürgen und damit zu beseitigen, doch es gelang ihm nicht. Er wußte nicht, wie es eigentlich dazu gekommen war, daß sie nun plötzlich hier saßen und auf diese Weise miteinander redeten, aber er schien sich nicht zurückhalten zu können von dem, was er tat, und er wußte nicht, was er sonst hätte tun oder sagen können. Irgendwas lief verkehrt. Offenbar war das einzige, was er tun konnte, hier zu sitzen und sich selbst zuzuhören und zu beobachten und sich dabei innerlich so gottverdammt unbehaglich, zerrissen und beschissen zu fühlen, daß er einfach nicht weiter wußte.

Tut mir leid, wenn ich dich genervt habe –

Du hast mich nicht genervt, Harry, aber ich konnte ja nicht wissen, daß du es dir aufsparst.

Linda sah Harry schief an, dann schüttelte sie den Kopf. Ich muß mich wundern. Ich muß mich wirklich wundern, Harry.

Wieso? Wofür hast du mich eigentlich gehalten, für sone Art keuschen Joseph oder was?

Also, um ganz ehrlich zu sein, ich hab mir da gar keine Gedanken gemacht. Aber wenn ich es getan hätte … ich muß gestehen, ich hätte es nie für möglich gehalten, daß du so … so – sie zuckte die Achseln und schüttelte den Kopf – ach … ich weiß nicht, wie ich mich ausdrücken soll – Harry starrte sie an, als könnte sein Starren alles ändern, ändern, was gesagt worden war, was geschah, und vor allem ändern, was Linda im Begriff war auszusprechen, denn er spürte instinktiv, daß ihre Worte ihn innerlich zerreißen würden wie ein schartiges Stück Eis – also, ich meine wohl, ich hätte nie gedacht, daß du so unreif wie ein Schuljunge sein könntest.

Vielleicht bist *du* unreif wie ein Schulmädchen. Vielleicht bist du diejenige –

Harry, sie lächelte nun nicht mehr und sah ihm in die Augen, sah fast durch ihn hindurch, den Spieß umdrehen ändert nichts. Und ich verstehe wirklich nicht, warum du so eine große Sache daraus machst. Ist dein Ego so empfindlich, daß du ein Nein nicht ertragen kannst, ohne aggressiv zu werden?

Wer ist denn hier aggressiv? Daß du drauf hockst wie eine Glucke, ist für mich verdammt noch kein Grund, aggressiv zu sein.

Linda sah ihn an, nun nicht mehr erstaunt, sondern verärgert und vor allem enttäuscht. Ich will dir mal was sagen, Harry – Harry spürte, wie er sich innerlich wand und wie er am liebsten einfach aufgestanden und fortgegangen wäre oder sich in Luft aufgelöst oder alles ungeschehen gemacht hätte, und was zum Teufel geht hier eigentlich vor – nicht, daß ich das müßte … ich schulde dir weiß Gott keine Erklärung für mein Verhalten. Es ist zweifellos mein gutes Recht, ja oder nein zu sagen, zu wem auch immer. Aber ich möchte, daß du es weißt, damit dir einiges klar wird … und vielleicht auch, weil es mich ärgert und verdrießt, daß du so kindisch bist.

Du mußt mir nichts sagen –

Das weiß ich. Aber du sollst wissen, daß ich auf nichts draufhocke und nichts aufspare, weil es nichts aufzusparen gibt (Harry spürte, wie ihm heiß und heißer wurde und er zu allem Überfluß auch noch einen roten Kopf bekam. Scheiße! SCHEISSE!), es ist auch keine Verzögerungstaktik, und es sind auch keine Hemmungen, keine verborgenen dunklen, trüben, anrüchigen Geheimnisse, die sich in den Mantel einer illusionären Jungfräulichkeit hüllen. (Harry saß jetzt in der Klemme. In einer beschissenen Klemme! Er konnte nicht protestieren. Er konnte sich nicht rühren. Er konnte offenbar nur dasitzen und zuhören.) Es handelt sich einfach um einen Entschluß, von mir und für mich getroffen. (Wenn sie doch nur brüllen würde oder irgendwas tun, was ihn wütend machte, damit er diese beschissene Lähmung abschütteln könnte, doch sie tat es nicht. Sie sah ihm gerade in die Augen und sagte ruhig und sachlich, was sie zu sagen hatte, ohne auch nur die Stimme zu heben.) Ein Entschluß, der nicht die Folge irgendeiner häßlichen, dramatischen oder traumatischen Erfahrung ist, sondern mit einem inneren Verständnis meiner selbst zusammenhängt ... einem inneren Bedürfnis. Und das hat nichts mit dir zu tun oder mit sonst jemand, wirklich nicht ... nur mit mir. Ich bin kein Teenager oder irgend so ein »emanzipiertes« oder frustriertes weibliches Wesen, das wie irre von Bett zu Bett stürzt. Ich bin einfach eine erwachsene Frau, und der nächste, mit dem ich ins Bett gehe, wird mein Mann sein. *Mein* Mann, sie lächelte nun wieder offen und herzlich, nicht der einer anderen. Und er wird dann mein Mann sein, nicht mein zukünftiger Mann. Es tut mir leid, Harry, daß ich dir keine abgründige Leidensgeschichte vorsetzen kann, Linda lächelte freundlich, in die wir uns reinknien und die wir analysieren könnten – Harry machte den kümmerlichen Versuch, mit den Achseln zu zucken –, aber es ist genauso einfach, wie ich es gesagt habe.

Harry sah sie lächeln und spürte, daß sein Gesicht starr und bar jeglichen Ausdrucks war, und in seinem Kopf wirbelte es, und die Bilder stürzten ineinander; er überlegte verzweifelt, was er tun könnte: den Mund verziehen, mit dem Kopf nicken, eine Handbewegung machen oder mit den Achseln zucken oder lächeln, und obwohl der Aufruhr in ihm andauerte, saß er bloß da und betrachtete ihr Lächeln. Dann tastete seine Hand sich zu seiner Uhr, und er versuchte – hoffte – leichte Überraschung in seine Stimme legen zu können. Es ist spät geworden, ich glaube, ich geh jetzt.

Linda schwieg, schluckte ihre Enttäuschung hinunter und sah ihm nach. Einerseits war sie enttäuscht, daß der Tag auf diese Weise geendet hatte, andererseits erleichtert, als die Tür sich hinter ihm schloß. Die Verlegenheit und die Spannung, die sich zwischen ihnen aufgebaut hatte, war, besonders als sie einander schweigend gegenübersaßen und sich nur ansahen, fast mit Händen zu greifen gewesen und kaum noch zu ertragen.

Linda blieb am Tisch sitzen und seufzte leise; sie war immer noch ein wenig verstört darüber, daß ein schöner Tag plötzlich zu etwas so – Traurigem geworden war. Ja, das war wohl das richtige Wort. Wie schade. Wirklich schade. Sie rekapitulierte im Geiste rasch, was vor sich gegangen war, und bereute nichts, nicht das geringste. Wie sie die Sache auch betrachtete oder ihre Gefühle, Harry betreffend, die zärtlich und tief waren – sie würde alles, was sie gesagt hatte, noch einmal sagen. Es gab Zugeständnisse, die man nicht machen kann, ohne die Grundfesten des eigenen Lebens zu gefährden. Wieder seufzte sie, räumte die Kaffeetassen vom Tisch und stellte sie in die Spüle.

Sie sah sich im Zimmer um, leerte die Aschenbecher, stellte sie ebenfalls in die Spüle, dann löschte sie das Licht und ging zu Bett. Kurze Zeit lag sie wach und dachte liebevoll an Harry, trotz der bitteren Enttäuschung, die er ihr an diesem Abend bereitet hatte, doch sie fand sich damit ab. Es war nun einmal geschehen. Nichts und niemand konnte daran etwas ändern. Und da sie es ebenfalls als gegeben betrachtete, daß sie, selbst wenn die Gelegenheit sich böte, ihre Worte nicht zurücknehmen würde, ließ ihre innere Unruhe allmählich nach, und sie trieb langsam dem Schlaf entgegen.

Herrgott ... so eine Scheiße. Alles verfickt. Alles verpatzt und verfickt. Ich seh da nicht mehr durch. Man sitzt und lacht und plötzlich – *Bruch!* – ist alles im Eimer. Wieso hab ich mich von nem Weibsstück so verarschen lassen? Ich muß n Hammer haben. Ich hätte einfach abhauen sollen. Wen interessiert das schon, Baby? Spars dir doch für jemand anders auf. *Ich* leg keinen Wert drauf, ich nicht. Bis bald. Mir diesen Mist anzubieten. Ist das Weib denn noch zu retten? Was glaubt sie wohl, mit wem sie es zu tun hat? Lächeln, lachen und abhauen. Oder sie packen und ins Bett knallen. Sicher hat sie nur darauf gewartet. Und dann dieser ganze Mist von wegen erwachsene Frau und so und dann dasitzen und darauf warten, daß ich ihren miesen Bluff durchschaue. Warum hab ichs bloß nicht getan???? Scheiß drauf. Warum ihr diese Genugtuung gönnen. Soll sie sich doch nur zu Tode grämen. Harry fuhr in den Brooklyn-Battery-Tunnel ein, und das plötzliche Eingeschlossensein, die Kacheln und die Lichter riefen in ihm die ferne Vergangenheit wach, als er mit Linda durch einen Tunnel fuhr und das Arschloch Davis ihm so auf den Sack gefallen war, und er machte eine wegwischende Handbewegung und schob all das zum Fenster raus oder hinter sich oder irgendwohin, ganz egal, jedenfalls wollte er jetzt nicht davon belästigt werden … Als er aus dem Badezimmer zurückkam, setzte er sich wieder, und während er Linda zuhörte, umschloß er sacht mit beiden Händen ihre Hand, sah sie an und lächelte, küßte dann zart ihre Fingerspitzen und ihre Stimme wurde immer leiser und er erhob sich und ging, ohne ihre Hand loszulassen, um den Tisch herum und küßte sie zart auf die Stirn und dann auf die Augen und auf den Mund und er hörte sie kaum vernehmlich seufzen, als sie langsam aufstand und ihre Körper sich heiß aneinanderpreßten, und führte sie, ohne ein Wort zu sagen, ins Schlafzimmer …

Was soll denn dieser Mist, daß du nicht mit mir ins Bett willst? Du machst wohl Witze … Als Harry aus dem Badezimmer zurückkam, stellten sie den Fernseher an und sahen *Abbott und Costello treffen den Werwolf,* aßen noch etwas vom Stinkkäse, während sie lachten und ab und zu eine Bemerkung über die Sendung machten; sie saßen auf der Couch, und er spürte ihre Wärme und hörte ihr bezauberndes Lachen, sie tranken den Wein aus und dann noch Kaffee. Sie hatten es nett und gemütlich und lachten, bis aus der Nacht ein neuer Tag wurde … Während Harry den Gowanus Parkway entlangfuhr, begann er sich unsicher zu fühlen, die Straße erschien ihm zu dieser Nachtzeit so verlassen und so unendlich breit, als hätte sie keine seitliche Begrenzung, nur selten fuhr ein Wagen an ihm vorbei. Was für ein gräßlicher Tag. Was für ein gräßlicher, widerlicher Tag. Man will schwimmen, und irgendson Rabauke knallt gegen einen, und wenn man sich am Strand n bißchen ausruhen will, rennen irgendwelche bescheuerten Bälger rum und der Sand fliegt einem ins Gesicht. Diese Teufelsgören.

Die Matratze erschien ihm hart und klumpig, und er wälzte sich im Bett hin und her, um eine bequemere Lage zu finden. Und die Scheißsonne wird früh aufgehn, wie sich das gehört, und mir direkt in die Augen scheinen. Es hat gar keinen Sinn, auch nur zu versuchen, ein bißchen zu schlafen. Ein widerlicher Scheißkram. Alles. Der ganze beschissene Kram.

O Montag, verfluchter Montag! Die U-Bahn, die Hitze, die Feuchtigkeit, der Gestank, die Leute. Es müßte ein Gesetz geben, das solchen Fettwänsten verbietet, mit der U-Bahn zu fahren … Schon gut, is ja auch egal. Ich hoffe nur, daß Rae mich nicht anflachst. Das kann ich heute nun wirklich nicht brauchen. Wahrscheinlich weiß das ganze Büro, schon bevor ich da bin, was am Samstagabend passiert ist. Hätt ich mir ja denken können, warum bin ich auch mitm Weib ausm Büro weggefahren. Zu viele Klatschbasen hier. Wahrscheinlich werden sie mich jetzt anstarren und sich über mich lustig machen. Vielleicht hat Raes Urlaub am Freitag begonnen. Ach, is ja auch egal. Laß sie doch reden. Was solls.

Zum Glück hatte Harry eine Menge Arbeit, die Konzentration verlangte. Auf die Weise grübelte er nicht immerzu über den Samstagabend nach und brauchte die Szene nicht unaufhörlich von neuem zu spielen und das Drehbuch umzuschreiben, immer und immer wieder. Die Arbeit forderte ihn, und er kniete sich bewußt hinein, und doch regte sich ein beunruhigendes Gefühl in ihm. Besonders wurde ihm das in der Mittagspause bewußt, als er durch die Straßen schlenderte und die Arbeit ihn nicht mehr beschäftigte. Gelegentlich nahm das Gefühl an Stärke zu, und er spürte, daß er fast wußte, worum es sich handelte (wobei ihm war, als müßte er sich entschuldigen), doch war er überzeugt, daß das nicht stimmen konnte, und so tat er es mit einem Achselzucken ab.

Ganz allmählich wurde er sich der Tatsache bewußt, daß er hinter einem Weib herging, deren Hintern, kaum bedeckt von einem Minirock, ihm zuzublinzeln schien, ein wirklich wunderschöner Hintern. Niedlich und rund und fest und seidigglatt. Er wußte einfach, daß er seidig und glatt war – er blieb abrupt stehen und blinzelte und schüttelte den Kopf. He, was ist eigentlich los? Er sah auf die Uhr. Verdammt! Schon ein paar Minuten nach zwei. Verdammt! Er machte kehrt und stürzte zum Büro zurück. Er hatte sich um etwa fünf Minuten verspätet. Als er an seinem Schreibtisch saß, stellte er fest, daß er außer Atem war. Fünf Minuten waren nicht der Rede wert, doch er hatte fünf Minuten *vor* zwei zurück sein wollen. Er saß einige Minuten still da, dann schob er alles, was ihn bedrückte, von sich und machte sich an seine Arbeit.

Am nächsten Tag war die Fahrt zum Büro nicht ganz so unangenehm. Seine Angst war nicht mehr so groß. Niemand hatte ihn während des vergangenen Tages belästigt. Niemand hatte etwas über den Samstagabend gesagt. Weder Louise noch Rae hatten irgendwelche anzüglichen Bemerkungen gemacht noch mit sonstigen Biestigkeiten um sich geworfen. Und er hatte, Gott sei Dank, arbeitsmäßig nichts mit Linda zu tun. Das war das, wovor er sich am meisten fürchtete: Linda zu begegnen. Noch jetzt wurde er rot und wand sich innerlich, wenn er sich vorstellte, er stünde ihr plötzlich gegenüber. Doch das war lächerlich. Warum zum Teufel sollte ihm das peinlich sein? Er hatte ja nichts getan. Nichts. Es gab für ihn keinen Grund, sich zu entschuldigen. Es gab für ihn keinen Grund, sich in diesen Unsinn hineinziehen zu lassen, für ihn hieß es: Denk nicht mehr daran und konzentrier dich auf deine Arbeit. Er hatte auf seinem Schreibtisch ein paar schwierige Dinge liegen, die ihn regelrecht antörnten, die ihn zum Nachdenken zwangen …

Aber vielleicht hatten sie gestern zusammen zu Mittag gegessen, und sie hatte ihnen vom Samstagabend erzählt, und heute würden sie ihre kleinen Anspielungen und Witzchen loslassen, mit den entsprechenden Blikken. Scheiße. Ich kann das alles wirklich nicht brauchen. Ich werd mich in meiner Arbeit vergraben, und sie werden mich nicht belästigen. Muß mich bloß vorsehen, daß ich nicht plötzlich im Fahrstuhl mit ihnen zusammentreffe oder mich von ihnen erwischen lasse und in der Mittagspause mit ihnen essen gehen muß. Harry wußte, was er zu tun hatte, und obwohl es ihn ärgerte, daß er diese Mühe auf sich nehmen mußte, nur damit so n paar alte Weiber ihm nicht an den Wagen fuhren – er würde es trotzdem tun.

Der Vormittag verging schnell, und es gab keine Schwierigkeiten, da er sich ganz in seine Arbeit versenkte. Er dachte daran, sich ein Sandwich heraufbringen zu lassen, um seinen Lunch rasch am Schreibtisch einzunehmen, überlegte es sich jedoch anders und ging fort. Nach dem Essen beschloß er, ein paar Minuten spazierenzugehen, um die Nackenschmerzen loszuwerden. Der Tag war wie für einen Spaziergang geschaffen. Es war nicht zu heiß und nicht zu feucht und im Schatten höchst angenehm, er blieb also auf der schattigen Seite der Straße, um sich ein paar Minuten die Beine zu vertreten …

Bin ich noch zu retten? Zehn nach. Verdammt. Wieder machte er kehrt und hastete zum Büro zurück. Wie zum Teufel konnte es bloß so spät werden? Und er war nicht mal nem Weib nachgestiegen. Bloß so rumgegangen und vielleicht n bißchen geguckt, wie jeder Mann das täte. Sonst gar nichts. Nicht einmal – Scheiße. Und jetzt dauert es natürlich ein Jahr, bis der Fahrstuhl endlich da ist. Er spürte, wie seine Zehen sich in den Schuhen verkrampften, während er auf den verdammten Fahrstuhl wartete, damit er an seinen Schreibtisch zurück konnte. Scheiße. Viertel nach. Ich bin wirklich nicht zu retten. Jetzt wirds aber Zeit. Er quetschte sich in den Fahrstuhl und hastete an seinen Schreibtisch und umgab sich mit einem Wust von Papieren.

Als einige Minuten verstrichen waren, sah er verstohlen um sich und stellte fest, daß Wentworth nicht anwesend war. Gott sei auch für kleine Gunstbezeigungen gedankt. Er beruhigte sich ein wenig und konzentrierte sich auf seine Arbeit, hielt jedoch von Zeit zu Zeit inne und ließ den Blick umherschweifen. Ein jeder schien seine Arbeit zu tun, und doch konnte er das Gefühl nicht loswerden, daß jemand ihn beobachtete, obwohl Rae und Louise offenbar kein einziges Mal in seine Richtung sahen. Es war sonderbar und höchst verwirrend, wie dieses Gefühl langsam an Stärke zunahm, bis er unwillkürlich erneut den Kopf hob und in die Runde sah. Im Grunde wollte er nicht dauernd nach rechts und links sehen und war sich auch kaum bewußt, daß er es tat, bis er es tat. Er wendete sich wieder seiner Arbeit zu. Und dann wieder …

Und das Widerlichste war, daß dieses beunruhigende Gefühl auch nach der Arbeit anhielt. Auf der Heimfahrt in der U-Bahn war es nicht ganz so schlimm – hier hatte er nicht ausgesprochen das Gefühl, von jemandem beobachtet zu werden –, doch irgendeine unbestimmte Unruhe rumorte in ihm.

Und dieser Scheißzustand hielt nach dem Essen immer noch an. Er schlenderte zu Casey rüber und unterhielt sich ne Weile mit den Jungs und hörte ihnen zu, wie sie über das Pferderennen und über das Baseballspiel laberten, aber er verstand nicht genau, was sie eigentlich redeten, und ging früh nach Hause. Er ging in sein Zimmer und versuchte ein Weilchen zu lesen, klappte das Buch dann zu, preßte die Hände darum und schüttelte den Kopf. Es war lächerlich. Das Ganze war lächerlich. Es gab wirklich keinen Grund dafür, aber irgend etwas in seinem Hinterkopf gab keine

Ruhe. Scheiße! Er warf das Buch auf den Stuhl und rief Linda an.

Mein Gott, dauerte das lange, bis sie endlich abhob. Und die ganze Zeit hatte er das Gefühl, als hinge sein Magen an seiner Kehle, und er hoffte, sie sei nicht zu Hause, und wollte zugleich doch mit ihr sprechen, weil er dumpf spürte, daß das das einzige sei, was ihn von diesem sonderbaren und beunruhigenden Gefühl befreien könnte. Die Zeit wollte kein Ende nehmen, bis sie an den Apparat kam, und als er sie endlich Hallo sagen hörte, hatte er einen Krampf in den Fingern, weil er den Hörer so fest umklammen hielt.

Und dann das unsicher-verlegene Hallo, wie gehts? und die Entschuldigung, die er sich unter qualvollem Magendrücken abrang, und dann die allmähliche Entkrampfung, bis er den Hörer lokker in der Hand hielt und mit ausgestreckten Beinen in seinem Sessel lag … und dann die Musik ihres Lachens, und sie plauderten, und als sie schließlich auflegten, wußte er gar nicht mehr, was er oder was sie gesagt hatte, doch er wußte, daß nun alles in Ordnung war. Er war ganz ruhig geworden. Abgesehen von einem kleinen Strudel der Erregung, der kaum merkbar größer wurde, wenn er an ihr Lachen dachte. Harry verbrachte den Rest des Abends in Gedanken an Linda.

6

Wentworth hatte nicht gescherzt, als er sagte, er würde ihm eine Menge zu tun geben. Er überhäufte Harry förmlich mit Arbeit, und Harry blühte auf. Er machte nun recht oft Überstunden, nicht weil es unbedingt nötig gewesen wäre, sondern weil er eine dringende Arbeit nicht unfertig liegen lassen wollte, er wollte die Sache erledigen, bevor er das Büro verließ.

Es gab noch eine andere bedeutsame Veränderung. Er lebte fast enthaltsam – zumindest für seine Begriffe. Nicht daß er ein Gelübde getan, einen feierlichen Eid geleistet und seinen Gewohnheiten abgeschworen hätte; er wußte nach wie vor, was an der Sache dran war, doch gab es für ihn da einen großen Unterschied. Es kam jetzt vor, daß er abends zu Hause blieb und las oder sich weiterbildete, manchmal sogar mehrere Abende hintereinander (seine Eltern atmeten auf und schöpften Hoffnung, als sie feststellten, daß ihr

Sohn sich offenbar die Hörner abgestoßen hatte), und er beschränkte seine Aktivitäten auf die Wochenenden, ja, er ließ sogar hin und wieder eines vorbeigehen, ohne auch nur ernstlich daran zu denken, sich irgendein Weib aufzureißen – nicht allzuoft, aber doch gelegentlich.

Und dann gab es Linda ... die Lady des Lachens. Was Harry empfand, wenn er mit ihr zusammen war oder an sie dachte, verblüffte und verwirrte ihn vor allem deswegen, weil er Empfindungen dieser Art vorher nicht gekannt hatte. Doch mit der Zeit wurden sie ihm immer vertrauter, waren immer weniger beunruhigend, bis er sich so an diesen Gefühlszustand gewöhnt hatte, daß er ihm Freude machte. Die vorhandene innere Erregung schien keinerlei unangenehme Spannung auszulösen. Er hätte nicht genau sagen können, was er empfand, doch er wußte, was er *nicht* empfand. Er wußte, was fehlte, aber er entbehrte es nicht.

Sie aßen öfters zusammen, mittags oder abends, gingen ins Kino oder ins Theater und hatten dabei immer jede Menge Spaß. Ja, Spaß. Irgendwie schien das genau der richtige Ausdruck zu sein. Etwas ganz anderes als die Hektik eines Wochenendes auf Fire Island oder das Gebrüll beim Baseball oder beim Boxkampf oder wenn er irgendeine Schnalle vögelte und abhaute, bevor ihr Alter nach Hause kam … oder irgendwelche anderen Vergnügungen. In welchem Zusammenhang auch immer er dieses Wort bisher benutzt hatte – es hatte eine andere Bedeutung gehabt, verglichen mit dem, was er jetzt empfand, und doch war Spaß das einzige Wort, das ihm einfiel, wenn er an das Zusammensein mit Linda dachte.

Es machte Spaß, zusammen durch die Straßen zu gehen, plaudernd oder schweigend, vor Schaufenstern stehenzubleiben oder auch nicht … Ja … Es machte Spaß, eine Shakespeare-Aufführung im Central Park zu sehen. Es machte Spaß, sich mit einer engagierten, liberalen Frau über politische Tagesfragen zu streiten – Nein, das konnte keinen Spaß machen. Das wäre zu unsinnig. Politische Streitgespräche, nun, es waren natürlich keine Streitgespräche, aber was für Gespräche es auch waren … sie machten jedenfalls Spaß. Das war das einzig richtige Wort. Die lachende Linda macht Spaß. Mein Gott, das ist doch behämmert. Man verbringt jede Menge Zeit mit einer Frau, unternimmt zusammen jede Menge Dinge, und das einzige Wort, das einem dazu einfällt, ist *Spaß*. Behämmert. Aber so ist es nun mal. Es macht Spaß. Einfach Spaß.

Die Zeit verging, und als der Herbst herankam, fing Harry wieder an, ein paarmal die Woche die Abendschule zu besuchen. Einer der Kurse, die er belegt hatte, begann erst um acht Uhr; an diesem Abend aß er mit Linda, und sie plauderten noch ein Weilchen beim Kaffee, bis es Zeit für Harry wurde.

In der Abendschule kam Harry besser voran denn je. Das überraschte ihn selbst ein wenig, denn weder gab er sich mehr Mühe als sonst noch machte er irgendwelche Gewaltanstrengungen, jedenfalls nicht bewußt, und doch besagten seine Noten, daß er eben das tat. Es gab keine inneren Spannungen, nichts, was ihn bedrückte, und die Materie, mit der er sich beschäftigte, interessierte ihn in hohem Maße. Ganz offensichtlich würde ihn das, was er dort lernte, die bewußte Erfolgsleiter rasch erklimmen lassen.

Seine Konzentrationsfähigkeit schien ums Zehnfache zugenommen zu haben. Es war, als sei zwischen ihm und seiner Arbeit eine Schranke gefallen. Er hörte dem Dozenten zu und las die nötigen Bücher, deren Inhalt er ohne Mühe begriff und auch behielt. Er verbrachte viele Stunden mit diesen Studien, war sich jedoch des Ablaufs der Zeit kaum bewußt, da keinerlei Konflikte und Spannungen ihn bedrückten. Da ihm das Lernen Freude machte, verging ihm die Zeit rasch und unbemerkt.

Daß ihr Sohn nun abends oft zu Hause blieb und sich seinen Studien hingab und dabei so ausgeglichen und zufrieden schien, war für Harrys Eltern eine innige Freude, doch ihre große Stunde kam erst, als Harry sie an ihrem Hochzeitstag ausführte. Zunächst waren sie sprachlos und hätten seine Einladung fast ausgeschlagen. Harry hatte sich bis jetzt nie die Mühe gemacht, ihnen auch nur eine Glückwunschkarte zu schicken oder sonstwie zu erkennen zu geben, daß er an ihren Hochzeitstag gedacht hatte. Wenn einer von ihnen erwähnte, daß heute ihr Hochzeitstag sei, lächelte er und sagte, wie schön, ich gratuliere, und gab ihnen einen Kuß und benahm sich dann so, als hätte er das Ganze vollkommen vergessen, was in der Tat der Fall war.

Doch dieses Jahr hatte er nicht nur daran gedacht, sondern sie sogar eingeladen. Nur sie, seine Eltern, und überdies Karten für ein Broadway-Musical besorgt, was bedeutete, daß er sich schon frühzeitig darum hatte kümmern müssen. Ohhhh, es war wunderbar. Einfach wunderbar. Sogar das Wetter war wunderbar.

Ihr Harry führte sie in ein entzückendes französisches Restaurant und sie bekamen das beste Mahl ihres Lebens vorgesetzt und tranken auch ein wenig Wein dazu und Mrs. White war ganz eigen zumute und Harrys Vater lachte glucksend in sich hinein und drückte die Hand seiner Frau und küßte sie hin und wieder auf die Wange und Harry wurde es ganz warm ums Herz, als er der glücklichen Aufgeregtheit der beiden zusah. Auf irgendeine unerklärliche Weise fühlte er sich seinen Eltern an diesem Abend sehr nahe, näher als je zuvor in seinem Leben. Und das Wissen darum, daß *er* etwas mit dem Glücksgefühl zu tun hatte, das sie empfanden, erfüllte ihn mit einer Freude, von der er nicht gewußt hatte, daß es sie gab. Die Tatsache, daß er zu ihrem Glück beitrug, überwältigte und verblüffte ihn. Bewußt hätte er die Schlußfolgerung, daß zwischen seinen Handlungen und seinem Wohlbefinden ein Zusammenhang bestand, nicht ziehen können, doch gab er sich auch weiter keine Mühe, das zu tun. Er genoß einfach den Augenblick.

Leider ging der Abend viel zu schnell vorüber. Doch Harry Whites Vater und Mutter würden diesen Abend noch oft aufleben lassen, zu zweit und mit ihren Freunden, die ihre Freude teilen und ihnen mit tiefempfundener Herzlichkeit zulächeln würden, wenn die Eltern ihnen von ihrem so liebevollen Sohn sprachen.

Es war mehr als ein festlicher Abend. Es war eine Bestätigung. Eine Bestätigung ihrer Hoffnungen und Träume und – was mehr zählte – eine Bekräftigung des Erfolgs: ihres Erfolgs als Eltern und seines Erfolgs als Sohn. Sie fühlten sich bestätigt: die Art und Weise, in der sie ihr Leben gelebt, wie sie ihr einziges Kind erzogen hatten – alles war richtig gewesen. Auch ihre Hoffnungen und Träume hatten sich bestätigt: er würde sich, gesund und glücklich, eines schönen Lebens erfreuen.

Natürlich fehlte seinem Leben noch etwas, doch eines Tages, vielleicht schon bald, würde er heiraten und Kinder haben. Jahrelang hatten sie befürchtet, daß sie ihn, da er das einzige Kind war, verzögen, und hatten sogar vor vielen Jahren erwogen, ein Kind zu adoptieren, aber die Realisierung dieses Plans erschien so hoffnungslos langwierig zu sein, daß sie den Gedanken nicht weiter verfolgten. Doch nun hatten das festliche Essen und die Musik ihre Ängste schwinden lassen, und die erwärmende Erinnerung an diesen Abend tat ein übriges. Sie würden diese Erinnerung in ihrem Herzen bewahren und sie immer wieder neu erstehen lassen.

Nach und nach verbrachte Harry einen immer größeren Teil seiner Freizeit mit Linda, bis er fast nur noch mit ihr zusammen war. Natürlich trieb er es gelegentlich noch mit anderen Frauen, doch manchmal vergingen Wochen, ohne daß er auch nur daran dachte. Zwischen Arbeit, Abendschule und Linda gab es weder Zeit noch Platz für Gedanken an Weiber. Die Mittagspause verbrachte er in Ruhe, meist mit Linda, und es war für ihn kein Problem mehr, pünktlich wieder im Büro zu sein. Harry Whites Leben verlief auf allen Gebieten glatt und gleichmäßig.

Eines Tages lud Wentworth ihn erneut zum Lunch ein. Gleich nachdem sie es sich am Tisch bequem gemacht und ihre Drinks bestellt hatten, kam Wentworth zur Sache. Dies ist nicht für jedermann bestimmt, also behalten Sie es bitte für sich: Es wird im nächsten Jahr bei uns einige bedeutsame Veränderungen geben. Sehr bedeutsame sogar. Die Firma blüht und gedeiht. Wir vergrößern uns unaufhaltsam. Insbesondere was unsere Auslandsunternehmungen angeht. Ich würde mir wünschen, daß Sie im Zusammenhang mit diesen geplanten Veränderungen eine wichtige – *wichtige* – Rolle übernehmen.

Harry lächelte und nickte mit dem Kopf, sehr gern.

Ja, Wentworth lächelte, das kann ich mir vorstellen. Und zwar möchte ich das, weil ich glaube, daß Sie nicht nur eine unschätzbare Kraft für die Firma sein könnten, sondern auch für mich persönlich. Verstehen Sie, derjenige, der mit diesen Veränderungen betraut wurde, bin ich. Harry sah ihn an und nickte anerkennend. Der Kellner brachte die Drinks, und sie tranken jeder einen Schluck, ehe Wentworth weitersprach.

In den letzten Monaten hat sich bei Ihnen alles gut angelassen. Zumindest entnehme ich das Ihrer Arbeit und Ihrer einwandfreien Führung.

Ja, das stimmt. Sehr gut sogar.

Ausgezeichnet. Das höre ich gern. Aber das war ja auch gar nicht zu übersehen. Sie lächelten einander an. Wir haben ja schon öfters miteinander geredet, und ich möchte mich nicht ständig wiederholen, aber ich habe den Eindruck, daß Sie mittlerweile soweit sein könnten aufzurücken – Harrys Magen machte einen Sprung, und er spürte, wie Erregung ihn durchflutete – oder doch zumindest fast soweit – Harry fühlte sich plötzlich hohl, ausgehöhlt. Er wußte nicht genau, worauf Wentworth hinauswollte. Wentworth sah ihn weiterhin an, und Harry überlegte, was von ihm erwartet wurde – wie ihm zumute sein *sollte* oder wie ihm zumute *war,* abgesehen von seiner Verwirrtheit. Er nippte erneut an seinem Drink und wartete, bis Wentworth fertig war.

Man muß verantwortungsbewußt sein, um Erfolg zu haben. Sonst steht man sich selbst im Weg. Um es an einem Beispiel deutlich zu machen: Ich habe immer wieder erfolgreiche Geschäftsleute zu Gast, und diesen Männern geht es wie mir, sie tragen Verantwortung. Wir haben alle Familie und wurzeln fest im Gemeinwesen. Wir sorgen dafür, daß die Dinge im Gleichgewicht bleiben. Wir verstehen es, uns zu entspannen – ein Lächeln und eine Handbewegung – und uns zu amüsieren, aber – *aber!* – wir gehen anschließend nach Hause, zu unserer Familie. Das rechte am rechten Ort zur rechten Zeit. Es ist unumgänglich, daß ein gehobener Angestellter ein guter Ehemann und Familienvater ist und ein verantwortungsbewußtes Mitglied der Gesellschaft. Wentworth sah Harry noch einen Augenblick an, griff dann nach der Speisekarte und begann sie zu studieren.

Nun, Harry war kein Strohkopf. Er wußte genau, wovon Wentworth sprach. Er hörte es ja nicht zum erstenmal. Wie Wentworth es sah, mußte man in jener Welt Familienvater sein, um Vertrauen zu genießen. Und Harry nahm an, daß er recht hatte, zumindest bis zu einem gewissen Grad. Wenn man sich der Verpflichtung seiner Familie gegenüber bewußt ist, ist es weniger wahrscheinlich, daß man sich in der Arbeit gehen läßt, und für Harry war das von allergrößter Wichtigkeit.

Doch das war es nicht, was Wentworth eigentlich meinte – heute. Nein. Er meinte, daß Harry schon bald seinen Familienstand würde ändern müssen, wenn er eine wichtige Rolle bei den demnächst stattfindenden entscheidenden Veränderungen spielen wolle.

Und das zweite, was Wentworth auf seine Weise Harry ganz offensichtlich ins Gedächtnis rufen wollte, war die Tatsache, daß er über Tod und Leben zu bestimmen hatte, soweit es Harrys Zukunft bei der Firma betraf. Harry hatte die Wahl: Entweder fügte er sich Wentworths Wünschen und stieg auf bis zur Spitze – und Harry zweifelte nicht daran, daß das geschehen würde –, oder er blieb irgendwo auf halbem Wege stecken und würde vielleicht eines Tages Direktionsassistent sein. Daß das die Alternative war, war ihm sofort klar. Doch was immer geschah, es würde nicht vor dem kommenden Jahr geschehen. Inzwischen würde er so weitermachen wie in der letzten Zeit. Bisher hatte es ja funktioniert.

7

Am ersten Sonntag im Dezember nahm ihn Linda mit zu ihrer Familie. Um sich nicht um Schnee und Eis auf den Straßen Gedanken machen zu müssen, fuhren sie mit der Long-Island-Bahn. Linda waren die unvorhersehbaren Zwischenfälle, die diese Art des Reisens mit sich brachte, vertraut, und so hatten sie eine Thermosflasche mit heißem Kaffee bei sich.

Harry sah von Zeit zu Zeit aus dem Fenster auf die trübselige bis häßliche Umgebung; bewußt war ihm jedoch lediglich, wie wohl er sich fühlte.

»Wenn ich mich leg zum Schlafe,
so zähl ich niemals Schafe ...«

Der Atem quoll wie Dampf aus ihren Mündern, und sie zeichneten mit den Fingern allerlei kindisches Zeug auf die Fensterscheiben, hauchten dann dagegen und sahen zu, wie die Zeichnungen im Dunst ihrer beider Atem verschwanden.

»Ich zähle Lindas Reize. Und dann, in meinen Träumen …«

Harry betrachtete die komische kleine Zeichnung, dann sah er Linda an. Was soll das sein?

Oh, sie lächelte, das müßtest du eigentlich rauskriegen.

»will ich nicht länger säumen – ich seh mich, wo ich geh und steh, mit Linda eng umschlungen …«

Harry lächelte und zuckte die Achseln. Ich muß leider passen. Linda lachte. Nanook der Eskimo.

Dampf quoll stoßweise aus ihren Mündern, als sie lachten,

»und bald ist sie mir so vertraut wie meine eigne Haut«

Der Anblick und der Klang ihres Lachens erfüllten ihn mit pulsierender Wärme.

Lindas Vater holte die beiden am Bahnhof ab, und obwohl der Wagen bis zum Haus nur zehn bis fünfzehn Minuten brauchte, veränderte die Szenerie sich schlagartig. Harry hatte das Gefühl, als führen sie durch eine Weihnachtskarte. Sein Lächeln schien von tief innen her in sein Gesicht emporzusteigen. Die abfallenden Schrägen der hohen Schneewälle am Straßenrand waren von jungfräulicher Weiße, und die an den schneebedeckten

Bäumen hängenden Eiszapfen glitzerten in der Sonne. Und der Himmel – mein Gott, wie war der Himmel schön.

»Doch Wunder, sie geschehen, und wenn mein Glücksstern aufsteigt …«

Ein frostklares, winterliches Blau mit weißen Wattewölkchen, deren kaum merkliche Bewegung doch genügte, einen wissen zu lassen, daß es sich hier um Realität handelte.

Als sie angekommen waren, wurde Harry mit Lindas Bruder, ihrer Schwester, ihrer Mutter und einer Tante – der älteren Schwester der Mutter – bekannt gemacht. Sie saßen ein Weilchen zusammen und tranken Kaffee und wurden miteinander warm. Dann war es Zeit fürs Footballspiel. Harry, Lindas Vater und ihr Bruder gingen ins Wohnzimmer, zum Fernsehapparat, während die Frauen sich in die Küche zurückzogen, um das Mittagessen vorzubereiten und mit Linda über deren Freund zu reden.

Harry machte es großen Spaß, sich das Footballspiel mit den beiden anzusehen. Als Footballfans kannten sie sich aus, und so waren die laufenden Kommentare sachkundig und unterhaltend. Er hatte sich ein wenig davor gefürchtet, daß sie sich aufführen würden wie diese spinnrigen alten Weiber im Büro, die während der Meisterschaftsspiele die ganze Zeit brüllen und kreischen und besonders entzückt zu sein scheinen, wenn die eigene Mannschaft verliert, und dann fragen, wer ist jetzt dran, die Rangers oder die Knicks? Doch hier war es anders, und dazu war das Spiel auch noch wirklich aufregend, und so hatte Harry nicht das Gefühl, ständig unter Beobachtung zu stehen.

Das Essen war köstlich und die Unterhaltung erfreulich. Und als sie schließlich nach zwei Stunden das Eßzimmer verließen, unterhielten sie sich beim Kaffee im Wohnzimmer weiter; ein jeder mit dem Gefühl tiefer Zufriedenheit – die Auswirkung des guten Essens und der brennenden und glühenden Holzscheite im Kamin.

Die Zeit glitt sacht dahin, und die wärmende Atmosphäre des Tages, des Hauses und seiner Bewohner schien allumfassend wie die Fröhlichkeit und das Gelächter. Mein Gott, war das schön. Keiner würde später wissen, was gesprochen worden war. Doch die Empfindungen würden erinnert werden, wie Empfindungen immer erinnert werden, noch lange nachdem die Worte und die sie begleitenden Umstände unwiderruflich vergangen sind.

Schließlich unterbrach die Ankündigung, daß es an der Zeit sei, sich auf den Weg zu machen, das

Gelächter, und die Thermosflasche wurde mit dampfendem Kaffee gefüllt und Linda und Harry wurden in ihre Mäntel eingemummelt, und es gab, unter weiterem Gelächter, Umarmungen und Schulterklopfen und Küsse und Händeschütteln. Auf Wiedersehn, auf Wiedersehn, und vergiß nicht anzurufen, sobald du zu Hause bist, Liebling.

Ganz bestimmt nicht, Mutter, mach dir keine Sorgen.

Und Sie, kommen Sie bald wieder, junger Mann.

Sehr gern, er lächelte herzlich, und vielen Dank für den schönen Tag. Es war wirklich herrlich. Und Ihnen danke ich ganz besonders für das gute Essen. Sie sind eine fabelhafte Köchin.

Vielen Dank, ich freue mich, daß es Ihnen geschmeckt hat.

Also dann … Auf Wiedersehen.

Auf Wiedersehen.

Vielen Dank. Bis bald.

Bis bald.

Gute Reise.

Jetzt wirds aber Zeit, und die Tür öffnete sich der kalten Winternacht und sie liefen zum Wagen und kletterten eilig hinein und die große Freudigkeit klang immer noch in ihren Stimmen nach:

Ooooh,

wie ist es kalt, brrrr.

Jungejunge, also so was. Eben noch war man gemütlich in einem warmen Zimmer und dann, *peng!,* ist man am Nordpol.

Sie lachten, während Lindas Vater den Wagen ein paar Minuten warmlaufen ließ, bevor sie losfuhren. Gleich kommt die Heizung, dann wirds hier drin auch warm.

Sie blieben im warmen Wagen sitzen, bis der Zug in Sicht war, und dann umarmten und küßten sie sich und schüttelten sich die Hände, und Harry und Linda hasteten zum Bahnsteig.

Auf der Rückfahrt war es ein wenig wärmer; sie fanden einen Waggon, in dem die Heizung funktionierte, und machten es sich auf ihren Plätzen bequem. Sie sahen zum Fenster hinaus, und als sie die Lichter des Bahnhofs hinter sich gelassen hatten, sahen sie einer des anderen Spiegelbild, lächelten gleichzeitig und sahen dann durch ihre Spiegelbilder hindurch in die Dunkelheit. Die Nacht verbarg die Trübseligkeit der Umgebung, und hier und da glitzerten Schnee und Eis im Schein einer nahen Lichtquelle. Es sah bezaubernd aus.

Harry kniff ein Auge zu, und Linda lächelte ihn an, und dann lachten sie beide leise und wandten sich vom Fenster ab. »*… begegnest du mir plötzlich auf der Straße.*«

Hallo Linda.

Sie sahen einander tief in die Augen und lächelten voll Wärme. Harry nahm ihre Hände in die seinen und ließ kurze Zeit den Blick auf ihnen ruhen, dann sah er Linda erneut in die Augen. Es war ein schöner Tag, ein wirklich wunderschöner Tag. Ich hab mich sehr wohl gefühlt.

Wie schön, ihr Lächeln verstärkte sich, das freut mich.

Harry sah wieder auf ihre Hände, drückte sie sacht und lächelte innig, als er aufsah. Das einzige, was noch schöner ist als der Tag, bist du, Linda. Linda spürte, wie sie rot wurde. Du bist das Schönste auf der Welt. Harry küßte zart ihre Fingerspitzen, ganz zart, und hob dann wieder den Kopf. Ich liebe dich.

Der Zug rasselte dahin, und sie sahen einander immer noch an, beide überrascht von dem, was sie gehört hatten. Linda hatte es schon lange hören wollen, und Harry hatte nicht gewußt, daß er es sagen würde, doch als er es hörte, fühlte er es auch.

Das soll man nicht leichtfertig aussprechen, Harry.

Ich weiß. Ich weiß, daß man das nicht soll. Du wirst bis jetzt nicht gehört haben, daß ich damit hausieren gegangen bin.

Nein, das stimmt. Das habe ich nicht. Aber es kann so vieles bedeuten.

Ich weiß. Zumindest glaube ich zu wissen, was du meinst. Es ist wohl das erste Mal in meinem Leben, daß ich so empfinde.

Linda sah Harry eindringlich an, ihr Gesicht war sehr ernst. Was willst du damit sagen, Harry?

Er blinzelte, ein wenig überrascht von seinen Gefühlen und von dem, was auszusprechen er im Begriff stand. Ich möchte dich heiraten.

Sie fuhren fort einander anzustarren, so lange, wie es dauert, bis Worte sich in Empfindungen verdichten und Empfindungen sich in Handlungen umsetzen. Der Zug rasselte und schüttelte und rüttelte sich vorwärts, auf seinem Weg nach New York City, und allmählich entspannte sich Lindas Gesicht und leuchtete dann in einem Lächeln auf.

Ich wäre sehr gern deine Frau, Harry, und sie schlang die Arme um ihn und küßte ihn, und er begann zu kichern und küßte sie, und beide begannen zu lachen, während sie sich in den Armen haltend auf ihren Sitzen auf und nieder hopsten. Linda legte den Kopf in den Nacken, sah Harry an und schüttelte den Kopf. Ach Harry, ich liebe dich. Ich liebe dich. Ihre Augen füllten sich mit Tränen und glitzerten in der trüben Beleuchtung des Zuges. Sie warf sich erneut in seine Arme, und sie umarmten und küßten sich immer wieder, bis sie schließlich doch ein klein wenig voneinander abrückten, und Harry lachte und stellte Betrachtungen darüber an, was die anderen Passagiere sich wohl dachten.

Wahrscheinlich denken sie, daß wir glücklich sind, und außerdem ... wen kümmerts, was sie denken?

Harry goß dampfenden Kaffee in zwei Plastikbecher, und die beiden sorglosen, von Freude erfüllten Liebenden tranken auf ihre Verlobung.

Lindas Eltern waren überglücklich über die Neuigkeit, und sie sprachen viele Minuten mit ihnen am Telefon, bevor sie endlich auflegten. Nach einigen weiteren Tassen Kaffee und nachdem auch Lindas Mitbewohnerin in die große Neuigkeit eingeweiht worden war, ging Harry.

Auf dem Nachhauseweg überdachte er unwillkürlich das, was geschehen war. Alles schien spontan vor sich gegangen zu sein – er hatte weder vorgehabt, Linda einen Heiratsantrag zu machen, noch ihr zu sagen, daß er sie liebe. Er hatte sich selbst nie gesagt, daß er sie liebe, und doch, als er es aussprach, empfand er es so. Die Vorstellung, sie zu heiraten, erschien ihm richtig. Es war alles überraschend gekommen, und nun wurde es ernst, doch schien es nach wie vor richtig zu sein.

Er fühlte – ahnte –, daß dies der fehlende Bestandteil in seinem Leben war, das, was er brauchte, damit sein Leben vollständig wurde.

Am nächsten Morgen brachte Harry seiner Familie die Neuigkeit bei und war erstaunt über ihre Reaktion. Seine Mutter jauchzte buchstäblich vor Freude und umarmte und küßte ihn, oh, ist das wunderbar, Lieber. Ich freue mich ja so für dich. Ich hab mir doch gedacht, daß sich da was tut, mit dir und deiner Linda.

Sein Vater klopfte ihm wiederholt auf die Schulter. Ich gratuliere, Harry. Großartig. Das ist wirklich großartig. Jeder Mann sollte eine Familie haben. Schließlich, er zwinkerte Harry zu, warum solltest du nicht ebenso leiden wie wir anderen auch?

Alter Lügner. Du fühlst dich pudelwohl, und das weißt du auch genau.

Er lachte und gab seiner Frau einen Kuß, dann gratulierten die beiden Harry aufs neue.

Auf seinem Weg zur Arbeit lachte Harry immer noch vor sich hin. Ein so festliches Frühstück war für ihn etwas völlig Neues. Seine Leute waren ja so glücklich gewesen, daß er fast befürchtet hatte, sie würden überschnappen. Es hat doch wohl alles seine Richtigkeit. Wie glücklich habe ich die

Alten gemacht. Und das wiederum machte ihn glücklich. Linda muß am Sonntag zum Essen zu uns kommen. Ich hoffe nur, Pop zertrümmert ihr nicht die Schulter vor lauter Begeisterung. Er hätte fast laut aufgelacht, konnte sich aber gerade noch beherrschen.

Auf dem Weg von der U-Bahn zum Büro überfiel ihn plötzlich ein Gefühl der Beklemmung. Er hatte sich an seinen neuen Zeitplan gehalten, kam also einige Minuten zu früh und mußte nicht einen Raum voller starrender Augen durchqueren, aber er wußte, daß ein bestimmtes Verhalten von ihm erwartet wurde – nur: welches? In wenigen Minuten würde das Büro voller Menschen sein, und dann kamen die Blicke und die Fragen … Harry runzelte in Gedanken die Stirn – vielleicht auch nicht. Schließlich haben wir ja erst Montagmorgen, und das Ganze ist erst gestern abend passiert – tatsächlich? Erst gestern abend? Mein Gott, erst so wenige Stunden her? Kaum zu glauben. Aber wie auch immer, es kommt mir irgendwie sonderbar vor.

Der Morgen war jung, und die erste Kaffeepause des Tages lag noch fern, als Rae und Louise sich an seinem Schreibtisch einfanden. Einen schönen guten Morgen, Casanova.

Harry sah rasch auf, lehnte sich dann zurück und lachte, und die beiden stimmten ein.

Es wurde aber auch Zeit. Ich hab schon befürchtet, du würdest sie dir entwischen lassen.

He, ist das hier eine hochnotpeinliche Befragung, oder was?

Und warum nicht? Einmal warst du dran – jetzt sind wirs. Harry lachte mit ihnen.

Er brauchte einige Minuten, bis er seinen Arbeitsrhythmus wiedergefunden hatte. Na, das zumindest war überstanden. Der Rest würde nicht so schlimm sein, was das Büro betraf. Noch ein paar Gratulationen, noch ein paar Hände schütteln. Aber das bringe ich mühelos hinter mich. Harry lächelte und summte den Rest des Vormittags vor sich hin.

Als er Linda zum Lunch traf, kam ihm das zum erstenmal ein wenig spektakulär vor, doch das Gefühl ging rasch vorüber. Schließlich war es das erste Mal, daß sie sich vor den Fahrstühlen auf ihrer Etage trafen statt unten in der Halle – was ihre Verlobung sozusagen offiziell bestätigte.

Linda lachte, daran hab ich gar nicht gedacht, aber wahrscheinlich hast du recht.

Ja, aber die große Sensation wird sich in ein paar Tagen abnützen, und dann wird uns niemand mehr nerven.

Hoffen wirs. Beide lachten, und Harry lächelte, als er ihre leuchtenden Augen sah. Mein Gott, wie wohl ihm doch war in ihrer Gegenwart. Es war ihm bisher nie so deutlich zum Bewußtsein gekommen, *wie* wohl. Und dieses Gefühl nahm ständig zu. Mein Gott, bald würde er ein verheirateter Mann sein … Aber das war in Ordnung. Es war wirklich in Ordnung.

Harry wünschte, daß Wentworth von seiner Verlobung erfuhr, doch aus irgendeinem Grund wollte er nicht in sein Büro gehen und ihn davon in Kenntnis setzen. Er wäre sich albern vorgekommen. Außerdem würde es Wentworth früher oder später doch erfahren. Höchstwahrscheinlich früher. Rae war nicht die einzige Plaudertasche im Büro.

Er hatte sich nicht geirrt. Als er an diesem Nachmittag Wentworths Arbeitszimmer betrat, lag auf dessen Gesicht ein Lächeln. Ich höre von Donlevy, daß Sie sich mit seiner Sekretärin verlobt haben.

Ja, er lächelte, das stimmt.

Gut. Sehr gut. Ich freue mich, daß Sie sich die Hörner abgestoßen haben, daß Sie reifer geworden sind. Das ist ein vernünftiger Schritt, Harry, ein sehr vernünftiger Schritt. Sie werden sehen, es ist ein Unterschied wie Tag und Nacht.

Harry saß an seinem Schreibtisch und dankte Gott, daß er nicht zu Wahnvorstellungen neigte.

Man könnte meinen, die Leute hätten nichts anderes zu tun als über ihn und seinen Familienstand zu reden. Das machte einen ja ganz verrückt. Als wüßten sie mehr als man selber. Und seine eigenen Eltern benahmen sich, als hätten sie sich schon überlegt, was sie mit seinem Zimmer machen wollten, sobald er verheiratet und ausgezogen war – hoffentlich bald. Sollen wir dir beim Packen helfen? Er zuckte die Achseln und lächelte. Na wenn schon, alle sind zufrieden. Und wahrscheinlich wird es wirklich ein Unterschied sein wie Tag und Nacht.

8

Die Hochzeit wurde auf den ersten Sonntag im Juni festgesetzt. Harry war so sehr von seiner Arbeit in Anspruch genommen, daß er möglicherweise nicht an den nahenden Termin gedacht hätte, wenn da nicht die vielen Kleinigkeiten gewesen wären, die erledigt werden mußten; zwar übernahm Linda das meiste, doch blieb für Harry genug übrig, was ihm das kommende Ereignis immer wieder ins Gedächtnis rief.

Mitte Mai führte Wentworth ein kurzes Gespräch mit ihm. Jetzt heiraten Sie bald, nicht wahr, Harry?

Ja. Ähh ... Moment mal ... Sonntag in drei Wochen.

Ich hoffe, er grinste verschmitzt, Sie wissen, wie man sich die Flitterwochen am angenehmsten gestaltet?

Harry kicherte, ich glaube schon, und wenn nicht, halte ich mich so lange ran, bis ichs gelernt hab.

Wentworths schallendes Lachen ging in ein Schmunzeln über. Das ist nicht schlecht, gefällt mir. Nun lachten sie beide, bis Wentworth plötzlich wieder ernst wurde. Okay. Sein Gesicht verzog sich zu einem leichten Grinsen. Ich wünsche Ihnen jede Menge Spaß, es soll die schönste Zeit Ihres Lebens werden. Die Firma weiß, wie sie geschätzten Mitarbeitern gegenüber ihre Anerkennung zum Ausdruck bringen kann: Sie bekommen 500 Dollar, die dazu beitragen sollen, diese Zeit für Sie zu einem denkwürdigen Ereignis zu machen.

Vielen Dank. Ich habe nichts dergleichen erwartet. Das ist großartig.

Schon gut, schon gut, er tat die Sache mit einer Handbewegung ab, wir wollen, daß Sie energiegeladen zurückkommen. Um es kurz zu machen: Die Veränderungen, die ich vor einigen Monaten erwähnte, werden demnächst vor sich gehen, und Ihnen, Harry, ist dabei eine wesentliche Rolle zugedacht. Wir werden eine neue Abteilung eröffnen, auf multinationaler Ebene, mit mir als zuständigem Generalmanager und Vizepräsident, und Sie sollen mein Assistent sein, der zweite in der Hierarchie, ein zweiter Vizepräsident – Harrys Kopf schnellte hoch, und er sah Wentworth an, krampfhaft bemüht, nicht zu starren wie ein Idiot und in die Luft zu springen und Hurra zu brüllen –, und dann werden Sie merken, was arbeiten wirklich heißt. Wentworth grinste wieder, und Harry erhob sich, da er merkte, daß die Unterredung zu Ende war.

Vielen Dank, Mr. Wentworth, ich … äh – ich weiß gar nicht, was ich sagen soll.

Machen Sie nur so weiter wie bisher. Das genügt.

Jawohl, er nickte.

Und denken Sie daran, Harry, niemand, er machte eine Pause, um dem folgenden Nachdruck zu verleihen, niemand ist unersetzlich.

Harry war so aufgeregt, daß er es kaum schaffte, an seinem Schreibtisch sitzen zu bleiben. Jetzt gings aufwärts. Jetzt gings wirklich aufwärts. Nicht sone halbe Sache wie bei Davis. Mein Gott, noch ne halbe Stunde bis zur Mittagspause. Das nenne ich ein Hochzeitsgeschenk. Er konnte es kaum erwarten, seinen neuen Posten anzutreten.

Endlich war es soweit: Er konnte Linda die große Neuigkeit berichten. Sie war so aufgeregt, daß sie mit Umarmungen und Küssen kein Ende fand. Oh, ich freue mich ja so für dich, Schatz, ich freue mich ja so sehr. Wart nur, bis ich es meinen Leuten erzählt habe. Sie werden völlig von den Socken sein – ohhh, ich bin ja so stolz auf dich,

Liebster ... Harry war glücklich, ihre Aufregung steigerte die seine. Mein Gott, wie war ihr Lachen doch bezaubernd und die Zukunft rosarot.

Die Flitterwochen waren das, was Flitterwochen sein sollen – eine Hoch-Zeit des Fickens. Gelungene Flitterwochen bestehen aus einer Menge verzaubernder Ingredienzien, die New Orleans Linda und Harry reichlich bot, aber wenn es kein voller Erfolg zwischen den Bettlaken ist, dann taugen die ganzen Flitterwochen nichts. Wenn das nicht klappt, ist das exotischste Land grau und trübselig, umgekehrt kann das letzte Dorf aufregend und romantisch sein. Doch kommt beides in der richtigen Mischung zusammen, verstärkt ein Effekt den andern, und man schafft sich bleibende Erinnerungen, die man ein noch so langes Leben lang in Ehren hält und auf die man zurückgreifen kann als Quelle des Trostes und der Hoffnung.

Die Flitterwochen von Mrs. und Mr. Harold White waren, um das mindeste zu sagen, idyllisch. Was läßt sich sonst über New Orleans sagen? Zu welcher Zeit und unter welchen Umständen auch immer? Diese Stadt ist sicherlich mehr als Jeanette MacDonald und Eddy Nelson oder der Mardi Gras oder sogar der alte Satchmo persönlich.

Und wenn man gerade New York verlassen hat, mit seiner frisch angetrauten Ehefrau und alles ist neu und ungewohnt und man spaziert an einem Juniabend durchs Lateinische Viertel und spürt ebenso die in der Luft liegende Erregung wie die des Partners – dann ist dies die reinste Verzauberung.

Und was könnte man über Harry im Bett sagen???? Eine ganze Menge. Und nur Gutes. Doch das wichtigste daran, von Harrys Standpunkt aus betrachtet, war der Unterschied, wie er sich dabei fühlte, ein Unterschied, der ihm schrittweise bewußt wurde, als an die Stelle der anfänglichen, langsam abklingenden Erregtheit ein intensives Vergnügen trat. Er hätte den Unterschied nicht definieren oder ihn auch nur als solchen erkennen können; er wußte lediglich, daß dies anders war als früher. Dieses vage Gefühl ließ sich für ihn nur damit umschreiben, daß er nun nicht mehr den Drang verspürte, anschließend rasch abzuhauen.

Eines Nachmittags schlenderten sie nach einem anregenden kreolischen Mittagessen einen Boulevard entlang. Harry küßte Lindas Fingerspitzen, winkte dann einem Taxi, und sie fuhren zurück zum Hotel. Später, als sie unter der Dusche stand und langsam mit der parfümierten Seife über ihren Körper strich und das wohlige Gefühl genoß, das das Duschen und der Duft der Seife und selbst das Geräusch des strömenden Wassers in ihr auslösten, mußte sie im stillen lachen. Wenn ich auch nur die leiseste Ahnung davon gehabt hätte, wie aufregend es war, mit Harry zu schlafen, hätte ich wohl nicht darauf bestanden, bis zur Heirat zu warten. Sie sah zu, wie der Seifenschaum langsam von ihrem Körper fortgespült wurde. Nein, nein, sie hätte ihre kleine Rede bestimmt nicht gehalten … Doch, Gott sei Dank, sie hatte es getan. Sonst wäre sie vielleicht jetzt nicht Mrs. Harry White, und genau das wollte sie unter allen Umständen sein. Sie liebte Harry, und sie war liebend gern seine Frau.

Natürlich waren die Flitterwochen eines Tages vorüber, doch nicht wirklich zu Ende. Sie kamen am späten Freitagabend zurück und verbrachten das Wochenende damit, ihre Angehörigen und Freunde anzurufen und sich in ihrer schönen Wohnung in Central Park West einzurichten und sich auf das neue Leben vorzubereiten, das nun vor ihnen lag. Am Montag ging es dann los.

Linda war am meisten betroffen, doch das machte ihr nichts aus. Sie saß kaum an ihrem Schreibtisch, als das Telefon läutete. Es war Rae, die sich nach ihrem Befinden erkundigte, und während der Kaffeepause wollten alle anderen Kolleginnen alles über ihre Flitterwochen hören, und dann kam der Lunch mit Rae und Louise und weiteren Fragen.

Aber es machte Linda Spaß. Sie genoß es, über ihre Flitterwochen zu sprechen, weil sie auf diese Weise alles noch einmal erlebte. Außerdem war ihr klar, daß in ein oder zwei Tagen alles wieder seinen normalen Gang gehen würde.

Für Harry setzte der Alltag sofort wieder ein, sogar in verstärktem Maße. Wentworth erkundigte sich, ob er eine schöne Zeit gehabt habe, dann wandte er sich sogleich der Arbeit zu, die sich stapelweise angehäuft hatte. Den größten Teil des Tages verbrachten sie in Wentworths Arbeitszimmer und ließen sich zum Lunch lediglich ein paar Sandwiches kommen – Harry fuhr der Traum von Aufstieg und Erfolg flüchtig durch den Sinn, und wie er seinen Lunch im vornehmsten Restaurant einzunehmen gedacht hatte – und abends machte er Überstunden. Das würde noch eine ganze Weile so weitergehen.

Linda war enttäuscht, daß sie nicht zusammen nach Hause gehen konnten. Andererseits blieb ihr auf diese Weise reichlich Zeit, ein gutes Abendessen vorzubereiten, und so stellte sie sich rasch auf den neuen Zeitplan ein.

Seine neue Position nahm Harry völlig in Anspruch, doch er blühte dabei auf. Vieles war ihm neu, und im Gegensatz zu früher gab es keine Beispiele, an denen er sich hätte orientieren können, ständig mußten neue Anforderungen entwickelt und die laufenden abgeändert werden. Jeder Tag brachte neue Probleme, und jedes stellte seine eigenen Anforderungen. Das alles war höchst an- und aufregend und behob alle seine Spannungen.

Bis sieben oder acht Uhr abends im Büro zu bleiben wurde ihm zur Gewohnheit, doch Harry versuchte es immer so einzurichten, daß er das Mittagessen zusammen mit Linda einnehmen konnte, selbst wenn er vor ihr wieder im Büro sein mußte. Dann wurden vier oder fünf Stunden Arbeit am Sonnabend zur Regel, die Linda dazu nutzte, die Hausarbeit zu erledigen, zu der sie in der Woche nicht kam. Harry wollte, daß sie sich eine Hilfe nahm, doch Linda wollte alles selbst machen. Beide hatten sich an ihren jeweiligen Tagesablauf gewöhnt, und ihr Leben und ihre Ehe verliefen glatt und ohne Störungen.

Und im Bett lief es mit der Zeit sogar immer besser. Vertrautheit steigerte die Erregung. Sie freuten sich daran, jene kleinen Dinge zu entdekken, die Berührung, auf die der andere mit einem

Erzittern oder einem Aufseufzen reagierte, und an der Freude über die Entdeckung.

Die Zeit glitt unmerklich dahin, abgesehen davon, daß es kühler wurde und man einen Mantel brauchte. Dann nahm die Sonntagszeitung an Umfang zu, da immer mehr Inserate erschienen, und bald stand wieder einmal ein Fest vor der windumwehten Tür. Linda freute sich wie ein Kind auf die ersten gemeinsamen Feiertage ihrer Ehe.

Thanksgiving war ein festliches Ereignis, das nur von Weihnachten übertroffen wurde. Linda war voller Träume und Pläne, machte Einkäufe, und farbige Freudigkeit belebte die Wohnung. Eine Woche vor Heiligabend stellten sie den Baum auf, und Linda schaltete jeden Abend beim Nachhausekommen die elektrischen Kerzen ein. An der Tür hing ein Kranz aus Stechpalmen und am Kronleuchter über dem Eßtisch ein Mistelzweig. Die ganze Wohnung samt ihren Bewohnern war von der dort herrschenden menschlich-warmen, innigen Atmosphäre durchdrungen. Harry spürte es bereits, sobald er den Fahrstuhl betrat, und dieses Gefühl nahm zu, wenn er die Wohnungstür öffnete und die kleine Glocke hörte, die an dem Kranz hing, und wenn er die Tür hinter sich geschlossen hatte und in die Küche ging und Linda mit Töpfen und Pfannen hantieren sah und ihre Stimme vernahm, hallo, Schatz, wie geht es dir?, durchdrang es ihn von Kopf bis Fuß. Noch bevor er seinen Mantel auszog, küßte er sie, dann streckte er sich in seinem Lehnstuhl aus, ließ den Blick auf dem Christbaum ruhen und genoß sein inneres Glühen.

Am Weihnachtsmorgen saßen sie unter dem Baum und rissen wie die Kinder Einwickelpapier von Geschenken ab, *ooohhten* und *aaahhten* und quietschten und umarmten und küßten sich und lachten … Es wurde viel gelacht bei den Whites.

Sie besuchten erst seine Leute, dann ihre, und als sie an diesem Abend nach Hause kamen, waren sie müde und aufgekratzt von den Freuden eines langen, herrlichen Weihnachtstages, die alles überstiegen, was sie je erlebt oder sich von diesem Tag erhofft hatten. Harry warf seinen Mantel auf die Couch und ließ sich in seinen Sessel fallen. Linda setzte sich auf seinen Schoß und legte ihre Stirn einen Augenblick an die seine, dann küßte sie ihn. Frohe Weihnachten, Mr. White, mein schöner, zärtlicher Mann.

Harry lächelte, spielte mit einem Finger in ihrem Haar und küßte sie sacht auf Stirn, Nasenspitze und Lippen. Ich liebe dich. Ich liebe dich sehr, Linda White. Du bist meine frohe Weihnacht.

Linda hatte ein angenehmes Leben. Sie sah nicht so viel von Harry, wie sie es sich gewünscht hätte, und konnte seine Arbeitswut und sein ehrgeiziges Streben nach Erfolg nicht ganz verstehen, doch fand sie sich damit ab, ebenso wie mit seiner Zeiteinteilung. Und die Zeit, die sie zusammen verbrachten, gehörte ihnen ganz allein und war ihr teuer. Sie unternahmen Autofahrten und Spaziergänge im Park, Theater- und Zoobesuche und Schaufensterbummel und aßen zuweilen abends auswärts, oder sie blieben zu Hause und redeten und lachten und fühlten sich auf eine heimliche und besondere Weise einander nahe. Für Linda hatte das Leben mit Harry etwas, das an Vollkommenheit grenzte. Und sie war sicher, daß Harry es ebenso empfand.

Er hatte eine Art, sie zu berühren und sie anzusehen, die bewirkte, daß sie sich außergewöhnlich vorkam – als existierte außer ihr und Harry sonst nichts und niemand auf der Welt, ein leiser erregender Schauer durchfuhr sie, und ihre Augen leuchteten.

Hin und wieder fand sie, wenn sie von der Arbeit nach Hause kam, einen schriftlichen Gruß oder eine Postkarte von Harry vor; mal war es eine Karte mit einer jener komischen Figuren, die aussahen, als wollten sie zehn Richtungen zugleich einschlagen, dazu eine dämliche Überschrift, wie etwa: He, was gibts heut zu essen? oder etwas ähnlich Albernes, doch sie fand das ganz entzückend. Dann wieder öffnete sie einen Umschlag und fand darin einen Zettel, auf dem stand: Hallo, ich liebe Dich. Oder: Bis bald, Mrs. White. PS: Ich liebe Dich, Baby. Dann lachte sie in sich hinein, und ihr wurde warm vor Glück, und sie legte jeden neuen Gruß dieser Art zu den übrigen, die sie alle sorgfältig aufgehoben hatte.

Natürlich waren es nicht nur die paar geschriebenen Worte oder die Bildkarten als solche, die ihr so unter die Haut gingen, die sie im Fahrstuhl vor sich hin summen und mitten im Wohnzimmer laut sagen ließen: Hallo, mein Zuhause. Es war die Tatsache, daß Harry sich trotz seiner vielen Arbeit die Zeit nahm, eine Grußkarte zu kaufen, ein paar Worte an sie zu schreiben, einen Umschlag mit einer Adresse zu versehen und ihn in den Kasten zu stecken. Die Vorstellung beglückte sie, daß er ebenso an sie dachte wie sie an ihn.

Obwohl sie nicht in dem Maße an ihrer Arbeit hing wie Harry, so machte sie ihr doch Spaß und sie hatte im Büro keinerlei Schwierigkeiten, und die Tage glitten sacht vorüber und davon.

Doch mit der Zeit begann eine leise Unzufriedenheit sich in Linda Whites Leben hineinzunagen. Sie kannte den Grund schon lange, bevor er sich zu einem bewußten, beunruhigenden Problem verdichtet hatte. Sie hatte schon immer geahnt, daß in ihrem Leben etwas fehlte, und als sie nun diese Unzufriedenheit in sich spürte, wußte sie, woher sie kam, und war deshalb nicht übertrieben bekümmert. Ihre einzige Sorge war, was Harry wohl sagen würde, und das würde sie herausfinden, sobald der richtige Zeitpunkt da wäre. Inzwischen ließ sie sich einfach von unangebrachten Sorgen nicht aus der Ruhe bringen.

An einem hellen, klaren, gelbgrünen Sonntag im Mai, etwa einen Monat vor ihrem ersten Hochzeitstag, schlenderten sie durch den botanischen Garten in Brooklyn, um sich die Kirschblüte anzusehen. Es war der erste wirklich warme Frühlingstag, mit einem leuchtendblauen Himmel und einer Sonne, die einen bis ins Innerste erwärmte – ein Tag, wie es ihn nur selten gibt, an dem alles sauber, frisch und voll Saft zu sein scheint. Die Reihe der Kirschbäume nahm kein Ende, und sie spürten, während sie den Weg entlanggingen, die weichen Blüten unter ihren Füßen. Als sie am letzten Kirschbaum vorbei waren, gingen sie in den Rosengarten und setzten sich auf eine Bank in der Sonne. Dort saßen sie eine Weile schweigend und genossen den Zauber dieses Stückchens Natur, das so weit entfernt von der großstädtischen Umgebung zu sein schien …

Linda liebkoste Harrys Hand mit ihren Fingerspitzen. Sie sah ihn an und lächelte zärtlich. Auch er lächelte und küßte sie auf die Nasenspitze.

Harry … ich wünsche mir etwas. Ich wünsch es mir sehr.

Schon genehmigt.

Nein, Liebling, ich meine es ernst.

Aber ich doch auch, er erwiderte ihr Lächeln und küßte sie abermals auf die Nase.

Ach du …

Beide lachten, und schließlich sagte Harry, okay, worum handelt es sich?

Ich will ein Baby.

Jetzt sofort, er tat schockiert, hier auf der Stelle?

Es könnte unter Umständen etwas länger dauern.

So sagt man, er lächelte liebevoll und zeichnete mit dem Finger den Umriß ihres Ohres nach, sogar bei den Vögeln und Bienen.

Wies bei Vögeln und Bienen ist, weiß ich nicht – und wie bei Schmetterlingen auch nicht.

Harry riß vor Erstaunen die Augen auf, du weißt nicht, wies bei den Schmetterlingen ist?

Zieh mich nicht auf, Harry, bitte. Ich will ein Baby. Sehr, sehr will ich das.

Harry legte seine Hände leicht auf ihre Schultern und neigte den Kopf. Ihr Wunsch ist mir Befehl. Es ist bereits geschehen, schöne Dame.

Wirklich? Dann habe ich mein ganzes Leben lang etwas Falsches geglaubt. Sie lachten, und plötzlich schlang Linda beide Arme um ihn, oooooooh Harry, ich liebe dich, und zog ihn ganz nahe an sich heran.

Auch Harry umarmte sie und küßte sie auf die Wange und auf Hals und Ohr, ich liebe dich, Mrs. White. Wir werden wunderschöne Kinder zustande bringen, Lindas Augen waren geschlossen, und sie gab sich seinen Küssen hin, und wir könnten eigentlich gleich damit anfangen.

Ich glaube, ihre Augen waren nach wie vor geschlossen, wir werden zumindest so lange warten müssen, bis wir wieder zu Hause sind.

Angsthase, er hielt sie immer noch in den Armen und küßte sie.

Lustmolch.

Beide lachten, standen auf und gingen Hand in Hand den mit Kirschblüten bedeckten Weg wieder zurück.

Im September, am dreiundzwanzigsten, um genau zu sein, sagte Linda ihrem Mann, sie sei schwanger.

Bist du sicher?

Ja, ganz sicher, ich habe den Befund heute nachmittag vom Arzt bekommen.

Du meinst, der Test war negativ?

Das kommt auf den Standpunkt an. Ich würde sagen positiv.

Beide lachten, und Harry sah sie kurze Zeit an und grinste dann breit, Mama White. Das ist vielleicht n Ding. Wann? Wie weit ist es schon?

Sechs Wochen.

Bist du sicher?

Ganz sicher. Mein Kalender ist auch dieser Meinung.

Harry lachte, du willst aber wirklich unbedingt ein Baby, wie?

Linda nickte.

Ja, also, er schlug die Hände zusammen, dann ist wohl das wenigste, was ich tun kann, dich, das heißt euch beide, zum Essen auszuführen. Er lachte in sich hinein, ich kanns noch gar nicht fassen, Mama White. Das ist vielleicht n Ding.

Ja, das ist es, sie lächelte und nickte mit dem Kopf, Papa White, umarmte ihn und schmiegte sich an ihn.

Wenige Monate bevor das Kind geboren wurde, zogen sie in ihre neue Wohnung, die, im selben

Haus, aber höher gelegen, ein erhebendes Gefühl von Weiträumigkeit vermittelte und dazu eine herrliche Aussicht über den Central Park bot. Es gab auch ein abgelegenes, gemütliches kleines Zimmer für Harry, wenn er zu Hause noch etwas aufarbeiten wollte, und ein Dienstmädchenzimmer, doch Linda bestand darauf, selbst für das Kind und die Wohnung zu sorgen, und wollte kein ständiges Dienstmädchen. Immerhin ließ sie es zu, daß Harry eine Putzfrau engagierte, die ein paarmal die Woche kommen sollte, um Linda bei den gröberen Hausarbeiten zu helfen. Es gibt keinen Grund, daß du so eine große Wohnung ganz allein in Ordnung hältst. Außerdem geht es nicht an, daß die Gattin eines Vizepräsident-Assistenten für internationale Unternehmungen niedere Arbeiten verrichtet.

Linda lachte und schüttelte den Kopf, also gut, du hast gewonnen. Aber ich werde dick und träge werden, und dann bist du schuld.

Sie sahen auf ihren Bauch und lachten.

Es waren nicht nur Wohnung und Aussicht, die Harry so gefielen – das entscheidende war, daß er nun in einem großen Luxusapartment in Central Park West lebte. Eines seiner Ziele war erreicht, einer seiner Träume Wirklichkeit geworden.

Die Schwangerschaft machte Linda wenig zu schaffen, und die Geburt verlief ohne Komplikationen. Natürlich war es bereits später Abend, als Linda Harry bat, sie ins Krankenhaus zu fahren – ich glaube, es ist soweit –, und früher Morgen, als sie schließlich ihrem Erstgeborenen, einem kräftigen Jungen, das Leben schenkte. Harry saß bei ihr, bis sie einschlummerte, dann ging er nach Hause und schlief bis Mittag, bevor er ins Büro ging.

Er war immer noch ein bißchen angeschlagen, aber gehobener Stimmung. Er erzählte es Wentworth, der ihm wieder und wieder auf die Schulter klopfte. So ists richtig, Harry. Auf Anhieb ein Junge, das lob ich mir. Das ist großartig. Großartig.

Als Harry die große Neuigkeit auf der gesamten Direktionsebene verbreitet hatte, machte er sich an seine Arbeit, die ihn wie gewöhnlich völlig in Anspruch nahm, doch spürte er immer noch jenen warmen Strudel in sich, der sein Gesicht von Zeit zu Zeit in einem Lächeln aufleuchten ließ. Walt hat recht, es ist gut, einen Sohn zu haben.

Nachdem er Linda und Harry jr. aus der Klinik nach Hause geholt hatte, legten sie das Baby in die Korbwiege und standen viele Minuten lang da und blickten auf ihr Kind. Der Kleirfe war einmalig. Wirklich einmalig. Harry hatte noch nie ein neugeborenes Kind gesehen. Er ist so klein. Ich kann es kaum fassen, wie winzig er ist.

Für dich mag er winzig aussehen, Liebling – als er raus wollte, da schien er mir riesig.

Harry lachte und legte seine Arme um sie und umarmte sie behutsam und küßte sie zärtlich auf die Wange. Es ist kaum zu glauben, daß er eines Tages groß sein wird und ein Mann und alles.

Linda lachte und schüttelte den Kopf. Laß mir meinen Sohn noch ein paar Minuten, bevor du seinen Koffer packst und ihn aufs College schickst.

Okay, er lachte und drückte sie an sich, dein Wunsch ist mir Befehl, Mamachen.

Sie waren sozusagen frischgebackene Eltern. Und stolz, besonders wenn sie am Sonntag durch den Park schlenderten. Aber Harry war auch übervorsichtig. Er traute seinen Augen kaum, mit welcher Unbekümmertheit Linda das Baby aufnahm und umdrehte und es mit diesem einrieb und ihm jenes abwischte und es irgendwie rumwarf wie ein Bündel. Auch Harry hielt es gelegentlich auf dem Arm, fürchtete jedoch immer, ihm weh zu tun. Besondere Angst hatte er davor, daß er aus Versehen mit dem Finger in die Fontanelle drücken oder ihm dieses oder jenes brechen würde. Linda lachte und versicherte ihm, das

Baby sei viel robuster, als er glaube. Schließlich bist du ja sein Vater, und sie kuschelte sich an ihn.

Als die Zeit verging, ließen Harrys diesbezüglichen Ängste nach und Harry jr. wuchs, außerordentlich rasch, wie es schien, und fühlte sich nun auf Harrys Arm behaglich und sicher. Es kam tatsächlich so weit, daß es Harry Vergnügen bereitete, ihn zu halten – ein paar Minuten lang. Mehrmals im Laufe des Tages, selbst wenn er viel zu tun hatte, dachte Harry an seinen Sohn und an seine Frau. Er hatte ein gutes Gefühl, wenn er an die beiden dachte, und genoß abends, auf dem Nachhauseweg, seine Vorfreude. Es freute ihn, seiner Frau einen Kuß zu geben, wenn er nach Hause kam, und seinen Arm um sie zu legen, wenn sie gemeinsam ihren Sohn betrachteten.

Harrys Hand glitt an Lindas Rücken hinunter, und er liebkoste ihre Hinterpartie, und sie kuschelte sich an ihn und legte den Kopf an seine Brust. Ach Harry, ich habs so gern, wenn du mich anfaßt. Besonders so wie jetzt, sie sah zu ihm hoch und lächelte, du Sexbold.

Bin ich das?

Das kann man wohl sagen.

Na ja, seine Hand strich abwärts über die Rundung bis zum Schenkel, du hast ja auch den schönsten Hintern weit und breit.

Linda drehte sich langsam um, sah ihm in die Augen, umhalste ihn, schmiegte sich an ihn und berührte seine Lippen flüchtig mit den ihren. Wenn ich dem Doktor nur beibringen könnte, wie mir zumute ist. Sechs Wochen davor und sechs Wochen danach erscheint mir plötzlich unendlich lang … und unfair.

Harry lachte und küßte sie auf die Nasenspitze. Vielleicht sollten wir uns einfach die Hand schütteln, als gute Freunde: Also, bis dann.

Untersteh dich, sie zog ihn erneut an sich, leg deine Hand wieder hin, wo sie hingehört.

Ja, Ma'am, er ließ seine Hand ihren Rücken hinuntergleiten, du mannstolles, schamloses Geschöpf.

O ja, das bin ich wohl wirklich …

Eines Abends – Harry lag schon im Bett – betrat Linda das Schlafzimmer in dem Nachthemd, das sie in ihrer Hochzeitsnacht getragen hatte, ein halb durchsichtiges, sich anschmiegendes, fließendes Gebilde, und Harry bemühte sich, jede Rundung zu erfassen, während sie langsam auf ihn zukam. Das hab ich lange nicht gesehen.

Ja, ich weiß. Viel zu lange, sie setzte sich auf den Bettrand neben ihn.

Mmmmhhhh, das riecht gut. Und der Anlaß zu all dem Aufwand?

Ach, sie spielte mit seinem Haar, nichts Besonderes, bloß, daß dein Sohn heute sechs Wochen alt ist, sie hob den Kopf und sah ihm in die Augen; Harry hob eine Braue, und sein Gesicht verzog sich zu einem faunischen Lächeln.

Das kommt mir irgendwie bekannt vor.

Ach, wirklich, sie lächelte kokett, wieso das denn?

Da werde ichs dir wohl wieder ausziehen müssen.

Wozu Zeit verlieren????

Harry lachte und zog sie neben sich aufs Bett.

9

Harry war höchst erstaunt, als er daran dachte, wie lange sie enthaltsam gelebt hatten. Sechs und sechs macht zwölf. Mein Gott, das sind ja drei Monate. Eine unendlich lange Zeit. Das schien nicht möglich, und doch war es so. Erstaunlich, wie die Zeit fliegt. Drei volle Monate.

Und während dieser ganzen Zeit hatte er nicht den Wunsch verspürt, in der Mittagspause allein loszuziehen und durch Straßen und Geschäfte zu schlendern. Seit Linda nicht mehr arbeitete, aß er mittags mit Wentworth oder einigen der anderen leitenden Angestellten in einem jener Lokale, die in seinen Zukunftsträumen schon immer eine Rolle gespielt hatten. Es machte ihm Vergnügen, seine Kreditkarte lässig auf die Rechnung zu legen, wie auch, sich in Gesellschaft dieser Männer zu befinden, nicht nur weil sie den Erfolg repräsentierten, sondern weil er wußte, daß er auf schnellstem Weg ins Büro zurückgehen würde. Er brauchte nicht auf der Hut zu sein.

Diese Erkenntnis verlieh ihm ein Gefühl der Sicherheit. Nicht daß er dieses Gefühl näher hätte definieren können, doch es tat ihm gut, und er war im großen und ganzen entspannter als früher. Auch das überraschte ihn, da er sich seiner inneren Spannungen nicht bewußt war, abgesehen von denen, die auf seiner Arbeit gründeten. Und doch ließ sich nicht übersehen, daß er ruhiger und ausgeglichener war. Gelegentlich fiel es ihm selbst auf, doch machte er sich nicht die Mühe, seinen Zustand zu analysieren; er nahm ihn hin und fühlte sich wohl dabei. Und nun, da sein Liebesleben sich wieder normalisiert hatte, schien dieses Gefühl der Sicherheit und der ruhigen Ausgeglichenheit sogar zuzunehmen.

Er hatte sich so gut in seinen neuen Wirkungsbereich hineingefunden, daß er seit vielen Monaten nicht zu spät zum Essen gekommen war. Wenn ganz besonders wichtige Repräsentanten ausländischer Firmen zu Besprechungen oder Verhandlungen in der Stadt waren, begleitete er Wentworth und die Public-Relations-Leute, ging jedoch fort, sobald die geschäftlichen Gespräche beendet waren, ohne sich in das nachfolgende »gemütliche Beisammensein« hineinziehen zu lassen. Er achtete auch darauf, daß er von den Gerichten nur kostete, um sich nicht des Vergnügens einer späteren Abendmahlzeit zu Hause mit Linda zu berauben.

Eben das hatte er an dem Abend vor, als er gemeinsam mit Wentworth zwei Repräsentanten einer internationalen Firmengruppe aus Belgien ausführen mußte. Wentworth verstand es meisterhaft, diese Art Kundendienst zu organisieren, und so waren das Restaurant und das Essen wie üblich erstklassig und die engagierten Damen elegant und attraktiv, und Harry genoß ganz bewußt das zunehmende Gefühl des Wohlbefindens und der Sicherheit. Er wußte: Es gab keinen Grund zur Wachsamkeit, also aß er ohne Hast und mit großem Vergnügen von allem Gebotenen, und als Wentworth vorschlug, die Geselligkeit in der Hotelsuite fortzusetzen, ging Harry mit.

Die Belgier hatten sich ihre Mädchen ausgesucht und eine der übriggebliebenen setzte sich neben Harry auf die Couch. Er nahm ein paar Drinks, beteiligte sich an der Unterhaltung und gab wie die anderen diesen und jenen Witz zum besten und tanzte sogar ein wenig mit Marion. Ihre Gesellschaft war ihm angenehm, doch hatte er nicht die Absicht, mit ihr ins Bett zu gehen. Er wollte noch ein Weilchen bleiben, um die Party im gehörigen Schwung zu halten und damit kein partnerloses

Mädchen als Mauerblümchen herumsaß, und dann nach Hause gehen.

Bald fand er sich mit Marion allein, und er zuckte sozusagen im Geiste die Achseln und sagte sich, ach was, einmal ist keinmal. Ich will sie ja nicht vögeln. Sie soll mir einen blasen, dann hau ich ab. Eine Stunde später ging er, nachdem er sich und seine Kleider sorgfältig auf Lippenstiftspuren untersucht hatte.

Am nächsten Morgen erwachte er, bevor der Wecker geklingelt hatte, rollte sich im Bett zusammen und krümmte sich in sich. Er hörte Linda neben sich ruhig atmen und hätte sich am liebsten umgedreht, um festzustellen, ob sie ihn ansah, fürchtete sich jedoch davor. Er kam sich, wie er so im Bett lag, auf sonderbare Weise auffällig vor; er hatte das Gefühl, etwas weine in ihm und hätte am liebsten immer nur gesagt: Es tut mir leid. Er wollte aufstehen und ins Badezimmer gehen, hielt es jedoch für besser, zu warten, bis der Wecker abgelaufen war. So hielt er es morgens meistens. Da war er ganz sicher. Oder doch nicht? Wie war es möglich, daß er nicht genau wußte, was er jeden Morgen tat? Das gabs doch gar nicht. Es tut mir leid! Es tut mir leid! Warum klingelt dieser verdammte Wecker nicht endlich … O Gott, mein Magen ist völlig durcheinander. Da drin wühlte es und alles ist wie hohl. Was zum Teufel ist eigentlich los? Das ist doch idiotisch, plötzlich so durcheinander zu sein. Klingel endlich, verdammtnochmal …

und die Sekunden tickten und tickten, bis der Wecker endlich schrillte und er rasch aufstand und ins Badezimmer hastete, unter die Dusche. Als das Wasser ihn sanft umfloß, wurde ihm besser und er sah auf das Mattglas der Tür. Er blieb viel länger im Badezimmer als sonst, mußte diesen behaglichen, sicheren Ort jedoch schließlich verlassen.

Während des Frühstücks fühlte er sich zittrig und angreifbar und konnte Linda nicht in die Augen sehen. Gott sei Dank war das Baby an diesem Morgen unruhig, und Linda konnte nur über ihre Schulter hinweg mit ihm sprechen oder auf dem Weg zwischen Kinderzimmer und Küche. Er beendete sein Frühstück so rasch wie möglich, aber ohne daß es aufgefallen wäre. Er brauchte sich auch gar nicht zu zwingen, langsam zu essen, da das Essen ihm widerstand und er es in seinen Mund zwingen mußte, sich zwingen mußte, das Gekaute hinunterzuschlucken und es bei sich zu behalten, wobei er die ganze Zeit angestrengt das Muster auf seinem Teller betrachtete. Als er endlich fertig war, zog er seine Jacke an und schaffte es sogar, Linda einen Kuß auf die Wange zu geben, bevor er das Haus verließ.

O Gott, wie schön, im Fahrstuhl zu sein … Zumindest, bis er hielt und irgendein Rindvieh einstieg und Harry auf seine Schuhe und Hosenaufschläge hinuntersah, während sein Inneres dem Fahrstuhl zubrüllte, sich zu beeilen, damit er endlich aussteigen konnte, verdammt …

Endlich befand er sich auf der Straße. Verdammt, diese Übelkeit bringt mich um. Das ist die Strafe dafür, daß ich gestern abend soviel gegessen habe. Hätte das verdammte Essen stehenlassen sollen. Ach, scheiß drauf. Mach doch um Himmels willen nicht so ein Theater um ein bißchen Blase – *los, los, los, nun machen Sie schon, Lady …*

Ahhh, die Freistatt. Sein Büro. Die Tür geschlossen. Und bleibt zu, wenn er es will. Die Übelkeit wird vergehen. Fang an zu arbeiten. Aber immer mit der Ruhe. Arbeit und ein bißchen Natron werden schon – Scheiße! Hatte er sich seine Unterhose genau angesehen? Aber da waren keine Flecken. Wie sollten auch welche darin sein? Außerdem würde ihr das sowieso nicht auffallen. Wieso auch? Rein in den Wäschesack und ab in die Wäscherei. Das geht schon in Ordnung. Es muß in Ord – das Telefon klingelte, und er fuhr zusammen und zuckte vor dem Apparat zurück, als sei der Hörer eine Brillenschlange. Er starrte einen Augenblick darauf. Es klingelte wieder, er riß den Hörer von der Gabel und seufzte fast hörbar auf, als er Louises Stimme vernahm. Er konnte die Augen nicht länger als einen winzigen Moment offenhalten, auch nicht, nachdem er aufgelegt hatte, noch viele lange, grelle Minuten …

Dann zog die Arbeit ihn in ihren Sog, und bald gab es für ihn nichts anderes mehr und Hirn und Herz waren angefüllt mit den Verantwortlichkeiten seiner Position, und das hielt an, bis er den Fahrstuhl zu seiner Wohnung hinaufglitt, bis das Gefühl befangener Unsicherheit erneut an ihm zu nagen begann. Sein Verstand versuchte, ihm klarzumachen, daß Linda vollauf mit Harry jr. und ihren Hausfrauenpflichten beschäftigt sei, doch dann hatte er das Gefühl, es fiele ihr auf, daß er sich anders verhielt als sonst, also versuchte er, sich wie immer zu benehmen, und stellte fest, daß er übertrieb, worauf er erneut eine Korrektur seines Verhaltens vornahm und versuchte, die Übertriebenheiten in seinem Benehmen zu eliminieren und zur Normalität zurückzukehren, wenn er nur genau gewußt hätte, was normal war.

Gegen Ende des Abends versuchte er, eine Fernsehsendung zu verfolgen, als Linda aus Harry jr.s Schlafzimmer kam und die Arme um ihn legte und ihn auf die Wange küßte. Harry spürte, wie er sich dabei sofort innerlich verkrampfte, und seine Augen schlossen sich ungewollt, während er wartete …

Linda küßte ihn noch einmal. Manchmal hab ich das Gefühl, ich vernachlässige dich.

Mich vernachlässigen? Er bemühte sich, so ruhig wie möglich zu atmen.

Ja.

Wie kommst du darauf? Er bemühte sich, zu verhindern, daß sein Lächeln zu hysterischem Gelächter wurde.

Ach, du weißt schon, Schatz, Harry jr. beansprucht soviel Zeit, und ich gebe mich mit so vielen anderen Dingen ab, daß ich manchmal das Gefühl habe, dich zu vernachlässigen. Daß ich meine ganze Zeit unserem Sohn und der Wohnung widme und mein lieber, reizender Mann dabei zu kurz kommt.

Harry lächelte und seufzte innerlich auf vor Erleichterung. Er öffnete die Arme, als sie sich auf seinen Schoß setzte. Nun ja, das Leben hier war allerdings in letzter Zeit außerordentlich schwierig, aber ich verzeihe dir.

Beide lachten leise, Linda hegte ihr Gefühl der Erleichterung, während Harry versuchte, das seine im Zaum zu halten. Du weißt doch, Liebling, daß ich unseren Sohn zwar innig liebe, aber du bist nach wie vor *der* Mann in meinem Leben.

Und, o Gott, sie lächelte so liebevoll und ihre Hand an seinem Nacken fühlte sich so warm und blütenweich an und Harry zog sie an sich und drückte seine Wange an ihre Brust und spürte, wie der Rhythmus ihres Herzschlags den hassenswerten Aufruhr in ihm besänftigte, und er schmiegte sich an sie und küßte sie, wie zur Probe, auf den Hals und sah ihr in die Augen und lächelte in all die Liebe hinein, die aus ihnen leuchtete, und spürte es warm in seine Augen steigen, dann küßte er sie noch einmal und erhob sich langsam aus seinem Sessel und nahm die blütenweiche Hand zwischen die seinen und küßte sie, lächelte seine Frau an, führte sie ins Schlafzimmer und umarmte und küßte sie noch einmal, bevor er sie sacht auf das Ehebett zog.

Erinnerungen können wie geschichtliche Ereignisse leicht aus dem Gedächtnis verschwinden, wenn ihre Beziehung zur Gegenwart ignoriert wird, und dann tauchen sie schließlich wieder auf und werden erneut aktuell. Harrys Leben verlief einige Monate stetig in seinem gut geölten Gleis, bis zum nächsten Public-Relations-Abend. Er rief Linda an und sagte ihr, sie solle ruhig schon essen, er würde aber nicht allzu spät nach Hause kommen und dann noch mit ihr zusammen eine Kleinigkeit zu sich nehmen.

Selbst ohne Vorschub leistenden Alkohol nahm ihn die gelockerte Atmosphäre des Restaurants, das luxuriöse Ambiente, das Gelächter der Männer und Frauen am Tisch sowie seine eigene Gewandtheit rasch gefangen; er beteiligte sich lebhaft an der Unterhaltung und erzählte Witze und Anekdoten und aß, ohne sich zurückzuhalten, mit großem Appetit alles, was ihm vorgesetzt wurde. Als sie das Lokal verließen, rief er Linda rasch an und sagte, es wären unerwartete Schwierigkeiten aufgetreten und es würde spät werden, sie solle nicht auf ihn warten.

Er war ehrlich überrascht, als er sich mit einem der Mädchen im Bett wiederfand. Das hatte er nicht vorgehabt. Er hatte vorgehabt, noch ein bißchen mit den anderen in der Hotelsuite rumzusitzen, um sicherzugehen, daß es da nicht noch irgendwelche Kleinigkeiten gäbe, um die er sich kümmern müsse, und dann nach Hause zu gehen. Er hatte nicht einmal vorgehabt, mit einem der Mädchen allein zu bleiben, und noch viel weniger, mit ihr ins Bett zu gehen.

Doch er hatte es getan. Und es kam ihm vor, als sei es ohne sein Zutun passiert, *als sei es ihm geschehen.* Das Mädchen fühlte sich in seiner Gesellschaft wohl. Er war anders als die üblichen Knilche, mit denen sie sonst zu tun hatte. Er war freundlich und sympathisch. Er sprach mit ihr und behandelte sie, als unterschiede sie sich in nichts von anderen Frauen, und so war das Vergnügen, das sie offensichtlich in seiner Gesellschaft empfand, eher echt als professionell.

Sie lächelte ihn an und rubbelte seine Brust, als er plötzlich feststellte, wie spät es war. Den ganzen Nachhauseweg lang versuchte er kopfschüttelnd, den vergangenen Abend zu rekonstruieren. Wie war er vom Restaurant in ein fremdes Bett gekommen? Was war geschehen? Wie war es geschehen? Er hatte es nicht vorgehabt. Er war nicht einmal scharf gewesen. Er hatte dagesessen, geredet und gegessen und sich nur noch vergewissern wollen, daß alles lief wie am Schnürchen, und dann lag er mit diesem Mädchen im Bett, und es wurde ihm überdies klar, daß er sie vor wenigen Minuten noch gevögelt hatte. Zweimal … Warum? Warum hatte er es getan? Was um Himmels willen ist bloß los? Das ist doch unsinnig. Völlig unsinnig. Was geschieht mit mir? Heilige Mutter Gottes, was ist bloß los? Verdammt! VERDAMMTNOCHMAL!!!!

Dann der Morgen und mit ihm die gottverdammten Schuld- und Reuegefühle, die, ohne sich deutlich zu erkennen zu geben, deinen schwitzenden Körper schütteln und dir den Sinn trüben; mit der Gewalt der Verzweiflung werden sie in die Senkgrube des Gedärms hinuntergestoßen, damit sie, nicht mehr recht entwirrbar, von etwas anderem aufgesogen werden, von irgend etwas anderem, und du sie nicht genau betrachten und erkennen und als das akzeptieren mußt, was sie wirklich sind. Heilige Mutter Gottes, laß das nicht geschehen. Laß mich nicht der Wahrheit von Angesicht zu Angesicht gegenüberstehen. Was im Namen Gottes soll ich damit anfangen???? Wie damit umgehen???? Nein, laß diese Empfindungen brodeln und zerren und zwicken, aber laß sie namenlos bleiben, damit ich ihrem Grund nicht auf den Grund gehen muß. Laß es mich einfach Schmerz nennen. Das genügt. Laß uns das Unerkannte nicht ans Licht halten und nach der Wahrheit suchen. Bitte. Ich weiß nicht, was ich damit beginnen sollte. Ich weiß es einfach nicht ...

Und wieder ein Frühstück mit Auf-den-Teller-Starren – das letzte plötzlich wieder lebhaft vor Augen – die kleinen Tricks und Schummeleien vom vorigen Mal wieder lebhaft im Gedächtnis – und die qualvolle, endlose Fahrt zur Arbeit, die nicht enden wollenden Sekunden im Fahrstuhl, der Gang zum Büro, ehe die Tür sicher geschlossen ist, und dann beide Hände an den Kopf gelegt, und dann das plötzliche Zähnezusammenbeißen und Fäusteballen und die angestrengte Bemühung, sich in der Arbeit zu verlieren, und dann die gesegnete Erleichterung durch die Arbeit, die einen ganz ausfüllt, auch die dunklen Winkel des Bewußtseins, und endlich geht der Tag seinen normalen Gang.

Und dann die Erkenntnis, daß das Büro fast leer ist; die Stille zwingt einen, den Kopf zu heben. Zeit zu gehen, und dann die Gnade, etwas zu finden, das eben jetzt noch getan werden kann. Muß noch ein Weilchen bleiben. Brauch eigentlich deswegen nicht anzurufen. Bloß eine Weile arbeiten. Anrufen später. Arbeite. Arbeite! Arbeite!!!! Und schließlich der kurze Anruf, und dann können keine Spielchen mehr mit der Zeit getrieben werden und die Papiere liegen ordentlich aufgehäuft auf dem Schreibtisch und dann das widerstrebende Verlassen des Büros.

O Gott,

hab ich meine Kleider genau untersucht? Muß es doch getan haben. Natürlich. Ich habs getan. Ich weiß es genau. Ein zahnendes Kind – Gott seis gedankt – und irgendeine blöde Sendung im Fernsehen, und zum Schluß sitzen zwei erschöpfte Menschen da und reden eine Weile über irgend etwas – worüber ist unwichtig, solange die Zeit vergeht … vergeht …

und dann die Gnade des Schlafs. Und des Vergessens. Weitere geschichtliche Ereignisse …

Harry jr. war etwa sechs Monate alt, als Linda sich zum erstenmal von ihm trennte. Das geschah aus einem besonderen Anlaß, und sie brachte das Baby zu Großmama White (und zu Großpapa auch natürlich), wo es die Nacht über bleiben sollte. Sie brachte ihn am Nachmittag fort, und die Rückkehr, allein, in eine leere Wohnung, kam ihr sonderbar vor. Obwohl sie nur einige Stunden allein war, war sie unruhig und rief die Whites zweimal an, lachte zwar beide Male über sich selbst, rief aber trotzdem an. Sie machte sich ganz gewiß keine Sorgen um den Kleinen – wunderte sich aber über ihre Reaktion auf seine Abwesenheit, zumal sie davon ausging, daß es sich nur um wenige Stunden handelte, und es sich erst bei näherer Betrachtung herausstellte, daß diese wenigen Stunden eine ganze Nacht bedeuteten – und wenn man die Hin- und Rückfahrt in Betracht zog, würde er einen ganzen Tag von zu Hause fort sein.

Linda lachte laut auf, als sie feststellen mußte, daß sie eine typische überängstliche Mutter war. Sie hatte sich nie Gedanken darüber gemacht, und tatsächlich hatte es nie einen Grund gegeben, auch nur eine Sekunde darüber nachzudenken. Und sie wußte jetzt schon, obwohl ihr das Fortsein ihres Sohnes so zusetzte und sie die Whites gerade zum zweitenmal angerufen hatte, daß sie, sobald Harry nach Hause kam und sie mit ihm allein war und dann mit ihm ausging, sich keine Sorgen mehr machen und den Abend genießen würde, genauso wie Harry jr. und seine Großeltern den Abend genossen.

Der Anlaß war tatsächlich etwas Besonderes. Etwas ganz Besonderes. Es handelte sich um ein Dinner im Banker's Club für den Aufsichtsrat und einige der leitenden Angestellten sowie deren Gattinnen. Selbst Harry wußte nichts Näheres, aber was er wußte, hatte er Linda erzählt – daß die neuen Unternehmungen gut gingen, ja sogar alle Erwartungen überstiegen und daß der Hauptzweck des Dinners zu sein schien, sich gegenseitig wegen der so hervorragend geleisteten Arbeit auf die Schulter zu klopfen. Man hatte Harry auch gesagt, daß er mit einer weiteren Beförderung rechnen könne, ein Umstand, der in der Glückwunschansprache gebührend erwähnt werden würde.

Als Harry nach Hause kam, war Linda schon ausgehbereit, und er mußte stehen bleiben und sie bloß ansehen, und seine innere Erregung legte viel Wärme in sein Lächeln und ließ sein Auge aufleuchten. Mein Gott, war sie schön. Sie sprühte vor Leben – ihre Augen, ihr Haar, ihre Haut –, und das schlicht geschnittene anliegende Kleid zeichnete diskret ihre Rundungen nach. Ich will dir mal was sagen, Mrs. White, du bist eine Lüge. Du bist unwirklich. Ein Phantasiegebilde.

Ich weiß, daß ich mich jetzt geschmeichelt fühlen müßte, sie lächelte und senkte den Kopf, aber ich bin zu verwirrt.

Na ja, er lachte und ging auf sie zu, ich habe schließlich immer gehört, daß Frauen, wenn sie erst einmal verheiratet sind und Kinder haben, aufgehen wie die Hefekuchen oder doch zumindest ein wenig schlaff werden, aber du wirst mit jedem Tag schöner und aufregender.

Und jetzt sage ich dir etwas, Mr. White, sie verschränkte die Hände an seinem Nacken, schön bin ich durch dich. Ich bin wie ein Spiegel.

Beide lachten und machten sich zum Gehen bereit.

Obwohl Linda der jüngste Dinnergast war, viele Jahre jünger als alle anderen Anwesenden, mit Ausnahme von Harry, fühlte sie sich nicht etwa fehl am Platze, sondern äußerst wohl. Im ganzen waren es etwa zwei Dutzend Ehepaare, die ohne besondere Formalitäten miteinander bekannt gemacht wurden. Linda fügte sich vorzüglich ein; sie hörte zu und sprach selbst wenig, und jeder hatte sie sofort gern. Mehr als eine der Frauen, die dem Alter nach leicht ihre Mutter hätte sein können, flüsterte ihr ins Ohr, sie wäre eifersüchtig auf sie, weil sie so jung und attraktiv sei, und dann lachten sie.

Und natürlich bekam Harry fast von jedem zu hören, wie glücklich er sein könne, eine so reizende, schöne Frau zu haben. Harry lächelte, lachte und gab bereitwillig zu, wie bezaubernd und voll sprühendem Leben sie sei, drückte dabei Lindas Hand oder nahm sie kurz in den Arm.

Eines der vielen Dinge, die Harry an Linda so liebte, war ihre Natürlichkeit, ihre innere Sicherheit, und an diesem Abend entzückte seine Frau ihn geradezu. Überaus anmutig ließ sie sich den verschiedenen Leuten vorstellen und machte während des Essens auf liebenswürdigste Weise Konversation, hörte aufmerksam dem zu, was andere sagten, stellte die angemessenen Fragen und machte die angemessenen Komplimente.

Die Tatsache, daß er selbst sich bei Tisch unter den vielen Leuten keineswegs wohl fühlte, brachte ihm all das erst so recht zum Bewußtsein. Er benahm sich korrekt, doch es bedeutete für ihn eine Anstrengung, da seine Gefühle im Widerstreit mit seinen Handlungen lagen.

Es erschien ihm sonderbar, daß ihm so zumute war, er war diesen Männern – und sogar einigen der Frauen – schon vorher begegnet, und wenn er mit ihnen am Konferenztisch saß, hatte er nie auch nur einen Augenblick lang Unbehagen verspürt, doch heute abend fühlte er sich äußerst unsicher und kribbelig, was durch seine Bemühungen, einen Grund dafür zu finden, nur noch schlimmer wurde, und je intensiver er nach den Gründen forschte, desto mehr verwirrten sich seine Empfindungen. Und so war der Teufelskreis geschlossen: Je unbehaglicher er sich fühlte, desto hartnäckiger versuchte er, die Ursache dafür zu ergründen, und je länger er das tat, desto unbehaglicher fühlte er sich. Also blieb ihm nichts übrig, als es zu ertragen, während sein angemessen lächelnder Mund die Worte sprach, die von ihm erwartet wurden.

Die Überraschung, die alle diese Empfindungen betäubte, war plötzlich da, als der Aufsichtsratsvorsitzende um Aufmerksamkeit bat und begann, sich über das Wachstum der Firma zu verbreiten und über die Aussichten für eine künftige stetige Weiterentwicklung nach oben – besonders auf dem Auslandsmarkt –, und er ging dazu über, den verschiedenen Leuten seinen Dank auszusprechen, jeweils mit einer dazugehörigen kleinen Anekdote, der das angemessene Kichern folgte, und dann hörte Harry seinen Namen und das angemessene Lächeln erschien auf seinem Gesicht, und dann der plötzliche Schreck, als er vernahm, daß er der neue

Vizepräsident sei, der jüngste Vizepräsident, den die Firma je gehabt habe.

Linda umklammerte seinen Arm, und er spürte, wie sie kaum noch stillsitzen konnte, oh, Schatz, wie wunderbar, das ist wirklich wunderbar, und sie gab ihm einen Kuß, und er erhob sich unter Beifall von seinem Stuhl und sagte einige angemessene Worte. Er dankte allen für ihre Liebenswürdigkeit und für die Ehre, die sie ihm erwiesen, und sagte ihnen, wie unbeirrt er an die Firma glaube und an das, was, wie er hoffe und wünsche, die Zukunft für sie alle bereithalte, und versicherte der Firma erneut seine Ergebenheit, und dann dankte er Wentworth für alles, was er für ihn getan hätte, schon seit er in die Firma eingetreten sei – Harry bemerkte das allgemeine Nicken und das zustimmende Lächeln –, und *last not least* wolle er seiner schönen, ihm zugetanen Frau danken, die ihm stets zur Seite gestanden habe und ihm ein nie erlahmender Ansporn gewesen sei (o Gott, hat die Flasche Davis das nicht auch gesagt? Wie geht's denn immer, Junior-Assi, hahahaha), nicht daß mir das immer gepaßt hätte – Harry sah seine Linda mit breitem Lächeln an, und die anderen lachten angemessen –, dankte noch einmal allen Anwesenden und setzte sich, während sie begeistert applaudierten und Linda ihn umarmte und küßte. Harry lachte und küßte seine Frau.

Die Glückwünsche und das Händeschütteln und Rückenklopfen und die Umarmungen und Küsse schienen Mr. und Mrs. White kein Ende zu nehmen, doch sie genossen es von ganzem Herzen, und als es zu Ende war, schien es nur Sekunden gedauert zu haben. Doch die Freude und die beglükkende Erregung klang in ihnen nach, während sie sich verabschiedeten und dann Hand in Hand nach Hause fuhren.

Harry saß auf der Couch, und Linda stand vor ihm und sah ihn mit einem warmen Lächeln in offensichtlichem Stolz an. Sie zitterte fast vor Freude und Stolz. O Harry, ich bin ja so aufgeregt, so schrecklich aufgeregt.

Harry lächelte und griff nach ihrer Hand, es fällt nicht ganz leicht, es zu glauben, wie? Wird wohl ein Weilchen dauern, bis ichs ganz begriffen habe.

Nun gut, sie setzte sich neben ihn, dann werde ich inzwischen meinem Mann einen Kuß geben. Sie saßen auf der Couch, plauderten, lachten, hielten Händchen und küßten sich und schwelgten in der Erinnerung an den aufregenden Abend.

10

O Gott, wie um Christi willen darf das wahr sein? Es muß ein Traum sein. Bitte, laß es ein Traum sein. Laß den Wecker läuten und ich steh auf und geh zur Arbeit. Und Harry versuchte, sich selbst zu wekken, während er in die geschlossenen Augen der Frau unter ihm sah und ihre Bewegungen, die Reaktion auf die seinen, und ihre Erregung spürte. Jesus, er hörte sie stöhnen. Im Traum hört man niemanden stöhnen, nicht wahr? Und er spürte ihr warmes Fleisch unter sich und er bewegte sich und wälzte sich auf ihr und stieß zu und spürte die Rundung ihres Hinterns an seinen Handflächen und sie stöhnte laut und lauter und er wollte aus dem Bett springen und davonrennen, konnte es aber nicht, und er schien als Zuschauer neben sich zu stehen, während er das Weib vögelte, und das durch die Jalousie dringende grelle Licht stieß die Vorstellung, es könnte ein Traum sein, zum Fenster hinaus, und er konnte den Versuch, die Wahrheit zu leugnen, nicht länger aufrechterhalten und er war allein und einsam, während er sie vögelte, und plötzlich erzitterten ihre Körper wie im Krampf und dann die plötzliche Stille und Unbeweglichkeit und er schloß die Augen und schüttelte den Kopf und spürte faulig-warme Übelkeit in sich wabern und rollte sich von ihr herunter und schloß sich rasch in der Duschkabine ein und drehte wie wild an den Hähnen und stand unbeweglich da, als das Wasser auf ihn herniederprasselte. Übergeben würde er sich wenigstens nicht, das wußte er. Aber er wußte auch, daß ihm zumute war, als würde es jede Sekunde passieren. Was sollte er tun? Wer war sie? O Gott, wie ist es bloß dazu gekommen? Er würde sich sehr beeilen müssen, um in seine Kleider zu kommen, während sie unter der Dusche war. Er mußte zurück ins Büro. Oh, Scheiße!

Er rieb sich trocken, schlang sich ein Handtuch um die Lenden und ging ins Zimmer zurück. Sie lag noch im Bett, das Laken bis zum Kinn heraufgezogen. Er fürchtete sich, sie anzusehen – er wußte, er würde sie nicht wiedererkennen –, wandte ihr jedoch sein Gesicht zu, während er seine Augen umherschweifen ließ. Sie lächelte, dreh dich um, damit ich aufstehen kann. *O Gott, und ob ich das tue. Nur zu gern, nur zu gern.* Er drehte sich um, und sobald er das Wasser rauschen hörte, zog er sich an und verließ leise den Raum und das Hotel. Er überquerte die Straße und betrat ein Warenhaus für den Fall, daß sie ihn auf irgendeine Weise beobachtet und wissen wolle, wo er arbeitet. Er durchquerte das Kaufhaus so schnell wie möglich und verließ es durch den entgegengesetzten Ausgang, um rasch an seinen Zufluchtsort – sein Büro – zu gelangen.

Wie konnte das bloß wieder passieren? Er hatte nicht vorgehabt, ein Weib aufzureißen. Es war verrückt. Behämmert. Völlig unbegreiflich. Er hatte das Büro vorzeitig verlassen, damit er allein essen konnte; aus irgendeinem Grund hatte er keine Lust gehabt, mit Walt und den andern zusammenzusein. Und dann vögelte er plötzlich irgendein Weib in einem Hotel. Völlig unbegreiflich. Wie zum Teufel hatte es dazu kommen können? Er war mit dem Fahrstuhl hinuntergefahren und auf die Straße gegangen und war um eine Ecke gebogen und war versehentlich gegen jemand gestoßen und hatte dann nach der Frau gegriffen, damit sie nicht hinfiel, und sich entschuldigt und gelächelt, und sie hatte gelächelt – und dann wälzt er sich auf ihr, während sie stöhnt. Es darf nicht wieder passieren. Es darf einfach nicht. Ich muß mich zusammennehmen. Selbstbeherrschung! Das ist die Antwort. Ich muß mich endlich beherrschen.

Die Selbstbeherrschung hielt eine Woche an, der Vorsatz nicht einmal so lange. Ein paar Tage aß er in der Mittagspause ein Sandwich in seinem Büro, nachdem er Walt und den andern gesagt hatte, er stecke mitten in einer Arbeit und wolle sie nicht unterbrechen, doch mit jedem Tag wurde der Wunsch, das Büro zu verlassen, stärker, bis zu dem Punkt, an dem seine Arbeit darunter zu leiden begann. Es kostete ihn große Anstrengung, sich zu konzentrieren, und dann stand er plötzlich von seinem Schreibtisch auf, ging zum Fenster und sah hinaus und fühlte sich gefangen. Nach einigen Tagen ging er mit Walt und Simmons zum Lunch. Es war ihm keine Ausrede eingefallen, mit der er ihre dringende Aufforderung hätte abwehren können. Doch er war auf der Hut und blieb die ganze Zeit mit ihnen zusammen, und nach dem Essen gingen sie gemeinsam ins Büro zurück.

Doch dann ertappte er sich dabei, wie er an Frauen dachte oder in der Tür seines Arbeitszimmers stand und seine Augen wandern ließ, während er sich schockartig der Frauenbeine und der verschiedenen Rocklängen bewußt wurde. Er konnte sich nicht daran erinnern, das je zuvor getan zu haben. Es schien, als habe er nie an Frauen gedacht. Auch nicht, bevor er heiratete. Anscheinend war immer die Tat dem Gedanken vorausgegangen. Er war mit Frauen umhergeschlendert, hatte mit ihnen geredet, mit ihnen getanzt, war mit ihnen ins Bett gegangen, doch er konnte sich nicht erinnern, je an sie gedacht zu haben. Er ging in sein Büro zurück und versuchte, dieses ganze dumme Zeug von sich zu schieben, und für eine Weile war die Arbeit das einzige, was ihn beschäftigte, doch bald wurde er sich der Tatsache bewußt, daß er an irgendein unbekanntes Weib dachte. Er versuchte, statt dessen an Linda zu denken, doch das war ihm irgendwie zuwider, und er kehrte zu seiner Arbeit und dem inneren Widerstreit zurück.

Er hielt es eine Woche aus, nicht einen Tag länger, da der innere Aufruhr, der Konflikt, in dem er sich befand, Formen annahm, die seine Arbeit behinderten – und das ängstigte ihn. Er konnte, wollte und würde nicht zulassen, daß irgend etwas seine Position bedrohte.

Diesmal wußte er, was er tun würde, und er nahm ohne Schwierigkeiten sein früheres Verhaltensmuster ganz bewußt wieder auf. Ja, die Mühelosigkeit, mit der es ihm gelang, dort anzuknüpfen, wo er aufgehört hatte, und einfach in die nächste Cafeteria zu schlendern, ein Weib aufzureißen und mit ihr in ein Hotel zu gehen und sie zu vögeln, verursachte ihm einen stechenden Schmerz, der ihm, während er an seinem Schreibtisch saß und daran dachte, wie ein kalter Stahl zwischen die Augen fuhr.

Zu Hause wurde es ein unbehaglicher, langweiliger, ermüdender Abend. Er war sich seines Verhaltens genau bewußt und fragte sich unablässig, ob er sich so verhielt wie immer. Er versuchte zu sprechen und sich zu geben wie sonst auch, war sich aber darüber im klaren, daß er irgendwie steif und unnatürlich wirkte. Und gleichgültig. Besonders im Bett. Einige Stunden vor dem Schlafengehen begann er über Kopfschmerzen und einen steifen Nacken zu klagen – Überarbeitung. Früh, doch nicht zu früh, lagen sie im Bett und das Licht wurde gelöscht, und er lag auf der Seite und der Tag war fast zu Ende, schließlich taumelte er hinüber in ruhelosen Schlaf.

Nach wie vor hielt er es höchstens eine Woche aus, ohne sich eine Frau anzulachen. Das Beängstigende daran war, daß er das als gegeben akzeptiert hatte, und freitags erfand er vor der Mittagspause irgendeine Entschuldigung, um allein essen gehen zu können. Kein Versuch mehr, dagegen anzukämpfen. Er teilte sich seine Arbeit einfach so ein, daß er freitags zu seiner ausgedehnten Mittagspause kam. Seitdem er diesen Entschluß gefaßt hatte, war er imstande, sich auf seine Arbeit zu konzentrieren.

Natürlich trieb er es nicht jeden Freitag mit irgendeiner Frau; aber das war auch nicht wichtig.

Wichtig war allein das Gewohnheitsmäßige, das Spiel, das ihn aus seiner anhaltenden Konfliktsituation befreite, so daß er sich auf seine Arbeit konzentrieren, sich in seiner Position behaupten und sich seinen Verantwortungen gewachsen zeigen konnte.

Und bald war er imstande, das als Teil seines Lebens hinzunehmen, wenn auch als einen Teil, der mit seinem übrigen Leben nichts zu tun hatte. Zu Hause fühlte er sich an den Freitagabenden oder an irgendwelchen anderen Abenden nicht mehr unbehaglich. Es war ihm offenbar möglich, nach Hause zu gehen und sich zu verhalten wie immer. Und warum auch nicht? Er tat nichts, was andere verheiratete Männer nicht auch taten, vor allem Männer aus seinen Kreisen. Und soweit er wußte, waren alle Frauen, die er sich anlachte, ebenfalls verheiratet. Er konnte sich nicht daran erinnern, daß er sich selbst je versprochen hätte, Linda treu zu sein, und wenn er es getan hatte, so war das töricht und ein Zeichen von Unreife gewesen …

Nun ja, vielleicht verspürte er zuweilen einen Stich, besonders wenn er sich mit einer Ausrede vor dem gemeinsamen Lunch drückte. Nicht daß sie ihm unbequeme Fragen gestellt oder ihm Vorwürfe gemacht hätten, er befürchtete auch keineswegs, daß man ihm nahelegen würde, seinen Hut zu nehmen, weil er sich freitags ein wenig Extrazeit gönnte – die Tage des kleinen Angestellten, der über seine Zeit Rechenschaft ablegen muß, waren vorbei –, dennoch hatte er das Gefühl, als stehle er der Firma die Zeit.

Was immer dieser Stich zu bedeuten hatte – er durfte ignoriert werden. Doch den Konflikt, der ihn innerlich zerriß und der seine Arbeit gefährdete, durfte er nicht ignorieren. Also redete er sich ein, die Vernunft gebiete ihm, diese neue Phase seines Lebens zu akzeptieren. Und mit der Zeit richtete er sich mit dieser neuen Gewohnheit, dieser neuen Phase, ganz behaglich ein. Bald schon wurde sie in einem Maße zu einem Bestandteil seines Lebens, daß er sie als selbstverständlich betrachtete, und sein Leben, sowohl im Büro wie zu Hause, floß geruhsam dahin.

Und dann, an einem Mittwochnachmittag, folgte er einer Frau in ein Warenhaus. Er beobachtete sie, wie sie sich BHs und Bikini-Slips ansah, und als ihm plötzlich klar wurde, was er tat, machte er abrupt kehrt und ging ins Büro zurück. Als er unbeweglich an seinem Schreibtisch saß, war ihm, als sei er in einem Wettrennen begriffen. Die Panik saß ihm für den Rest des Tages im Nakken, und er war unfähig, sich auf seine Arbeit zu konzentrieren. Das einzig ihm Bewußte war die Heftigkeit seiner Empfindungen, und die Unfähigkeit, diese Empfindungen im einzelnen zu analysieren, steigerte seine Panik.

Beim Abendessen an diesem Tag fragte Linda ihn, ob irgendwas nicht in Ordnung sei.

Nicht in Ordnung?

Na ja, ich meine nicht, daß du Schwierigkeiten hast oder so. Aber du kommst mir so nachdenklich und still vor. Ich weiß nicht, sie lehnte sich zurück und lachte, ob du heute wirklich so anders bist oder ob mir das nur so vorkommt, weil das Baby heute abend Ruhe gibt und wir ein bißchen Zeit für uns haben … in aller Ruhe.

Harry brachte ein mühsames Lächeln zustande. Also gut, ich habe daran gedacht, ob wir uns nicht ein Haus kaufen sollten.

Kommt das nicht ein bißchen plötzlich?

Eigentlich nicht. Der Gedanke geht mir schon eine ganze Weile im Kopf herum.

Mein Gott, Harry, das kommt so überraschend, sie lächelte, ich weiß gar nicht, was ich dazu sagen soll.

Mir scheint, es ist keine schlechte Idee.

Oh, ich protestiere nicht etwa, Liebling, und murre auch nicht, ich brauch nur ein paar Minuten Zeit, um mich an den Gedanken zu gewöhnen.

Ich hab mir gedacht, es wär vielleicht ganz hübsch, wenn wir ein bißchen Grün um uns hätten

... einen kleinen Garten oder sowas, wo du ein paar Blumen pflanzen könntest, und Harry junior hätte da seinen Auslauf, und du brauchtest dir keine Sorgen um ihn zu machen.

Das klingt wunderbar, ihr Lächeln verstärkte sich, ich hätte wirklich sehr gern einen kleinen Garten. Wo, in welcher Gegend ungefähr dachtest du denn?

Westchester. Man braucht gar nicht so weit aus der Stadt raus, um etwas Hübsches zu finden.

Je länger wir darüber reden, sie konnte kaum noch stillsitzen, desto mehr gefällt mir der Plan. Ich bin schon ganz aufgeregt.

Ich werde mich morgen mit ein paar Maklern in Verbindung setzen und hören, was es da so gibt.

An was für ein Haus hast du denn gedacht?

Ich weiß nicht. Ich glaube, darüber hab ich noch gar nicht nachgedacht.

Hoffentlich finden wir eines im Tudorstil. Die gefallen mir zu gut. Besonders mit ein paar Bäumen und Rosenbüschen und einem geschwungenen Gartenweg mit Maiglöckchen. O Harry, das wär zu schön.

Weißt du, mir ist es ziemlich gleichgültig, was für ne Art Haus es ist. Ich kann sowieso das eine nicht vom andern unterscheiden.

Linda sah ihn einen Augenblick an, bist du auch sicher, daß du ein Haus kaufen willst?

Natürlich. *Ich* hab doch davon angefangen, oder?

Ich weiß, Liebling, aber du scheinst nicht sehr begeistert von der Idee zu sein.

Doch, doch. Ich hab bloß im Augenblick den Kopf so voll, wieder bemühte Harry sich, das Lächeln von vorhin zustande zu bringen, sonst gar nichts. Und ich freue mich riesig, daß dir der Plan soviel Spaß zu machen scheint.

Das tut er, Liebling, wirklich. Aber wenn du es vielleicht doch nicht willst, macht mir das auch nichts aus. Ganz bestimmt nicht. Ich weiß doch, wie gern du diese Wohnung hast wie überhaupt Central Park West.

Ich weiß, Schatz. Aber mach dir deswegen keine Sorgen. Ich möchte umziehen. Glaube mir. Ich möchte wirklich umziehen.

Geld spielte keine Rolle, und so dauerte es nicht lange, bis sie genau das fanden, was sie haben wollten oder, um es genauer zu sagen, genau das, was Linda haben wollte, da Harry, ohnehin in diesen Dingen nicht allzu wählerisch, vor allem an einem Tapetenwechsel – im weitesten Sinne – lag.

Das Grundstück war fast einen halben Hektar groß, mit Obst- und Ahornbäumen, einer großen

Weide, dazu verschiede Sträucher und Büsche. Den geschwungenen Gartenweg oder einen sich windenden Bach gab es zwar nicht, doch im übrigen mehr, als Linda zu träumen gewagt hätte, und das Haus selbst übertraf jeden Traum. Als sie ihre Mutter anrief, um ihr davon zu berichten, brach diese wiederholt in Lachen aus und sagte ihr, sie solle sich doch erst mal beruhigen, du rennst mir ja davon wie ein Hase vorm Hund.

Aber es ist alles so wunderbar, Mom.

Jaja, Liebling, ich glaub dir ja. Es ist wunderbar.

Beide lachten, und Linda fuhr fort, das Haus und das Grundstück in allen Einzelheiten zu schildern.

Das endlose Warten, bis der Papierkram erledigt und die Übertragungsurkunde unterzeichnet war, war für Linda wahrscheinlich die spannungsgeladenste Zeit ihres Lebens. Jeden Abend wenn Harry nach Hause kam, fragte sie ihn, ob es etwas Neues in der Sache gäbe, und er schüttelte den Kopf und meinte, sie solle nicht so ungeduldig sein. Das braucht seine Zeit. Noch ein paar Wochen, und es hat sich alles geklärt.

Aber ich kanns kaum noch erwarten. Ich stelle mir blaue Vorhänge in Harry Juniors Zimmer entzükkend vor, du nicht auch? Und goldgelbe im Wohnzimmer, passend zu den Möbeln, und vielleicht –

He, nun mal langsam, er lachte und legte die Arme um sie. Du rennst ja im Kreis herum und machst den letzten Schritt vor dem ersten, und am Ende findest du gar nicht mehr durch.

Ach Harry, du Spinner, und sie schlang die Arme um seinen Hals und rieb ihre Nase gegen die seine, ich bin so aufgeregt, ich könnte platzen.

Ach, wirklich? Davon hab ich ja noch gar nichts gemerkt.

Harry war auf seine Weise ebenso aufgeregt wie Linda, wenn auch aus einem anderen Grund. Und es äußerte sich bei ihm auch anders, was letzten Endes der Grund für seine Erregung war. Lindas Überschwang wirkte zwar ansteckend auf ihn, doch der eigentliche Grund lag darin, daß sein jüngstes Verhaltensmuster durchbrochen war, daß er am Freitagnachmittag nicht mehr auf der Suche nach einer Frau durch die Straßen schlenderte, sondern die Mittagspause mit Walt und den andern verbrachte.

Überdies war sein Kopf von bestimmten Gedanken und schrecklichen Konflikten befreit, und sein Körper wurde nicht länger von jenen verwirrenden Empfindungen gequält. Er war innerlich frei und imstande, sich wie früher auf seine Arbeit zu konzentrieren, und er fühlte sich zu Hause nicht mehr unbehaglich und unsicher. Es schien, als liefe alles, wie es sollte.

Als der Makler ihm endlich mitteilte, das Haus gehöre nunmehr offiziell ihnen, wollte er gleich Linda anrufen, hielt jedoch mitten im Wählen inne. Er dachte sich, es wäre wohl besser, wenn er es ihr persönlich sagte, für den Fall, daß sie ohnmächtig wurde. Er lachte in sich hinein und unterbrach an diesem Nachmittag ab und zu seine Arbeit und schloß die Augen und lehnte sich in seinem Sessel zurück und dachte an den Abend und daran, wie Linda Freudensprünge machen und aufschreien würde, wenn er ihr sagte, daß sie nun Hausbesitzer seien, und als er sich die freudige Erregung seiner Frau in allen Einzelheiten vorstellte, durchflutete ihn ein nie gekanntes Glücksgefühl.

Fast eine Woche lang, vielleicht sogar länger – sie wußte es nicht genau –, enthielt sich Linda der Frage, ob Harry etwas Neues in der Sache gehört habe. Sie spürte: wenn sie nicht aufhörte, unablässig daran zu denken, würde dieser geplante Hauskauf mit allem Drum und Dran zur Zwangsvorstellung werden und sie den Verstand darüber verlieren. Und so wurde nicht mehr darüber gesprochen, und sie aßen zu Abend und plauderten, als Harry ganz *en passant* sagte, ach, übrigens, ich hab heute Bescheid von Ralph bekommen, das

Haus gehört uns, und dann steckte er sich ein Stück Kartoffel in den Mund und fragte, wie es ihrer Mutter ginge.

Linda starrte ihn einen Augenblick an und hätte fast geantwortet, ihrer Mutter ginge es gut, aber dann sprang sie plötzlich auf und saß auch schon auf Harrys Knien, alles im gleichen Augenblick. O Harry, wie wunderbar, sie umarmte und küßte ihn und drückte ihn immer wieder an sich, wie wunderbar. Es hat also geklappt. Oh, ich kann es kaum glauben. Wie wunderbar. Es gehört uns. Ich kann es nicht glauben. Ich kann es einfach nicht glauben, daß es wirklich uns gehört.

Und der Bank. Vergiß nicht den Kredit.

Ach, die Bank wird eines Tages auch dir gehören. Ich muß es Mom und Dad erzählen.

Das Haus in Schuß zu bringen und die Vorbereitungen zum Umzug waren, wenn auch natürlich auf andere Weise, ebenso aufregend wie die ersten Tage nach der Hochzeit (mein Gott, das liegt nun auch schon über zwei Jahre zurück). Was jetzt in ihrem gemeinsamen Leben geschah, zog beide in seinen erregenden Sog, und sie steigerten einander in immer größere Begeisterung hinein.

Schließlich kam der Tag, da das Haus soweit war, und der Umzug – um den Linda sich kümmerte, während Harry seiner Arbeit nachging –

fand statt. Als er an diesem Abend nach Hause kam, stand alles voller Kisten und Kästen, doch war bereits so viel ausgepackt worden, daß sie gemütlich essen und bequem schlafen konnten.

Harry überlegte sich, daß Linda jetzt, da sie beide kreditwürdige Vorortbewohner waren, einen eigenen Wagen brauchte. Also kaufte er als erstes einen zweiten Mercedes. Das zweite war, daß er dem Wooddale Country Club beitrat.

Obwohl Linda ständig damit beschäftigt war, irgendwelche Vorhaben in Haus und Garten in die Tat umzusetzen, hatte Harry sich schnell eingelebt und sich völlig an das neue Haus und an die Fahrt in die Stadt gewöhnt. Eine Weile lang zog Lindas nicht nachlassender Enthusiasmus auch ihn in den Bann, doch bald hatte er sich an die neuen Lebensumstände gewöhnt und wurde sich vage und ganz allmählich eines schleichend beunruhigenden Gefühls bewußt. Er spürte, wie ein unbestimmtes Wissen sich aus seinem Gedärm zum Hirn emportastete. Er versuchte, dieses Wissen zu ignorieren, doch es ließ sich nicht abweisen, und obwohl er es nicht genau definieren konnte, konnte er es auch nicht ignorieren, und es nagte unablässig an ihm, gleich einer in die Nebel der Vergangenheit gehüllten, unbesiegbaren Macht.

11

Inzwischen nahm Harry seinen Hang zu anderen Frauen gleichmütig und gelassen hin. Das war besser als der Kampf gegen diese zum Wahnsinn treibende Begierde, die das Blut durch seine Adern trieb. Zumindest gelang es ihm auf die Weise, sich auf seine Arbeit zu konzentrieren und die Kontrolle über das, was er tat, zu bewahren – eine seltsame Art von Kontrolle.

Eine Weile lang ging er gelegentlich nachmittags durch die Straßen, aber ohne sich die Frauen wirklich anzusehen – eher um sozusagen optische Stichproben zu machen. Doch schon bald war er fast jeden Nachmittag unterwegs und nahm die Frauen sehr genau aufs Korn, auf der Straße oder wenn er in ein Warenhaus schlenderte oder irgendwo saß und zerstreut seinen Lunch einnahm. Und es funktionierte. Indem er seiner Schwäche nur bis zu diesem Punkt nachgab, gelang es ihm, seine ihn beunruhigenden Empfindungen zu entschärfen und weiterhin ein normales Leben zu führen, im Büro wie zu Hause.

Doch bald ließ die Selbstkontrolle nach, und er befand sich wieder einmal nachmittags mit einer Frau in einem Hotelzimmer. Er rebellierte nicht und fragte sich auch nicht warum, sondern ging einfach unter die Dusche und zurück ins Büro und an die Arbeit. Und damit schien jener kleine Knoten in seinem Innern sich zufriedenzugeben – ungefähr vier Wochen lang, in denen er umherstreifte und Ausschau hielt oder mit Walt und den andern zum Essen ging.

Und obwohl er noch immer imstande war, seine Handlungen bis zu einem gewissen begrenzten Grade zu kontrollieren, hatte er die Kontrolle über seine Gedanken weitgehend verloren. Wenn er zum Beispiel auf dem Weg zum Büro im Zug saß und sich auf die Zeitung zu konzentrieren versuchte und dabei auf einen Artikel über die Kosten der medizinischen Versorgung stieß, ertappte er sich bei der Frage, wie sich ein Gynäkologe wohl verhielte, wenn er ein schönes Mädchen oder eine hübsche junge Frau untersuchte. Beugte er sich über sie und küßte sie, während er sie abtastete? War er während der Untersuchung mit ihr allein, oder war seine Helferin dabei – er krampfte die Finger um die Zeitung und öffnete die Augen, so weit er konnte, und starrte aus dem Fenster und versuchte, Gedanken und Bild aus seinem Hirn zu verbannen, doch das Rattern der Räder auf den Gleisen wurde unversehens zum sinnlichen Stöhnen einer Frau, und er sah im Geiste ein junges Mädchen auf dem gynäkologischen Stuhl, die Beine festgeschnallt, während Arzt und Helferin alles vorbereiten – wieder schob er die Vorstellung von sich und dachte an etwas anderes und schlug die Zeitung mit einem Ruck auf und ging noch einmal die endlosen Kolonnen der gestrigen Schlußnotierungen der Börse durch, um den Stand seiner Aktien festzustellen, und schließlich war er von dem Bild befreit, doch im Laufe des Tages tauchte es von Zeit zu Zeit unversehens wieder auf, und immer wieder bemühte er sich, es zu verscheuchen, und er ging in der Mittagspause nicht fort, sondern vergrub sich so tief in der Arbeit wie möglich, doch sobald er im Büro oder auf dem Nachhauseweg an Frauen vorüberging, starrte er auf das unsichtbare Dreieck zwischen ihren Beinen, und sie wurden zu wandelnden Mösen, und er verkrampfte sich innerlich so sehr, daß ihm die Knie weich wurden, doch schließlich erreichte er die Zuflucht seines Heims, wo er entspannen und sich frei fühlen durfte von den namen- und gesichtslosen Ängsten, die ihn neuerdings peinigten, und wo er das angemessene »Objekt« für seine Lust vorfand.

Linda bemerkte zwar die wechselnden Stimmungen ihres Mannes, erfaßte aber die Veränderung in ihm, die Anspannung eher gefühlsmäßig. Vielleicht gab es ein wenig mehr Schweigen und im ganzen eine gewisse Gedämpftheit, und natürlich fiel ihr der Unterschied im Bett besonders auf – die Art, wie sie miteinander schliefen oder nicht schliefen.

Da waren die Abende, an denen Harry ihr schon beim Essen deutlich zu verstehen gab, daß er einen anstrengenden Tag hinter sich hatte und müde war. Wenn sie dann schlafen gingen, spürte sie, wie verkrampft er war, und hätte gern die Hand nach ihm ausgestreckt und ihm gesagt, er brauche ihr nichts zu erklären, es mache ihr wirklich nichts aus, wenn er heute keine Lust habe. Doch sie fürchtete, das würde ihm peinlich sein, und so unterließ sie es und gab ihm nur einen Gutenachtkuß, ohne ihn zu liebkosen, wie sie es gern getan hätte, damit er abschalten konnte und die Ruhe fand, die er brauchte.

Und dann waren da die Abende, an denen Harry mehr oder weniger der alte war, nur daß sie spürte, daß er sich dazu zwang, und wie müde und abgespannt er auch aussah, er sagte nichts, und sie wußte, wenn sie nun zu Bett gingen, würde er unter dem psychischen Druck, der sich im Laufe des Tages bei ihm aufgestaut hatte, ein wenig ungestümer mit ihr schlafen als sonst. Und obwohl es sie insgeheim ein wenig verletzte, wenn sie merkte, daß Harrys Erregung nicht ausschließlich ihr galt, schwemmte die überwältigende Erregung, die er bei ihr auslöste, dieses Gefühl leiser Verletztheit mühelos fort. Mühelos deswegen, da sie nicht nur wußte, daß sie Harry liebte, sondern auch ohne jeden Zweifel wußte, daß er sie liebte, und wenn es je so schien, als bestünde ein Abstand zwischen ihnen, wußte sie, daß es etwas war, das rasch vorübergehen würde und lediglich auf Harrys Überarbeitung zurückging. Er ist eben ein sehr sensibler und begabter Mann, überempfindlich. Und schließlich ist er der jüngste Vizepräsident, den die Firma je gehabt hat, und man muß es ihm nachsehen, wenn er gelegentlich ein bißchen launisch ist. Das ist nur menschlich.

Lindas Tage waren überdies so ausgefüllt, daß sie weder Zeit noch Lust hatte, sich Probleme zu schaffen. Auf Harrys Drängen hin hatte sie zwar inzwischen eine Hausgehilfin für den ganzen Tag, weigerte sich aber, ein ständiges Dienstmädchen oder eine Köchin oder ein Kindermädchen für Harry jr. einzustellen. Sie war immer noch Ehefrau und Mutter und würde sich weiterhin selbst um das Wohl ihrer Familie kümmern. Und wenn auch ein Gärtner den Rasen mähte, die Bäume beschnitt und andere schwere Arbeiten für sie verrichtete, war es doch *ihr* Garten, und sie verbrachte dort viele glückliche Stunden mit Harry jr., der gerade anfing zu laufen, umhertorkelte und allerlei Laute von sich gab. Hinten im Garten stand eine Schaukel, und Linda nahm ihn auf den Schoß, sang ihm etwas vor, während sie sacht hin und her schaukelten. Er wuchs und gedieh und war Lindas kleiner Mann.

Als Harry das nächste Mal Gäste der Firma ausführen mußte, blieb er die ganze Nacht über in der Stadt. Er hatte es nicht vorgehabt, aber es geschah einfach. Er wälzte sich auf dem Bett mit einer der Public-Relations-Damen; er wußte, daß er den letzten Zug nach Hause noch erreichen konnte, wußte aber zugleich, daß er ihn nicht nehmen würde. Diese Entscheidung wurde ohne sein inneres Zutun getroffen, wurde ihm aufgezwungen, und er nahm sie hin, ohne sich dagegen zu wehren. Er empfand lediglich einen leichten Schreck.

Am folgenden Morgen saß er bereits vor halb neun bei geschlossener Tür an seinem Schreibtisch und versuchte wieder einmal zu entwirren, was geschehen und wie es geschehen war. Er empfand ein unbestimmtes Angstgefühl, gepaart mit leichter Übelkeit, und je länger er darüber nachdachte, je mehr Mühe er sich gab, zu verstehen, wie es zu alldem gekommen war, desto mehr verwirrten sich seine Gedanken und desto übler wurde ihm. Schließlich holte er tief Luft und rief Linda an. Er verspürte plötzlich ein Flattern in der Brust. Er preßte die Kiefer zusammen. Er murmelte so etwas wie ein Gebet. Er wollte um alles in der Welt etwas Passendes sagen, doch ihm fiel nichts ein. Hallo, wie gehts? Was zum Teufel ist denn das? Wie in Gottes Namen sollte er, so schlecht, wie ihm war, unbeschwert reden?

Hallo, Schatz, wie wars denn gestern?

(Ach du große Scheiße, er hörte das Lächeln in ihrer Stimme und seinen Sohn im Hintergrund.) Prima. Alles gut überstanden.

Das freut mich aber. Ich hab dich diese Nacht sehr vermißt.

Ich dich auch.

Kommst du heute abend zur üblichen Zeit nach Hause, Liebling?

Ja.

Das ist schön. Machs gut, Liebling. Ich liebe dich. Noch ein paar Worte hin und her, und sie legte auf.

Sie legte endlich auf. Endlich endlich endlich. Wie lange verdammtnochmal hatten sie miteinander gesprochen? Sekunden? Minuten? Zehntausend Menschenleben lang – JA JA. Ich weiß, es war die erste Nacht, die ich seit unserer Hochzeit außer Haus verbracht habe. Wofür hältst du mich, für irgendsonen beschissenen Rumtreiber? Laß mich in Ruh und behandle mich nicht wie einen Aussätzigen. Ich hab nichts getan, was nicht jeder andere in dieser Welt auch tut. Also hab mich gern.

So begann der Tag, und er setzte sich fort mit Harrys verzweifelten Versuchen, sich in seiner Arbeit zu verlieren; er bestellte sich ein Sandwich oder einen Apfel, damit er die verbotene Frucht essen und sich läutern konnte. Was zum Teufel ging hier eigentlich vor? Die Tür zu seinem Büro blieb geschlossen. Im Laufe des Tages begann er von Zeit zu Zeit am ganzen Körper zu zittern, doch das ging jedesmal rasch vorbei. O mein Gott!!!!

Arbeite. Arbeite. Bleib auf deinem Hintern sitzen und arbeite, und vergiß den ganzen Quatsch. Arbeite …

Auf diese Weise verging ein düsterer, nicht enden wollender Tag für Harry White.

Und

für Linda, Harry Whites Ehefrau, war der Tag

wechselnd bewölkt. Von Zeit zu Zeit spürte sie eine abgrundtiefe Traurigkeit bleischwer auf sich lasten, und sie hielt inne und runzelte die Stirn und versuchte zu verstehen, warum ihr plötzlich so elend zumute war. So war ihr seit ihrer Teenager-Zeit nicht zumute gewesen, und die schien ihr hundert Jahre her zu sein. Später hatte sie zwar manchmal unter leichten Depressionen und Einsamkeitsgefühlen gelitten, doch seit sie verheiratet war, nie mehr. Während sie so darüber nachdachte, wurde ihr immer deutlicher bewußt, wie sehr sie Harry liebte und wie wunderbar ihr gemeinsames Leben war. Sicher war sie nicht jeden Tag überschäumend guter Laune und die Liebenswürdigkeit in Person, doch Traurigkeit hatte in ihrem Leben mit Harry keinen Platz gehabt – bis heute.

Oh, aber ihre Niedergeschlagenheit war ja nur natürlich. Es war das erste Mal, daß Harry abends nicht nach Hause gekommen war. Andererseits hatte er kaum eine andere Möglichkeit gehabt. Diese Nachtfahrt ist kaum zumutbar. Nichts Ungewöhnliches also. Ungewöhnlicher war da schon, nach dem, was sie so las und hörte, daß zwei Menschen (eigentlich drei, Harry jr. mitgerechnet) so glücklich sein konnten, wie sie es waren. Drei Jahre Ehe, das war kein Rekord, auch heutzutage nicht, aber es schien nicht allzu viele Ehepaare zu geben, die so lange zusammenbleiben und dabei so glücklich blieben wie Harry und sie.

Und es lag nicht nur an dem schönen Haus oder dem Garten und auch nicht an Harry jr. – sie war schon so glücklich gewesen, bevor sie das Haus gekauft hatten und bevor Harry jr. da war. Ein Dauerzustand, so schien es, seit sie Harry begegnet war. Abgesehen natürlich von dem Abend, als sie ihn abgewiesen hatte und er dann gegangen war. Das war das letzte Mal, daß sie sich einsam gefühlt hatte, soweit sie sich erinnern konnte – in den langen Wochen, bevor er wieder anrief.

Er erregte sie. Schon der Gedanke an ihn hielt die Erregung wach. Und es war nicht nur die Erregung, die er ihr im Bett bereitete, obwohl sie ohne Zögern und mit Freuden zugegeben hätte, daß es eine Menge damit zu tun hatte und sie sich keinen besseren oder aufregenderen Liebhaber vorstellen konnte als Harry. Viele, viele Male dachte sie an ihre Beziehung und was es eigentlich an ihm war, das sie so glücklich machte, und obwohl immer auch etwas Irrationales dabei ist, das nicht erklärt oder auch nur isoliert gesehen werden kann, gab es an ihm vieles, das ihr teuer war.

Sie liebte sein Lachen. Nicht daß es besonders wohlklingend oder dergleichen gewesen wäre, es klang einfach nur so glücklich und zufrieden, als ginge es ihm rundherum gut. Sie bekam nasse Augen, wenn sie daran dachte. Oder wenn sie an seine Zärtlichkeiten dachte – wie er ihre Hand hielt oder wie er ihren Nacken oder ihre Schultern streichelte oder ihr Ohrläppchen küßte … Und wie er lächelte und wie er ihr mit dem Finger auf die Nasenspitze tippte, nur so, ohne besonderen Grund – und dabei lächelte. Sie schloß einen Moment die Augen und sah sein Lächeln und spürte seine Wärme …

Und hinter alldem spürte sie seine Kraft. Eine Kraft, die sich nicht in Worten ausdrückte, sondern seinen Handlungen und seiner ganzen Haltung innewohnte. Er kannte sein Ziel, er wußte den Weg. Nichts würde ihn aufhalten. Und sie wußte, daß sie, was auch geschähe, sich immer, immer auf ihn verlassen konnte, daß er immer dasein würde, um ihr die Kraft zu geben und die Stütze zu sein, die sie brauchte. Er war verläßlich, und er ließ sich nicht unterkriegen …

Je länger sie an ihn dachte, desto wärmer schien die Sonne, und als sie um die Mittagszeit Harry jr. fütterte, summte sie lächelnd vor sich hin und überlegte, was sie für Harry zum Abendessen vorbereiten solle.

12

Harrys Leben bestand nunmehr aus einer Reihe von kleinen Kompromissen und der Neubewertung ethischer Grundsätze und gewisser Situationen; er paßte sich dem Leben an und akzeptierte widerwillig jede Anpassung und die kleinen Lügen, die sie notwendig machte und die immer neue Anpassungen und neue Bewertungen erforderten. Und es waren nicht die ethischen und moralischen Grundsätze der Welt, mit denen Harry sich auf diese Weise arrangierte, sondern die eigenen. Hier lag die Ursache des Konflikts. Dies erzeugte den Schmerz.

Der schwierigste Aspekt in dieser Entwicklung, die Harrys Leben nahm, und zugleich die Ursache seiner Verwirrung war der Umstand, daß er die Realität dieser Kompromisse und kleinen Lügen sich selbst gegenüber leugnen mußte. Er mußte irgendwie daran festhalten, daß alles in Ordnung sei, daß alles durchaus normal und lediglich eine Folge seiner Überarbeitung sei.

Schließlich war er ein erfolgreicher Mann, angesehen in seinem Beruf, ein guter Familienvater, ein Mann mit beträchtlichen Mitteln – und dabei erst dreißig Jahre alt. Weder er selbst noch seine Kollegen hegten einen Zweifel daran, daß Harry eines Tages Millionär sein würde. Nicht den geringsten Zweifel. Wie konnte dann irgend etwas nicht in Ordnung sein?

Und er hatte eine wunderbare Familie, die er innig liebte, die ihm sehr viel bedeutete und die seine Liebe erwiderte. Wenn er abends nach Hause kam, lief sein Sohn (na ja, vielleicht stolperte er eher) ihm zur Begrüßung entgegen, und seine Frau hatte immer ein strahlendes Lächeln für ihn und umarmte und küßte ihn. Erfolg. Ja, er war in der Tat ein erfolgreicher Mann. Wie konnte dann irgend etwas nicht in Ordnung sein?

Das war gar nicht möglich. Für einen so jungen und erfolgreichen Mann wie Harry White konnte es keine wirklichen Probleme geben, und was auch immer Schuld trug an dem Ziehen und Zerren in ihm, an jener Verspanntheit, die ihm das Gefühl gab, er sei eine aufgezogene Stahlfeder, die jeden Augenblick zerspringen könne, würde sich mit der Zeit verlieren. Bis dahin war nichts dabei, wenn er sich gelegentlich eine Frau anlachte oder eine Nacht mit einer von diesen Public-Relations-Miezen verbrachte. Es verschaffte ihm Erleichterung, und allmählich gewöhnte er sich daran, mit jenem vagen Gefühl der Schuld und der Reue, das er am Morgen danach empfand, zu leben. Das Wichtigste war, zu verhindern, daß irgend etwas seine Arbeitsleistung beeinträchtigte, und eben das bewirkte jene Verspanntheit. Er war zu allem bereit, um diesen Spannungszustand abzubauen. Er *mußte* arbeiten können.

Und so folgte unausweichlich eine Anpassung und eine Lüge der andern, er blieb in der Stadt, auch wenn kein Geschäftsbesuch von auswärts auf dem Terminkalender stand – ein Vorwand, der ihm immer abgenommen wurde und der jederzeit zur Verfügung stand.

Doch jetzt erwies es sich als notwendig, immer häufiger in der Stadt zu bleiben. Die Selbstkontrolle schwand. Nach jeder neuen Lüge war er etwa einen Tag lang deprimiert, und es kostete ihn große Anstrengung, zu Hause nicht schweigend und mürrisch dazusitzen. Dann wurde er in seinem wechselhaften Leben wieder der alte, und das Leben zu Hause wie auch im Büro erschien normal, während seine Gefühlsregungen sich zu einem neuen Aufschwung rüsteten.

Aber dann unterlag sein Verhaltensmuster einer zeitlichen Veränderung, und weitere Anpassungen waren vonnöten, da die Depressionsphasen einander immer schneller folgten. Es kam die Woche, da

Harry feststellte, daß er schon zum zweitenmal in der Stadt geblieben war, und an diesem Abend kaufte er auf dem Nachhauseweg einen Philodendron mit gefächerten Blättern. Er wußte nicht genau warum, aber er verspürte den unwiderstehlichen Drang, die Pflanze zu erstehen. Sie war nicht eigentlich als Wiedergutmachung für sein Verhalten gedacht (mein Gott, für Linda mit ihrem Garten wäre das so gewesen, als verehrte man einem Eskimo Schneebälle), sondern einfach als kleine Aufmerksamkeit, als ein Geschenk ohne besonderen Anlaß.

Am nächsten Tag kam ihm die Pflanze in den Sinn und er kaufte ein Buch über Philodendronpflege. Während der Heimfahrt blätterte er darin und war fasziniert von der Vielzahl der Philodendron-Arten und verwandter Zimmerpflanzen. An diesem Wochenende kaufte er eine weitere Pflanze, diesmal eine kleinere.

Ich wußte gar nicht, daß du ein Blumenliebhaber bist, Schatz.

Ich auch nicht. Muß wohl ne plötzliche Macke sein oder was, er lächelte sie an. Vielleicht hab ich gedacht, wenn du draußen gärtnerst, mach ich das im Haus.

Leute, die zusammen gärtnern, bleiben auch zusammen.

Klingt gut.

Wir müssen nur aufpassen, daß unsere Daumen nicht allzu grün werden, man könnte uns in Quarantäne schicken.

Beide lachten, und Harry starrte die beiden Pflanzen an.

In der nächsten Woche brachte er wieder eine Pflanze nach Hause, eine Spinnenpflanze in einem schönen Keramiktopf, mit einer geknüpften Schnur zum Aufhängen.

Findest du nicht, daß sie sich hier vor dem Fenster großartig macht?

Doch, sehr gut. Die Schnur und der Topf sind sehr schön. Wo hast du sie gekauft?

Ja, und die Pflanze? Du wirst doch das *Chlorophytum* nicht kränken wollen.

Man könnte glauben, du wärst Botaniker.

Ich hab im Zug in meinem Buch gelesen, er lächelte. Ja also, in der Fifty-sixth Street gibts ein großes Blumengeschäft, und die haben auch eine unwahrscheinlich große Auswahl an Pflanzen und Ziertöpfen und allem, was dazugehört.

Also sowas, sie drückte seinen Arm, ich hätte nie gedacht, daß ich jemals ein Blumengeschäft als Scheidungsgrund ansehen würde.

Sie lachte, und beide spürten, wie der Druck, der aus unterschiedlichen, wenn auch ähnlichen Gründen auf ihnen lastete, von ihnen wich.

In der folgenden Woche kaufte Harry noch zwei Bücher und am Freitag eine weitere Hängepflanze samt Ziertopf und geknüpfter Schnur. An die Stelle seiner bisherigen Gewohnheit trat die neue, freitags eine Pflanze zu erstehen, und wieder einmal waren der seelische Druck und die Ängste verschwunden, da sich sein Interesse nun auf Pflanzen statt auf Frauen konzentrierte. In wenigen Monaten hingen vor jedem Fenster Pflanzen: *Columneas, Episcias,* efeublättrige Pelargonien und sogar *Gesnerias.* Auf dem Fußboden standen in einer Auswahl schöner Keramiktöpfe *Dieffenbachia picta, Ficus elastica, Ficus lyrata, Schefflera, Podocarpus, Cbamaedorea seifrizii* und andere Palmfarne und Philodendron mit gefächerten Blättern. Im Wohnzimmer krochen *Philodendron pertusum* und Efeu sogar an den Deckenbalken entlang.

Je mehr Pflanzen es mit der Zeit wurden, desto früher mußte Harry morgens aufstehen, um nach jeder einzelnen zu sehen und sich zu vergewissern, daß alles in Ordnung sei, und dafür zu sorgen, daß eine jede die erforderliche Menge an Licht und Wasser bekam, dazu mußte zur Luftbefeuchtung Wasser im Zimmer versprüht werden. Und im Zug las er in seinen Büchern neben dem *Wall Street Journal.*

Selbstverständlich kam er eines Tages auch mit einem Usambaraveilchen nach Hause. An diesem

Wochenende brachte er an einigen Fenstern für seine Usambaraveilchen Regale an. Bald gab es auch Wedgewood, Cambridge Pink, Dolly Dimple, Norseman, Lilian Jarrett, Wintergrün und Fleißiges Lieschen, mit geriffelten, buntgefleckten, schwarzgrünen und gekräuselten Blättern. Er kaufte Spezialbürsten zum Säubern der Blätter und zog aus Ablegern neue Pflanzen.

Als Pflanze um Pflanze ins Haus kam und die Zimmer allmählich der Dekoration zu einem Dschungelfilm glichen, staunte Linda zunächst nur, es bedeutete für sie nun zusätzliche Arbeit, zu verhindern, daß Harry jr. die Pflanzen umwarf oder in den großen Blumentöpfen grub. Aber das war die Sache wert. Harry erschien ihr weniger nervös und viel munterer, seit er seinem neuen Hobby nachging, und war wieder mehr oder weniger der alte Harry – nicht so launisch und teilnahmslos; und natürlich war sie selbst nun auch viel zufriedener. Daß er abends nicht mehr mit Kunden ausgehen und anschließend die Nacht über in der Stadt bleiben mußte, tat ein übriges. Da sie Pflanzen liebte, gab es für sie eigentlich keine wirklichen Schwierigkeiten, sich diesem neuesten Szenenwechsel anzupassen.

Weißt du, Lieber, noch ein paar Pflanzen mehr, und wir ersticken an zuviel Sauerstoff.

Bei all den Abgasen und der Umweltverschmutzung … wenn wir genügend Pflanzen haben, können wir uns von der Welt abschließen.

Ein Garten Eden?

Klar, warum nicht?

Endlich hörte Harry Gott sei Dank auf, Pflanzen zu kaufen, genau zur richtigen Zeit, wie es schien. Sie sahen wunderschön aus und gaben dem Haus zweifellos eine besondere Note, und daß Harry soviel Freude an ihnen hatte, machte wiederum Linda froh, doch glaubte sie nicht, auch nur noch *eine* unterbringen zu können.

In Harrys Terminplan gab es für weitere Pflanzen keinen Platz. Zuerst sah er in der Woche morgens nicht mehr nach ihnen, sondern unterzog sie nur abends einer kurzen Musterung und widmete ihnen dafür am Wochenende seine Aufmerksamkeit. Dann wurden die Gewächse auch abends nicht mehr beachtet, und er raffte sich nur sonntags dazu auf, sie zu gießen. Und auch dann nicht immer.

Und der seelische Druck und das Angstgefühl, jenes Wühlen im Gedärm und das Kribbeln in Armen und Beinen kamen wieder und wurden schlimmer. Er spürte, daß er sich von seiner Familie zu entfernen begann, und er kämpfte dagegen an, wußte jedoch nicht, welche Kampfmittel er einsetzen sollte, da der Feind ihm unbekannt war. Er kämpfte gegen die Verzerrung seines Mundes an und zwang ein Lächeln auf sein Gesicht und packte eines Sonntags seine Familie in den Wagen zu einer kleinen Ausfahrt. Es war ein klarer sonniger Tag, und Harry jr. saß in seinem Kindersitz und deutete mit dem Finger und stellte Fragen. Harrys innere Spannung löste sich, er hörte seinem Sohn zu, seiner Frau und ihrem Lachen und spürte die Wärme der Sonne auf seinem Gesicht.

Doch konnte er sich nicht so recht aufs Fahren konzentrieren. Es war, als würden andere Wagen, Fußgänger und Verkehrsampeln ihn stutzig und nervös machen. Dann wurde ihm klar, warum. Er sah die Frauen auf der Straße an oder die in anderen Wagen, aus dem Augenwinkel, damit Linda es nicht merkte. Er kämpfte mit aller Kraft dagegen an, aber es gelang ihm nicht, sich zu beherrschen. Der innere Kampf und das Schuldgefühl bereiteten ihm leichte Übelkeit. Er begriff nicht, was eigentlich los war. Warum blieb sein Blick nicht auf die Fahrbahn gerichtet? Er starrte geradeaus und bemühte sich verzweifelt, seinen Augen kein Abweichen zu gestatten, aber irgendein gottverdammtes Weibsstück mit nem Rock wie ner Arschmanschette überquerte die Straße, und er wußte instinktiv, daß sie auf ein schräg gegenüberliegendes Geschäft zusteuerte und daß er sich beeilen mußte, wenn er noch einen Blick auf diesen Arsch erhaschen und feststellen wollte, ob sie auch ein Paar anständige Titten hatte – ein erschrockener Blick zurück auf die Fahrbahn, und sobald sein gehetztes Gehirn registrierte, daß sich niemand vor ihm befand, schielte er aus dem Augenwinkel nach Linda, um festzustellen, ob sie seiner Blickrichtung gefolgt war, und dann sah er wieder auf die Fahrbahn (wenn ich jetzt einen anderen Wagen gerammt hätte), lieber Gott, er wurde noch verrückt, und er heftete den Blick wieder auf die Fahrbahn, und er hörte Linda und Harry jr., und er hörte sogar, wie er Antworten gab, und diese beiden Votzen kamen aus einem Geschäft und er konnte sie nicht richtig sehen und er fuhr langsamer in der Hoffnung, sie besser sehen zu können, aber die Scheißweiber schlichen dahin wie zwei Schnecken, und er wollte sie nicht aus den Augen verlieren, mußte sich aber vergewissern, daß Linda ihn nicht beobachtete, nun, da er langsamer fuhr, und mußte so tun, als wollte er etwas auf der anderen Straßenseite, auf Lindas Seite, sehen, um festzustellen, wohin sie gerade sah und der Augenblick schien günstig und er sah schnell zur anderen Seite, aber die blöden Weiber ließen sich immer noch jede Menge Zeit und schafften keine fünf Zentimeter in der Stunde Himmelherrgottnochmal und er würde wenden müssen und vielleicht konnte er sie dann richtig sehen, aber vorher mußte er sich vergewissern, daß Linda sich gerade mit Harry jr. abgab, und er wendete, und sie waren Spitze, die beiden, besonders, als der Wind ihnen das Kleid zwischen die Beine wehte und die eine trug keinen BH und er sah ihre Brustwarzen einen Kilometer vorstehen und ihre – Ein Wagen aus dem Nichts und Harry trat heftig auf die Bremse und sein Wagen geriet ins Schleudern und es war gar kein Wagen da und Linda schrie gellend auf, was ist passiert? und er versuchte, den Wagen wieder in die Gewalt zu bekommen als er sah, wie ein Wagen den seinen seitwärts rammte und Linda und Harry jr. waren ein blutiger Brei und er hörte ihre Schreie und fuhr an den Straßenrand und hielt …

und schloß die Augen und kämpfte gegen den heftigen Druck hinter seinen Augen an und gegen die Übelkeit, die sich in seinem Magen zusammenballte und nach seiner Kehle griff …

Linda sah ihn an, bestürzt und verwirrt von der Plötzlichkeit des Geschehens, daß sie überhaupt nicht verstand, warum es geschehen war.

Alles in Ordnung, Harry? Ist was passiert?

Nein, nichts, er schüttelte den Kopf, nichts passiert.

Was war denn? Plötzlich –

Ich weiß nicht.

Ist am Wagen irgendwas nicht in Ordnung?

Nein, er lehnte sich zurück und holte tief Atem. Ich glaube nicht. Ich bin mit dem Fuß abgerutscht. Alles okay. War n kleiner Schreck. Nichts weiter.

Ach, Gott sei Dank. Ich dachte schon, du hättest plötzlich irgendwo Schmerzen. Harry junior, sie lächelte schon wieder, hats jedenfalls genossen. Was der fürn Spaß gehabt hat. Er lacht immer noch, nicht wahr, Schätzchen?

Harry hörte den beiden zu und ließ kurze Zeit den Blick auf ihnen ruhen, und langsam wich die Angst von ihm und der innere Aufruhr legte sich und er lenkte den Wagen heimwärts. Er fuhr nun vorsichtig und zitterte innerlich, hatte jedoch weiter keine Schwierigkeiten und konnte sich mühelos aufs Fahren konzentrieren.

Später, am Nachmittag, saß er da und las die Zeitung, als Harry jr. plötzlich ein Spielzeug fallen ließ, und es riß ihn aus seinem Sessel hoch und er stieß mit dem Kopf an eine der Hängepflanzen. Ein leises, bösartiges Knurren, und er packte den Blumentopf und riß ihn mitsamt der Schnur vom Haken und schleuderte die Pflanze durch die offenstehende Tür.

Linda sah ihm sprachlos zu.

13

Am Montagabend blieb Harry in der Stadt. Schuldgefühl und Reue peinigten ihn zwar am nächsten Morgen, doch nicht so schlimm wie der ständige Kampf gegen die Begierde und jene vagen, unbestimmbaren Gefühle der Angst und Beklemmung und des drohenden Unheils. Und letzten Endes blieb ihm keine Wahl.

Die Pflanzen welkten und gingen ein, einige langsam, andere schneller. Linda hatte eine Zeitlang versucht, sie zu pflegen, doch schließlich war es ihr zu mühsam geworden, und auch sie kümmerte sich nicht mehr um die Gewächse und gab sich alle Mühe, dieses langsame Sterben zu übersehen und es Harry nicht zu verübeln.

Harry versuchte, die Pflanzen und ebenso die vielen Bücher, die er gekauft hatte, zu ignorieren, doch sein Schuldgefühl zog ihn immer wieder zu ihnen zurück. Dann widmete er sich eine Zeitlang der Pflege seiner Pflanzen, doch jedesmal überkam ihn lähmende Trägheit. Wenn er abends nach Hause kam, schien er sofort zu wissen – zu ahnen –, wie viele Blätter an diesem Tag abgestorben waren. Wo er auch hinsah, gleichgültig, wo im Hause er sich befand, er sah Braun. Braun Braun Braun – in tausend Abstufungen, in tausend Schattierungen, Braun.

Eines Morgens fiel ihm auf, daß Linda nicht lächelte. Er wußte nicht, ob das nur in diesem Augenblick so war, nur an diesem Morgen, oder ob sie vielleicht schon lange nicht mehr lächelte. Er hätte sie gern gefragt, ob irgendwas nicht in Ordnung sei, doch er hatte Angst. Er hatte Angst, daß sie es ihm sagen würde, und er wußte, es war seine Schuld – was auch immer es sein mochte. Ein paarmal hätte er die Frage fast herausgebracht, doch die Worte erstarben ihm auf der Zunge. Er konnte einfach nicht dasitzen und zuhören, wie sie ihm sagte, *was* nicht in Ordnung sei und daß er an dem Schmerz auf ihrem Gesicht und in ihrem Herzen Schuld trage.

Und sein Sohn …

O Jesus.

An diesem Vormittag unterbrach er seine Arbeit und die damit verbundenen Gedankengänge immer wieder, um den heutigen Morgen noch einmal an sich vorüberziehen zu lassen: Er ließ Linda lächeln, als er sie fragte, und ihm sagen, daß alles in Ordnung sei. Ich muß heute nacht schlecht gelegen haben, meine Schulter tut ein bißchen weh, sonst gar nichts, Liebling.

Kann ich bestimmt nichts für dich tun?

Ganz bestimmt.

Und sie lächelte ihn an und er legte seine Arme um sie und küßte sie und küßte Harry jr. und dann umarmte und küßte er Linda, seine liebe, liebe, schöne Frau, noch einmal.

Sein Tagtraum wurde durch einen Anruf von Walt unterbrochen. Er fragte, ob Harry mit ihm und Simmons lunchen wolle.

Vielen Dank, Walt, aber ich glaube, heute mal nicht. Er fühlte sich nicht im Gleichgewicht.

Ist was, Harry?

Aber nein, gar nichts … alles bestens, sein Herz hämmerte wie in Panik, und er fühlte sich ertappt.

Das klingt aber gar nicht so. Wir haben in letzter Zeit wenig von Ihnen gesehen.

Wissen Sie, Walt, ich hatte wirklich alle Hände voll zu tun mit dieser Landor-Sache, Harry war sich seiner schwankenden Stimme peinvoll bewußt.

Ja, ich weiß. Walt hatte offensichtlich seine Zweifel. Aber vergessen Sie nicht, wir sehen Landor morgen um eins.

Ja, ich weiß, Walt. Harry seufzte, bevor er auflegte, und fragte sich sofort, ob Walt es wohl gehört hatte oder ob er es auf irgendeine Weise mitkriegen konnte, selbst wenn der Hörer auf der Gabel lag. Er wandte dem Apparat den Rücken zu.

In der Mittagspause strich er durch Straßen und Kaufhäuser, doch es verschaffte ihm nicht die übliche Erleichterung. Er kam sich irgendwie auffällig vor. Fast, als lauere er jemandem auf. Er wußte, daß er sich diese Eskapaden auf die Dauer nicht leisten konnte, daß seine Position und seine Verpflichtungen es verboten, aber gleich jetzt konnte er nicht damit aufhören. Später.

Der Nachmittag war qualvoll. Er spürte seine Beinmuskeln zucken, und seine Haut schien ein Eigenleben zu führen. Ein Dutzend Male, vielleicht auch öfter, nahm er den Telefonhörer in die Hand, um Linda anzurufen und ihr zu sagen, daß er heute abend nicht nach Hause käme, doch er tat es nicht. Er kämpfte und kämpfte und der innere Zwiespalt drohte ihn bei lebendigem Leibe aufzufressen, so daß bis zum Abend nichts von ihm übrigbleiben würde. Die Schlacht tobte immer weiter, und jedesmal, wenn er die Hand nach dem Hörer ausstreckte, zwang er sich, ihn auf der Gabel liegenzulassen. Er mußte heute abend nach Hause fahren. Er mußte einfach. Er hatte das Gefühl, als sei es eine Sache auf Leben und Tod. Zumindest dieses eine Mal durfte er nicht kapitulieren. Er durfte einfach nicht.

Erst als der Zug an diesem Abend die Station verließ, begann Harrys Körper sich zu lockern; er hatte bis jetzt nicht bemerkt, wie unglaublich verkrampft er gewesen war. Als der Zug aus dem Tunnel hinausfuhr, spürte Harry, wie sein Körper gleichsam zerfiel, und plötzlich fürchtete er sich davor, einzuschlafen.

Beim Abendessen wurde sein Blick immer wieder von einer großen *Dieffenbachia* angezogen, die so verdorrt war, daß sie nun die gleiche Farbe aufwies wie die staubtrockene Erde im Topf. Während er weiteraß, nahm die verdammte Pflanze immer mehr Raum in seinem Bewußtsein ein, und seine Hand begann leise zu zittern, als er den häßlichen, giftigen Strunk ansah und sein Magen verknotete sich und seine Zähne schienen über das Essen herzufallen und er begann das Fleisch auf seinem Teller zu zerfetzen, bis er den Anblick der Scheißpflanze nicht mehr ertrug und aufsprang und auf das verdammte Ding mit dem Messer einhackte, abgehackt mußte es werden, bis an die Wurzel!!! auf dieses widerliche Ding einhackte hackte hackte hackte und an dem häßlichen braunen Zeug riß und drehte und dann das Messer in die Erde stieß, immer und immer wieder, bis er spürte, wie seine brennende Kehle sich zuschnürte und er taumelte zu einem Stuhl und dann saß er da, steif und starr, mit geschlossenen Augen und hängendem Kopf.

Er hörte, wie Harry jr. Linda fragte, warum Daddy die Pflanze kaputtgemacht hätte, und hörte das Zittern in Lindas Stimme, als sie versuchte, ihn zum Schweigen zu bringen und von dem, was geschehen war, abzulenken, sie wechselte das Thema und beruhigte ihn schließlich mit ein paar Löffeln Pudding.

Harry zitterte und bebte am ganzen Körper vor Wut und ihn fröstelte, und er fühlte sich vergiftet und irgendwie stand er den Abend durch, bis es Zeit war, schlafen zu gehen. Nachdem Linda Harry jr. gebadet und zu Bett gebracht hatte, kam sie zu Harry und legte ihm die Hand auf die Schulter und fragte, ob irgend etwas nicht in Ordnung sei. Er schüttelte den Kopf. Kann ich denn gar nichts für dich tun? Wieder schüttelte er den Kopf. Sie sah ihn einen Augenblick an, nahm dann langsam ihre Hand von seiner Schulter und verbrachte den Rest des Abends mit Lesen.

Es war kalt im Zimmer, Harry spürte es bis in die Knochen. Noch nie war ihm so kalt gewesen. Es war eisig, wie in einer Gruft. Und er fühlte sich nach wie vor vergiftet. Sie gingen zu Bett und Linda gab ihm einen Gutenachtkuß und er spürte ihre Unruhe und ihre Besorgnis und konnte doch nichts anderes tun, als sich tiefer in seine vergiftete Eiseskälte zu verkriechen.

Ihm war, als hätte er nicht eine Sekunde geschlafen oder daß ihm, falls er irgendwann eingeschlafen sein sollte, geträumt hätte, er wäre wach und bemühe sich so sehr einzuschlafen, daß er davon aufgewacht sei, womit der Teufelskreis geschlossen war. Als der Wecker morgens schrillte, fühlte er sich zerschlagen. Irgendwie schaffte er es, mit Linda zu reden, während er frühstückte und sie Harry jr. versorgte. Alles erschien ihm unscharf, verschwommen, aber er wußte, daß es Wirklichkeit war.

Als er an diesem Morgen zur Arbeit fuhr, schien das Rattern des Zuges zu sagen: wie blöd, wie blöd wie blöd wie blöd, es arbeitete sich vom Boden her seine Beine hinauf und immer höher, bis es in seinem Kopf hämmerte: WIE BLÖD! WIE BLÖD! WIE BLÖD! WIE BLÖD! WIE BLÖD!!!!

Jaa, ich bin blöd, das kann man wohl sagen. Ich hätte meinen Verstand gebrauchen sollen. Es war wirklich saublöd von mir. Ich hätte es wissen müssen. Nach all der Zeit ... man sollte glauben, daß ichs nun endlich wüßte. *Verdammt,* ist das lästig. Das ganze Haus durcheinandergebracht. Was Harry junior wohl denkt? Wahrscheinlich gar nichts. Aber Linda … mein Gott. Das darf nicht wieder passieren. Es darf einfach nicht. Ich hätte gestern abend nicht nach Hause fahren dürfen. Ich wußte es ja. Ich wußte, es ist ein Fehler. Ich hätte auf meine innere Stimme hören sollen. Vielleicht weiß ichs jetzt endlich. Das nächste Mal mach ichs anders. Ich weiß, was ich tun muß, wenn mir so ist.

Noch im Zug beschloß er, den Tag nicht in innerem Zwiespalt zu verbringen. Er würde sich in der Mittagspause einen kleinen Bummel gönnen. Nichts Besonderes, nur son bißchen gucken und sich die Beine vertreten, wie man so sagt. Er nickte sich selbst zustimmend zu, und als er ins Büro kam, machte er sich unverzüglich an die Arbeit und schaffte in ein paar Stunden fast so viel wie sonst an einem ganzen Tag. Um halb zwölf herum wurde er ein bißchen kribbelig, brach die Arbeit ab und stand einen Augenblick in der offenen Tür seines Arbeitszimmers, um zu sehen, wer sich in der Nähe aufhielt, ging dann durchs Großraumbüro, als sei er auf dem Weg zur Herrentoilette, wobei er umsichtig einen Bogen um Wentworths Arbeitszimmer schlug, ging dann die Treppe hinunter, ins darunter liegende Stockwerk, und fuhr mit dem Fahrstuhl nach unten.

Er hatte einen mehr oder weniger harmlosen kleinen Spaziergang im Sinn gehabt. Nicht daß er dabei den Blick starr auf den Boden vor seinen Füßen richten wollte, doch hatte er auch nicht die Absicht, lüstern nach jeder Frau zu schielen, die in sein Blickfeld geriet, oder sie gar anzustarren. Er hatte, soweit ihm das möglich war, gar keine Pläne. Nur so lange rumschlendern, bis die Verkrampfung und das Kribbeln nachgelassen hatten, und dann zurück zum Büro.

Er hatte nicht vorgehabt, mit diesem Weib, das er nun in den Hals biß, während er sie vögelte, ins Bett zu gehen. Er wußte, wie er dorthin geraten war, und zum Teil war es die Mühelosigkeit, mit der das Ganze vor sich gegangen war, was ihn so krank machte. Ein Lächeln, ein Hallo, ein Blick und ein paar Worte hin und her und sein Schwanz steckt bis ans Heft in ihrer überschäumenden Möse und sie packt ihn und klammert sich an ihn und stöhnt, als stünde das Jüngste Gericht vor der Tür. Und er kommt und es scheint kein Ende zu nehmen, wie er seinen Samen in dieses unersättliche Loch hineinpumpt und er wartet auf das gehobene Gefühl, auf jenes Gefühl der Erleichterung, das folgt, wenn sein Körper sich von mehr als nur von Samen befreit hat …

doch es tritt nicht ein. Seine bewährte, verläßliche Methode funktioniert nicht wie sonst, nicht, wie es sollte. Die innere Qual, das Schuldgefühl, die Selbstanklage, den Abscheu vor sich selbst und den Geschmack der Schändlichkeit im Mund – auf all das ist er gefaßt, aber zumindest war ihm danach körperlich immer wohler gewesen. Wenn nichts anderes, dann doch wenigstens das. Erlöst von den rostigen Blechdosen und zerbrochenen Flaschen, die ihm das Eingeweide zerrissen, von dem marternden Reißen und Zerren, das ihm die Brust zusammenschnürte und die Muskeln verkrampfte, so daß er nur noch schreien wollte, schreien schreien. Zumindest davon sollte er befreit sein.

Er lag auf dem Rücken und starrte wieder einmal an eine Zimmerdecke. Sie lag neben ihm. Immer noch in Fahrt. Er spürte in all seiner Qual ein unterschwelliges Drängen, zurück zum Büro zu hasten. Das schien auf irgendeine Weise sehr wichtig, fast ein Notstand zu sein, und er wollte aufstehen und machen, daß er hier rauskam, wie er das sonst auch getan hatte, aber er konnte sich nicht rühren. Er spürte, wie seine Kiefer sich immer fester aufeinanderpreßten, und hörte das Pressen und Knirschen und Splittern. Lieber Gott, war ihm schlecht. *Verdammt,* was war denn bloß los? Er hatte das Gefühl, er würde jeden Augenblick bersten und sich in seine Bestandteile auflösen. Es hatte nicht funktioniert. O lieber Gott, warum hat es nicht funktioniert? Ihm war, als sei sein Inneres mit Tränen gefüllt. Er konnte sie in sich schwappen hören. Er stand unter einem Druck, den er weder benennen noch verstehen konnte. Er wußte nur, daß dieser Druck ihn umbrachte, und das Gegenmittel wirkte nicht. In ihm schien eine Stimme zu wüten.

Er drehte sich auf die Seite und brachte die Stimme zum Schweigen, indem er sich den Mund mit einer Brust stopfte. Er saugte und knabberte und grub seine Hand in ihre feuchtwarme Möse, und sie schlang die Arme um ihn und preßte sich an ihn wie eine zweite Haut, bis er ihre Arme fortstieß und sie herumdrehte, auf den Bauch, und ihr seinen Schwanz in den Arsch rammte, und ihre Schreie und ihr Stöhnen wurden von dem Kissen erstickt, während er seine Pein in sie hineinzustoßen versuchte, und sie begegnete seinen Stößen mit ihrer eigenen heftigen Erregung, und er hatte das Gefühl, als würde sie ihm den Riemen dabei abbrechen, und er wollte aufhören, machte aber weiter, bis sie beide zitterten wie im Krampf, dem erzwungene Bewegungslosigkeit folgte, und er spürte, wie sich in seinem Körper langsam jene ersehnte, gesegnete Leere ausbreitete. Er spürte den Selbsthaß und den Abscheu in seinem Hirn fiebern und die Schändlichkeit in seiner Kehle brennen, aber das war es wert. Er war bereit, diesen Preis zu zahlen. Zumindest konnte er atmen. Zumindest ließ sein Körper ihn nicht mehr befürchten, den Verstand zu verlieren.

Das warme Wasser der Dusche tat gut. Gott, war das toll, es zu hören und zu spüren, wie es auf seinem Körper aufklatschte und an ihm hinunterfloß. Die Übelkeit zerrte an seiner Kehle, doch das behinderte ihn nicht wesentlich. Und im Augenblick konnte er seinem Hirn zubrüllen, das Maul zu halten. Ja genau, halts Maul! Schinde jemand anderen. Mich kriegst du nicht. Jetzt nicht. O Gott, tat das Wasser gut, es floß und floß und floß …

Und dann zurück an den Zufluchtsort, ins Büro. Sein Büro. Eine geschlossene Tür. Lieber Gott, eine Zuflucht. Arbeit. Arbeit! Seine geliebte Arbeit. Ein sicherer Hafen. Ein Raum für sich und etwas, worin man sich verlieren kann. Eine Freistatt!!!!

Aus! Vorbei! Wie nichts. Einen Augenblick lang so etwas wie Frieden, und eine sich öffnende Tür machte alles zunichte.

Wo zum Teufel haben Sie gesteckt, Harry?

Harry sah Wentworth an, blinzelte verwirrt und versuchte verzweifelt sich zurechtzufinden. Warum? Was ist los, Walt?

Was los ist? Von Landor! Klingelts jetzt? Um ein Uhr.

Von Landor???? Ach du große Scheiße, war das heute?

Ja, das war heute. Und jetzt ist es halb vier.

O Gott, er griff sich mit beiden Händen an den Kopf, ich habs vollkommen vergessen.

Offenbar. Aber wie zum Teufel können Sie so etwas vergessen? – Harry schüttelte den Kopf, während er Wentworth zuhörte – Das größte Geschäft, das die Firma je zustande gebracht hat. Monatelange Arbeit. Herrgottnochmal Harry, das ist doch *Ihr* Werk. Ihr Kind, sozusagen. Die Sache ist doch von Anfang an Ihr ganz persönliches Werk. Das Brillanteste an internationaler Übereinkunft, was ich je erlebt habe, was überhaupt jemand je erlebt hat. Sie haben das alles bis zur Unterschriftsreife ausgearbeitet, und dann erscheinen Sie plötzlich nicht zum letzten Akt. Ich hab Sie sogar gestern noch daran erinnert und –

Ich weiß, ich weiß, Walt. Ich hab da was durcheinandergebracht und –

Fühlen Sie sich schlecht? Sie sehen krank aus.

Was? Oh, nein, nein. Alles okay. Nur – ich weiß nicht, er schüttelte den Kopf, ich kann einfach nicht begreifen –

Hören Sie zu, von Landor ist noch im Waldorf. Da bleibt er noch ne Weile. Nachdem wir eine Zeitlang gewartet hatten, hab ich einen Anruf von Linda vorgetäuscht und ihm gesagt, Sie wären krank, würden aber trotzdem auf jeden Fall noch kommen.

Wie hat er darauf reagiert? Die Hände immer noch an den Schläfen, schüttelte er den Kopf.

Er hats gefressen. Wir brauchen uns keine großen Sorgen zu machen. Er legt ebenso großen Wert darauf wie wir, daß die Sache klappt. Gott sei Dank, daß Sie so ausgezeichnete Vorarbeit geleistet haben – aber lassen wir das. Kommen Sie, beeilen wir uns.

Ja, sofort. Wentworths Dringlichkeit bewirkte, daß er wieder klar denken konnte.

Meine Sekretärin soll ihn anrufen und sagen, daß wir unterwegs sind. Er rief seine Sekretärin an und gab ihr die entsprechende Anweisung, dann sah er Harry an. Wir werden keine Mühe haben, ihn davon zu überzeugen, daß Sie krank sind. Was fehlt Ihnen?

Harry zuckte die Achseln.

Schon gut, darüber können wir später reden.

Harrys Geschäftssinn übernahm die Führung, die nötigen Papiere waren in Sekundenschnelle zur Hand, und sie machten sich auf den Weg. Wentworth hatte sich nicht geirrt – nachdem er

Harry gesehen hatte, zweifelte von Landor keinen Augenblick daran, daß er krank sei.

Harrys Geschäftssinn schien ein Eigenleben zu haben und funktionierte tadellos, die Sache wurde rasch zum Abschluß gebracht, so daß von Landor noch genügend Zeit für seine Vorbereitungen zur Abreise blieb. Sie begleiteten ihn zu seiner Limousine, schüttelten ihm die Hand und sahen dem Wagen nach, der sich rasch im Straßenverkehr verlor. Wentworth strahlte übers ganze Gesicht und schlug Harry auf den Rücken. Was meinen Sie, gehn wir zurück, er nickte in Richtung des Hotels, und nehmen einen Drink? Das muß begossen werden. Harry nickte, und sie gingen wieder hinein, vorbei am lächelnden Portier.

Wentworth war aufgekratzt und sprudelnder Laune. Los, Harry, lächeln Sie doch um Gottes willen. Heute ist ein großer Tag. Dieses Geschäft wird uns Millionen einbringen. Millionen, Harry. Und das ist nur der Anfang. Nur der Anfang, Harry, und es ist *Ihr* Werk. Sie sollten sprudeln wie Champagner, Mann.

Ich weiß, Walt, aber ich bin zu müde zum Sprudeln.

In ein paar Wochen kommt von Landor wieder, und wir werden uns im Sitzungssaal versammeln und unsere Unterschriften auf die Verträge setzen.

Vielleicht werd ich dann sprudeln, ein schwacher Versuch zu lächeln.

Los, leeren Sie Ihr Glas, und es wird Ihnen gleich besser gehen. Wentworth gab dem Barmixer einen Wink, daß er zwei weitere Drinks wünsche. Eine kleine Feier muß in diesem Falle schon sein. Sie müssen mal ausspannen. Ich seh es Ihnen an. Sie haben zu hart gearbeitet. Wir werden heute abend zusammen ausgehen, und ich werd Ihnen dabei helfen, sich zu entspannen. Was meinen Sie dazu, alter Junge?

Harry nickte.

Prima, er klopfte Harry auf die Schulter und nahm das auf der Theke liegende Kleingeld an sich. Ich ruf jetzt n paar … n paar Entspannerinnen an.

Harry sah ihm nach. Ekel stieg in ihm hoch. Er war sich auf die deprimierendste Weise der Tatsache bewußt, daß es von seiner Seite aus nicht den geringsten Widerstand gegen Wentworths Vorschlag gegeben hatte. Er hatte kapituliert, bevor es ein Verlangen oder auch nur eine Andeutung von Begierde gab, bevor eine dringende Notwendigkeit bestand. Er empfand ein Gefühl des Verlustes, ein Gefühl der abgrundtiefen Trauer und des unwiederbringlichen Verlustes.

14

Eines Tages schaffte Linda alle Pflanzen aus dem Haus. Eine Zeitlang hatte sie die schwache Hoffnung gehegt, ihr Vorhandensein würde Harrys Interesse an den Gewächsen wiederaufleben lassen, doch diese Hoffnung welkte mit den Blättern dahin. Jeden Morgen waren eine oder zwei endgültig hinüber, und Linda brachte sie in einer Ecke der Garage unter. Schließlich waren sie alle eingegangen und stapelten sich in der Ecke, daneben die geknüpften Hängeschnüre.

Noch Wochen nachdem die letzte Pflanze in die Garage gebracht worden war, suchte sie im Haus nach einer Spur von Grün oder zumindest einer Erinnerung an die Gewächse und wurde sich ihres Fehlens schmerzlich bewußt.

Ebenfalls bewußt wurde ihr, als die Zeit verging, daß sie sich immer mehr von Harrys Launen und Stimmungen beeinflussen ließ. Sie spürte, wie sein emotionales Pendel sie aufrichtete oder niederdrückte. Sie versuchte mit aller Kraft, sich dem zu widersetzen, doch immer wieder fand sie sich im Sog seines emotionellen Kielwassers wieder.

Linda konnte sich Harrys sonderbares Benehmen und seine Stimmungsumschwünge auf keine Weise erklären, und lange Zeit bemühte sie sich darüber hinwegzusehen in der Hoffnung, daß das, was da nicht stimmte, sich von selbst geben würde. Doch nun, da seine Launen bei ihr eine so nachteilige Wirkung zeitigten, hatte sie das Gefühl, etwas tun zu müssen, wußte jedoch nicht was. Sie liebte ihren Mann und hatte den unerschütterlichen Glauben an seine Liebe zu ihr, doch dieses Gefühl der Hoffnungslosigkeit war unerträglich. Sie hätte ihm so gern geholfen, aber wie? Jedesmal wenn sie einen Anlauf nahm und ihn fragte, was denn los sei, ob ihm etwas fehle und ob sie etwas für ihn tun könne, sagte er immer nein, alles sei in Ordnung, er sei bloß überarbeitet. Manchmal fügte er hinzu, es tue ihm leid, wenn er ihr Sorgen bereite, und er legte seine Arme um sie und drückte sie an sich und küßte sie. Dann ließ sie sich von seinen beruhigenden Versicherungen und Zärtlichkeiten einlullen und vergaß alles, bis seine Stimmung das nächste Mal auf den Nullpunkt sank und sie mit sich zog.

Ab und zu versuchte Linda herauszufinden, wann all das begonnen hatte, um auf diese Weise die Ursache zu ergründen, doch das erwies sich als unmöglich. Es schien stufenweise und so unmerklich vor sich gegangen zu sein, daß es nicht möglich war, von einem bestimmten Zeitpunkt zu sagen: Ja, hier hat es angefangen, und dann zu rekonstruieren, was sich in diesem bestimmten Zeitraum sonst noch ereignet hatte, um die Ursache zu finden und damit die Antwort. Manchmal konnte sie sich nicht einmal mehr vorstellen, daß es auch andere Zeiten gegeben hatte, doch dann dachte sie an die ersten drei oder vier Jahre ihrer Ehe und wie anders Harry damals gewesen war. Wie er fast immer Zufriedenheit und Unbeschwertheit ausgestrahlt hatte – ja, Sorglosigkeit. Trotzdem gelang es ihr nicht, den Unterschied zwischen damals und heute genau zu präzisieren. Abgesehen natürlich von den plötzlichen Wutanfällen und depressiven Stimmungen, wenn er tagelang fast kein Wort sprach und ihr zuweilen das vage, doch unabweisbare Gefühl gab, er entschuldige sich für seine Existenz. Als wolle er durch sein Tun und Lassen, durch sein ganzes Verhalten ständig ausdrücken: Es tut mir leid.

Doch diese Grübeleien mußte sie aus ihrem Kopf verbannen, da sie nur Verwirrung stifteten und zu nichts führten. Sie konnte einfach keinen Grund finden, der sie hätte glauben machen können, daß irgend etwas von diesen Dingen wirklich wahr sei.

Und doch stiegen diese unbestimmten, unbehaglichen Empfindungen von Zeit zu Zeit in ihr auf und sie begann erneut zu grübeln, und es endete damit, daß sie daran dachte, wie sehr sie ihn liebte, und an sein liebevolles Verhalten ihr und Harry jr. gegenüber. Schließlich kehrte sie immer wieder zu der feststehenden, unbestreitbaren Tatsache zurück, daß sie einander von ganzem Herzen liebten und letzten Endes alles wieder in Ordnung kommen würde.

In der Zwischenzeit hatte sich allerdings noch eine andere unbestreitbare Tatsache ergeben – sie mußte mit jemandem reden. Geraume Weile versuchte diese Erkenntnis sich in ihrem Bewußtsein zu manifestieren, doch solange es ihr gelang, zu glauben, daß es kein ernstes Problem gab, gab es auch nichts zu bereden. Aber mit zunehmender Bereitschaft, ein bestehendes Problem anzuerkennen, wuchs auch ihre Not. Während sie noch überlegte, mit wem sie reden könne – sie konnte nicht irgend jemanden damit behelligen –, löste die Frage sich auf die einfachste Weise, indem eines Tages ihre Mutter anrief. Nach der Begrüßung erkundigte sie sich nach Lindas Ergehen. Und wie gehts Harry?

Gut.

Nein, ich meine, wie gehts ihm *wirklich*?

Wieso? Das hört sich so ernst an.

Ja, Liebling, das ist es auch. Immer wenn ich mich nach ihm erkundige, habe ich das Gefühl, daß du irgend etwas vor mir verbirgst, auch deine Stimme klang in letzter Zeit so verändert. Also, wenn irgend etwas nicht stimmt und du mir nicht –

Aber nein, Mom, es ist nichts –

Du weißt, daß ich mich nicht in das Leben meiner Kinder einmischen will, und wenn –

Das weiß ich, Mutter, ich empfinde es auch nicht als Einmischung, wirklich nicht.

Na schön, aber wenn du es doch so empfinden solltest, dann sag es mir einfach und ich –

Nein, Mom, ehrlich ... aber du hast recht, es stimmt etwas nicht – aber nicht zwischen Harry und mir. Ich weiß einfach nicht, was es ist.

Ist er krank, Liebling? Wann hat er sich das letzte Mal gründlich untersuchen lassen?

Ich weiß nicht – nein, ich glaube nicht. Aber genau weiß ich es nicht.

Na schön, aber was ist es dann?

Das ist es ja gerade, Mom, ich weiß es nicht. Manchmal scheint es ihm gutzugehen, aber dann kriegt er plötzlich schlechte Laune und wird zappelig und nervös und ist irgendwie so ... na ja, so geistesabwesend. Ich weiß nicht genau, wie ich es dir erklären soll, Mom. Es ist mehr so ein Gefühl. Wie ich schon sagte, er ist manchmal etwas reizbar – nicht aggressiv oder so, bitte versteh mich da nicht falsch –, es gibt eigentlich nichts, was ich ihm vorwerfen könnte.

Ich verstehe, wie dir zumute ist, Liebling, aber du brauchst ihn vor mir nicht in Schutz zu nehmen. Ich werde ihn nicht verurteilen, er ist schließlich auch nur ein Mensch.

Beide lachten, und Linda spürte, wie der Druck, der auf ihr lastete, langsam wich. Ich habe auch nicht geglaubt, daß du ihn angreifen würdest, Mutter, ich wollte bloß nicht –

Ich weiß, Liebling, daß irgend jemand annehmen könnte, mit dem vollkommenen Mann, den du geheiratet hast, wäre irgend etwas nicht in Ordnung.

Wieder lachten beide, und diesmal kam Linda das Lachen von Herzen, und es tat ihr wohl. Ja, Mom, du hast recht.

Weißt du, Liebling, ich bin schon so lange mit deinem Vater verheiratet, daß mans eigentlich gar nicht laut sagen darf – aber es waren schöne, glückliche Jahre, mit kleinen Ausnahmen, denn *immer* war unser Zusammenleben auch nicht friedlich und heiter. Dein lieber Vater ist manchmal ein richtiger Brummbär, dann schreit und tobt er und – also manchmal ist er, gelinde ausgedrückt, einfach ein Scheißkerl.

Linda brach in befreiendes, schallendes Gelächter aus und konnte sich kaum beruhigen. Ach, Mom, sie kicherte immer noch, du bist schrecklich.

Ich sags, wie es ist, um die heutige Jugend zu zitieren. Aber wie dem auch sei – habt ihr euch vielleicht gestritten, Liebling? Oder gibt es da …

Nein, Mom, ehrlich. Nichts dergleichen. Um ganz offen zu sein, ich weiß nicht, was los ist. Er ist einfach nicht mehr der alte Harry. Das ist so ziemlich alles, was ich weiß.

Wann seid ihr zum letztenmal allein gewesen?

Vor ein paar Wochen, da waren wir im Kino.

Nein, ich meine verreist, irgendwohin. Nur ihr beide.

O Gott, das weiß ich nicht. Ich glaube, das ist –

Wenn du erst überlegen mußt, ist es jedenfalls zu lange her.

Linda lachte in sich hinein, heiter und fröhlich. Das klingt aber ziemlich nach handgestrickter Philosophie.

Das mag schon sein, meine Liebe, aber so sorgt man dafür, daß der Laden läuft, wie er soll, nun lachten sie wieder beide. Ich finde jedenfalls, ihr solltet das tun. Irgendwohin fahren, wo ihr noch nicht gewesen seid, und so weit weg, daß ihr in eine völlig neue Umgebung kommt.

Das klingt herrlich, Mom. Wirklich. Ich fühle es geradezu, daß du recht hast.

Und nicht zu lange warten, Liebling, je eher, desto besser.

Okay, Mom, gut, ich werds bei der ersten Gelegenheit anbringen.

Den Rest des Tages dachte Linda darüber nach, wohin sie wohl reisen könnten, und als ein kalter grauer Regen einsetzte und sie zufällig in der *Times* vom letzten Sonntag auf eine Anzeige vom *Jamaican Tourist Bureau* stieß, wußte sie, wohin sie wollte, und die Jahreszeit schien dafür wie geschaffen. Sie legte das ganzseitige Bild aus dem sonnigen Jamaica oben auf den Zeitungsstapel.

Als Harry nach Hause gekommen war und sich die Nässe von den Kleidern geschüttelt und es sich in einem Sessel bequem gemacht hatte, hielt sie ihm das Inserat hin, bevor er Gelegenheit fand, einer Stimmung, welcher auch immer, nachzugeben.

Sieht wunderbar aus, nicht?

Ja. An einem Tag wie heute würde sogar Miami Beach wunderbar aussehen.

Sie lachte, so schlimm find ich das Wetter nun wieder nicht. Aber ich hab eine Idee.

Ja?

Warum fliegen wir eigentlich nicht zusammen – nur du und ich – für ein paar Tage dorthin? Weißer Sandstrand –

Wie? Was?

Blauer Himmel, smaragdgrünes Meer –

Wovon redest du eigentlich?

Von Jamaica. Nur wir beide allein. Dämmerts dir jetzt?

Wie stellst du dir das vor? Ich muß arbeiten, und dann ist da noch Harry junior und –

– und gar nichts, sie setzte sich auf seine Knie und legte die Arme um seinen Hals. Mutter wäre begeistert, wenn sie für Harry sorgen dürfte –

Wessen Mutter?

Beide, deine und meine. Sie sind beide ganz verrückt nach ihrem ersten Enkelkind. Ach Schatz, laß uns das doch tun. Du kannst dir doch bestimmt einen oder zwei Tage frei nehmen. Ich weiß schon gar nicht mehr, wann wir das letzte Mal allein zusammen waren. Was meinst du?

Ja, also … ich weiß nicht. Ich –

Bitte … Sag ja … Wir brauchen ein paar Tage für uns allein. Wirklich.

Harry sah in das lächelnde Gesicht seiner Frau und in ihre strahlenden Augen und legte die Arme um sie und wollte sein Gesicht an ihrem Hals bergen und weinen … nichts als weinen. Weinen und ihr immer wieder sagen, daß er sie liebe und daß es ihm leid tue und Gott sei sein Zeuge, daß er sie liebe und ihr keinen Schmerz bereiten wolle. Sie zog ihn an sich und spürte seinen warmen Atem an ihrem Hals. Er schluckte seine Tränen hinunter und spürte sie in seinem Magen brennen. Okay, Liebling, ich werde morgen alles Nötige erledigen. Wir fliegen am Freitag. Er umarmte sie wieder und versuchte zu hoffen, daß weißer Sand, blauer Himmel und smaragdgrüne See das, was da in ihm sein Wesen trieb, töten würde.

Die wenigen Tage vor ihrer Abreise waren für ihn eine nervenaufreibende Qual. Er wünschte sich verzweifelt, mit Linda allein zu sein und jenes schwer zu fassende Etwas wiederzuerlangen, das, wie er spürte, ihm zu entgleiten drohte, und fürchtete sich gleichzeitig davor, es völlig zu zerstören. Was würde er tun, wenn dieser verrückte (wirklich verrückt??? Nein, nur eine Redensart, was sollte man sonst sagen?) Drang ihn dort überkam? Hier war er sicher. Er konnte sich mühelos Erleichterung verschaffen, ohne daß jemand (Linda) etwas davon erfuhr. Doch was machte er auf irgendeiner blöden kleinen Insel? Wo sollte er hingehen? Welche Ausrede sollte er erfinden? Wie sollte er es geheimhalten? Das Ganze schien unmöglich. Es gab einfach keine Möglichkeit, vier unendlich lange Tage und Nächte auf dieser miesen kleinen Insel zu verbringen, ohne knallverrückt zu werden oder seine Ehe zu zerstören ... Lieber Gott, das wollte er doch auf keinen Fall. Er wollte seine Familie nicht verlieren. Er würde sterben ohne sie. Das wußte er genau. Was um Himmels willen sollte er bloß tun? Er konnte die Sache nicht rückgängig machen, Linda hatte sich schon ganz darauf eingestellt. Sie sprudelte förmlich vor guter Laune und machte sich quecksilbrig im ganzen Haus zu schaffen. Er wußte nicht warum und wieso, aber es war deutlich zu sehen, welches Gewicht diese kleine Reise für sie hatte. Es gab kein Zurück. Lokomotive und Prellbock. Er konnte nur beten, daß er den Trip lebend überstand.

Als sie das erste Mal an den Strand gingen, krampfte ein so eisiger Schauer Harrys Eingeweide zusammen, daß die entsetzliche Übelkeit, die ihm fast den Atem benahm, das einzige war, was ihn davon abhielt, so schnell wie möglich zum Hotel zurückzugehen. Er taumelte, blieb dann abrupt stehen und schwankte einen Augenblick hin und her.

Ist was, Schatz?

Wie? Oh, nein, nichts. Es … es ist bloß so hell, ich konnte plötzlich nichts sehen.

Dann nimm doch lieber deine Sonnenbrille, hier.

Danke, er setzte die Brille auf, und sie gingen weiter, aufs Wasser zu. So, das ist nah genug, finde ich.

Wie du meinst, Liebling, sie ließ ihre Sachen auf den Sand fallen und machte sich bereit, ins Wasser zu gehen. Ist es nicht herrlich? – Harry nickte – ich kanns kaum erwarten, im Wasser zu sein. Komm schon, du Trödelheini.

Geh nur schon vor. Ich bleibe noch eine Minute hier sitzen.

Okay. Schmilz mir aber nicht weg, und sie rannte zum Wasser, warf sich kopfüber in die Brandung und winkte Harry zu.

Harry winkte, nach Atem ringend, zurück. Er kam sich vor wie in Schweiß gebadet. Er verstand nicht, was zum Teufel mit ihm los war. Körper und Hirn wurden von den unterschiedlichsten Empfindungen bestürmt, und das einzige, was sein Bewußtsein aufzunehmen bereit war, schienen die verdammten Weiber in ihren Bikinis zu sein. Er wußte, oder wenigstens ein Teil von ihm wußte, daß der Strand nicht überfüllt war, also nicht mehr als etwa hundert Frauen anwesend sein konnten. Das sah er ganz deutlich. Doch das war es nicht, was er aufnahm. Er sah nur lange Beine und runde Hintern und Brüste, die aussahen, als wollten sie ihre ohnehin kaum vorhandenen Fesseln sprengen, und die sanfte Rundung des Fleisches unterhalb des Nabels, das in der Sonne glänzte und schimmerte, und dann den unwahrscheinlichen, sich wölbenden Venusberg und die winzigen, glitzernden Härchen, die zu vibrieren und einladend zu winken schienen, und Harrys Gedärm verkrampfte sich immer mehr, während er, die Arme um die hochgezogenen Knie geschlungen, auf die er das Kinn stützte, da saß und all die Votzen anstarrte, die sich mit schaukelnden, wippenden Hüften aus dem Wasser und über den Sandstrand schlängelten, und Kälteschauer schüttelten ihn, während der Schweiß ihm langsam übers Gesicht floß ...

Er hörte Lindas Stimme, als sie sich, ihm zuwinkend, langsam näherte; das Wasser floß glitzernd an ihrem Körper hinunter auf den grell funkelnden Sand. Er starrte auf ihre schwingenden Hüften, als sie auf ihn zukam, und als sie sich nach ihrem Handtuch bückte, schielte er auf ihre Brustwarzen, und während sie sich rasch und energisch trockenrieb, starrte er auf die Innenseite ihrer Oberschenkel.

Das war ganz wunderbar. Phantastisch. Du mußt ins Wasser gehen, Harry, du mußt einfach. Das weckt so richtig die Lebensgeister.

Das ist nicht das einzige, was die Lebensgeister weckt, er zog sie neben sich auf den Boden und legte die Arme um sie und küßte ihren Hals.

Paß auf, Harry, sie gab sich seinen Zärtlichkeiten hin, du machst mich ganz voll Sand.

Na wenn schon. Da gehst du nachher einfach unter die Dusche. Ich bin auch voll Sand. Komm, laß uns gehen.

Harry verschaffte Linda jedesmal orgastische Höhenflüge, wenn er mit ihr schlief, doch spürte sie bei all ihrer Erregung eine Art Verzweiflung in ihm. Es kostete sie keine große Mühe, diese Erkenntnis zu verdrängen, da sie sie seinem inneren Spannungszustand zuschrieb. Und da Harry mit jedem Tag ein wenig selbstverständlicher und lockerer wurde, war sie davon überzeugt, daß sie recht hatte.

Sie schliefen oft miteinander, am Tag und in der Nacht, wobei Linda besonders die Liebe am Tage genoß, denn das war neu für sie und gab ihr ein Gefühl der Freiheit: Frei von Verpflichtungen und dem täglichen Trott, befand sie sich vorübergehend in einer anderen Welt.

Sie tanzten miteinander und hielten Händchen im Mondschein und segelten – den strahlenden, wolkenlosen karibischen Himmel über sich. Ich bin so froh, daß wir hierhergekommen sind, Harry.

Ich auch, Liebling. Es ist ein wunderschönes Stück Welt. Fast so schön wie du. Sie schmiegte sich an seine Schulter und spürte die Wärme seiner Liebe unter dem dunkel-samtenen Himmel.

Harry erlebte ein beinahe rauschhaftes Gefühl der Erleichterung. Er ließ Lindas Hand gar nicht mehr los, selbst im Schlaf nicht. Beim Erwachen waren seine Finger mit den ihren verschränkt. Dann küßte er ihre Hand so lange, bis auch sie langsam wach wurde, und dann drehte er sich zu ihr und küßte ihr schönes Gesicht. Er konnte einfach nicht genug kriegen von seiner Frau. Er hielt ihre Hand im Speisesaal, am Strand und wenn sie durch die tropischen Parks schlenderten. Von Zeit zu Zeit küßte er sie zart auf die Wange oder auf die Fingerspitzen. Die Welt war schön und friedlich, man mußte langsam umherschlendern und langsam reden und denken, um nichts von ihr zu versäumen. Jeden Abend lag für Linda eine Orchidee auf ihrem Tisch im Speisesaal, und sie strahlten einander an, wenn der Maître d'hotel Madame die Blüte ans Kleid steckte.

Und dann kam unvermeidlich der letzte Abend und der letzte Tag ihres kurzen Urlaubs. Sie hielten sich an der Hand, als sie an Bord des Flugzeugs gingen und auch den ganzen Flug über, bis nach New York.

Als sie zu Hause waren, rief Linda ihre Mutter an, um ihr zu sagen, daß sie zurück seien und herrliche Tage gehabt hätten. Morgen erzähle ich dir alles – wenn ich den Kleinen hole, aber du hattest recht, Mom, vollkommen recht.

Den Rest des Abends saßen sie auf der Couch und sahen sich irgend etwas im Fernsehen an. Harry hielt den Arm um seine schöne Linda geschlungen, und ihr Kopf schmiegte sich an seine Brust.

15

Die Fallgrube hatte ihn wieder, aber diesmal war sie übelriechend und abstoßend. Er ging geradewegs zur Eighth Avenue, südlich vom Times Square, und durch einige Bars, bis er eine durstige Schnapsdrossel fand, eine Flasche kaufte und mit ihr in ihre säuerlich riechende, von Schaben wimmelnde Bleibe ging. Beim Anblick der Wände und des Fußbodens spürte er förmlich, wie ihm das rußig-trübe Grau unter die Haut kroch, spürte die körnigen Laken, deren übler Geruch ihm in die Nase stieg.

Er fickte den schwammigen, nach Pisse und Schweiß riechenden Klumpen neben sich, fickte sie noch einmal, bevor sie sich in den Schlaf soff. Er hätte fortgehen und woanders schlafen können, irgendwo – vielleicht sogar den letzten Zug nach Hause erwischen können –, aber er blieb. Im trüben Licht, das sich durch das verrußte Glas der Fenster zwängte, die auf den Luftschacht hinausgingen, sah er das Etwas neben sich an, wer oder was das auch sein mochte (weißer Sandstrand, blauer Himmel), und hätte sie am liebsten aus dem Bett gestoßen wie einen räudigen Hund. O Gott, was für ein hoffnungsloser hilfloser aufgedunsener Haufen bemitleidenswerten Fleisches. Irgendwie wußte er, daß sie jünger war als er. Vielleicht nicht viel jünger, vielleicht nur ein oder zwei Jahre, aber jünger. Sie sah aus und roch wie etwas, das die zurückweichende See am Strand vergessen hatte (smaragdgrüne See) und das nun in der Hitze der tropischen Sonne bereits zu faulen begann.

Eine verkommene Säuferin. Eine widerliche Säuferin. Lebt in einem Loch, für das eine Ratte sich zu gut wäre. Die Kakerlaken, die er über den nackten Boden huschen hörte, suchten höchstwahrscheinlich verzweifelt nach einem Ausgang aus diesem dreckstarrenden Pestloch. Wie konnte ein menschliches Wesen sich bis zu diesem Grade verkommen lassen? Es war unfaßbar, nicht zu begreifen. Vielleicht war sie irgendwann sogar attraktiv gewesen. Er sah auf ihr fettiges Haar und sah im trüben Licht einen großen Pickel auf ihrer Schulter und dachte an den Dreck unter ihren Fingernägeln. Er bekam einen Krampf im Bein und wußte, daß er es bewegen mußte, kämpfte aber gegen den Drang an, weil er nicht an die schmutzstarrenden Laken, zwischen denen er lag, erinnert werden wollte. Schließlich erzwang der

Krampf die Bewegung und sein Körper rührte sich zwischen den Schmutzschichten, während er weiterhin mit Abscheu den nach Fusel riechenden Dreckhaufen neben sich betrachtete. Er stützte sich auf den Ellbogen und sah auf sie hinunter. Er starrte auf die graue Haut auf den grauen Laken (O Harry, ich hab noch nie eine so wunderschöne Orchidee gesehen. Und die Orchidee hat noch nie etwas so Schönes wie dich gesehen), unendlich lange Zeit. Seine Augen brannten und flehten darum, geschlossen zu werden, in Schlaf und Nichtwissen fest zusammengepreßt zu werden, damit alles, was sie sahen, geleugnet oder doch zumindest für den Augenblick beiseite geschoben werden konnte. Auch sein Körper sehnte sich nach Schlaf oder irgendeiner Art Ruhe. Er spürte sich immer tiefer ins Bett sinken, und seine Augen sperrten die Umgebung immer mehr aus, bis sein Kopf fast auf dem zerlumpten Kissen lag, und er riß ihn hoch und riß die Augen auf und versuchte krampfhaft, sie offen zu halten und den Kopf so hoch wie möglich, aber, o Gott, er wollte schlafen. Er wünschte sich nichts brennender, als sich einfach in Schlaf fallen zu lassen. Jetzt. Sofort. Vergessen. Das zumindest war diesem Wrack neben ihm vergönnt. Vergessen. O Herr, welches Geschenk. Übelkeit zog und zerrte an ihm, Nase und Kehle brannten (sie standen in der Brandung und das schmeichelnde Wasser und der Sand liebkosten ihre Füße, während sie die Sonne im Meer versinken sahen) und er versuchte verzweifelt, durch den Gallegeschmack hindurch zu schlucken. Er mußte sich bewegen. Er mußte aufstehen und ein Bad nehmen – oh, lieber Gott, er mußte baden, sich in Wasser stürzen – und sich anziehen und hier raus und vielleicht etwas Schlaf finden … ja, etwas Schlaf … Jesus, Gott, etwas Schlaf. Warum zum Teufel konnte er sich nicht rühren? Er *mußte* aufstehen und – raus, raus. (Komm, wir machen jetzt ein Wettschwimmen zum Floß.) Er riß sich herum und hoch und wand sich, während sein Körper sich zwischen den Laken hervorscheuerte und seine nackten Füße berührten den Boden und er stellte sich sofort so hoch wie möglich auf die Fußspitzen. Er schlurfte ins Badezimmer und bemühte sich – letzter Walzer eines Wahnsinnigen – den Boden so wenig wie möglich mit den Füßen zu berühren. Er spürte die kalten, glitschigen Fliesen unter den Füßen und sah sich im dämmrigen, nackten Badezimmer um. Er zögerte einen Augenblick, dann schaltete er das Licht ein und wich instinktiv zurück. Er hatte das mit Scheiße und Kotze verschmierte Klosett gesehen und das eingetrocknete Erbrochene in der rostigen Wanne. Wie in Christi Namen kann jemand so tief sinken, daß er so leben muß? Nicht einmal Tiere leben so. Dann wurde ihm blitzartig klar, daß er hier war. Das grindige Wrack konnte nicht anders, aber er – Er schlug mit der Faust auf den Lichtschalter und erbrach sich fast gleichzeitig. Es klatschte von der Seitenwand der Wanne auf seine Beine zurück und auf den Boden. Er beugte sich über die Wanne, bis nichts mehr kam, fluchte weinte tobte flehte innerlich, während er vornübergebeugt dastand, um sich selbst nicht noch mehr zu besudeln. Er wischte sich die Beine mit Toilettenpapier ab und begann automatisch, die von ihm verursachte Schweinerei aufzuwischen, ließ dann unvermittelt das Toilettenpapier fallen, verließ hastig das Badezimmer, kleidete sich in Windeseile an und schleppte sich aus dem Haus.

Er stieß sich die Straße entlang vorwärts und versuchte, tief durchzuatmen, doch es gelang ihm nicht, sich von dem Geruch und dem Geschmack zu befreien, der ihn bis ins Mark seiner Knochen, bis tief in die Eingeweide brannte. Wild schoß sein Blick die trostlosen Straßen hinauf und hinunter, bis er schließlich einem Taxi winkte und zu einem Dampfbad fuhr.

Er blieb stundenlang im Dampfraum und stellte sich vor, wie seine Poren das Gift ausschwitzten, er schluckte unaufhörlich, nicht wegen der Galle, die seine Kehle säuerte, sondern wegen etwas, das versuchte, sich aus den Tiefen des Dunkels in ihm nach oben zu schlängeln. Er fuhr fort zu schlucken, um den Dämon damit niederzuhalten, ohne sich dessen Existenz einzugestehen.

An diesem Abend kaufte er auf dem Nachhauseweg eine Schachtel Pralinen für Linda. Das Mitbringsel überraschte sie, und sie war bestürzt über Harrys Aussehen. Fühlst du dich nicht wohl, Harry?

Doch … wieso, warum fragst du?

Ach, nur so … du siehst ein bißchen blaß aus … als würdest du womöglich eine Krankheit ausbrüten.

Aber nein, er gähnte und schüttelte den Kopf, war nur wieder ein sehr anstrengender Tag.

Sie versuchten sich zu verhalten wie immer, doch Harry kämpfte gegen den Schlaf an, wollte aber nicht allzu früh zu Bett gehen. Linda durfte nicht wissen, wie müde er war. Er saß in seinem Sessel und wünschte, es fiele ihm etwas ein, das er sagen könnte, versuchte seine Erschöpfung zu verscheuchen, zu verhindern, daß seine Augen sich schlossen, doch brachte er nicht mehr als ein paar Worte heraus und starrte bloß auf den Bildschirm und flehte stumm, es möge bald Schlafenszeit sein.

Linda versuchte das Glück des Sich-nahe-Seins, das sie beide auf der Insel erfahren hatten, wiederaufleben zu lassen, aber es gelang ihr nicht. Sie versuchte es an diesem Abend wiederholt, doch Harry blieb schweigsam, ging auf nichts ein und sah so verhärmt und abgespannt aus – und ... und ... ja, als fühlte er sich verfolgt. Gehetzt. Sie wußte nicht genau, warum dieses Wort ihr plötzlich in den Sinn kam, aber sie mußte sich eingestehen, daß es ziemlich genau sein Aussehen bezeichnete. Außerdem mochte sie das Wort nicht, wegen der Assoziationen, die es auslöste. Sie fühlte sich sehr unbehaglich. Besonders wenn sie an das Geschenk dachte, das Harry ihr an diesem Abend mitgebracht hatte, die Schachtel mit den Nüssen in Schokolade. Es machte sie stutzig und beunruhigte sie. Harry brachte ihr ab und zu eine Kleinigkeit mit, aber er war noch nie mit Süßigkeiten nach Hause gekommen. Und schon gar nicht mit solchen, die sie nicht mochte. Harry machte sich immer über Männer lustig, die mit Pralinen oder Blumen zu Hause anrückten. Er meinte, sie würden sich damit fast immer für irgend etwas entschuldigen. Und jetzt hatte er genau das mitgebracht. Kein Spitzentaschentuch wie früher oder ein Peanuts-Buch oder irgendeine verspielte Kleinigkeit, die er irgendwo gesehen und gekauft hatte. Das war es, was Linda beunruhigte und worüber sie nicht nachdenken mochte.

Noch etwas beunruhigte sie zutiefst. Nach ihrer Rückkehr aus Jamaica war jede Verspanntheit von

Harry gewichen, und sie waren so glücklich gewesen, daß sie geglaubt hatte, das Gewesene – was auch immer es war – gehöre der Vergangenheit an und die glücklichen, sorgenfreien Tage ihrer zweiten Flitterwochen würden sich fortsetzen, doch nun war plötzlich alles schlimmer als zuvor und Lindas seelisches Gleichgewicht gestört.

Harry ging in der Mittagspause nicht mehr allein fort, sondern nur noch in Begleitung seiner Kollegen. Er konnte eine weitere Panne wie die mit von Landor nicht riskieren. Zum Glück hatte es damals keine bösen Folgen gehabt, aber das nächste Mal könnte verhängnisvoll werden.

Doch die gelegentlichen abendlichen Unternehmungen gingen weiter, und mit ihnen wuchs die Angst. Von der Eighth Avenue ging er in die westlich davon gelegene Hafengegend oder, in entgegengesetzter Richtung, an den East River. Er wußte, daß dort Schlägereien und Messerstechereien nichts Ungewöhnliches waren, und doch zog es ihn magisch und unwiderstehlich immer wieder dorthin.

Aber es war nicht die Angst, körperlich angegriffen oder zusammengeschlagen zu werden, die ihm zu schaffen machte. Was ihm zuweilen die Hitze ins Gesicht trieb, war die Angst vor Ansteckung, die Angst vor einer Geschlechtskrankheit. Diese

Angst hatte ihn seit ihrer Rückkehr aus der Karibik daran gehindert, mit Linda zu schlafen. Oft dachte er daran, zu einem Arzt zu gehen, um eine Blutuntersuchung vornehmen zu lassen, doch brachte er es einfach nicht über sich. Wie konnte er zu einem Arzt in dessen Praxis gehen und um eine Blutuntersuchung bitten? Der Arzt würde wissen wollen, warum. Er würde Fragen stellen. Was sollte er antworten? Welche Ausreden oder Gründe konnte er vorbringen? Angenommen, sie würden herausfinden, wer er war? Er würde natürlich einen falschen Namen angeben, aber sie würden wissen, daß er log. Angenommen, jemand, der ihn kannte, sähe ihn in diese Praxis gehen? Unter Umständen würden sie ihn dann fragen, warum er dort gewesen sei, oder es Linda oder jemandem im Büro gegenüber erwähnen. Herrgottnochmal, das gab dann vielleicht ne schöne Schweinerei. Nein. Nein, wenn er zu einem Arzt ging, dann mußte es schon irgendwo in der finstersten Bronx sein. Abends. Und selbst dann war er nicht vor Entdeckung sicher.

Und außerdem – wozu? Selbst wenn sie ihm sagten, alles sei in Ordnung, würde das nichts ändern, ein Teil von ihm, tief innen, wußte, daß er doch wieder dorthin zurückkehren würde, und alles würde von vorn beginnen. Es gab keine Hoffnung. Es gab keine Lösung.

Linda versuchte verzweifelt, weiterhin daran zu glauben, daß Harrys Zustand auf Überarbeitung zurückzuführen sei, doch fiel ihr das zunehmend schwerer. Sie glaubte immer noch daran, daß er sie liebte, doch der Verdacht oder eher vage Befürchtungen, daß eine andere Frau im Spiel sei, schlichen sich in ihre Gedanken ein. Sie wies sie von sich, sobald sie auftauchten, doch die nun gelegentlich fällige Pralinenpackung konnte sie nicht übersehen, ebensowenig wie das, was ihrer Meinung nach dahinterstand, und auch nicht Harrys verändertes Verhalten und Aussehen. Sein gehetzter Blick wurde immer unsteter, und er war nicht nur die meiste Zeit über noch mürrischer und schweigsamer als sonst, sondern entschuldigte sich auch unentwegt für irgend etwas. Das kam nicht nur in Worten zum Ausdruck, sondern auch in seinen Handlungen und in seiner ganzen Haltung. Sie konnte sich des Eindrucks nicht erwehren, daß er sich für seine Existenz entschuldige und sie und Harry jr. anflehte, sich mit ihm abzufinden. Er schien ständig zu leiden.

Und er berührte sie nie mehr. Nicht nur daß er nicht mehr mit ihr schlief, er gab ihr auch keinen Begrüßungs- oder Abschiedskuß mehr, und wenn sie ihm einen Kuß geben wollte, drehte er den Kopf zur Seite, so daß der Kuß auf der Wange landete.

Nie hielt er ihre Hand oder legte die seine auf ihre Schulter. Er behandelte sie wie eine Aussätzige. Oft schüttelte sie verwirrt und ungläubig den Kopf, und ihre Augen füllten sich langsam mit Tränen, die ihr die Wangen hinunterrollten, und sie schluchzte, und in den Nächten, in denen sie allein war, weinte sie sich in den Schlaf.

Schließlich überwand sie ihren Stolz und erzählte ihrer Mutter, was vor sich ging, oder das, was ihrer Meinung nach vor sich ging, in so wirren und unzusammenhängenden Worten, daß ihre Mutter einen Schreck bekam und zutiefst beunruhigt war. Noch nie hatte sie ihre Tochter so aufgewühlt gesehen. Sie beruhigte sie, und sie sprachen so ruhig wie möglich miteinander, und obwohl Lindas Schmerz ihre Mutter erstarren ließ, war sie doch imstande, ihr Trost zu geben. Sie legte Linda schließlich nahe, sie solle Harry doch vielleicht fragen, ob irgendwas nicht in Ordnung sei. Weißt du, Liebling, es wäre ja möglich, daß er krank ist und dich nicht damit beunruhigen will.

Warum sollte er mir das nicht sagen? So wie es jetzt ist, verliere ich noch den Verstand. Es wäre eine Wohltat, zu wissen, daß es bloß das ist.

Ich weiß, Liebling, aber du hast es mit einem Mann zu tun, und Männer sind in diesen Dingen nicht sehr logisch. Sie haben da irgend so eine törichte Vorstellung, daß man von ihnen erwartet, daß sie sich als Mann beweisen, indem sie stumm leiden, sie begann zu lachen, und treiben uns mit dem Lärm, den das verursacht, in den Irrsinn.

Das Lachen ihrer Mutter zwang ein Lächeln auf Lindas Gesicht. Ich hoffe, es ist wirklich nur so eine dumme Kleinigkeit – ich meine, ich hoffe nicht, daß er ernstlich krank ist, ich möchte ja nur –

Ich weiß, Liebling, sie legte den Arm um ihre Tochter, ich weiß, was du meinst. Warum fragst du ihn nicht einfach? Vielleicht ist das Ganze mit ein paar Worten zu klären.

Ich hoffe, Mom. Ich hoffe zu Gott, daß du recht hast.

An diesem Abend war es Linda so leicht zumute wie seit Monaten nicht mehr, aber sie fand den richtigen Zeitpunkt nicht, um Harry zu fragen, ob ihm etwas fehle. Doch das machte nichts, es gab keinen Grund zu übertriebener Eile. Sie würde einfach warten, bis es sich ergab, und ihn dann fragen. In der Zwischenzeit trugen diese Hoffnung und ihr fester Vorsatz dazu bei, ihre Stimmung zu heben, und so wartete sie weiterhin auf den richtigen Zeitpunkt.

Harry blieb nun gelegentlich abends so lange im Büro, daß er sich beeilen mußte, um den letzten Zug zu erwischen. An diesen Abenden aß er zu

Hause vielleicht noch eine Kleinigkeit, zwang sich dazu, noch ein Weilchen mit Linda zu reden, und ging dann schlafen.

Seine Arbeit schien das einzige zu sein, das ihn noch zusammenhielt, das einzige, worin er sich noch verlieren konnte. Er spürte, wie seine innere Verkrampfung mit jedem Tag zunahm, so wie auch der auf ihm lastende Druck immer mehr zunahm, bis er nicht mehr daran zweifelte, daß diese Gewalten ihn unweigerlich zerstören würden.

Er aß nun täglich mit Walt zusammen zu Mittag, nicht nur aus Gründen der Vorsicht, sondern weil in ihm die Hoffnung keimte, mit Walt reden und ihm einiges von dem, was ihn bedrückte, mitteilen zu können, zumindest so viel, daß der unerträgliche Druck ein wenig nachließ. Doch obwohl er eine tiefe Zuneigung für diesen Mann empfand, brachte er kein Wort heraus. Er fürchtete unter anderem, seine Stellung zu gefährden. Als Walt sich nach seinem Befinden erkundigte, nahm er das als rein rhetorische Frage und nickte und sagte, gut, denn er befürchtete, wenn er etwas anderes sagte, und sei es noch so geringfügig, würde er nicht aufhören können und alles Häßliche, das im Dunkel seines Gemüts schwärte, heraussprudeln. Und so blieb er stumm, und der Knoten zog sich immer enger zusammen.

Eines Mittags, beim Lunch im Banker's Club, war ihnen gerade die Suppe serviert worden, als Harrys Messer sich in seiner Manschette verfing, und als er die Hand hob, fiel es klatschend in die Suppe. Harry begann am ganzen Körper zu zittern, und auch sein Kopf zitterte so heftig, daß er kaum noch etwas sehen konnte, und plötzlich faltete er die Hände und hob sie hoch über seinen Kopf, um sie gleich darauf mit voller Wucht in den Suppenteller fallen zu lassen, während er AAAAAAAAAAAAAAAAAAA-AAHHHHHHHHHHHHHHHHHHH schrie, und die Suppe spritzte Walt, der abwehrend die Hände hob, über den Anzug, ja, um Gottes willen, was zum Teufel machen Sie denn da? Er schob seinen Stuhl zurück, und Harry stützte sich mit den Ellbogen auf den Tisch und umfaßte mit beiden Händen seinen Kopf und stöhnte und begann zu schluchzen und der Geschäftsführer und der Ober kamen angestürzt, ist was passiert, Mr. Wentworth? Ist Mr. White nicht gut? Ich weiß nicht, Wentworth war bestürzt und verwirrt. Was machen Sie bloß für Geschichten, Harry? Kommen Sie, helfen Sie mir. Wentworth legte die Arme um Harry und half ihm auf die Füße, und mit Hilfe des Obers und des Geschäftsführers wurde Harry in ein Büro geführt. Harry und Wentworth blieben allein. Harry saß, und Wentworth stand vor ihm. Beide schwiegen …

Nach langen Minuten hielt Wentworth Harry ein Glas Wasser hin. Harry schüttelte den Kopf. Wentworth, das Glas in der Hand, fuhr fort, Harry anzusehen, der sich, die Arme auf den Knien, mit beiden Händen den Kopf hielt. Walt machte sich Sorgen. Abgesehen von ihrer geschäftlichen Beziehung hatte er Harry persönlich gern. Er stand da, schweigend, und wartete.

Schließlich schüttelte Harry ratlos den Kopf. Es tut mir leid, Walt. Ich weiß nicht, was …

Walt zuckte verlegen die Achseln. Gehts wieder?

Harry hob die Schultern und blickte verloren zu Wentworth hoch. Walt sah ihn einen Augenblick an, dann klopfte er ihm sacht auf den Rücken. Kommen Sie, jetzt wolln wir uns mal n bißchen säubern.

Harry war der Firma so unentbehrlich, wie jemand es nur sein konnte. Er war ein brillanter Mitarbeiter, erst Anfang Dreißig, er hatte noch viele produktive Jahre vor sich und seine Möglichkeiten wahrscheinlich noch gar nicht voll ausgeschöpft. Und so beschloß die Firma, alles zu tun, was möglich war, um das, was sie in Harry investiert hatte, zu schützen. Überdies war Walt, auf einer persönlicheren Ebene, nicht der einzige, dem an Harrys Wohlergehen lag. Man bestand darauf, daß Harry sich ins Fifth-Avenue-Krankenhaus begab und die bestmögliche ärztliche Betreuung erhielt.

Die Spezialisten untersuchten, analysierten, werteten Ergebnisse aus, und die Diagnose lautete: Folgen von Stress sowie eine Angstneurose, organisch sei jedoch alles in Ordnung. So wurde also ein Termin mit einem der angesehensten Psychiater der Stadt vereinbart.

Im Krankenhaus hatte Harry insgeheim gehofft, sie würden etwas finden, das seine sonderbaren Zustände und den Drang, das zu tun, was er tat, erklären würde. Als ihm mitgeteilt wurde, daß ihm organisch nichts fehle, war er enttäuscht, wenn auch gleichzeitig erleichtert, nicht geschlechtskrank zu sein. Wenn sie doch bloß einen Gehirntumor gefunden hätten, der den Druck in seinem Kopf erzeugte; das hätte alles erklärt. Sie brauchten dann nichts anderes zu tun, als diesen Tumor herauszuschneiden, und alles wäre okay. Aber es gab keinen Tumor. Keine Fehlfunktion des zentralen Nervensystems. Keinen Überdruck der Rückenmarksflüssigkeit. Nichts. Es gab nur ihn. Sonst nichts.

Kurz bevor er das Krankenhaus verließ, suchte ihn der Psychiater auf, und sie plauderten ein wenig miteinander. Dann fragte er Harry, worin denn nun seine Schwierigkeiten bestünden.

Harry kam sich wehrlos vor und war schon bereit, alles herauszusprudeln, aber irgend etwas verschloß ihm den Mund, und so sagte er achselzukkend, es scheine sich bei ihm um sexuelle Probleme zu handeln. Er zitterte innerlich, als er sich das sagen hörte, und wartete auf die Reaktion des Psychiaters. Vielleicht würde der einen Weg finden, um die Wahrheit herauszubekommen. Es war zu hoffen. Doch gleichzeitig war Harry zu allem bereit, um das zu verhindern. Er wollte, daß dieser Mann ihm half, aber es gab da gewisse Dinge, die er ihm einfach nicht erzählen konnte. Er spürte, wie der Schweiß ihm den Rücken hinunterlief. Vielleicht hatte er bereits zuviel gesagt. Er wollte das, was er gesagt hatte, zurücknehmen. Er wollte diesem Mann sagen, er habe nur gescherzt. Warum hatte er das gesagt? Wieso war ihm das entschlüpft? Er suchte nach einem Weg, wie er das Gesagte korrigieren oder widerrufen könne, doch er hörte und sah den Mann lachen.

Haben wir diese Probleme nicht alle?

Harry merkte, daß er töricht grinste. Er fühlte sich ein wenig matt.

Viele, wenn nicht alle unsere Schwierigkeiten basieren auf sexuellen Problemen dieser oder jener Art. Es handelt sich nun ganz einfach darum, herauszufinden, woraus diese sexuellen Probleme resultieren, dann sehen wir uns diese Gründe genau an, und sie werden uns verständlich, und wenn sie uns erst bewußt geworden sind, sind sie kein Schreckgespenst mehr.

Harry hörte seine Stimme, war sich aber nicht sicher, ob er alles richtig mitbekam. Im Grunde war ihm das auch egal. Das Angstgefühl, das ihn durchbebte, als er seine Antwort auf die Ausgangsfrage des Arztes hörte, war überlagert von dem vagen Gefühl, daß dieser Mann möglicherweise imstande sei, ihm die Antwort zu geben, die er brauchte. Auch wenn er, Harry, die Frage nicht stellen konnte. Wie immer die Frage lauten mochte.

Hier haben Sie ein Rezept für Librium. Nehmen Sie dreimal täglich ein Dragee, und Sie werden sich viel besser fühlen.

Harry nickte und nahm das Stück Papier an sich.

Wir sehen uns am kommenden Donnerstag um drei wieder. Bis dahin ruhen Sie sich erst mal richtig aus.

Noch bevor Harry aus dem Krankenhaus entlassen wurde, hatte Linda eine Zusammenkunft mit Dr. Martin, und am Schluß der Unterredung war sie bereits viel ruhiger und optimistischer gestimmt. Der Psychiater war schon vorher von Harrys Kollegen über dessen hervorragende Tüchtigkeit und seine geschäftlichen Erfolge in Kenntnis gesetzt worden, und als Linda ihm von ihrer Ehe erzählt hatte – ihren Verdacht zu äußern, war ihr zu peinlich – und von ihrer sexuellen Beziehung zu ihrem Mann, lächelte er und sagte, seine Prognose sei durchaus positiv. Ich glaube nicht, daß es größere Schwierigkeiten geben wird, der Ursache des Übels – ich meine, den Schwierigkeiten Ihres Mannes – auf den Grund zu gehen. Oh, das freut mich aber zu hören, Doc.

Ich habe eine Menge Erfahrung auf dem Gebiet der Verdrängungen und der unterbewußten Konflikte. Übrigens habe ich eine ganze Reihe von Arbeiten über dieses Thema veröffentlicht.

Es ist schwer zu glauben, daß Harry sich mit irgendwelchen Konflikten herumschlägt.

Dr. Martin lächelte milde. Für das ungeübte Auge des Laien vielleicht, aber für jemanden wie mich … Er hob andeutungsweise die Schultern und lehnte sich im Sessel zurück. Verstehen Sie – ich will versuchen, mich so verständlich wie möglich auszudrücken –, wir haben alle unsere verdrängten Kindheitserlebnisse, Dinge, die unter Umständen weiter zurückliegen, als unser Gedächtnis reicht. Und manchmal bereiten diese Dinge uns Schwierigkeiten. Ich habe in weitaus schwierigeren Fällen als dem Ihres Mannes positive Ergebnisse erzielt.

Er ist ein außergewöhnlich erfolgreicher Mann, und nach allem, was ich höre, sind seiner Zukunft keine Grenzen gesetzt. Er wird aller Wahrscheinlichkeit nach eines Tages einer der prominentesten Geschäftsleute des Landes sein, ein Mann von großem Einfluß und großer Autorität. Linda lächelte und nickte mit offensichtlichem Stolz. Häusliche Probleme scheint es bei Ihnen nicht zu geben. Sie lieben einander und lieben beide Ihren Sohn. Also muß ich ihm einfach dabei behilflich sein, zu verstehen, daß seine Mutter, daß seine ganze Kindheit in seinem Unterbewußtsein den Keim zu Konflikten gelegt hat, die sich nun in dieser Weise äußern. Selbst bei Berücksichtigung aller Imponderabilien sehe ich keine Schwierigkeiten für Ihren Mann, die zugrunde liegenden Spannungen, das Produkt jener inneren Konflikte, zu sublimieren. Ich hoffe doch, ich habe mich verständlich ausgedrückt?

Ja, ich glaube schon, Doc.

Sehr gut. Und machen Sie sich keine Sorgen, wenn das Verhalten Ihres Mannes ein wenig – ein wenig ungewöhnlich ist. Es mag ein Weilchen dauern, bis er sich dem therapeutischen Prozeß angepaßt hat.

Ja, ich glaube, ich verstehe, Doc.

Sehr gut. Überlassen Sie nur alles mir, und Sie werden sehen, es kommt alles wieder in Ordnung.

Linda wollte Dr. Martins Worten nur zu gern Glauben schenken und sich beruhigen lassen. Und sie wollte ebenfalls nur zu gern glauben, daß Harrys Verhalten in letzter Zeit auf einem unverarbeiteten Kindheitstrauma beruhte und daß ihre Ehe nicht gefährdet sei.

Harry kam mit einer vagen, verzweifelten Hoffnung aus der Klinik nach Hause. Die Mittel, die der Arzt ihm verschrieben hatte, schienen seinen Empfindungen die Schärfe zu nehmen, seine Haut führte kein Eigenleben mehr, jedenfalls nicht mehr so wie früher, und er fühlte sich nicht mehr ganz so kribbelig, und er versuchte sich einzureden, daß Dr. Martin ein Allheilmittel besaß. Es mochte ein Weilchen dauern, doch eines Tages (er hoffte bald) würden sie in seine Kindheit hinabsteigen, und plötzlich würde er sich an etwas erinnern, und der Arzt würde sagen, das ist es, dort hat alles begonnen, und er würde seine Schwierigkeiten los sein. Das würde der Tag sein, an dem er frei war. Ja, der Tag der Freiheit.

Harry klammerte sich an diese Hoffnung, obwohl es, je länger seine Behandlung bei Dr. Martin dauerte, schlimmer mit ihm zu werden schien. Sie stiegen tiefer und tiefer in die Vergangenheit hinab, und er erinnerte sich an längst Vergessenes, durchlebte es aufs neue, kehrte zurück in seine damalige Gefühlswelt, und sogar die dazugehörenden Gerüche waren ihm gegenwärtig. Sie drangen tiefer und immer tiefer in Harrys Innenleben ein, das Dr. Martin außerordentlich zu interessieren schien, jedoch ergab sich dabei für Harry keine erlösende Antwort, und so sah er sich gezwungen, den einzigen ihm zu Gebote stehenden Ausweg zu benutzen, der ihn von jenen unerträglichen Empfindungen befreite.

An den Abenden, an denen er seinen Arzt aufsuchte, ging er anschließend geradewegs in irgendein Rattennest am Hafen und vögelte irgendein grindiges Kotzweib und mußte sich anschließend zwingen, nach Hause zu fahren. Einen endlosen, quälenden Tag nach dem andern faßte er den Entschluß, sich auf die Couch zu legen und Dr. Martin alles über sein Leben zu sagen. Was er getan hatte und laufend tat. Reinen Tisch zu machen. Doch es war ihm nicht nur unmöglich, die Worte herauszubringen, sondern er tat im Gegenteil alles nur mögliche, um zu verhindern, daß sie sich diesem Teil seines Lebens auch nur von ferne näherten, als wolle er sein Recht verteidigen, weiterhin das zu tun, was ihn umbrachte und doch das einzige war, was die unerträgliche Spannung in Körper und Geist linderte.

Die Angst vor der Syphilis saß ihm erneut im Nacken, und sein häusliches Leben gestaltete sich noch frostiger als bisher, und die alte Angst vor Entdeckung und Hoffnungslosigkeit hinderten ihn daran, eine Blutuntersuchung machen zu lassen. Die Folter der Verzweiflung wurde so übermächtig, daß er versuchte das Schleusentor zu öffnen und der giftigen Flut freien Lauf zu lassen, und so platzte er damit heraus, daß er seiner Frau untreu gewesen sei.

Und das macht Ihnen jetzt zu schaffen?

Ja … sehr.

Warum?

Warum?

Ja, warum? Warum beunruhigt Sie das so sehr? Sie zittern ja.

Ich weiß es nicht, er zitterte tatsächlich vor Verwirrung und Angst, aber es ist so.

Kennen Sie andere Männer, die ihren Frauen untreu waren? Sein Ton war, wie immer, kühl und sachlich.

Wie???? Ich verstehe nicht … ich –

Sind Sie der einzige Mann, der seiner Frau untreu gewesen ist?

Nein, nein, natürlich nicht. Aber das ist nicht –

Haben Sie eine Geliebte?

Eine was? Ich –

Haben Sie eine Geliebte? Eine Freundin?

Nein, nein, natürlich nicht. Wissen Sie –

Lieben Sie Ihre Frau?

Ja. Ich –

Dann sind Ihre außerehelichen Aktivitäten durchaus das übliche.

Ja, aber ich –

Mit anderen Worten: Ihre Beziehungen zu anderen Frauen sind die üblichen Affären für eine Nacht. Die Art von Affären, die Millionen von Männern sich gestatten.

Ja, ja, das weiß ich, aber ich liebe meine Frau, und ich –

Interessant ist nur, daß Sie aus etwas, das gang und gäbe ist, eine Haupt- und Staatsaktion machen. Ja, es ist hochinteressant, daß Sie sich so schuldig fühlen. Haben Sie bei diesen Frauen irgendwelche Schwierigkeiten?

Wie? Was –

Haben Sie jemals Potenzprobleme? Wie steht es damit in Ihrer Ehe?

Nein, nein, das ist nicht die –

Was hat Ihnen Ihre Mutter über eheliche Untreue gesagt? Hat sie Ihnen gesagt, das sei Sünde?

Wie???? Ich weiß nicht, das weiß ich nicht. Ich kann mich nicht –

Sind Sie jemals beim Onanieren ertappt worden?

Onanieren? Ich weiß nicht, was –

Hat man Ihnen vielleicht gesagt, daß Sie davon blind würden oder anfingen zu stottern?

Ich kann mich nicht erinnern, daß –

Können Sie sich daran erinnern, wie Sie zur Reinlichkeit erzogen wurden?

Wie? Ich verstehe nicht, was –

Wurden Sie dazu gezwungen, nach jeder Mahlzeit auf dem Klosett zu sitzen, bis Sie Stuhlgang hatten?

Mein Gott, ich –

Wann haben Sie aufgehört, Ihr Bett zu nässen?

Harry wollte schreien und weinen und wegrennen und sich zu einer Kugel zusammenkrümmen und davonrollen oder in der Wand verschwinden, und als die Sitzung endlich zu Ende war, nahm er ein Taxi zur nächsten U-Bahnstation und schloß sich in einer Toilettenkabine ein und weinte und weinte, unter dem Donnern der Züge, bis zur völligen Erschöpfung und Tränenlosigkeit und er hatte weder die Kraft noch die nötigen Reserven, weitere Tränen zu produzieren.

Als Harry immer schweigsamer und verdrießlicher wurde und diese Phasen immer länger anhielten, schwanden Lindas Hoffnungen langsam dahin. Und ihre Befürchtungen und Ängste wuchsen in dem Maße, in dem ihre Hoffnungen abnahmen. Wochenlang kämpfte sie gegen den Wunsch an, Dr. Martin anzurufen, da sie keine von den Ehefrauen sein wollte, die sich in alles einmischen, doch schließlich siegte ihre Verzweiflung über die Vernunft. Sie hatte ihre Stimme in der Gewalt und gab sich so ruhig wie möglich, doch innerlich zitterte sie. Sie versuchte ihn davon zu überzeugen, daß sie nicht etwa schnüffeln wolle, doch sie mache sich solche Sorgen, weil ihr Mann ständig so deprimiert sei und immer öfter die Nacht über wegbliebe.

Ich würde mir da keine Sorgen machen, Mrs. White. Ein Mann in der Position Ihres Gatten hat ungeheuer viele verantwortungsvolle Verpflichtungen, Verpflichtungen, die auch nach fünf Uhr abends weiterbestehen.

Ja, das ist mir klar, Doc, und ich –

Ich verspreche Ihnen, daß ich mich um alles kümmere. Es gibt für Sie keinen Grund, sich Sorgen zu machen.

Danke, Doc. Ich will ja auch nicht unken, es ist nur –

Ja, ja, ich weiß. Ihr Mann ist schweigsam und in sich gekehrt und Sie machen sich Sorgen.

Ja, und –

Ein solches Verhalten ist während der Behandlung durchaus normal. Ihr Mann befindet sich jetzt in der sogenannten Transferenzphase. Überlassen Sie nur alles Weitere mir.

Oh, ich wollte nicht –

Sehr gut. Sie entschuldigen, ich muß jetzt aufhören. Guten Tag, Mrs. White.

Linda saß, die Hand auf dem Telefonhörer, viele Minuten lang da ... Sie versuchte, sich Bewegung zu suggerieren, doch ihre Hand weigerte sich, den Hörer freizugeben. Sie starrte auf den Apparat und versuchte mit aller Kraft, das Gefühl der Hoffnung wiederaufleben zu lassen, doch sie empfand nichts als Leere.

Harry war immer noch imstande, seine Arbeit zu tun, doch seine Leistungen entsprachen nicht seinen Fähigkeiten. Oft mußte er Briefe und andere Schriftstücke ein zweites Mal lesen, und selbst dann ergaben sie zuweilen für ihn keinen rechten Sinn; nur durch zusätzlichen Zeitaufwand gelang es ihm, mit seiner Arbeit nicht in Rückstand zu geraten.

Seine Kollegen, aber auch Walt, und der ganz besonders, beobachteten voller Sorge, wie ihn seine Arbeit von Tag zu Tag größere Anstrengung kostete. Auch sie wurden von Dr. Martin dahingehend beruhigt, daß Arbeit im Augenblick für Harry besonders wichtig sei. Ich weiß Ihre Besorgnis wohl zu würdigen, Mr. Wentworth, ebenso wie die Anteilnahme der Firma, aber ein Urlaub wäre zum gegenwärtigen Zeitpunkt nicht gerade das, was der Arzt ihm verschreiben würde, wenn ich mich ein wenig salopp ausdrücken darf, hahaha. Es ist wichtig, ihm Gelegenheit zur Sublimierung zu bieten.

Sehr gut, das ist für uns sehr beruhigend zu hören. Er ist ein hochqualifizierter Mitarbeiter und für die Firma von allergrößtem Wert. Wir wollen seine Zukunft unter keinen Umständen gefährden.

Ja, das ist mir durchaus bewußt.

Und, Wentworth lächelte und hob leicht die Schultern, ich interessiere mich wohl nicht nur aus geschäftlichen Gründen für Harrys Wohlergehen. Sie haben sicher schon gemerkt, daß da auch väterliche Gefühle mit im Spiel sind.

Ja, ja. Dr. Martin nickte, machen Sie sich keine Sorgen, ich werde Ihren Mr. White schon funktionsfähig erhalten.

Und Harry funktionierte weiter – innerhalb der vier Wände seines Büros, seiner Oase, dem sicheren Hafen und Zufluchtsort. Er beneidete die andern, die kommen und gehen konnten, wie und wann es ihnen gefiel, und wünschte sich, einfach in seinem Büro sitzen zu bleiben, bis etwas ihn aufhob und zu Hause absetzte und dann wieder ins Büro zurückbeförderte, doch ihm war klar, daß es sich nicht vermeiden ließ, das Büro von Zeit zu Zeit zu verlassen, daß er jenen Abstechern zu jenen schmutzstarrenden Bars nicht entrinnen konnte, wo er sich dann ein weiteres verdrecktes Weiberwrack auftat, um sein Gift in sie hineinzuspritzen und danach die Hölle und die Fäule aus sich herauszuwürgen …

O Jesus, die Fäule …

Die schwärzliche, schwärende Fäule, die ihn zersetzte, der stinkende, aus seinem eigenen Gedärm aufsteigende Brodem, den er immerfort in der Nase hatte. Je mehr Zeit er auf der Couch verbrachte, desto schlimmer wurde es. Die Schwärze, die er in sich wabern spürte, begann sich nun immer dichter um seinen Kopf zu legen und diesen immer mehr zusammenzupressen, bis er dachte, er verliere den Verstand, und er in jene Gegend gehen und eine weitere picklige Votze vögeln mußte.

Er versuchte es Dr. Martin zu erzählen, aber es wollte einfach nicht aus ihm heraus. Den ganzen Tag über und besonders im Taxi, wenn er zu ihm in die Praxis fuhr, überlegte er sich wieder und wieder, was er ihm sagen, wie er ihm *alles*, was er tat, erzählen, wie er das bösartig zersetzte Gewebe seiner Seele ausspeien würde (o Jesus, sich von diesem klebrigen Schleim befreien können), doch irgendwie befaßten sie sich immer wieder nur mit der Vergangenheit … mit seiner Mutter und seiner Kindheit.

Was ihn bewog, auch weiterhin zu Dr. Martin zu gehen, war die vage Hoffnung, daß dieser tief genug in ihn hineingreifen würde, um dieses Ekle aus ihm herauszuziehen. Er hoffte zu Gott, das möge bald geschehen. Lange konnte er es nicht mehr ertragen.

Und auch den Schmerz in Lindas Augen nicht … diese Augen, die in letzter Zeit tief in den Höhlen lagen. Augen, die immer mehr an Glanz und Leben verloren … Und ein ständig im Leid verzogener Mund. Ihr Lachen … Lieber Gott, es war so lange her, daß er ihr Lachen gehört hatte. War es eine ferne Erinnerung oder nur ein Phantasiegebilde? Lachen … … Liebe?????? Er liebte sie. Wie auch den kleinen Harry. Er wußte, daß er sie beide liebte … Oder geliebt hatte. O mein Gott, was geschieht? Er wollte doch nichts anderes, als nach Hause gehen und seine Familie in die Arme schließen und sie an sich drücke und küssen und seinem Sohn das Haar aus der Stirn streichen und die Hand seiner Frau in der seinen halten und ihre Fingerspitzen küssen – das war alles, was er wollte. Herrgottnochmal, ist das *so* viel verlangt? Was ist daran falsch? Warum???? Warum???? WARUM kann ich es nicht? Warum winde ich mich innerlich und zucke zusammen, wenn er angelaufen kommt und die Arme um meine Beine schlingt? Warum muß ich ihn dann wegstoßen? Warum, Gott, tust Du mir das an? Ich kann ihr nicht mehr ins Gesicht sehen. Ich kann den Kopf nicht heben. Kann nicht essen. Er kommt ja auch gar nicht mehr zu mir. Er spricht nicht mit mir. Ich kann nicht mit Linda sprechen. O Gott, sie verabscheut mich, ich weiß, daß sie mein stinkendes Gedärm verabscheut. Wenn ich doch sterben könnte. Einfach nicht mehr aufwachen. Ich brauchte dann ihr Gesicht nicht mehr zu sehen, ihr Schweigen nicht mehr zu hören – O Jesus, ich liebe sie. Aber wie ist das möglich? Sieh sie doch an. O Jesus, ich wollte es nicht tun. Es tut mir leid, Liebling. Verdammte Scheiße, es tut mir leid. Wenn ich doch nur meinen Kopf zu Brei schlagen könnte, ihre Augen nicht mehr sehen müßte. Es ist nicht meine Schuld. Bitte, sag mir, daß es nicht meine Schuld ist. Nicht meine Schuld, daß diese Augen so tief in ihren Höhlen liegen und das Leben aus ihnen geschwunden ist. Bitte, es ist nicht meine Schuld. O lieber Gott, nicht meine Schuld. Nicht meine …

Und wieder ging er stumm zu Bett und drehte Linda den Rücken zu und hörte ihre Stimme und hätte sich so gern umgedreht und gesagt, ich liebe dich, und ihr einen Gutenachtkuß gegeben, statt irgend etwas Unverständliches zu murmeln und zu versuchen, sofort in Schlaf zu fallen und vergessen zu können, statt dessen aber spürte er den fahlen Schmerz im Körper, die würgenden Kälteschauer, den Schmerz und den Krampf in den Kiefern – Und er schlang die

Arme um sein Kopfkissen und zog die Knie an, fast bis zum Kinn

und hörte sie atmen. Leise, kaum hörbar, doch auf ihn wirkte es wie ein Ächzen, das ihm das Blut in den Adern gefrieren ließ, und er versuchte, seine Ohren davor zu verschließen, doch das gedämpfte, leise Ächzen und Stöhnen tönte in seinem Kopf weiter, und er spürte sie ... er konnte sie spüren! Sie war da. In einem Bett mit ihm. Er vergrub seinen Kopf in den Armen und Kopf und Arme noch tiefer im Kissen, als er sie spürte, im Bett, neben sich. Sie war da ... hinter ihm ...

Und sie bewegte sich nicht. Sie lag nur da ... Aber irgendwie war es, als käme sie näher ... näher ... vielleicht würde sie ihn berühren, und seine Kiefer drohten zu bersten und er kämpfte und klammerte sich ans Kissen und schließlich zog es ihn in einen Halbschlaf, der einem Traum glich, als träumte er einen Traum, der Wirklichkeit zu sein schien, und er kämpfte gegen die Wirklichkeit des Traums an und versuchte ihm auszuweichen, indem er einschlief, und sein Körper bebte und er zitterte, und es stöhnte und schrie in seinem Kopf, doch der Traum dauerte an, wie auch seine furchterregende Realität, und er betrachtete seine Tochter, die sich schön machte zur Feier ihres fünften Geburtstags: Sie saß in der Wanne, in einem Schaumbad, und trocknete sich ab, und er starrte auf ihren nackten Körper und er wollte sich umdrehen und hinausgehen, doch sein Kopf war wie festgeschraubt, er konnte ihn nicht bewegen, und so konnte er nichts anderes tun, als sie anstarren und in seinem Kopf gellte es immer und immer wieder, immer und immer wieder, das heulende, flehende NEIEIEIEIEIEIEIEIEIN

und schließlich brach der Schrei aus ihm heraus und sein Körper fuhr in die Höhe, und Linda legte die Hand auf seine Schulter, was ist Liebling? Kann ich was für dich tun? doch er konnte nur den Kopf schütteln, murmeln und zittern und seinen Kopf aufs Kissen zurücksinken lassen und er rollte sich wieder zusammen und kämpfte gegen die Tränen, die von innen an seine Augen, an seine Brust hämmerten, in ihm hochstiegen, unaufhaltsam, so daß er nach Luft ringen mußte, und vor Angst, in seinen eigenen Körpersäften zu ertrinken, fuhr er zusammen und schreckte erneut hoch. O mein Gott, wenn er sich doch nur umdrehen könnte und seine Hand nach der ihren ausstrecken …

oder weinen … nur weinen …

oder vielleicht in die Erde sinken und seinen Körper von Maden und Würmern fressen lassen. Irgendwas …

Irgend etwas

16

Es gibt Grenzen. Die Zeit hat ihre Grenzen. Lebensumstände haben ihre Grenzen. Die Leidensfähigkeit hat ihre Grenzen. Linda hatte die ihren erreicht. Die Zeit war abgelaufen. Sie konnte es nicht länger hinnehmen, daß der Mann, den sie liebte, sie unentwegt zurückwies, demütigte, indem er sie behandelte wie eine Last, wie ein überflüssiges Gepäckstück, das er gern irgendwo abgestellt hätte, er wußte nur nicht wo, und fuhr deshalb fort, sie mit kalter Gleichgültigkeit zu strafen. Sie kannte den Grund für Harrys Verhalten nicht, aber sie würde nicht länger untätig dasitzen und sich auf diese Weise behandeln lassen.

Sie besuchte ihre Mutter und berichtete ihr stokkend, was in ihrem Leben und in ihrer Ehe vor sich ging, wobei sie immer wieder in Schluchzen ausbrach, weinte und den Kopf schüttelte – ihre Mutter hielt sie in den Armen und versuchte, Trauer und Leid ihres Kindes zu beschwichtigen –, sie sah ihre Mutter völlig verstört an, zitternd vor Kummer und Enttäuschung, und klagte ein ums andere Mal, daß sie nicht wüßte, was da in ihrem Leben geschähe, ich weiß es einfach nicht, Mom –

Ich weiß, Liebling, ich weiß –

Ich verstehe nicht, was los ist … ich verstehe es einfach nicht – ach, Mom, hilf mir … hilf mir …

Jetzt wein dich erst mal richtig aus, Liebling, und sie drückte ihr kleines Mädchen fest an sich und spürte ihre Trauer und ihr Leid und ihre Tränen feucht und warm auf ihrer Brust.

Als Linda sich schließlich ein wenig beruhigt hatte, besprachen sie die Lage und beschlossen, es würde das beste sein, wenn Linda ihm einfach sagte, wie ihr zumute sei, und vielleicht, vielleicht (man konnte nur hoffen) gäbe es dann eine einfache, logische Erklärung für sein Verhalten, und er könnte sie beruhigen. Und wenn nicht …

ja, dann wäre es vielleicht das beste, wenn Linda und Harry jr. für ein paar Tage zu ihnen kämen. Lindas Mutter meinte, sie sollte vielleicht noch einen oder zwei Tage warten, bis du etwas ruhiger geworden bist, Liebling.

Nein, Mutter. Ich kann nicht mehr warten. Ich kann es nicht länger aufschieben. Ich muß wissen, woran ich bin, jetzt gleich. Ich kann nicht länger warten. Sie ließ ihren Sohn bei seinen Großeltern und fuhr nach Hause, fest entschlossen, mit Harry zu reden.

Sobald Harry sich an diesem Abend hingesetzt hatte, sagte Linda, sie wolle etwas mit ihm besprechen. Seit sie nach Hause gekommen war, hatte sie darüber nachgedacht, wie sie ihm, undramatisch und in einfachen Worten, sagen könnte, was sie zu sagen hatte, doch je länger sie darüber nachdachte, desto verwirrter und zerquälter wurde ihr zumute, so daß sie nun unvermittelt damit herausplatzte, sie würde ein paar Tage oder so bei ihren Angehörigen verbringen.

Warum? Panik schoß in ihm hoch, jäh und erschreckend, die aufsteigende Tränenflut hämmerte an seine Augen, dazu kam die vernichtende Angst vor dem Alleinsein und, nicht genug damit, das Entsetzen davor, daß sie ihm sagen würde, *warum*, und daß er weder mit ihrer Antwort leben noch ein einziges Wort zu seiner Verteidigung würde vorbringen können.

Warum? Weil etwas vor sich geht, das ich nicht verstehe und womit ich nicht leben kann.

Ich verstehe nicht – Was meinst du? Seine Stimme klang kläglich, flehend, wenig überzeugend, Mutlosigkeit und Betrübnis rundeten seine Schultern nun vollends zum Buckel.

Dein Verhalten, Harry, Linda bemühte sich verzweifelt, ihr Vorhaben, sich die Sache von der Seele zu reden, durchzuführen und zu handeln, wie die Situation es verlangte, wie schmerzlich das auch für sie sein mochte – Harry schüttelte den Kopf, die Augen mehr auf den Fußboden gerichtet als auf seine Frau – du … du behandelst mich wie einen Gegenstand, sie hob die Stimme nicht und ihr Ton war so wenig aggressiv wie möglich und sie versuchte seinen flehenden Gesichtsausdruck zu übersehen, du sprichst nicht mit mir, du rührst mich nicht an, gibst mir nie mehr einen Kuß, und wenn ich dich etwas frage, brummst du irgendwas und kehrst mir den Rücken zu – du kehrst mir immer den Rücken zu, Harry, als schämtest du dich meiner oder als hättest du mich über oder könntest mich nicht mehr sehen oder als hätte ich dir etwas Schreckliches angetan und du würdest mich dafür hassen – Harry, ist es eine andere Frau?

Harry schüttelte den Kopf und stammelte irgendwas, schien aber nicht die nötige Kraft aufbringen zu können, diesen Verdacht abzustreiten, denn er wußte: Wenn er diesen Versuch unternahm, würde sie ihm irgendeine simple Frage stellen, auf die es einfach keine Antwort gab, und es könnte damit enden, daß er ihr die ganze Wahrheit sagte, und die bloße Erwägung dieser

Möglichkeit ließ ihm das Blut gefrieren und lähmte ihn vor Furcht. Er fuhr fort, den Kopf zu schütteln, mit dem gleichen bemitleidenswerten Gesichtsausdruck. Warum fragst du das? Ich verstehe nicht –

Dein Verhalten. Anders läßt es sich kaum erklären, Angst griff wie mit Klauen nach ihr, und obwohl sie das, was so bedrohlich zwischen ihnen stand, ans Licht heben wollte, war der Drang, es nicht wissen zu wollen, Harry nicht zu provozieren, daß er plötzlich damit herausplatzte, es gäbe eine andere Frau und er wolle die Scheidung, noch stärker. Sie wollte ihn nicht verlieren, sie wollte, daß er sich änderte, wieder zu dem Mann würde, den sie vor fünf Jahren geheiratet hatte. Vielleicht, wenn ich ein Weilchen bei meinen Angehörigen lebe, können du und Dr. Martin die Sache in den Griff kriegen – worum es sich auch handelt. Darauf hoffe ich, und sie sah Harry an und wartete und hoffte, er würde sie bitten dazubleiben und ihr versichern, daß alles in Ordnung sei oder doch irgendwie in Ordnung kommen würde, doch er saß da und starrte auf den Fußboden und sein Kopf schien tiefer und tiefer zwischen seine Schultern zu sinken. Harry, ist dir eigentlich alles egal?

Wie verzweifelt gern hätte er die Hand ausgestreckt und sie gebeten – sie angefleht –, nicht fortzugehen, doch der gewaltige Schmerz der Hoffnungslosigkeit und die jämmerliche, unbegreifliche Entmutigung, die sich um ihn wand, fester und immer fester, gleich einer Riesenschlange, hatten ihn völlig entnervt.

Er spürte ihr Starren, und je länger er selbst dasaß und auf den Boden starrte, desto weniger war es ihm möglich, den Kopf zu heben und ihr in die Augen zu sehen.

Linda wartete endlose Jahre darauf, daß er ihr widersprach, bis das Schweigen sie schließlich zum Handeln zwang. Sie ging ins Schlafzimmer und warf rasch ein paar Sachen in einen Koffer. Sie setzte dazu an, etwas zu sagen, bevor sie ging, doch ihre Augen füllten sich mit Tränen, und eine alles überwältigende Traurigkeit schnürte ihr die Kehle zu. Sie ging.

Harry hörte ihren Atem, ihre Seufzer und Bewegungen, während sie ihren Koffer packte, dann spürte er, daß sie neben ihm stand und ihn ansah, er hörte sie durchs Zimmer gehen, hörte die Tür ins Schloß fallen und dann das Geräusch des Wagens, das sich in der Ferne verlor …

und nichts geschah, um sie aufzuhalten. Und nichts geschah, ihn in Bewegung zu setzen. Er saß da, starrte auf den Boden und hoffte kläglich darauf, noch tiefer in sich zu versinken und plötzlich aus diesem Alptraum zu erwachen ... Doch er wußte, das würde nicht geschehen. Das war nur ein Traum.

Linda fuhr langsam die geschwungene Auffahrt hinunter, das Knirschen des Kieses klang laut und durchdringend und irgendwie unheilverkündend. Immer wieder blickte sie in den Rückspiegel und hielt ein paarmal an, sah zum Haus zurück in der Hoffnung, Harry in der Tür zu sehen oder wie er die Auffahrt herunterlief und sie zurückwinkte. O barmherziger Gott, sie wollte nicht fortgehen. Sie hatte sich entschlossen, es nötigenfalls zu tun, aber sie war sich so sicher gewesen, daß er es nicht zulassen würde. Er würde alle ihre Ängste mit plausiblen Erklärungen zerstreuen und sie auf keinen Fall gehen lassen. An der Ausfahrt zur Straße brachte sie den Wagen erneut zum Stehen. Kein Auto weit und breit. Es war still. Sie horchte angestrengt auf das Geräusch von Schritten auf dem Kies, von schnellen Schritten, ein Geräusch, das lauter und lauter wurde – doch alles blieb still. Das anschwellende Brummen eines sich nähernden Wagens, das dann wieder abnahm. Der Kies schwieg. Immer noch. Linda weinte. Sie ging also wirklich fort. Nichts und niemand hielt sie davon zurück, in die Straße einzubiegen und fortzufahren. O Gott, sie wollte nicht fort. Sie wühlte wie blind in ihrer Handtasche nach einem Taschentuch, dann warf sie sie neben sich auf den Sitz, ein zitterndes Stöhnen entrang sich ihr, und sie wischte sich mit den Händen über die Augen, um die Tränen zu entfernen. Nun ging sie nicht mehr nur für ein paar Tage fort. Nun hatte sie das Gefühl, es sei für immer. Sie würde Harry und ihr Heim nie wiedersehen. Ihr war, als erwartete sie eine Art Tod, wenn sie jetzt fortfuhr. In ihr gähnte eine furchtbare, abgrundtiefe Leere, die sich rasch mit Tränen füllte. Ihre Knochen schienen sich langsam aufzulösen, und es war ihr nicht möglich, sich zu bewegen, den Wagen zu starten …

den Fuß vom Bremspedal zu nehmen …

den Fuß auf das Gaspedal zu setzen …

das Gaspedal hinunterzudrücken …

das Lenkrad einzuschlagen …

das Lenkrad mit beiden Händen zu packen und es herumzureißen …

den Wagen auf die Straße zu bringen …

auf die Straße, die sie fortführen würde …

fort von ihrem Leben …

O Gott …

O Gott, Gott im Himmel …

und immer noch kein Geräusch hinter ihr …

kein Geräusch von schnellen Schritten auf dem Kiesweg

keine Stimme, die sie anflehte, nicht fortzugehen,

keine Hand, die ihr winkte, zurückzukommen

zurückzukommen

zurück …

Der Wagen rollte langsam auf die Straße, und die Auffahrt und ihr Heim waren nicht mehr zu sehen. Vor ihr nichts als die Straße, die bald in eine Autobahn einmünden würde. Während die Sonne rasch sank, längten sich die dunkelnden Schatten, griffen aus und legten sich quer über die Fahrbahn.

Es gibt keinen wirklichen Unterschied zwischen Geschichte und gegenwärtigen Ereignissen. Es gibt nur Variationen ein und desselben Themas. Der innere Druck, unter dem Harry stand, war so gewaltig und baute sich jedesmal so rasch wieder auf, daß seine nächtlichen Besuche in der Hölle immer häufiger stattfanden. Meistens blieb er die Nacht über nicht in der Stadt, sondern wartete, bis der armselige alkoholgetränkte Schwamm neben ihm hinüber war, steckte dann eine 20-Dollar-Note in den Hals der leeren Flasche und fuhr mit dem letzten Zug nach Hause.

Diesmal lief es anders. Sie warteten im Treppenhaus auf ihn, schlugen ihn auf den Hinterkopf, traktierten ihn mit Fäusten und traten ihn mit Füßen, nahmen ihm sein Geld ab und suchten das Weite. Das erste, was er sah, nachdem er das Bewußtsein wiedererlangt hatte, waren Kakerlaken, die über den Boden huschten und hinter brüchigen, verrotteten Holzleisten verschwanden. Uringestank drang ihm ätzend in die Nase und brannte in den Wunden in seinem Gesicht. Er setzte sich auf und lehnte sich an die Wand und befühlte vorsichtig die schmerzenden Stellen an Kopf und Gesicht, dann sah er auf das Blut an seinen Fingern. Er blickte um sich, und was er sah, war verschwommen, dann klärte sich das Bild, und er konnte erkennen, wo er sich befand, und erinnerte sich an das, was geschehen war. Er sah seine Brieftasche auf dem Boden, die Visitenkarten und Papiere lagen verstreut umher. Er hob alles auf und steckte es in die Tasche. Er kam langsam auf die Beine. Seine rechte Gesichtshälfte pochte und brannte. Er konnte sie kaum berühren, so weh tat es. Er taumelte auf die Straße, nahm ein Taxi, fuhr zu seinem Bürogebäude und lieh sich Geld vom Nachtpförtner. Er fuhr weiter zum Bahnhof und drückte mit der einen Hand leicht ein Taschentuch an sein Gesicht.

Die Fahrt war lang und quälend. Das Haus immer noch leer. Er fühlte sich plötzlich wie ausgehöhlt, wie aus Gummi. Das Haus kam ihm vor wie eine Gruft. Er ließ sich in einen Sessel fallen. Er rief, laut, obwohl er eigentlich nicht daran glaubte, sie sei da – und doch –

Seine Stimme tastete sich durch die Räume, hohl und schlaff ... Bitte komm zurück ... bitte ...

Tränen stachen in sein zerschlagenes, blutbeflecktes Gesicht. In seinem Kopf pochte es und brannte. Ihm war, als würde sein Körper zerbröckeln, in Stücke zerfallen. Er rief einen in der Nähe wohnenden Arzt an, ein Clubmitglied, mit dem er oft Golf spielte.

Der Arzt kam, warf einen Blick auf Harrys Gesicht und rief das Krankenhaus an.

Muß das sein, Bob?

Unbedingt. In einem Fall wie diesem ist es üblich und notwendig. Kommen Sie, ich fahr Sie hin. Wo ist Linda?

Zum Besuch bei ihrer Familie, er spürte, daß er rot wurde, glühte.

Soll ich sie anrufen?

Er schüttelte den Kopf, morgen. Wie lange werde ich im Krankenhaus sein?

Einen Tag. Es müssen verschiedene Untersuchungen gemacht werden, um sicherzugehen, daß alles in Ordnung ist, nichts gebrochen, keine Gehirnerschütterung.

Als er in seinem Zimmer lag, kam Bob noch einmal herein, bevor er ging. Ich lasse Ihnen noch etwas bringen, damit Sie schlafen können. Sie müssen sich richtig ausschlafen. Und machen Sie sich keinerlei Sorgen. Ich rufe Linda morgen an.

Harry, nach wie vor trübe und schweigend, schüttelte den Kopf.

Morgen vormittag seh ich nach Ihnen, Harry.

Harry schüttelte den Kopf.

Als Linda am frühen Nachmittag des folgenden Tages ins Krankenhaus kam, sah Harry bereits viel besser aus. Das getrocknete Blut war abgewaschen und die Platzwunden genäht. Und doch erschreckte sie sein Äußeres und machte ihr angst. Die Fahrt vom Haus ihrer Eltern bis zur Klinik war ihr endlos erschienen – Stunden quälender Vorahnungen und Ängste. Bob hatte ihr gesagt, daß nach den vorläufigen Untersuchungsergebnissen soweit alles in Ordnung sei und keine ernsten Verletzungen vorlägen, doch ihre Phantasie jagte sie trotzdem durch Höllen. Jede einzelne Geschichte fiel ihr ein, die sie je über Leute gehört oder gelesen hatte, die überfallen worden waren und dabei ein Auge eingebüßt hatten oder blind geworden waren oder zeitlebens gelähmt blieben, oder sie dachte daran, was den Opfern sonst noch an Entsetzlichem zugestoßen war. Worte wie *Verletzung, gelitten* und *Opfer* schwirrten ihr unablässig durch den Kopf.

Und zwischendurch kam ihr immer wieder peinlich zu Bewußtsein, daß sie während ihres Telefongesprächs mit Bob immer auf die Frage gewartet hatte, wieso sie bei ihren Eltern sei und ob zwischen ihr und Harry etwas nicht stimme, doch in seinem Tonfall lag keine Frage (zumindest schien es ihr so), und er hatte ihr nur gesagt, daß Harry verletzt sei, und sie dahingehend beruhigt, daß es ihm den Umständen entsprechend gutginge. Und doch errötete sie auf der Fahrt zum Krankenhaus immer wieder vor Verlegenheit.

Dazu schlug sie sich mit quälenden Schuldgefühlen herum; sie dachte, all das wäre nicht geschehen, wenn sie ihn nicht verlassen hätte, und sie führte sich immer wieder vor Augen, das sei lächerlich, und vielleicht ist es das auch, aber wenn ich zu Hause gewesen wäre, so hätte ich mich zumindest seiner annehmen können – aber du hättest nicht mehr tun können als Bob, eher weniger, schließlich ist er ja Arzt – ich weiß, ich weiß, aber ich wäre wenigstens dagewesen … Ach, ich weiß es nicht, ich weiß es nicht …

und Linda versuchte, ihre innere Stimme zu übertönen oder sie in Tränen zu ertränken, doch Verwirrung, Sorge, böse Vorahnung und Angst durchbohrten sie weiterhin wie schartige Dolche.

Sie eilte den Gang hinunter zu seinem Zimmer und ins Zimmer hinein und blieb erst vor seinem Bett abrupt stehen. Harry sah sie an und versuchte zu lächeln, zuckte jedoch unwillkürlich zusammen vor Schmerz, was sie zu ihm hintrieb, und sie legte ihre Arme um ihn und zog ihn fest an sich, ach Harry, Harry, es tut mir so leid, daß das passiert ist, wie geht es dir? Plötzlich fiel ihr ein, daß sie ihm vielleicht weh tat, und ihre Arme fuhren auseinander, und sie trat einen Schritt zurück, entschuldige, Liebling, hab ich dir weh getan? Das war dumm von mir. Es tut mir leid. Ich –

Nein, nein, alles okay. Sieht schlimmer aus, als es ist. Er sah sie an und gab sich alle Mühe zu lächeln und die Schrecken der Schuld und der Erniedrigung hinunterzuwürgen.

Linda, die ihn mit feuchten Augen anstarrte, sah sich plötzlich gefangen zwischen Sehnsucht und innerer Überzeugung, aber es schien eine Ewigkeit her zu sein, seit sie ihren Mann gesehen hatte, den Mann, den sie liebte, und er sah so hilflos, so verwundbar aus – so – zerquält, daß ihre Sehnsucht und seine Qual ihren Vorsatz langsam, aber unaufhaltsam dahinschwinden ließen. Sie setzte sich auf die Bettkante. Geht es dir wirklich einigermaßen, Liebling?

Harry merkte, wie er mit dem Kopf nickte, und hätte brennend gern die Hand ausgestreckt und sie an sich gezogen und geküßt und umarmt oder sie nur berührt – ihre Hand, ihre Wange –, sie nur berührt und ihr gesagt, daß er sie liebe, doch er konnte nur mit dem Kopf nicken, während alle seine Wünsche und Sehnsüchte in ihm aufwallten und gegen den Dämon anfochten, der unüberwindliche Kräfte aus Harrys Schuld und Erniedrigung sog und ein schwarzes Loch der Verzweiflung in seinem Innern zurückließ. Er wandte sich ab, als Bob das Zimmer betrat.

Hallo Linda, wie gehts?

Ich glaub, ich weiß es nicht genau, sie schüttelte den Kopf und versuchte zu lächeln.

Keine Sorge, er drückte ihre Schulter und lächelte, alles steht bestens. Es sieht so aus, als würde Ihr Mann da noch ein bißchen leben. Linda seufzte und verspürte plötzlich ein solches Gefühl der Erleichterung, daß sie dachte, sie würde sich gleich in ihre Bestandteile auflösen oder ohnmächtig werden. Keine Brüche, keine Gehirnerschütterung, er wandte sich an Harry, keine Herzgeschichten oder andere Komplikationen.

Herzgeschichten?

Bob lächelte beruhigend und legte jedem eine Hand auf die Schulter. Kein Grund zur Beunruhigung. Manchen, vor allem älteren Menschen, schlägt eine solche Sache aufs Herz, und deshalb machen wir für alle Fälle auch ein EKG. Also, Sie sind in guter Verfassung – für die Verfassung, in der Sie sind, er lachte in sich hinein und drückte beider Schultern, Sie haben Glück gehabt.

Linda lächelte, und Harry bemühte sich darum, brachte aber kein rechtes Lächeln zustande.

Wann darf ich nach Hause?

Sofort, wenn Sie wollen. Aber schonen Sie sich noch ein bißchen, ein oder zwei Tage.

Panik schoß in ihm hoch. Aber ich kann doch morgen ins Büro gehen?

Ich glaube schon, wenn Sie nicht gleich mit Volldampf loslegen. Nehmen Sie einen späteren Zug, damit Sie sich in der Stoßzeit nicht so durch die Menschenmassen quetschen müssen. Okay?

Harry nickte.

Schön. Kommen Sie in etwa einer Woche in meine Praxis, damit ich Sie mir noch mal ansehen kann.

Danke.

Vielen Dank, Bob, ich bin Ihnen wirklich sehr dankbar, für alles, sie lächelte und drückte ihm die Hand.

Schon gut, Linda. Das war ja wohl das wenigste, was ich tun konnte. Er läßt mich schließlich jedesmal um einige Schläge gewinnen, wenn wir zusammen spielen, er lachte. Nicht vergessen, in einer Woche.

Bob ging. Linda und Harry sahen einander einen Augenblick unsicher und ein wenig verlegen an.

Ja, dann werd ich mich mal anziehen, wie?

Sobald sie zu Hause waren, setzte Harry sich hin.

Kann ich dir irgendwas bringen, Liebling? Kaffee? Obstsaft?

Nein, nein, danke ... Schatz, er lächelte schwach. Harry war müde – erschöpft. Er war plötzlich zu müde, seinen inneren Kampf fortzusetzen, und so kam es zu einer Art Waffenstillstand. Ein weiches Gefühl durchflutete ihn. Ich glaube, ich will dich bloß ansehen.

Linda setzte sich auf die Sessellehne und nahm seine Hand. Er ließ den Blick kurze Zeit auf ihren Händen ruhen, streichelte sie sacht mit den Fingerspitzen seiner anderen Hand – dann lehnte er den Kopf an ihren Arm und spürte die Zartheit, die samtene Weiche und Wärme ihrer Hände, und für den Augenblick war es in seinem Innern still und friedvoll.

An diesem Abend wurde im Heim der Whites wenig getan und wenig gesprochen. Obwohl Harry nur einige Platzwunden, Beulen und Prellungen davongetragen hatte, fühlten sie sich beide wie ausgelaugt nach dem Schock der jüngsten Ereignisse und wünschten nur, jedes ernste, tiefschürfende Gespräch zu vermeiden. Sie gingen früh schlafen und erfreuten sich beide der besten Nachtruhe seit langer Zeit.

Am späten Vormittag des folgenden Tages rückte Harry unruhig in seinem Sessel hin und her und war fast versucht, fortzugehen, um sich ein wenig die Beine zu vertreten; aber er beließ es dann doch dabei, den Tag über im Büro zu bleiben, wie immer in letzter Zeit, und kam innerlich wieder zur Ruhe, nachdem er beschlossen hatte, sich an diesem Abend irgendeine Sau zu suchen, vielleicht in der West Side bei den Docks. Er hatte das kürzlich

Vorgefallene nicht vergessen, doch der Gedanke daran, daß er zusammengeschlagen worden war oder daß Linda ihn erneut verlassen könnte, hatte keine Macht über seine Handlungen. Eine Kraft, stärker als er, schien ihn anzutreiben, den Pforten des Irrsinns oder des Todes entgegen.

Er nahm in einer Schnellgaststätte ein leichtes Abendessen ein und wartete darauf, daß der Zustrom zur Kasse abflaute. Er verspürte jenes bleierne Wühlen im Bauch, das bange Vorgefühl und die Angst, er wußte, daß er nach Hause fahren sollte, und er wußte, daß er es nicht tun würde. Plötzlich schloß er die Hand fest um seinen Kassenzettel und steckte ihn in die Tasche und winkte in Richtung der Leute vor der Kasse. Ich warte draußen auf dich. Ich muß an die Luft, und ging hinaus. Er wollte rennen, zur Ausgangstür und weiter die Straße hinunter, zwang sich jedoch, die unendlich lange Strecke bis zum Ausgang unauffällig und langsam zurückzulegen und einen Augenblick an der Tür stehenzubleiben, bevor er das Lokal verließ und langsam weiterging, ganz,

ganz

langsam, bis zur nächsten Ecke. Dann bog er in die Seitenstraße ein, ging noch ein paar Schritte, blieb stehen und lehnte sich an eine Hausmauer. Sein Herz schlug so wild, daß er kaum atmen konnte. Sein ganzer Körper, sein ganzes Sein brodelte von Empfindungen, die ihn zu überwältigen drohten. Das Hämmern in seiner Brust kam ihm ganz unwahrscheinlich vor, ebenso wie das Zucken und Ziehen in seinen Eingeweiden, das an seinem Schlund zu zerren schien. Er wußte, daß er diese Empfindungen bereits kannte, aus einer fernen, versunkenen Vergangenheit, und die lag so weit zurück, daß seine Gedanken sich verwirrten, als er versuchte, diese Empfindungen zu identifizieren. Er gab sich auch nicht allzuviel Mühe, da es offenbar nutzlos war, er hatte noch nie etwas gestohlen, also konnte er diese Empfindungen gar nicht kennen, wenn man es genau nahm. Einen Augenblick lang fragte er sich, warum er das getan hatte. Was wäre geschehen, wenn ihn am Ausgang plötzlich jemand am Arm gepackt hätte? Oder wenn sie ihn jetzt noch schnappten und vielleicht die Polizei holten? Er sah sich um und schluckte ein paarmal, krampfartig und hastig. Mein Gott, was sich in seinem Bauch tat. Dann erkannte er das Gefühl plötzlich. Es durchfuhr ihn wie ein Feuerstrom. Die Furcht, geschnappt zu werden, verschwand. Es gab nichts als die Erregung, die ihn durchflutete. Die gleiche Erregung wie damals, als er zum erstenmal vögeln sollte. Er hatte nicht genau gewußt, ob es auch wirklich dazu kommen würde. Tony hatte ihm gesagt, daß es mit diesem Weib auf jeden Fall hinhauen würde, doch das hatte man ihm schon öfters gesagt. Er wußte noch, daß er an dem Tag Angst gehabt hatte, in die Hose zu pissen oder sich vollzuscheißen, aber das passierte nicht. Genauso war ihm jetzt. Die gleiche Erregung davor und danach. Die gleichen beklemmenden Vorahnungen. Der gleiche Schweiß. Der gleiche Geschmack im Mund. Die gleiche Euphorie. Harry White stand kerzengerade da. Er lächelte. Er sah um sich, froh und zufrieden. Mann, fühlte er sich wohl. Er spürte den Kassenzettel in seiner Hand in der Tasche. Er holte ihn heraus, glättete und faltete ihn sorgfältig zusammen und steckte ihn in seine Brieftasche, holte ihn wieder heraus und schrieb das Datum drauf, bevor er ihn wieder hineintat. Er fühlte sich nicht nur locker und leicht, er fühlte sich FREI. Jaa, frei. Mann! Omannomann! Frei. Als er zum Bahnhof ging, um nach Hause zu fahren, lag in seinem Gang etwas Federndes, ein Hauch von Frühling.

Als Harry anrief, um zu sagen, daß es spät werden würde, dachte Linda, das Herz bliebe ihr stehen. Sie nickte, den Hörer am Ohr, immer wieder mit dem Kopf und brachte endlich ein paar Worte heraus. Als sie auflegte, war ihr so schlecht, daß sie lange quälende Minuten bloß dasaß und zitterte. Sie konnte kaum glauben, daß er sich heute abend von irgend etwas abhalten ließ, pünktlich zu Hause zu sein – der erste Abend zu Hause, nach dem Besuch bei ihren Eltern. Sie sagte sich immer und immer wieder, daß es seine körperliche Verfassung sei, die ihr angst mache, daß da vielleicht doch noch etwas sei, was bei der Untersuchung nicht erkannt worden war, ein – ein – nun ja, ein Blutgerinnsel oder sowas …

aber sie wußte, daß das nicht der Grund war. Sie wußte, sie brauchte nicht zu befürchten, Harry wegen eines Blutgerinnsels oder anderer physiologischer Defekte zu verlieren.

Als Harry nach Hause kam, Stunden früher, als sie ihn erwartet hatte, war Linda perplex und überrascht. Dann fiel es ihr auf. Durch den Aufruhr im Labyrinth ihrer Empfindungen drang es zu ihr vor. Harry lächelte. Lächelte, hinter Schrunden und Pflastern …

Sie saßen eine Weile und unterhielten sich, tranken Kaffee und knabberten Crackers mit Käse. Stinkkäse. Die Erlösung von aufgestauten Spannungen und Ängsten bedeutete eine so unsagbare Erleichterung, daß beide nur zu bereit waren, ihre Hysterie zu ignorieren.

In dieser Nacht schliefen sie miteinander. Danach lagen sie sich in den Armen und sprachen von der Nacht, den Sternen, von ihrem gemeinsamen Leben, aber hauptsächlich von ihrer Liebe zueinander …

dann sanken sie, sanft und unmerklich, in ruhevollen Schlaf.

Harry war mehr als euphorisch, er war viele Tage lang wie verrückt vor Freude. Er war ein neuer Mensch, ja, ein neuer Mensch, befreit – begnadigt.

Sein Leben normalisierte sich überraschend schnell. Die Tür zu seinem Büro stand nun die meiste Zeit offen. Abgesehen von seltenen und berechtigten Gelegenheiten kam er pünktlich nach Hause. In der Mittagspause ging er meistens mit Walt und den andern essen. Die Qualität und Quantität seiner Arbeit nahm zu. Und bei alldem fühlte er sich frei. Sobald es in seinem Bauch anfing zu nagen und seine Haut wie von Ameisen bevölkert schien und jene unbestimmten und namenlosen Ängste ihn zu verfolgen begannen, ging er fort und gönnte sich einen Gratis-Lunch. So einfach war das. Es war so einfach, daß er es fast nicht glauben konnte. Aber so war es. Und so war er. Eine Gratismahlzeit, und es ging ihm prima. Es überraschte ihn selbst, daß er dazu fähig war.

Doch offenbar war er es. So wars nun einmal. Er tat es. Von Zeit zu Zeit stellte er sich vor, er würde gefragt, warum er nicht bezahlt hätte, diesem Gedanken hing er aber nur so lange nach, bis er den Kitzel der ominösen Vorahnung ausgekostet hatte, dann schob er ihn beiseite, bevor er ihn daran hindern konnte, mit einem Winken hinauszugehen, du erledigst das wohl, Henry, ich warte draußen. Schließlich konnte er ja immer sagen, daß es ein Versehen war, er sei in Gedanken gewesen, hätte nicht darauf geachtet, und sein Essen – mit Versicherungen des Bedauerns – bezahlen. Wer würde denn auch annehmen, daß ein Mann in seiner Position versuchte fortzugehen, ohne zu zahlen?

Linda wurde sich ihrer Stimme bewußt: sie sang bei ihrer Arbeit in Haus und Garten und sprach mit Harry jr. und nannte ihm die Namen der Pflanzen und Blumen. Zunächst war es der Klang ihrer Stimme, der sie verwunderte und bestürzte, dann die Erkenntnis, daß eine lange Zeit (mein Gott, wie lange?) vergangen war, seit sie das letzte Mal gesungen hatte.

Sie spürte einen neuen *élan vital* und wandte sich, entsetzt über die unübersehbaren Anzeichen der Vernachlässigung, ihrem Garten zu. Freudig und energisch kappte sie geile Triebe, grub, harkte und jätete und beantwortete dabei die ewigen Fragen des kleinen Harry.

Mit der Zeit vergingen die Ängste und Beklemmungen, aber gleichzeitig wurde ihr bewußt, wie schwer es doch gewesen war. Erst seit sie von ihren Ängsten und Sorgen erlöst war, konnte sie ermessen, wie schrecklich sie darunter gelitten hatte – eine kleine Ewigkeit lang, so schien es ihr. Was die Zeit anging, so war ihr einziger Anhaltspunkt der fröhliche Kehrreim, der ihr unablässig durch den Kopf ging und ihr sagte, daß alles wieder so war wie vor einem Jahr.

Vor einem Jahr? War es wirklich schon so lange her, daß das Gefühl der Verzweiflung von Tag zu Tag zunahm und ihr Mann, den sie bewunderte und liebte, ihr von Tag zu Tag fremder wurde? War das wirklich schon so lange her? Wie hatte sie das überlebt? Wie hatten sie beide das überlebt? Natürlich war zwischendurch auch mal alles in Ordnung gewesen – Augenblicke lang und hin und wieder auch mal einen ganzen Tag –, doch im Rückblick erschien ihr die Qual so groß, daß sie sich wunderte, es auch nur eine Woche überlebt zu haben, von einem Jahr ganz zu schweigen. Aber wie auch immer es gewesen war, es war nicht mehr wichtig. Wie lange die Qual gedauert hatte, war jetzt gleichgültig. Alles ging nun wieder seinen normalen Gang. Sie redeten und scherzten und lachten, und Harry legte die Arme um sie und küßte sie und drückte sie an sich und flüsterte ihr etwas ins Ohr, und sie schliefen miteinander …

und danach hielten sie sich an der Hand, und die sanfte Süße der Nacht zitterte in ihr nach. Und Harry fuhr nicht mitten in der Nacht im Bett hoch, mit einem Gesicht, als sei ihm der Tod begegnet. Ihr gemeinsames Heim war erneut von Freude und Liebe und Glück erfüllt. Ja, die Dinge hatten sich normalisiert, Gott sei gedankt. Und … sie war schwanger.

17

Harry war freudig überrascht, als er erfuhr, daß sie ein zweites Kind haben würden. Wie schön für Harry jr., eine kleine Schwester zu haben. Und, da stimmte er ihr zu, sie sollten wirklich nicht länger damit warten, ein zweites Kind zu bekommen. Schließlich, Harry junior wird fünf sein, wenn das neue Baby ankommt. Ich glaube, der Altersunterschied ist groß genug.

Harry freute sich schon auf den warmen Glanz auf Lindas Gesicht und in ihren Augen, den Schwangerschaft bei ihr hervorrief, und darauf, das Baby strampeln zu fühlen, als Protest dagegen, an einem so engen, dunklen Ort eingesperrt zu sein. Nicht mehr lange, und das Baby würde sich den Weg ans Licht und in die Freiheit erkämpfen. Es war nur eine Frage der Zeit.

Und ebenfalls nur eine Frage der Zeit ist es, wann Vergangenes wieder akute Wirklichkeit wird. Dies geschah, als Harry eines Tages ein Restaurant verließ – ohne zu zahlen, aber auch ohne sich dessen bewußt zu sein. Kein Wink mit der Hand, kein vorgetäuschter Zuruf hatte ihm sein Verhalten zum Bewußtsein gebracht. Er war bereits etwa einen Block weit gegangen, bevor ihm klar wurde, was er getan hatte. Das heißt: Klar wurde ihm zunächst nur, daß das gewohnte Gefühl ausgeblieben war. Es gab überhaupt kein Gefühl. Nicht einmal eine entfernte Erinnerung an Beklemmungen oder Ängste, bevor er das Lokal verließ, oder die leiseste Andeutung von Erregung jetzt. Stumpf und schal war ihm zumute, sonst gar nichts. Im Stich gelassen.

Er schloß die Tür seines Büros und dachte kurze Zeit darüber nach, mußte jedoch bald damit aufhören. Ihn schauderte. Das Vorgefallene konnte ja nur bedeuten, daß er in den Alptraum zurück mußte, und er würde sich eher umbringen, als das auf sich zu nehmen. Das konnte er nicht. Nicht jetzt. Er schob das Ganze von sich und vergrub sich in seine Arbeit.

Aber der schreckliche Gedanke und die Furcht nagten auf dem Heimweg an ihm, verlangten gebieterisch, zur Kenntnis genommen zu werden, doch er stieß sie hinunter, sich selbst aus den Augen und Ohren. Am nächsten Morgen sagte er Linda, er müsse am Abend länger arbeiten, und als er sah, wie ihr Gesicht sich umwölkte, fügte er rasch hinzu, es würde nicht allzu spät werden, er würde unterwegs nichts zu sich nehmen und, wenn auch spät, mit ihr zu Abend essen.

Einige Zeit nachdem an diesem Abend alle nach Hause gegangen waren, streifte er durch die verschiedenen Büros. In all der Ausgedehntheit und Weite der vielen Räume war er der einzige Mensch – ein sonderbares, fast gespenstisches Gefühl.

Er stöberte in Schränken und Schreibtischen und war überrascht, Geld zu finden, Schmuck, Uhren und hunderterlei verschiedene Kleinigkeiten.

Er ging ins darüber liegende Stockwerk und schlenderte dort durch einige Büros. Wieder schien er allein zu sein. Es war still wie in einer Gruft. Er hörte sich atmen – dann nahm er das Geräusch eines Fahrstuhls wahr, und er erstarrte und wartete, bis der Fahrstuhl offenbar an dem Stockwerk, in dem er sich befand, vorbeigefahren war. Seine Beine und Knie fühlten sich an wie Gummi. In seinem Bauch brodelte und zuckte es. Der erregende Kitzel war wieder da. Alle seine Sinne waren nicht nur wach, sie waren aufs äußerste geschärft.

Er ging weiter, öffnete und schloß Schreibtischschubladen, zunächst behutsam und leise, dann immer selbstverständlicher und ungenierter. Zum Schluß hatte er im ganzen 17 Dollar und 37 Cents zusammen, fast die Hälfte davon in kleinen Münzen. Er ging langsam die Treppe hinunter zu seiner Firma, dann nahm er den Fahrstuhl ins Erdgeschoß. Die Münzen wogen schwer in seiner Tasche und das Herz klopfte ihm bis zum Hals und seine Ohren klangen, als er dem Nachtpförtner auf Wiedersehen sagte. Er hatte vorgehabt, das Kleingeld in eine Tüte zu tun und es gleich in einen Gully zu werfen, entschloß sich dann aber, es mit nach Hause zu nehmen. Das Gewicht der Münzen in seiner Tasche hielt die Erregung wach. Er fühlte sich wunderbar. Am nächsten Tag ging er in eine Bank und holte sich einen Vorrat an Münzbanderolen.

Dr. Martin war hocherfreut über die sichtliche Besserung von Harrys Befinden. Für ihn lag es auf der Hand, daß er die psychische Sperre seines Patienten durchbrochen hatte, der Sublimierungsprozeß erfolgreich abgeschlossen war und sie nun tiefer in Harrys Kindheit und in seine ödipale Verstrickung eindringen konnten, ohne ein seelisches Trauma befürchten zu müssen. Ja, Dr. Martin war wirklich höchst erfreut und lächelte, während er Harry zuhörte, schmauchte sein Pfeifchen und war mit sich und der Welt zufrieden.

Obwohl Harry gelegentlich spät nach Hause kam, bereitete das Linda keinen Kummer mehr.

Im Grunde war es genauso wie am Anfang ihrer Ehe, nur daß die Heimfahrt jetzt länger dauerte. Alles andere war wie früher. Harry war fröhlich, sie hatten ihre gemeinsamen Abende und Wochenenden, und sie war wieder imstande, ohne Vorbehalte ganz für ihn da zu sein und mit offenen Armen auf ihn zu warten.

Und in ihr wuchs neues Leben, das sie spüren und sehen konnte. Und Harry legte zuweilen sein Ohr an ihren schwellenden Leib und sagte ihr, sie habe recht, es hört sich auch für mich genau wie ein Mädchen an. Und wie ihr Leib und das Leben dann wuchsen und zunahmen, so auch ihr innerer Frieden.

Durch die Erkundung seines eigenen Bürogebäudes fand Harry die Mittel und Wege, sich Zugang zu anderen Gebäuden zu verschaffen, selbst zu solchen, die durch Bewachungsgesellschaften gesichert waren. Es war nicht schwierig, die ungefähre Zeit der Kontrollrundgänge (falls überhaupt welche stattfanden) auszuforschen und seine eigenen Unternehmungen danach zu richten. Einmal hielt er sich länger als eine Stunde in einer Herrentoilette auf, bis er ganz sicher war, daß sich niemand mehr im Büro befand. Während er in dem engen Geviert saß, erschien ihm die Zeit bleiern und endlos. Dann begann er die steigende Erregung in Beinen und Lenden zu spüren, und in seinem Bauch rumorte die Angst, geschnappt zu werden. Er ließ diese Empfindungen ganz bewußt auf sich einwirken, ebenso das Gefühl, das ihm der Schweiß verursachte, der ihm den Rücken hinunterlief, und er verlor jedes Zeitgefühl und labte sich an den Sinnesreizen, die ihn durchpulsten.

Er ging durch Büros, öffnete und schloß Schubladen und machte dabei jedesmal ein bißchen mehr Lärm. Zuerst nahm er nur von dem Geld, das er vorfand, da Geld am unverfänglichsten war. Niemand konnte ihn auf der Straße anhalten und wegen der paar Dollar in seiner Tasche als Dieb festnehmen, selbst wenn er eine ungewöhnlich große Menge an Kleingeld bei sich hatte. Als mit der Zeit die Erregung nachließ, begann er sich in den Büros zu bewegen, als gehörten sie ihm, und bemühte sich nicht einmal, leise zu sein. Dann fing er an, kleine Wertgegenstände wie Ringe und Uhren an sich zu nehmen, und behielt sie in der Tasche, bis er fast zu Hause war. Dann warf er sie weg.

Ein Monat nach dem andern verging, und es fiel ihm zunehmend schwerer, seine innere Verspanntheit in Erregung zu verwandeln. Er nahm nun größere Gegenstände aus den Büros mit, Addier- und Rechenmaschinen und verschiedene andere Büromaschinen und sonstigen Bürobedarf, und achtete streng darauf, daß er die Sachen mindestens zwei Blocks weit mit sich schleppte, bevor er sie auf der Straße stehenließ. Eines Abends entwendete er aus einem Büro im zehnten Stockwerk eines Gebäudes eine große elektrische Schreibmaschine, und noch bevor er die Hälfte der Treppen geschafft hatte, dachte er, er müsse sie zurücklassen. Seine Arme schmerzten und erlahmten. Er hatte das Gefühl, als würden ihm die Hände abgerissen. Sein Herz hämmerte, und er konnte kaum noch etwas sehen, da ihm Schweiß in die Augen lief. Er begann zu taumeln und verharrte schwankend am Rand einer Stufe, spürte, wie sein Körper sich langsam nach vorn neigte und er Gefahr lief, die Treppe hinunterzustürzen, wobei die Schreibmaschine ihm den Kopf zerschmettern könnte, und er kämpfte verzweifelt gegen die Schwerkraft an und taumelte endlich rückwärts, schlug mit dem Rükken gegen die Wand und verharrte in dieser Stellung, keuchend …

Er wollte die Schreibmaschine nicht zurücklassen. Vielleicht konnte er sie einen Augenblick auf den Boden stellen und sich ausruhen. Ja, eine Minute nur … nur eine – Nein! Nein! Er würde sie nie wieder hochstemmen können. Das wußte er. Absolut. Und er mußte das Ding aus dem

Haus bringen. Um jeden Preis. Er lehnte sich an die Wand, Schweiß rann ihm über das Gesicht und tropfte auf die Schreibmaschine. Jeder einzelne verdammte Muskel tat ihm weh, und er glaubte es nicht auch nur eine Sekunde länger aushalten zu können, doch seine Erregung war so stark, daß er sich sogar langsam und rhythmisch in den Hüften wiegte …

Er leckte sich ein ums andere Mal die Lippen, stieß sich von der Wand ab und ging, sich mit der Schulter an der Wand stützend, langsam die Treppe hinunter; Schritt für Schritt tastete er sich von einer Stufe zur andern, wobei er die Stufen sorgfältig zählte, damit er nicht plötzlich auf dem Treppenabsatz hinfiel. Acht Stufen, ein Absatz, eine halbe Wendung, und wieder acht Stufen bis zum darunterliegenden Stockwerk. Noch drei Stockwerke. Unmöglich. Die Schreibmaschine hing bleischwer in seinen Händen, scheuerte ihm die Haut wund. Auf dem Treppenabsatz blieb er stehen. Sein Körper schrie ihm zu, das Scheißding auf den Boden zu stellen und fortzugehen. Aber er wollte nicht. Er würde es bis nach unten schleppen, aus dem Gebäude hinaus. Er würde nicht vor dem Schmerz kapitulieren. Er würde es durchstehen. Acht Stufen. Eine Wendung. Noch einmal acht Stufen. Noch zwei Stockwerke. Er hatte das

Gefühl, sein Brustkasten würde bersten. Er wollte sich wenigstens ausruhen. Jesus, er mußte sich ausruhen. Er ging weiter. Er durfte nicht stehenbleiben. Sonst würde er nie weitergehen. Er mußte in Bewegung bleiben. Acht Stufen, langsam. Jede einzelne mit tastendem Fuß gesucht und gefunden. Der Treppenabsatz. Weiter die Wand entlang. Den Kopf vorgestreckt. Schweiß macht ihn blind. Tropfen gleiten über die Tasten. Die Stufen hinunter. Die Stufen hinunter. Die Stufen hinunter. Wieder ein Stockwerk. Nur noch eines. Lieber Gott. Immer noch eines. Fast zu Boden gesunken. Stückchen für Stückchen an der Wand entlang. Die Maschine schneidet ihm ins Fleisch. Die Stufen liegen weiter auseinander. Kann sie nicht finden. Abwärts. Abwärts. Ein Treppenabsatz. Gottseidank. Weiter die Wand entlang. Noch acht Stufen. Die verdammte Stufe finden. Die Stufe. Nur noch ein paar. Fast unten. Noch eine – DA IST NOCH EINE!!!! Verdammte Scheiße! Fast wäre er gefallen. Er lehnte sich an die Wand, zwei Stufen zwischen den gespreizten Beinen. Er spähte über die Maschine. Noch vier. Wie zum Teufel kann das sein? Sollten doch nur acht sein. Wieso zwölf? Das schaff ich nicht. Das kann ich nicht. Kann mich nicht umdrehen. Kann nicht von der Wand weg. Ich muß eine Vierteldrehung machen, muß die nächste Stufe finden. Wo ist sie? Ich muß runter. Es stimmt. Zwölf auf der ersten Treppe. Noch eine. Scheiße. Runter. Runter. Runter, verdammt. Geschafft. Die Tür. Was, zum Teufel! Geht nicht auf. Kann sie nicht aufziehen. Er lehnt sich dagegen. Vorsichtig. Sie bewegt sich. SIE SCHWINGT NACH AUSSEN!!!! Er späht in die Halle. Taumelt hindurch. Weitere Türen. Er lehnt sich dagegen. Die Straße. Vor ihm die Straße. Kalt. Geh weiter. Er schwankt die Straße entlang zur Ecke. Lehnt sich an eine Mauer. Geht. Geh weiter. Geh, schlepp deinen Arsch weiter. Weiter. Du kannst. Weiter. Sein Körper schreit. Sei ein Mann, Himmelherrgottnochmal. Weiter. Die Straße hinunter. Ja, hier. Hier. Er bleibt stehen. Setzt die Maschine ab, auf den Boden. Steht. Keucht. Körper und Kleidung schweißnaß. Er wischt sich über den Kopf, zieht sein Taschentuch aus der Tasche und wischt sich das Gesicht. Geschafft. Hast du gut gemacht, Mann. Du hast es geschafft. Jaa, hahahahahahaha. Lacht immer noch, als er sich wieder in Bewegung setzt. Bleibt einen Augenblick stehen und faßt sich zwischen die Beine. Mann! Diese verdammte Schreibmaschine hat mich scharf gemacht. Besser, als an Damenfahrradsätteln zu schnuppern. Er lacht. Lacht und geht langsam in Richtung Bahnhof. Sein Körper ist geschwächt und erschöpft, doch der Adrenalinspiegel hoch, das Blut pulst durch die Adern, hin zu den überanstrengten Muskeln. Ein Gefühl intensivster, kaum zu ertragender Stimulation und Erregung. Er denkt an Finn Hall, das American Legion, ans Knights of Columbus und hundert andere namenlose, vergessene Tanzlokale, wo er tanzte und lachte und in ein Augenpaar sah und seine flache Hand fest auf die Innenseite eines Schenkels legte, dann langsam aus dem Lokal hinaus auf die Straße ging und ein Taxi zu einem Haus nahm und sich dabei fragte, ob wohl ein unerwarteter Ehemann da sein oder plötzlich nach Hause kommen würde, während er noch dort war. Herrgottnochmal, er fühlt sich großartig. Jeder Knochen und jeder Muskel in seinem Körper schreit vor Schmerz, doch er fühlt sich großartig. Großartiger noch als großartig!!!!

Harry war am Abend zuvor so lange in einem fremden Büro geblieben, daß er beinahe den letzten Zug nach Hause verpaßt hätte, und doch war ihm, als er endlich fortging, flau zumute gewesen, und jetzt, nachdem erst der halbe Vormittag vorbei war, ließ eine unbestimmte Beklemmung ihn schaudernd zusammenfahren. Eine weitere kleine Änderung seines Verhaltens war erforderlich. Er würde nicht eine oder zwei Wochen warten können, wie er gehofft hatte, oder auch nur ein paar Tage. Er würde sich heute abend wieder auf den Weg machen müssen. Diesem Entschluß folgte unmittelbare Erleichterung, während der bange Kitzel und das Vorgefühl nervlicher Sensationen sich verstärkten.

Doch es meldete sich noch eine andere Art von Beklemmung. Linda war im neunten Monat, und es konnte jeden Tag soweit sein. Jeden Tag und jede Nacht. Er wollte bei ihr sein. Unter allen Umständen. Da sein, um sie ins Krankenhaus zu fahren, da sein, wenn das Baby geboren war, damit er die Hand seiner Frau halten und sie auf die Stirn küssen konnte, wenn sie aus dem Kreißsaal zurückkam. Harry jr. war bereits bei Harrys Eltern und Lindas Koffer gepackt und griffbereit. Mein Gott, wie gern er bei ihr sein wollte, aber er wußte, daß er heute abend nicht direkt nach Hause fahren konnte.

Eines jedoch konnte er tun, nämlich früher anfangen – aufwallende Erregung durchschoß ihn. Ja, bevor er sicher sein konnte, daß alle nach Hause gegangen waren. Mein Gott – er preßte die Schenkel zusammen und spannte die Muskeln –, das war *die* Lösung. Wie die meisten Sicherheitssysteme in den großen Bürogebäuden funktionierten, war ihm vertraut, sie unterschieden sich nur unerheblich voneinander. Er würde früh anfangen und versuchen, ein paar Minuten, bevor der Wachmann kam, wieder draußen zu sein. Mann, eine prima Idee. Er spürte den Kloß in Bauch und Rachen. Seinen Körper durchfuhr ein Zucken, dann stürzte Harry sich für den Rest des Bürotages in seine Arbeit.

Er brauchte nicht zu warten, bis er dem Wachmann fast in die Arme lief, um das Verlangen, das ihn an diesem Abend beherrschte, zu befriedigen. Er war einige Minuten in einem fremden Büro umhergegangen, als er um eine Ecke bog und fast über eine Putzfrau gestolpert wäre. Er griff nach ihren Armen, damit sie nicht hinfiel, und sie begann sich zu entschuldigen, während sie beide noch schwankten, und er fühlte sich sofort leer, ausgehöhlt, als er die Frau ansah, die ihn ansah, und er dachte, er müßte kotzen oder sich in die Hose scheißen, und versuchte in Panik seine Beine zu bewegen, zu gehen, doch er hielt die Frau immer noch gepackt und schrie sich selbst zu, lauf nicht fort, und ihm wurde bewußt, daß seine Hände die Arme der Frau wie Klammern umschlossen, doch er konnte sie nicht lösen, und sie wiederholte immer wieder, es tue ihr leid, es ist Ihnen doch hoffentlich nichts passiert? Ich hoffe, ich hab Sie nicht schmutzig gemacht, und Harry klammerte sich an sie und kämpfte mit sich und nickte und schüttelte den Kopf und das Hämmern seines Herzens übertönte fast ihre Stimme und irgendwie gelang es ihr, sich aus seinem Griff zu befreien, doch seine Finger blieben gekrümmt und er konnte sie nicht wieder strecken und er spürte sein Gesicht in einem Lächeln zersplittern, als er sie fragte, ob ihr etwas passiert sei, und er steckte seine verkrampften Hände in die Taschen und das verdammte Weib hörte nicht auf sich zu entschuldigen und Harry wollte nichts wie fort und lächelte die blöde Putze unentwegt an und er begann sich langsam zu entfernen, mit dem gleichen gottverdammten gefrorenen Lächeln auf dem Gesicht und dem betäubenden Hämmern in den Ohren, alles okay, nichts passiert, überhaupt nichts passiert, und endlich machte er kehrt und ging langsam fort, und ihm schwindelte und alles verschwamm vor seinen Augen und er öffnete die Tür zum Treppenhaus und ging die Treppe hinunter und durchs Erdgeschoß und hinaus auf die Straße, dann bog er in eine enge Gasse ein und übergab sich, ohne die Leute und Wagen, die sich in nur geringer Entfernung vorbeibewegten, aus seinem Bewußtsein zu verdrängen, und starrte auf das Erbrochene zu seinen Füßen, während er an der Mauer lehnte und jene Erregung in sich prickeln spürte und wie plötzlich Luft gewaltsam in seine brennende Kehle eindrang, und wieder würgte er, dann noch einmal, dann richtete er sich langsam auf, hörte die Stimmen der Vorübergehenden und wollte brüllen und lachen und die Leute auf den Rücken schlagen und ihnen zum Geburtstag gratulieren oder ein gutes neues Jahr wünschen oder eine fröhliche Chanukka oder sonst was oder vielleicht einen Steptanz aufführen und ein oder zwei Liedchen trällern und die Gefängnistore öffnen und jenem mit Goldziegeln gepflasterten Weg nach Oz folgen und Frank Morgan in den Arsch kneifen und vielleicht eine oder zwei Sicherungen aus der Zaubermaschine rausreißen und dann davonhopsen, in einen Technicolor-Sonnenuntergang, weil er sich einfach wunderbar fühlte, er brauchte nur noch mit einem Ruck sein Schwert zu ziehen und den Massen von Flegeln, die die Straße hinauf und hinunter rannten, zuzubrüllen, sie sollten ihm Riesen vor die Klinge bringen, bei Gott, das wars, was er brauchte. Überlebensgroße RIESEN!!!!

RIESEN!!!!

oder vielleicht ein Baby. Ja, bei Gott, ein Baby. Ein Schatz von einem Mädchen, neben seinem Sohn und Erben. Er wischte sich mit seinem Taschentuch Mund und Gesicht ab, dann Schuhe und Hosenbeine, warf das Taschentuch wohlüberlegt in eine Mülltonne, rannte dann zur Ecke und nahm ein Taxi zum Bahnhof.

Er kam gerade noch rechtzeitig, um Linda ins Krankenhaus zu bringen, und blieb kurze Zeit im Warteraum, bis die Krankenschwestern ihn überredeten, nach Hause zu gehen, es würde noch Stunden dauern, und es hätte keinen Sinn, da rumzusitzen.

Die Euphorie, die ihn angetrieben hatte, war mit einem Schlag verschwunden, als er die Tür des leeren Hauses hinter sich schloß. Es erschien ihm plötzlich riesengroß und hatte Dutzende von dunklen Winkeln. Er stellte den Fernseher an und versuchte, seine Aufmerksamkeit auf den Bildschirm zu lenken, doch seine Gedanken kehrten ungewollt immer wieder zu dem öden Haus, den dunklen Winkeln und Linda zurück. Wenn er für einen Moment die Augen schloß, sah er ihren Leichnam in einem Sarg, also stand er auf und ging umher und goß sich noch einmal Kaffee ein, dann setzte er sich wieder hin und versuchte sich auf das zu konzentrieren, was immer er da gerade sah, und schließlich nickte er im Sessel ein und schlief ein paar Stunden, bis das Telefon ihn unsanft weckte. Er könne jetzt ins Krankenhaus kommen. Eine leichte Geburt, Mutter und Tochter wohlauf.

Er zwang sich, vorsichtig zu fahren und die Geschwindigkeitsbegrenzung nicht zu überschreiten. Erneut durchpulste ihn Euphorie. Mutter und Tochter wohlauf. Großartig. Alles war großartig. Ein Jahr lang, oder wie lange auch immer, war alles ganz hervorragend gelaufen. Seit er angefangen hatte zu stehlen – nicht, daß das richtiges Stehlen wäre. Ein paar Pennies hier und dort. Und die Maschinen gehörten großen Gesellschaften und waren versichert, und ihr Verlust tat niemandem weh, wenn sie tatsächlich abhanden kamen. Wahrscheinlich wurden sie am nächsten Tag gefunden und zurückgebracht. Nein, das war kein Stehlen. Nicht im eigentlichen Sinn des Wortes. Und wenn doch – was machte es schon. Niemand erlitt Schaden, und ihm war geholfen, soviel stand fest. Sein ganzes Leben lief wie am Schnürchen, einfach großartig, seit er damit begonnen hatte. Darauf kam es an.

Linda hatte eine Schleife im Haar. Eine rosa Schleife. Sie lag, zwei Kissen im Rücken, im Bett, als er das Zimmer betrat, und strahlte wie tausend Sterne. Er küßte sie. Und noch einmal. Und noch einmal und hielt ihre Hand und lächelte sie an. So lächelten sie beide voll Liebe, viele lange schöne Augenblicke lang …

Du hast ganz schön abgenommen. Sie drückte seine Hand und strahlte noch heller.

18

Harry mußte die Behandlung bei Dr. Martin abbrechen. Das hatte er schon längere Zeit vorgehabt, wußte jedoch, daß es Proteste von seiten des Arztes und seiner Kollegen geben würde.

Der Entschluß entsprang keiner Laune. Harry hatte sich voller Hoffnung in die Behandlung begeben, doch jetzt war ihm klargeworden, daß er die Sache nicht fortsetzen konnte. Dieses Gefühl war so stark und bestimmend, daß es sich zur festen Überzeugung verdichtet hatte. Er konnte einfach nicht jede Woche Stunden damit verbringen, mit Vorbedacht nach verborgenen Problemen zu forschen und sich dann mit ihnen herumzuschlagen, Problemen, die ihn nach Verlassen der Praxis weiterhin beunruhigten.

Er wußte, daß er den richtigen Zeitpunkt würde abwarten müssen, um seinen Rückzug anzutreten. Nachdem längere Zeit alles gut gelaufen war und er sich besser fühlte und besser aussah und auch sein

Verhalten sich normalisiert hatte, fragte er Dr. Martin, ob nicht auch er es für eine gute Idee hielte, wenn sie die Behandlung nun auf wöchentlich eine Stunde beschränkten, denn er habe das Gefühl, aus dieser einen Stunde genügend Kraft zu ziehen, um die Zeit bis zur nächsten Behandlung zu überbrükken. Dr. Martin stimmte bereitwillig zu – der Sublimierungsprozeß schien gute Fortschritte zu machen –, und ab jetzt hieß es nur noch auf die richtige Gelegenheit warten, um die Behandlung noch weiter einzuschränken. Schließlich sahen sie sich nur noch einmal im Monat und dann gar nicht mehr, nachdem sie vereinbart hatten, daß Harry den Arzt sofort anrufen würde, wenn sich erneut irgendwelche Angst- oder Erregungszustände einstellen sollten.

Harry hatte genau den richtigen Zeitpunkt für diesen letzten Schritt abgewartet. Das internationale Von-Landor-Syndikat, das sozusagen Harrys Werk war, hatte sich eindeutig als Erfolg erwiesen, und zwar in so hohem Maße, daß eine Tochtergesellschaft gegründet worden war, die nun ihrerseits erfolgreich funktionierte. Die phantasievollen Neuerungen, die das Projekt kennzeichneten, waren so bemerkenswert, daß *Fortune* einen ausführlichen Artikel über Harry White, einen der brillantesten jungen Männer im amerikanischen Geschäftsleben, gebracht hatte. In diesem Artikel wurde auch Harry selbst zitiert, der gesagt habe, er hätte vor einiger Zeit ein paar Probleme gehabt, die Spannungen und Ängste verursacht hätten, aber ein gewisser Dr. Martin hätte ihm geholfen, damit fertig zu werden, und wie Sie sehen, bin ich jetzt wieder topfit und habe meine Leistungsfähigkeit in vollem Umfang wiedergewonnen. Nach dem Erscheinen dieses Artikels verabschiedeten sich Harry und Dr. Martin bis auf weiteres mit Handschlag und lächelnd voneinander.

Nach Abbruch der Behandlung verspürte Harry ein Gefühl der Erleichterung. Er fühlte sich frei, eigene Antworten und Lösungen zu finden, statt nach verborgenen Problemen zu forschen. In vieler Hinsicht ging es ihm nun besser. Es war ihm klar gewesen, daß er Dr. Martin nicht erzählen konnte, was er tat, obwohl er sich dazu verpflichtet gefühlt hatte. Fortwährend hatte er auf der Hut sein müssen, nicht irgend etwas zu erwähnen, das ihn schließlich dazu zwingen konnte, die Wahrheit zu sagen. Und da unterschwellig der Drang bestanden hatte, ihm alles zu sagen, war Harry in zusätzliche Konflikte verstrickt gewesen.

Eines Sonntags sagte Harry zu Linda, er wolle mit ihr eine kleine Fahrt mit dem Wagen machen, ich möchte dir etwas zeigen.

Sie fuhren durch eine spärlich bewohnte Gegend und dann durch ein Tor zu einem Landsitz, den riesige Bäume der Sicht entzogen. Harry parkte vor dem Haus. Okay, alles aussteigen.

Wo sind wir, Harry? Wer lebt hier?

Ein Bekannter. Komm, ich will dir was zeigen.

Sie begaben sich zur Rückseite des großen, im Kolonialstil erbauten steinernen Hauses. Der riesige Garten ging terrassenförmig in eine Unmenge Bäume über, vor allem Birken.

O Harry, wie ist das schön. Geradezu atemberaubend. Ich hab so was Schönes noch nie gesehen. Wie viele Bäume sind das?

Ein paar Hektar.

Mein Gott, kaum zu glauben. Was ist denn das Ganze überhaupt? Warum hast du mich hergebracht?

Das ist White's Woods.

White's Woods? Ich verstehe nicht, sie schüttelte völlig verwirrt den Kopf.

Es heißt White's Woods. Oder wenn dir der längere Name besser gefällt: der Landsitz nebst Waldungen von Mr. und Mrs. Harold White, er machte, mit der entsprechenden Armbewegung, eine leichte Verbeugung.

Mr. und Mrs. ... willst du damit sagen, daß das hier, sie breitete die Arme aus, daß das alles ...

Genau. Es gehört uns.

Linda setzte sich auf eine Steinbank, die an einem Weiher mit Seerosen stand, und erwiderte einen Moment lang den starren Blick eines Froschs, der sich auf einem der großen schwimmenden Blätter sonnte. Mir fehlen die Worte. Es ist überwältigend.

Also es gehört uns. Alles hier. Und dort hinten, zwischen den Bäumen – du kannst es von dem Balkon da oben sehen – fließt klares, kühles Wasser, ein richtiger murmelnder Bach.

Ich kanns noch gar nicht glauben. Ich kann einfach nicht glauben, daß das hier – alles – uns gehören soll.

Es ist zwar nicht so groß wie der Wooddale Country Club, aber vorläufig muß es genügen. Komm, jetzt zeig ich dir, wies innen aussieht.

Harry bewegte sich ein wenig, als Linda in der Nacht aufstand, um das Baby zu versorgen, schlief aber gleich wieder ein. Doch auch zuwenig Schlaf war keine Erklärung dafür, daß er so verdammt unruhig und nervös war. Er dachte an seinen Erfolg: an das Geld, die ausführlichen Berichte über ihn in *Fortune,* im *Wall Street Journal* und *Dun & Brad,* an White's Woods, das neue Haus, und an seine Familie. Er hatte nun alles, einschließlich der

Achtung seiner gleichgestellten Kollegen. Was zum Teufel war los? Er preßte die Kiefer zusammen, und an seinen geballten Fäusten traten die Knöchel weiß hervor. An all diese Dinge – Besitz, Anerkennung, Liebe – zu denken half ihm nicht. Er hatte Geld und Besitz und Prestige, und dennoch ließ ihn jene vage Unzufriedenheit, jene nervöse Spannung nicht los.

Er hatte einen relativ sicheren Weg gefunden, um diese Empfindungen zu neutralisieren, der dem bis jetzt von ihm benutzten Ausweg in jeder Weise überlegen war, doch mittlerweile erwies sich der zweite Weg als ebenso unsicher und unzuverlässig wie der erste. Noch war er gangbar, doch der Erfolg war von immer kürzerer Dauer. In den vergangenen Wochen und Monaten hatte er seine kleinen Unternehmungen zeitlich so abgestimmt, daß er das betreffende Gebäude genau dann verließ, wenn der Wachmann es betrat. Oh, diese köstliche Erregung. Bestimmt aufregender, als irgend n Weib zu vögeln. Und er brauchte keine Ansteckung zu befürchten. Doch die Hilfsmittel, die er einsetzte, um seine Erregung auf der erforderlichen Höhe zu halten und sich so von den quälenden Spannungen zu befreien, versagten allmählich, eins nach dem andern.

Drei Wochen hintereinander ging er immer in dasselbe Büro, und jedesmal spürte er mehr

Schweiß seinen Rücken hinunterlaufen. Früher oder später würden sie gezwungen sein, zusätzliche Wachmänner einzusetzen oder zumindest deren Zeitplan zu ändern, doch nach Ablauf der drei Wochen war alles genau wie zuvor. In der vierten Woche betrat er das Gebäude nicht durch die Kellertür an der Rückseite, sondern durch den Haupteingang, lächelte den Wachmann an, als er sich ins Wachbuch eintrug, und begab sich wieder in dasselbe Büro. Er leerte die Portokasse, ließ einen Zettel mit »Danke schön« darin zurück, ging hinunter in die Halle und trug sich im Wachbuch aus, lächelte dem Wachmann noch einmal zu und wünschte ihm einen angenehmen Abend.

Die Euphorie, die dieses Bravourstück hervorrief, war beträchtlich, doch schon nach wenigen Tagen schlug er sich mit der alten Reizbarkeit herum, und es wurde für ihn erneut zum Problem, sich auf seine Arbeit zu konzentrieren.

Die kleinen Diebereien hatten nicht mehr die gewünschte Wirkung, und wieder einmal ließ er sich aus der City in die Hafengegend treiben. Er ging äußerst methodisch vor, um den am besten geeigneten Ort ausfindig zu machen sowie den Zeitplan der Polizei zu ermitteln und wie er in wenigen Minuten oder noch schneller hinein und wieder hinaus käme, bevor die Polizei ihre Runde machte. Dieses vorbereitende Stadium zog sich über viele Wochen hin, und die wohlbekannte Erregung und das ebenso vertraute Entlastungsgefühl durchfluteten ihn, als er durch die grauen, mit Abfällen übersäten Straßen ging; er war wieder imstande, die nötige Konzentration für seine Arbeit aufzubringen.

Als erstes brach er in eine kleine Druckerei ein. Er stemmte ein rückwärtiges Fenster auf und kroch hindurch, nicht ohne vorher seine Krawatte sorgfältig ins Hemd gesteckt zu haben, damit sie nicht an irgend etwas hängenblieb. Er ging vorsichtig in dem dort herrschenden Durcheinander umher, durchsuchte zum Schluß das winzige Büro und leerte die Kasse. Das Ganze war nicht viel mehr als ein Schuppen und hatte etwas Düsteres an sich, das ihn frösteln ließ. Er ging umher, betrachtete die Druckerzeugnisse und achtete auf die Zeit. Als er sah, daß die Polizei in wenigen Minuten in der Nähe sein würde, verließ er die Werkstatt, schloß das Fenster, blieb stehen, ging zurück und öffnete es wieder, bevor er die Gasse hinunterschlenderte.

Er ging langsam die Straße entlang und spielte mit den Geldscheinen und Münzen in seiner Tasche. Sein Puls beschleunigte sich, nicht jedoch sein Schritt, als der Streifenwagen an ihm vorbeifuhr und weiter die Straße hinunter.

Im folgenden Monat kehrte er noch einige Male in diese Gegend zurück. Dann mußte er das Terrain wechseln, und dann noch einmal, und seine Exkursionen öfter und immer öfter unternehmen. Wenige Monate später versuchte er verzweifelt, sich etwas Neues einfallen zu lassen, das ihn von seinem seelischen Druck befreien und jene Unzufriedenheit beheben würde und jene Erregung wiederaufleben ließ. Dann drang er eines Nachts in eine kleine chemische Reinigung ein und verließ sie in dem Augenblick, als der Streifenwagen um die Ecke bog und auf den Häuserblock zukam. Er ging dem Wagen langsam entgegen, hielt ihn an, nannte eine fiktive Adresse und fragte, wie er am besten dorthin käme. Doch es brachte ihm nichts ein – keinen Adrenalinstoß, keine süß kribbelnde Angst, als er sich dem Wagen näherte, keine Erregung, keine Befreiung.

Am nächsten Tag saß er in seinem Büro, bei geschlossener Tür, und versuchte, sich im wahrsten Sinn des Wortes in seiner Arbeit zu verlieren, da er das Gefühl hatte, er würde gevierteilt. Er wäre an diesem Abend gern direkt nach Hause gefahren, wußte aber, daß er es nicht tun würde, und fühlte sich zerrissen, solange der innere Kampf dauerte. Als der Tag seinen Fortgang nahm, gab er den Kampf gegen das Unabänderliche langsam auf und fand sich damit ab, daß er sich heute abend wieder einen Ort zum Einbrechen würde suchen müssen, und im Geiste seufzte er erleichtert auf und war nunmehr imstande, sich ganz auf seine Arbeit zu konzentrieren.

Er hatte nichts Bestimmtes geplant, sondern ließ sich mehr oder weniger von irgendeiner inneren Macht leiten und fand sich in den dunklen, übelriechenden hinteren Räumen eines Fleischverarbeitungsbetriebs wieder, öffnete und schloß wie ein Nachtwandler Türen und Schubladen und sah sich überall um, dann ging er fort und wanderte ziellos und gleichgültig durch die Straßen, bis er schließlich an der Kante eines Bahnsteigs der U-Bahn stand.

Den Gleisen mit dem Blick folgend, sah er wie automatisch immer wieder in das Dunkel des Tunnels, in Erwartung der Scheinwerfer eines sich nähernden Zuges. Bald war es soweit. Sein Blick wurde stier. Er stand, über die Bahnsteigkante gebeugt, wie versteinert da. Er hörte den Zug, lauter und lauter, und das Licht kam immer näher. Plötzlich schien der Zug eine unsichtbare Schranke zu durchbrechen und katapultierte sich in die Station. Harry starrte weiter, wie hypnotisiert von dem herandonnernden Zug, und er spürte, daß sein Körper sich langsam, wie magnetisch angezogen von den

Gleisen, dem einfahrenden Zug entgegenneigte. Gleich würde er in Dutzende von Teilen zersplittert sein fauliges Hirn über die ganze Station verspritzen, und er fragte sich flüchtig, wie das wohl wäre, wenn er hinunterspränge, vor den einfahrenden Zug, und wußte gleichzeitig, daß er springen würde, daß er sich nicht daran hindern konnte, und das war in Ordnung so, war schön, war erregend, er zitterte von Kopf bis Fuß und in ihm schrie es, als der Zug donnernd näher und immer näher kam und er sich weiter und weiter über den Rand des Bahnsteigs vorbeugte und der Zug an ihm vorüberschoß und er plötzlich wie durch einen Nebel ein Gewirr aus Fenstern, Köpfen und Körpern sah …

Er stieg ein und fuhr zur Grand Central Station. Es würde eine gute Stunde dauern, bis er zu Hause war, doch diese Stunde verging wie im Fluge. Noch nie hatte er etwas so Erregendes erlebt. Er konnte nicht sitzen bleiben. Er mußte stehen und sich an einer Stange festhalten. Noch nie hatte Erregung in dieser Weise in ihm gepocht und gehämmert. Gott im Himmel, welch ein Erlebnis. Es erschien Harry so unglaublich, daß er nicht darüber nachdenken wollte. Nicht jetzt. Jetzt mußte er es auskosten. Er verstand nichts. Er war sich ausschließlich seiner Empfindungen bewußt. Er wollte nichts. Es war, als sei er von sich selbst losgelöst, abgetrennt. Er suchte an der Stange Halt. Irgendwo tief in sich erfuhr er die Lösung der Lösungen. Es wirbelte in ihm. Es hämmerte in ihm. Es schrie in ihm. Er klammerte sich an die Stange. Irgendwann, bald, würde er die Botschaft verstehen.

Er mußte nicht mehr stehlen. Er brauchte sich keine Vorwürfe mehr zu machen, daß er Frauen nachstieg oder sich in Rattenlöchern aufhielt. Es handelte sich nicht um eine bewußte Erkenntnis, sondern um ein inneres Wissen, um etwas, das keines Beweises bedurfte.

Doch sein Inneres wußte: Wenn man einem Leben etwas nimmt, worauf dieses Leben angewiesen ist, muß man an dessen Stelle etwas von Wert setzen. Und dieses Etwas entwickelte sich in ihm gleich einem Fetus in der sicheren Dunkelheit des Mutterschoßes. Und Harry nährte es mit Bedacht. Und hätschelte es. Und ließ es langsam, sehr langsam und schrittweise in sein Bewußtsein dringen. Er versuchte nicht, sein Wachstum zu beschleunigen, sondern ließ sich von den verstohlenen Zeichen auf die Folter spannen, mit denen ihm dieses Etwas andeutete, worauf es hinauswollte. Das lebensverändernde Etwas blieb viele, viele Wochen lang gesichtslos, und je länger Harry sich dieser inneren Erfahrung hingab, desto mehr zog er sich in sich zurück, erweckte dabei jedoch den Anschein heiterer Gelassenheit. Auf seinem Gesicht lag ein ständiges Lächeln, der Widerschein inneren Glühens – als hüte er ein Geheimnis, in das sonst niemand eingeweiht war.

Auch Erregung war in ihm, eine Erregung, die wuchs und wuchs wie der Fetus. Eine ahnende, Sensationen vorwegnehmende Erregung, die unglaubhaft schien, die in nichts dem glich, was er je kennengelernt, wovon er je geträumt hatte, die keinen Namen hatte, die erfahren, erlebt werden mußte. Er hätte, bis jetzt, nicht genau definieren können, was geschehen würde, doch sein Bauch wußte es, und mit jedem Tag kam er diesem Wissen ein kleines Stück näher. Und je näher er dem Wissen kam, desto stärker wurde die Erregung.

Als er endlich begriffen hatte, was er tun würde, überraschte es ihn, daß er so lange gebraucht hatte, es zu begreifen.

Es erschien ihm alles so logisch, so einfach. Und so einleuchtend.

Und mit dieser Erkenntnis kam eine neue Woge der Erregung, ein elektrisierend-überwältigendes Erschauern. Wenn er sich so gelöst, so frei, so *ganz* fühlen konnte, solange er lediglich wußte, daß sich etwas vorbereitete, aber nicht, was, wie groß mußte seine Erregung wohl jetzt sein – jetzt, da er nicht nur wußte, daß er jemanden umbringen, sondern auch, daß er sich jeden einzelnen dazu erforderlichen Schritt genauestens überlegen würde – davor, während und nach der Tat. Schon der flüchtigste Gedanke daran, die oberflächlichste Betrachtung lähmten ihn fast vor Erregung. Mein Gott, welches Glück. Welches höchste Glück. Und er konnte, wann immer er wollte, zu diesem Gedanken zurückkehren. Wann immer jene nervöse Gereiztheit begann, seine Arbeit zu beeinträchtigen, oder ihn jenes gottverdammte kribbelige Gefühl überkam, konnte er das, womit er sich gerade beschäftigte, unterbrechen – mehr brauchte er nicht zu tun –, einfach das, was er gerade tat, unterbrechen und daran denken, wie er jemanden umbringen würde. Er brauchte nirgendwo hinzugehen, nichts Besonderes zu tun, sondern nur dort zu bleiben, wo er sich in dem Augenblick gerade befand, und an die Ausführung seines Vorhabens zu denken – und schon überflutete ihn die Erregung, schon schwand jene quälende Unrast. So einfach war das. Es funktionierte immer und überall. Statt ein Taxi zur Grand Central Station zu nehmen, fuhr er mit der U-Bahn herum, um die Wirksamkeit dieser neuen Lösung zu testen. Er ließ sich mit den anderen in den Zug stoßen und stand dann, gegen die Schiebetür gepreßt, in drangvoller Enge, oder er hing an einer Halteschlaufe, und die Körper um ihn drohten ihn zu zerquetschen. Dann brauchte er nur daran zu denken, was er eines Tages tun würde, und er nahm seine Umgebung nicht mehr wahr. Er empfand ein Gefühl inneren Friedens – und der Macht. Unvorstellbarer Macht. Nicht wegzuleugnender Macht. Macht, die ihn unempfindlich machte gegen die Peitschenhiebe, unter denen er sich gekrümmt hatte.

Und diese neue Erkenntnis brachte das Vergnügen mit sich, ein Spiel daraus zu machen. Zumindest vorläufig. Eines Tages würde er Ernst machen müssen, doch vorerst genügte der Gedanke daran, um ihm Auftrieb zu geben. Das war einer der äußerst positiven Aspekte dieser Erfahrung. Er konnte die Tat selbst fast unbegrenzt hinausschieben, was die Erregung zusätzlich verstärkte. Das Vorgefühl (um nicht zu sagen, die Vorfreude) nähren, hätscheln und pflegen, das war das Gebot der Stunde. Und er würde es befolgen. Er würde sich so lange wie irgend möglich auf die Folter spannen. Eines Tages würde die Tat der Geschichte angehören, doch jetzt, im Augenblick, würde er sie sich nur genußvoll vor Augen führen. Er war imstande, sich seine eigene Spannung zu verschaffen. Und sich zum Herrn über sie zu machen.

19

Es vergingen Wochen, bis Linda merkte, daß Harry sich verändert hatte. Immer für zwei Kinder da zu sein stellte Anforderungen an ihre Zeit und ihre Kraft. Harry drang darauf, daß sie sich eine weitere Hilfe für den Haushalt nahm, doch sie wollte nichts davon wissen. Sie sei die Mutter, und niemand anderer als sie würde die Kinder betreuen.

Sie hätte nicht genau sagen können, worin die Veränderung bestand, aber sie war damit zufrieden. Harry war zwar wieder stiller geworden, scherzte nicht mehr soviel wie früher und war weniger zu Neckereien aufgelegt, doch ihr war es nur recht so. Sie genoß die friedliche Ruhe. Wenn man zwei kleine Kinder zu betreuen hat, weiß man ein wenig Ruhe zu schätzen.

Doch als die Wochen zu Monaten wurden, fiel ihr auf, daß Harry weniger still als in sich gekehrt war. Nach wie vor lächelte und plauderte er, doch irgend etwas war anders. Sie konnte es nicht beim Namen nennen, doch was es auch war, es machte ihr Sorge. Es gab keinen Grund, anzunehmen, daß irgendwas nicht stimme, und doch war es genau das, was sie empfand. Es war äußerst beunruhigend – fast fühlte sie sich bedroht.

Einer der Gründe, die es ihr unmöglich machten, mit einem anderen Menschen oder mit Harry selbst darüber zu sprechen, war der, daß es nichts Greifbares gab, worauf sie hätte hinweisen können. Er behandelte sie nicht schlecht und ließ es auch nicht an Zuwendung fehlen. Es war nicht jene kalte Gleichgültigkeit, und doch kam es ihr so vor, als berührte er sie nicht mehr so oft. Oder bildete sie sich das nur ein? Manchmal war sie, da sie wegen des Babys nachts aufstehen und sich ohnehin den ganzen Tag um die Kinder kümmern mußte, so übermüdet, daß möglicherweise all diese Grübeleien nur ihrer Phantasie entsprangen.

Als sie immer wieder daran dachte, kam sie zu dem Schluß, daß es nur Einbildung sein konnte. Was sollte wohl nicht in Ordnung sein? Schließlich war es nichts Außergewöhnliches, daß Menschen mit der Zeit ein wenig ruhiger werden. Besonders wenn man zwei Kinder hat und den ganzen Tag alle Hände voll zu tun. Sie mußte dann über sich selbst lächeln und sich einen, wenn auch nicht sehr ernst gemeinten, Verweis erteilen, weil sie so sehr in ihrem Leben, ihrer Arbeit und den Kindern aufging, daß sie vergessen hatte, daß Harry ein äußerst beschäftigter Mann war, mit ungeheuer vielen Verpflichtungen, und sich auf ein wenig Ruhe und Frieden freute, wenn er abends nach Hause kam. Wieder mußte sie im stillen lachen. Schließlich sind wir jetzt acht Jahre verheiratet und nicht mehr so jung, wie wir es einmal waren.

Harry fuhr jetzt täglich mehrmals mit der U-Bahn. Nicht nur um sich zu beweisen, daß er sich von der Menschenmenge innerlich absetzen konnte, sondern weil er den süßen Kitzel und das Machtgefühl liebte, das er empfand, wenn der Zug in die Station einschoß, und er starrte ihm wie magisch angezogen in vorgebeugter Haltung entgegen; das Donnern füllte seine Ohren, und er spürte den plötzlichen Luftstoß, wenn der Zug an ihm vorbeiraste. Er roch die Luft, die sich vor dem Zug gestaut hatte, und konnte fast die Augenfarbe des Zugführers erkennen.

Doch die Zeit läßt sich nicht aufhalten, der Wandel nicht verhindern, und Harry spürte, daß die Frist nun ablief. Dieses kleine Spiel hatte seine Grenzen – das hatte er immer gewußt –, und diese hatte er nun fast erreicht. Denken, Überlegen, Planen genügten nicht mehr. Nun mußte er handeln.

Auf welche Weise er jemanden umbringen würde, wußte er schon seit Monaten. Es war einfach. Und es bestand keine Gefahr, gefaßt zu werden. Die meisten Mörder (das Wort klang sonderbar, und er wußte, daß es im Grunde nicht auf ihn zutraf) wurden gefaßt oder zumindest erkannt, weil das Motiv klar zutage lag. Und selbst wenn dem nicht so war, standen die Täter zu dem Opfer immer in einer persönlichen Beziehung, die nicht verborgen bleiben konnte.

Ein Mann steht selbstverständlich zu seiner Frau in einer Beziehung, wie immer diese auch geartet sein mag. Wird die Frau umgebracht, ist er verdächtig. Er wird immer einem eingehenden Verhör unterzogen. Und meistens findet sich dann eine andere Frau. Oder eine Versicherungspolice. Oder etwas, aus dem hervorgeht, daß er vom Tod seiner Frau profitieren wollte. Immer ein eindeutiges Motiv.

Außerdem waren die meisten Morde törichte Unternehmungen. Mangel an Phantasie und Intelligenz. Gewöhnlich begangen im Affekt – in Jähzorn oder Verzweiflung. Die Beziehung zwischen Opfer und Täter schon wenige Minuten nach Auffindung der Leiche kein Geheimnis mehr. Nach dem, was Harry aus einigen Büchern über dieses Thema wußte, konnte selbst ein geistig zurückgebliebener Orang-Utan die meisten Morde (er wollte dieses

Wort eigentlich nicht noch einmal benutzen) aufklären. Gewöhnlich klärten sie sich von selbst auf.

Doch Harry würde nicht aus Gewinnsucht töten – zumindest nicht im üblichen Sinne des Wortes. Er würde keinen finanziellen Vorteil davon haben. Keinen Zuwachs an Macht oder Einfluß. Keine Blutrache. Kein verwundeter Stolz. Kein gebrochenes Herz. Keinerlei persönliche Beziehung. Und somit bestand keine Gefahr. Keine Angst vor Entdekkung. Weder eine Herausforderung der Polizei noch der Justiz wie bei den Diebstählen und den Einbrüchen (sonderbar, wie fremd dieses Wort klang – als hätte es nichts mit ihm zu tun). Es würde keine Möglichkeit geben, ihn mit der Tat in Verbindung zu bringen. So einfach war das.

Ein völlig Fremder. Wie kann man gefaßt werden, wenn man einen völlig Fremden umbringt? Wer weiß, wie oft eine solche Tat schon begangen worden ist? Genau. Ich wette, sie ist begangen worden. Viele, viele Male. Und nicht nur von Psychopathen, die durch die Städte streifen und wahllos töten. Oder von einer Art Jack the Ripper, der sich nur ganz bestimmte Opfer sucht. Nein, von Zeit zu Zeit muß es Menschen gegeben haben, die sich fragten, wie das wohl wäre, jemanden umzubringen, und dann hingingen und einen Fremden umbrachten. Sie wurden nie gefaßt. Und das war auch fast unmöglich. Außer wenn das Schicksal es anders wollte. Und Harry wußte, das Schicksal war neutral, es würde ihm nicht in den Arm fallen.

Außerdem sollte es ein Akt der Nächstenliebe werden. Soweit das möglich war. Jemand mußte sterben, also konnte es genausogut jemand sein, dem das Leben nichts bedeutete und der von niemandem vermißt werden würde. Er sah in all die grauen trübseligen zerquälten Gesichter auf dem Bahnsteig. Was konnte das Leben für sie noch bereithalten? Abgetragene, schäbige Kleidung. Zerrissene Schuhe. Hemden und Blusen mit speckigen Rändern. Lebten wahrscheinlich in irgendwelchen von Schaben wimmelnden Löchern. Sie lebten ja gar nicht, sie existierten nur, und auch das kaum. Sie hatten vergessen, wie man lächelt. Wenn sie es je gewußt hatten. Er würde ihnen und der Welt einen Dienst erweisen.

Zur Hauptverkehrszeit stand er, eingekeilt in der Menge, auf dem Bahnsteig. Das Geräusch der Züge, die durch die Tunnel rasten und kreischend zum Stillstand kamen, wurde übertönt vom Hämmern seines Herzens. Das Geräusch durchflutete ihn. Sein Kopf drohte zu bersten. Ihm war, als drückten sich zwei riesige Daumen in seine Augen. Alles, was an ihm Körper war, schien sich in seiner Kehle zu konzentrieren. Er mußte sich auf seinen analen Schließmuskel konzentrieren. Seine Muskeln: Bänder aus Eisen, kurz vor dem Zerspringen.

Er hörte den Zug in der Ferne. Dann lauter. Noch lauter. Er konnte nicht atmen. Der kalte Schweiß brach ihm aus. Seine Hände und Füße waren taub vor Kälte. Sein Kopf zitterte vor Entsetzen. Er konnte fast nichts mehr sehen. Das Geräusch. Jetzt noch lauter. Der Zug brüllte und schrie ihm etwas zu. Der Körper vor ihm verschwamm wie in Nebel. Er spürte den Bahnsteig unter sich erzittern, als der Zug näher und näher kam und es nur noch das Donnern und Dröhnen gab und Harry schrie laut in dieses Donnern hinein AAAAAAAAAA-AAAAHHHHHHHHHHHHHH, während er dem Körper vor sich einen Stoß gab und der Zug in ihn hineinstieß und die Schreie und das Kreischen mischten sich mit dem Donnern des Zuges und dem Stahl-auf-Stahl-Kreischen der Bremsen und das Fenster des Zugführers war mit dessen Erbrochenem verschmiert und die Fahrgäste schrien und heulten und stöhnten als sie vorwärts stürzten und die Teile des Körpers die Gleise entlang und über den Bahnsteig hüpften und rollten und die Leute wurden mit Hirn und Knochensplittern und Fleisch und Blut besudelt und Harry war einer Ohnmacht nahe und taumelte davon, fort von der Menge, um die Treppe hinaufzulaufen, kam jedoch jeweils nur wenige Schritte vorwärts da er wie gelähmt vor Entsetzen und Verzückung von den dumpfen Schlägen und dem Gellen in seinem Kopf von der hysterischen Menge fast zerquetscht wurde und so schob er sich langsam den Bahnsteig entlang und schließlich ein kleines Stück die Treppe hinauf und er sah Spritzer von Blut auf den Stützpfeilern und auf dem Gesicht einer hysterisch schreienden Frau die es wegwischte und sich die Nägel ins Gesicht schlug und andere versuchten sie daran zu hindern sich das Fleisch vom Gesicht zu reißen und irgendwo im Dunkel des Tunnels und auf dem glänzenden Stahl der Gleise lag der Körper eines Fremden fast einen halben Kilometer im Umkreis über Schienen Tunnel Bahnsteig Menschen verteilt und bald nahm das Dröhnen in Harrys Kopf Gestalt an und er versuchte die Worte zu verstehen während er auf der Treppe stand und auf die schiebenden stoßenden erbrechenden Leute sah und auf die Bahnpolizei die verzweifelt versuchte sich zum Zug durchzukämpfen um festzustellen was passiert war und was sie tun sollten und Harry kniff die Augen zusammen im Bemühen jene Worte zu verstehen und dann verstand er sie endlich und hätte fast vor Freude aufgeschrien während er auf das Chaos hinunterblickte und Männer sich bemühten die Türen aufzubrechen um zum Zugführer zu gelangen der bewußtlos über dem Steuerpult zusammengesunken war den Kopf in seinem Erbrochenen und die Leute im Zug schlugen um sich und versuchten sich auf den Beinen zu halten und hämmerten an die Tür und schrien aus den Fenstern und einige versuchten durch die Fensteröffnungen zu kriechen und sie krallten einander in die Gesichter um sich durch die kleinen Öffnungen zu zwängen und Hände und Arme reckten sich durch die Fenster und Leute auf dem Bahnsteig zerrten die flehenden Fahrgäste heraus und Harry wollte dem Irrsinn unter ihm die Worte zurufen doch er murmelte sie nur sich selber zu während er sich Stufe für Stufe erkämpfend langsam die Treppe hinaufgelangte und von drei Polizisten beiseite gestoßen wurde die sich ihren Weg durch die Menge bahnten und es ist getan es ist getan es ist getan …

Harry blieb über eine Stunde Teil des Chaos und des Irrsinns und stieg dann, nachdem die letzte Sirene verklungen und der letzte Nekromane gegangen war, zögernd und innerlich widerstrebend die Treppe weiter hinauf und blieb oben stehen, um die Szene so umfassend wie möglich überblicken zu können. Polizei und Sanitäter kämpften sich durch die Menge, ihnen folgten Reporter, Pressefotografen und Leute vom Fernsehen mit ihren Kameras und Mikrofonen. Die hektische Betriebsamkeit, die hysterischen Schreie, das Stöhnen und die in Ohnmacht fallenden Leute gaben Harrys Erregung ununterbrochen neue Nahrung und hielten ihre Intensität auf einer solchen Höhe, daß er die ganze Zeit, die er dort verbrachte, dachte, seine Beine würden jeden Augenblick ihren Dienst versagen. Ihm war, als ersticke er, und er befürchtete von Zeit zu Zeit ebenfalls ohnmächtig zusammenzusacken wie so viele andere, doch er blieb stehen, eingekeilt in der Menge, während brüllende Polizisten und Sanitäter sich durchkämpften, zurückkamen, Leute tragend, die einen Herzanfall erlitten oder einfach aus Hysterie das Bewußtsein verloren hatten. Hin und wieder gelang es ihm, einen Blick auf den einen oder anderen dieser Menschen zu werfen, und er wäre fast in Ohnmacht gefallen, als er die Hirnspritzer auf ihren Gesichtern und Kleidern sah, und in all dem Lärm und Geschrei waren die einzigen Worte, die er deutlich vernahm: Sie mußten ihn mit nem Putzlappen aufwischen.

Als die letzten Vertreter der Obrigkeit gegangen waren und die Menge sich allmählich zerstreute, sah Harry die nassen Flecken auf dem Bahnsteig, an den Stützpfeilern, an der Wand zu beiden Seiten der Treppe wie auch auf den Gleisen, dort wo Arbeiter sie mit Wasser und Schrubbern gesäubert hatten. Die letzten der Zeitungs- und Fernsehreporter gingen, nachdem sie Dutzende von Augenzeugen der blutigen Tragödie interviewt und gefilmt hatten.

Bald gab es nur noch die üblichen Geräusche *(sie mußten ihn mit nem Putzlappen aufwischen):* das Rattern und Rumpeln ein- und abfahrender Züge und das Stimmengewirr vorüberhastender Menschen. Harry riß sich aus seiner Bewegungslosigkeit *(es ist getan, es ist getan)* und stieg die Treppe zur Straße hinauf und nahm ein Taxi zur Grand Central Station.

Seine Erregung ebbte auch während der Heimfahrt nicht ab; er saß im Zug und lauschte dem Singsang der Räder. *Es* ist getan, *es* ist getan … *mit* nem Lappen, *mit* nem Lappen … *es* ist getan, *es* ist getan … *mit* nem Lappen, *mit* nem Lappen …

Als Harry an diesem Abend das Haus betrat, war Linda bestürzt über sein Aussehen. Er war bleich, fast grau im Gesicht, wirkte aber trotzdem irgendwie erhitzt, und seine Augen blickten glasig-starr, als wüte ein Fieber in ihm; er bewegte sich, als würde er von einer fremden Kraft gesteuert, als sei er auf eine unheimliche Weise losgelöst von sich selbst. Sie hatte Mühe, ihn als ihren Mann wiederzuerkennen. Panik durchfuhr sie wie ein Messerstich, als sie sah, wie er sich setzte.

Ist was, Liebling? Du siehst aus, als hättest du Fieber.

Ich weiß nicht, er hob die Schultern und schüttelte den Kopf.

Ich wollte schon die Polizei anrufen oder die Krankenhäuser. Du kommst so spät und hast nicht Bescheid gesagt. Das tust du doch sonst immer, wenn es spät wird, und als ich nichts von dir hörte, dachte ich, du hättest vielleicht einen Unfall gehabt oder dir wäre weiß Gott was zugestoßen. O Harry, ich bin so froh, dich zu sehen, sie umschlang und küßte ihn, kann ich dir eine Tasse Kaffee oder sonstwas bringen? Was ist passiert, Schatz, ich war ganz krank vor Sorge.

Der Zug hatte Verspätung, er legte mechanisch seinen Arm um sie und ließ seine Hand auf ihrer Hüfte ruhen.

Lindas Aufmerksamkeit richtete sich plötzlich auf den Fernseher, als der Nachrichtensprecher etwas von einem schrecklichen Unglück in der U-Bahn sagte und die Kamera Sanitätern die Treppe zum Bahnsteig hinunter folgte, und plötzlich war Harry für einen kurzen Augenblick auf dem Bildschirm zu sehen – Harry, das bist *du* –, und die Kamera bewegte sich weiter im Schreien und Lärm der Menge, während der Sprecher die Szenen schilderte, die dem tragischen Unfall folgten. Mein

Gott, wie furchtbar. Und du warst dabei, Harry. Wie entsetzlich. Kein Wunder, daß du so aussiehst.

Harry starrte auf den Schirm, wie gelähmt von dem, was er sah hörte wiedererlebte und dabei empfand.

Er verharrte für den Rest des Abends in einer Art Dämmerzustand, und Linda, die sich sein Verhalten nun erklären konnte, ließ ihn in Ruhe vor dem Fernseher sitzen und dachte, daß es ihm wieder gutgehen würde, sobald er sich erst richtig ausgeschlafen hätte.

Harry fuhr mitten in der Nacht im Bett hoch, und Linda beeilte sich, ihn zu beruhigen, es ist nichts, Harry, nur Mary. Ich sehe nach ihr. Sie zahnt. Er saß auf der Bettkante und spürte, wie sein Magen sich aufstülpte und an seine Kehle stieß, und in seinem Kopf war ein Ladestock im Begriff, sich durch die splitternde Schädeldecke zu bohren. Plötzlich schlug er die Hände vor den Mund und hastete ins Badezimmer und erbrach sich, bevor er das Klosett erreicht hatte, prallte gegen die Wand und glitt, immer noch würgend, an ihr hinunter zu Boden, saß auf dem Boden und umarmte das kalte Porzellan der Klosettschüssel und fuhr fort zu erbrechen und zu würgen; die heftigen Krämpfe folgten einander so rasch, daß es ihm kaum möglich war zu atmen, und seine Füße und Beine begannen sich zu verkrampfen. Es wollte nicht enden …

Nach langer, qualvoller Zeit legte Linda ihre kühlen Hände auf Harrys Stirn und massierte seinen verspannten Nacken, während er, röchelnd und schwer atmend, den Kopf an die hochgeklappte Brille gelehnt, eine weitere Ewigkeit fortfuhr zu würgen, wobei von Zeit zu Zeit grüne Gallenflüssigkeit von seinen Lippen tropfte, bis er endlich vor Erschöpfung innehielt …

Er stemmte und zog sich hoch und wusch sich das Gesicht mit kaltem Wasser. Er lag auf dem Rücken im Bett und genoß das hohle, metallische Gefühl, das sich von seinem Mund bis hinunter zu den Knien zu erstrecken schien. Linda sah ihn mit einer Angst an, die an Panik grenzte, während sie ihm das Haar aus der Stirn strich. Er erwiderte ihren Blick und lächelte, ihm war ein wenig wirr, euphorisch und fast unwirklich zumute. Du machst ein Gesicht wie ein Kanarienvogel, der gerade von einer Katze verschluckt worden ist. Linda reagierte sofort auf sein Lächeln und seine Worte, sie lächelte und legte den Kopf auf die Seite. Du sahst aus, als würdest du gleich sterben.

Aber nein, er lachte leise und legte die Arme um sie, mir ist bloß irgendwas nicht bekommen. Er zog sie an sich und küßte sie auf die Wange und auf den Hals und liebkoste sie und schob langsam, langsam ihr Nachthemd immer höher, bis es ihr als duftige Rüsche um den Hals lag, und strich ihr zart über Bauch und Schenkel, während er ihre Brüste küßte und die Brustwarzen mit Lippen und Zunge hart machte, und preßte sich an ihre Wärme und schlief ausgedehnt und lustvoll mit seiner Frau …

und sank dann erschöpft in ruhevollen Schlaf …

bis Unbehagen, ausgelöst durch eine hartnäckige, fast schmerzhafte Erektion, ihn allmählich wach werden ließ, und er streckte die Hand aus und spielte mit Lindas Ohrläppchen und küßte sie zart, bis sie halb wach war, und preßte sich an sie, bis sie ganz wach war, und schlief erneut mit ihr, mit noch nie empfundener Inbrunst und einer Leidenschaft, deren Macht über ihn fast beängstigend war. Er spürte und erlebte jede einzelne Phase des Beischlafs mit gesteigerter Intensität und Lust, die ein kribbelndes Angstgefühl noch verstärkte, eine Angst, die ihn immer wieder antrieb, noch lange nachdem die Begierde abgeklungen war und seinen Körper verlassen hatte.

Betroffene Verwunderung begleitete Linda die ganzen Morgenstunden über und beeinträchtigte ihr seelisches Befinden immer noch, als der Tag sich schon neigte. Sie brachte Harry jr. zur Schule, dann wanderte sie in ihrem Garten und im angrenzenden Wäldchen umher. Sie saß am Bach, der sich zwischen den Bäumen hervor und über Felsbrocken schlängelte, und hoffte, daß sich das unbestimmte Gefühl der Beklommenheit, das sie empfand, wenn sie an die Lust der vergangenen Nacht zurückdachte, verflüchtigen würde. Statt dessen verstärkten ihre Gedanken das beklemmende Gefühl. Wieder spürte sie, daß irgend etwas nicht stimmte, doch heute war dieses Gefühl stärker denn je. Sie wollte die Vorahnung nicht zur Kenntnis nehmen, die ihr deutlich zu machen suchte, daß etwas Bedrohliches im Gange war. Linda sah um sich, sah die Bäume und hoch oben zwischen den Ästen ein leuchtendblaues Stück Himmel und dachte nach und grübelte, und ihre trüben Gedanken verwirrten sich und bedrückten sie immer mehr, bis sie sich schließlich alles als Folge des schrecklichen Erlebnisses erklärte, das Harry gestern gehabt hatte. Offenbar war die emotionelle Beanspruchung so heftig gewesen, daß nicht nur Harry davon betroffen worden war, sondern auch sie. Sie erinnerte sich, gehört zu haben, daß das bedauernswerte Opfer völlig zerstückelt worden war und die umherfliegenden Teile seines Körpers auch auf dem Bahnsteig Anwesende getroffen hatten. Vielleicht war Harry einer von ihnen gewesen. Sie hätte ihn gern danach gefragt, fürchtete jedoch, daß eine Antwort darauf für ihn zu schmerzlich sein würde – falls dem so gewesen war. Nach einiger Zeit kam sie zu dem Schluß, daß all diese bohrenden Grübeleien Gefahren in sich bargen. Sie verließ den kleinen Bach und ging zum Schuppen und holte die Gartengeräte heraus und machte sich an die Arbeit.

Harry brauchte sich das schreckliche Unglück nicht ins Gedächtnis zurückzurufen. Das taten andere für ihn. Alle schienen darüber zu reden. Die Schlagzeilen schrien es hinaus. Die Leute standen dreißig Zentimeter von der Bahnsteigkante. Anscheinend hatte die ganze Stadt sich zusammengetan, um jenes hohle, metallische Gefühl und die konzentrierte Erregung des gestrigen Tages in ihm wachzuhalten. Andere Empfindungen versuchten sich zu Gefühl und Gehör zu bringen, blieben jedoch unter den anderen verschüttet. Zumindest für den Augenblick.

Seine Gefühle und die Erinnerungen an das entsetzliche Unglück brachten ihm die Erkenntnis, daß er sich nicht nur keine trüben Gedanken mehr über die dreckigen Rattenlöcher zu machen brauchte, in denen er sich manchmal wiedergefunden hatte (ebensowenig wie über die Möglichkeit einer Ansteckung), sondern auch, daß er nun nicht mehr durch fremde Büros oder schmutzige Fabriken streifen mußte. Er wußte felsenfest, daß sein Leben eine bedeutsame und unwiderrufliche Wendung genommen hatte.

Er betrachtete die Ereignisse des vergangenen Tages, die ihm durch die Umwelt aufgezwungen wurden, mit einer fast wissenschaftlichen Kühle und Objektivität, und es gelang ihm monatelang, diese Einstellung zu bewahren. Er schwelgte in Erinnerungen, fühlte sich von den Zwängen befreit, die ihn verfolgt hatten, und genoß die intensive Erregung, die das Wiedererleben des Vorfalls zeitigte.

Und dann ließ die Macht der Zeit das vage Gefühl, das sich, wenn auch zugedeckt von den anderen Empfindungen, immer wieder geregt hatte, deutlicher hervortreten. Und als es in Harrys Bewußtsein zu dringen begann, kämpfte er es nieder und versuchte es zu vernichten, doch es wollte nicht sterben. Es wollte Harry zuschreien, daß er schuldig war, mußte sich jedoch mit einem undeutlichen Gemurmel begnügen, und so kämpfte Harry in Unwissenheit und Furcht, und unausweichlich kehrten innere Unruhe, Reizbarkeit und das Kribbeln unter der Haut wieder, noch verstärkt von den Rädern des Zuges, die jeden Tag über dieselben Gleise rollten ... *es* ist getan, *es* ist getan ... *mit* nem

Lappen, *mit* nem Lappen – und der Kampf in Harry White nahm langsam an Heftigkeit zu, wie auch die Spannungen, die sich langsam, aber unaufhaltsam wieder aufbauten.

Zuerst war es nur ein Gefühl, dann wurde es Linda zur Gewißheit, daß Harry sich verändert hatte. Er erschien ihr ungewöhnlich verkrampft. Seine Bewegungen und Reaktionen waren schnell, beinahe spastisch. Zunächst dachte Linda, das sei die Folge irgendeiner geschäftlichen Schwierigkeit, mit der er sich herumschlug, doch früher war er in solchen Fällen abends länger im Büro geblieben und ein wenig abwesend und in sich gekehrt gewesen. Jetzt kam er, wie schon viele Monate lang, früh nach Hause und wirkte weder in sich gekehrt noch gedankenverloren, sondern hochgradig empfindlich, und diese Überempfindlichkeit artete mit der Zeit in Reizbarkeit aus. Er behandelte sie oder die Kinder nicht etwa schlecht, doch sie sah, daß der Lärm, den die Kinder machten, an seinen Nerven riß, als lägen sie bloß, und daß er sich immer beherrschen mußte, die Kleinen nicht öfter anzubrüllen, als er es tat.

Ihre Unruhe und Besorgnis wuchsen von Tag zu Tag. Sie wollte keine Ehefrau sein, die ihrem Mann ständig mit Fragen zusetzt, dennoch erkundigte sie sich eines Abends, ob ihm etwas fehle, und er antwortete mit einem scharfen Nein und wechselte augenblicklich das Thema.

Als ihr bewußt wurde, daß sie sich unablässig damit beschäftigte, was ihn wohl bedrückte, und ihre eigene Verspanntheit zunahm, sah sie sich gezwungen, darauf zurückzukommen. Sie wartete, bis die Kinder schliefen, dann fragte sie ihn, ob er sich auch wirklich wohl fühle.

Bestens.

Sie zögerte einen Augenblick, da sie Angst hatte weiterzureden, doch ihre Angst vor dem Schweigen war noch größer. Bist du sicher, Liebling? Ich meine, ist vielleicht was nicht in Ordnung und du verschweigst es mir, damit ich mir keine Sorgen mache?

Es ist alles in bester Ordnung. Warum fängst du immer wieder davon an?

Entschuldige, Schatz, ich will dich nicht ärgern. Aber ich mache mir Sorgen.

Weswegen?

Na ja, du machst so einen nervösen Eindruck … als würde dich irgendwas bedrücken.

Nichts, was dir Sorgen zu machen brauchte.

Linda zögerte erneut, stürzte sich dann jedoch kopfüber hinein. Meinst du nicht, daß du vielleicht Dr. Martin anrufen solltest?

Wozu? Es klang erstaunt, und auch seine Miene drückte Erstaunen aus.

Ich weiß nicht, Liebling, sein Name fiel mir nur gerade so ein.

Hör zu, es gibt nichts, was ich ihm zu sagen hätte, und ganz gewiß auch nichts, was *er mir* sagen könnte. Und jetzt, wenn du nichts dagegen hast, möchte ich nicht weiter über meine Gesundheit reden.

Linda wäre gern mit einem Scherzwort darüber hinweggegangen, doch es wollte ihr nichts einfallen. Nach einer kleinen Weile stand sie auf und nahm ein Bad und versuchte, ihre Ängste mit Badeöl und heißem Wasser zu beschwichtigen.

Die Räder des Zuges sangen immer noch. *Es* ist getan, *es* ist getan ... *mit* nem Lappen, *mit* nem Lappen, doch im Einerlei der verfließenden Monate verlor dieser Refrain für Harry seine zündende Wirkung. Die Zeit sog das Gefühl der Erleichterung und der Erregung langsam auf und überließ ihn seiner alten Reizbarkeit und seinen wieder zunehmenden Ängsten. Und offenbar konnte man ihm das ansehen – Linda hatte ihn gefragt, ob es ihm auch wirklich gut ginge. Er wollte sie nicht zurückstoßen, ertrug es jedoch nicht, ausgefragt zu werden. Eine ganze Weile hatte er sich die Intensität seiner Gefühle nach dem Vorfall in der U-Bahn noch vergegenwärtigen können, und das hatte jeden Druck und alle Ängste von ihm genommen. Allmählich jedoch versagte ihm die Erinnerung diese Wohltat, und es stellte sich überdies ein brennendes Schuldgefühl ein. Er dachte an die Nachrichten im Fernsehen, in denen die Familie des Mannes erwähnt worden war – *es* ist getan, *es* ist getan … *mit* nem Lappen, *mit* nem Lappen –, und er krümmte sich innerlich und errötete und kam sich auf unangenehmste Weise auffällig vor. Lange Zeit hatte ihn die Erinnerung daran, wie er der Gestalt vor sich einen Stoß versetzte, in höchstem Maße erregt und von jenen nagenden Empfindungen befreit, doch jetzt wurden der Aufprall und die Schreie immer lauter und lauter, und bald schon griff die Gestalt nach Harry, packte ihn und zog ihn mit sich fort.

Und dann suchte eine neue Plage ihn heim, oder wand sich vielmehr wurmgleich aus der Tiefe in sein Bewußtsein empor. Ein leises Flüstern, das zu donnernder Gewißheit wurde. Es durchpulste ihn, und einen kurzen Augenblick lang versuchte er es niederzukämpfen und zu negieren, doch dann streckte er die Waffen vor der unleugbaren Tatsache, daß er es wieder tun würde. Es war unausweichlich. Dieser Gewißheit folgte eine weitere: Es würde ihn nicht befriedigen, es auf die gleiche Weise zu tun.

Harry hatte mit den Überlegungen, wie es das nächste Mal geschehen sollte, große Schwierigkeiten. Wenn er kurze Zeit darüber nachgedacht hatte, wurde ihm jedesmal schlecht, und er zitterte sogar leicht. Schließlich wurde ihm klar, warum es keinen Erfolg versprach, wenn er es auf die gleiche Weise täte. Zu wenig persönliche Beteiligung. Es bedurfte eines stärkeren persönlichen Kontakts. Ja, das war die Lösung. Er mußte persönlich beteiligt sein. Umfassend beteiligt.

Wieder einmal schob die Erregung im Hinblick auf das Kommende den Druck und die Angst beiseite, und er fühlte sich frei. Doch ein inneres Wissen sagte ihm, er dürfte nicht zu lange daran denken, sonst würden jene quälenden Gefühle ihn erneut heimsuchen.

Dieser letzte Gedanke machte ihm angst, denn es gab noch eine unbestreitbare Tatsache, mit der er sich abfinden mußte: Jedesmal wenn jene alten Zustände zurückkehrten, waren sie weitaus schlimmer als das Mal davor. Er wußte ferner, daß er um jeden Preis versuchen mußte, sie eingeschlossen zu halten, da sie ihn sonst zerstören würden. Ganz ohne Zweifel, sie mußten unter Kontrolle gehalten werden.

20

Als alles andere geklärt war, wußte er fast sofort, wo und wie es das nächste Mal geschehen würde. Er beobachtete, wie die Leute sich in den Fahrstuhl drängten, und wußte, daß es in einer Menschenmenge zu geschehen hatte. An die U-Bahn dachte er nicht einmal. Er war seit jenem Tag nicht mehr in der U-Bahn gewesen.

Doch es gab viele Orte, die fast ebenso belebt waren. Orte unter freiem Himmel. Das Stadion nach einem Baseball-Spiel. Viele Orte. Doch nur einen, der wirklich im Mittelpunkt des Geschehens stand. Ein Ort, der fast vierundzwanzig Stunden am Tage von Menschen wimmelte. Ein Ort, bekannt in der ganzen Welt. Der ideale Schauplatz: Times Square.

Und es würde ein Messer sein. Sehr lang und sehr scharf. Die Klinge mußte durch die dicken Schichten der Winterkleidung hindurch, bevor sie in den Körper drang. Eine saubere Sache. Die dicke Winterkleidung würde das Blut zurückhalten. Ein schmales Fleischmesser. Er würde es in einem dünnen Papierbeutel tragen. Ja, das dürfte ideal sein. Das Messer verbergen. Unauffällig sein. Nicht bemerkt werden. Müßte jemand sein, der groß und breit ist. Hinter dem ich mich verstecken kann. Nicht bemerkt werden. Oder? Vielleicht geht das nicht. Vielleicht muß das Messer höher eindringen. Es in jemand reinrennen, der auf mich zukommt. Aufs Herz zielen. Ich kann – Nein. Geht nicht. Man würde auf mich aufmerksam werden. Selbst wenn er klein wäre, müßte ich die Hand heben. Nein. So gehts nicht. Nicht genug Platz in der Menge, um sich frei zu bewegen. Darf nur *ein* Stoß sein. Einer, der zu klein ist, und das Messer könnte an den Rippen abgleiten. Muß genau überlegen. Es muß sofort eindringen. Tief. Kein Platz für Kunstgriffe, keine Zeit für Probestöße. *Ein* Stoß. Blitzschnell. Tief hinein. Jaa, tief. Tief. Bis ans Heft. Es an den Weichen spüren. Warm und weich. Zuckend. Feucht. Dann naß. Es wird von hinten sein müssen. Jemand Großes. Eine Dreißig-Zentimeter-Klinge müßte genügen. Tief genug für jeden. Unter die Rippen. Und schräg nach oben. Mich drauflehnen mit meinem ganzen Gewicht. Wie sein Körper sich aufbäumt, stöhnt, nach Atem ringt. Keucht und stöhnt. Ja. Von hinten. Ein schneller Stoß. Tief. Ich höre es schon hineingleiten. Tief hinein …

Er überlegte und plante weiter; der Klumpen in seiner Brust wurde größer und größer, bis er kaum noch atmen konnte. Er spürte sein Gesicht rot und Beine und Magen knotig und hart werden und er wußte, daß seine Beine ihn nicht tragen würden, wenn er versuchte aufzustehen. Er mußte damit aufhören, im Vorgefühl zu schwelgen, und langsam an die Ausführung gehen.

Er verbrachte längere Zeit in einem Spezialgeschäft und prüfte sorgfältig eine Auswahl an Messern. Er entschloß sich für eins und ließ sich dafür eine einfache Tüte aus braunem Papier geben.

Gemächlich ging er durch die Menschenmenge auf dem Times Square, bis er den richtigen Mann sah: Groß und breitschultrig und wie ein Bauarbeiter gekleidet. Die kurze Jacke reichte ihm nur bis zur Taille und sah nicht allzu dick aus. Er blieb dicht hinter ihm. Er war etwa einen Kopf größer als Harry und schritt rasch und federnd aus. Harry blickte auf den unteren Rand der Jacke. Er sah den breiten, dikken Gürtel, den der Mann trug. Er mußte achtgeben, daß er nicht den Gürtel traf. Ein kleines Stück darüber. Erregung hämmerte in Harry und machte ihn fast blind. Er konnte sich kaum bewegen. Er mußte den richtigen Moment abwarten, wußte jedoch, daß er nicht mehr lange warten durfte. Vorüberhastende streiften ihn, und hin und wieder geriet einer zwischen ihn und den Mann, und er mußte den Schritt beschleunigen und sich an den Leuten vorbeischlängeln, um wieder hinter ihn zu kommen. Er spürte seine Arme und Hände zittern, während er sich bemühte, dichter an ihn heranzukommen. Er mußte immerzu angestrengt schlucken. Seine Anspannung näherte sich nun dem Punkt, an dem, wie er wußte, seine Beine langsam nachgeben würden, bis er als Bündel am Boden lag. Sie überquerten die Straße, und er wollte schnell einem Wagen ausweichen, der sich langsam durch die Menge bewegte; er stieß gegen den Wagen, und der Fahrer trat heftig auf die Bremse und brüllte ihn an, doch er hastete, ein paar Schritte lang leicht hinkend, hinter dem Mann her. Plötzlich brandete eine Menschenmenge heran, und sie wurden dicht aneinandergepreßt, und Harry packte den Griff des Messers mit beiden Händen und stieß es dem Mann mit aller Kraft in die Weiche, genau unterhalb der Rippen und schräg aufwärts, und er drückte mit seinem ganzen Körpergewicht nach und hörte, wie das Messer knirschend eindrang. Ihm schien, als verharre er eine Ewigkeit in dieser Stellung. Er spürte die ihn umgebenden Leute, er spürte, wie der Körper sich versteifte, sich aufbäumte, und hörte das kehlige Stöhnen und spürte sogar die Körperwärme und spürte seine Hände, die sich um den Messergriff krampften, und spürte den Jackenrand, der an seinen Fingerknöcheln scheuerte und roch den Zement und den Sand an der Jacke und er wußte, daß das Messer tief eingedrungen war, bis ans Heft, und der Körper begann sich schwer gegen ihn zu lehnen und er wußte, daß er den Messergriff loslassen mußte, doch irgendwie war das nicht möglich, ihm schien, als stünde er bereits seit Stunden so da und immer noch klammerten seine Hände sich an den Messergriff und er spürte den Pulsschlag des Mannes durch das Messer hindurch in seinen Händen pochen und der Mann lehnte sich immer schwerer gegen ihn und endlich zog er seine Hände von dem Messergriff zurück und trat zur Seite, während er die Hände des Mannes zucken und in die Luft greifen sah und er hörte das Stöhnen durch seinen Kopf und hinunter in seinen Bauch dröhnen und er stieß gegen einen Vorübereilenden und machte einen Sprung zur Seite und ging weiter, den Broadway hinunter, angestrengt bemüht, zwischen all den nach Hause hastenden Leuten eine normale Gangart beizubehalten, und er nahm Bewegung hinter sich wahr als er etwas dumpf auf den Bürgersteig aufschlagen und ein paar Ausrufe hörte – He, paß doch auf, was is los, besoffen oder was? –, und er schob sich weiter durch die Menge und spürte sein Blut hinter den Augen pulsen und kämpfte gegen das Nachgeben seiner Knie an und ihm war, als würde er im nächsten Augenblick explodieren …

Auf der Fahrt nach Hause hämmerte sein Herz immer noch. Laut ratterten die Räder, *wieder* getan, *wieder* getan, und er antwortete, nach *Hause,* nach *Hause,* und als er zu Hause war, ging er sofort unter die Dusche und blieb so lange darunter, bis das Wasser zu kalt wurde, ließ es auf sich herunterprasseln und an sich hinunterrollen und bemühte sich, die leise Stimme in seinem Hinterkopf zu ignorieren, doch es gelang ihm nicht, er wußte, daß sie recht hatte, daß er es wieder würde tun müssen, und er spürte, wie es sich in ihm rührte, tief unten im Bauch, und wußte, daß es nur eine Frage der Zeit war, dann würde der Dämon ihn wieder aufs Rad flechten, und er würde einen Weg finden müssen, um sich von dem inneren Druck, dem Ziehen und Zerren und der nagenden Angst zu befreien.

Der innere Kampf begann früher, als er erwartet hatte. Nach dem U-Bahn-Vorfall hatte es Monate gedauert, bis das Kribbeln und Zucken erneut begann, und fast ein Jahr war vergangen, bevor er es wieder tun mußte. Diesmal war es schon nach einigen Wochen soweit.

Er hatte die Gedanken an seine Tat nicht mehr unter Kontrolle. Die meiste Zeit konnte er sie zwar mit seiner Arbeit unterdrücken, doch dann stand plötzlich das, was er getan hatte, vor ihm, und nun drehte er den Mann um, zu sich, um sein Gesicht sehen zu können, oder, noch schlimmer, es gab Nächte, da aus der Schwärze des Schlafs ein Gesicht vor ihm aufschwebte oder einfach plötzlich da war, in der Luft hing, den Mund in stummem Röcheln geöffnet, während die Gesichtszüge ineinander verschwammen und zu anderen wurden und sich doch gleich blieben. Er kämpfte, um das Gesicht mit einem Schrei zu verscheuchen, lag jedoch in qualvoller, unbegreiflicher Stummheit wie gefesselt im Bett, bis er sich endlich wachschrie und auf der Bettkante saß und auf Lindas Fragen und Bemühungen, ihn zu beruhigen, nur nickte und irgend etwas Unverständliches murmelte.

Gegen seinen Willen und trotz seines andauernden inneren Kampfes mußte er immer wieder an das nächste Mal denken, und er versuchte, den Gedanken aus seinem Hirn zu verbannen oder einen Vorhang davorzuziehen, um ihn zu verbergen, doch dann stieß es ihn mitten in die Menschenmenge auf der Fifth Avenue, die sich die St. Patrick's-Day-Parade ansah, und er spürte die Muskeln in seinen Zehen sich im Krampf zusammenziehen hörte seine Zähne knirschen fühlte den scharfen Schmerz in seinen Kiefern, während er gegen das Traumbild ankämpfte, doch es kehrte immer wieder, um ihn zu martern, und er ließ die Papiertüte fallen und versuchte sich durch die Menge zu drängen doch die verdammte Tüte war immer wieder in seiner Hand und der Messergriff schien eigens für seine Finger geformt, schien in sie eingebettet zu sein oder mit seiner Handfläche verwachsen und wie angestrengt er sich auch bemühte er konnte sich nicht von dem schrecklichen Messer befreien, und er legte die Hände auf den Rücken und stieß sich durch die Menge doch spürte er das Messer immer noch und stürzte sich auf die vor ihm auf seinem Schreibtisch liegende Arbeit, bis das Bild der Parade und der Tüte sich in die dunklen Winkel seiner Seele zurückzog und zeitweise nicht mehr vorhanden war …

und dann saß er abends im Zug und spürte und hörte das Rattern des Zuges: *Es* ist getan, *es* ist getan … *mit* nem Lappen, *mit* nem Lappen … *wieder* getan, *wieder* getan … nach *Hause,* nach *Hause* … *wieder* getan, *wieder* getan, *wieder* getan, und *wieder,* und *wieder,* und *wieder* …

und er wußte, daß das Gesicht in tiefer Nacht erscheinen und vor ihm schweben und in sich verschwimmen und doch das gleiche bleiben würde, das Gesicht mit dem entsetzlichen, in stummem, schaudervollem Schrei geöffnetem Mund, und er fürchtete sich immer mehr vor dem Einschlafen, da er dachte, daß Wachbleiben die einzige Möglichkeit sei, das Gesicht zu bestehen, und er blieb abends immer länger auf und las oder gab vor, noch eine wichtige Arbeit erledigen zu müssen, oder er lag im Bett, die Augen mühsam offengehalten, und wartete auf die Bewußtlosigkeit, die ihn vor dem Gesicht bewahren würde, doch das Gesicht kam trotzdem, nicht jede Nacht, aber oft genug, um die Angst vor dem Schlaf wachzuhalten, die Angst nicht nur vor der Qual in dem Gesicht, vor der Stummheit des offenen Mundes, sondern weil er wußte, daß der Mund eines Nachts sprechen, zu ihm sprechen würde, und er wollte nicht hören, was er zu sagen hatte, und ihm war als würde er mit jedem neuen Tag (und jeder neuen Nacht) gnadenloser verfolgt und gehetzt als am Vortag – *immer* wieder *immer* wieder *immer* wieder *immer* wieder – und er sah aus wie einer, hinter dem sie her sind und er begann immer wieder auf den Kalender zu sehen und die Tage bis zum St. Patrick's Day zu zählen, an dem diese gottverdammten Arschlöcher sich ihre grünen Krawatten umbanden und ihre idiotischen Scheißhüte aufsetzten und dieses wäßrige Cornedbeef und diesen zermanschten Kohl in sich hineinfraßen und sich besoffen und grün pißten und als die Tage und Wochen vergingen begann er auszusehen wie jemand den eine seltene schleichende Krankheit zerstört während er darum kämpfte wach zu bleiben und einen Vorhang vor die dunklen Winkel seiner Seele zog, wieder und wieder … immer wieder …

Und

Linda konnte nur zusehen und sich sorgen und beten. Sie wußte, nicht nur weil sie Harrys Reaktionen kannte, sondern aus tiefer, innerer Überzeugung, daß es sinnlos war, mit ihm zu sprechen, ihn zu fragen, was er hätte. So sah sie schweigend zu, wie hypnotisiert von seiner langsamen, unaufhaltsamen Veränderung, wie eine unsichtbare Macht den Mann, den sie liebte, langsam aufzehrte. Wenn sie miteinander sprachen, so war ihr, als käme seine Stimme aus einem Tunnel, steinerne Kälte lag in ihrem Klang und sie spürte es im Innersten, tief und verzweifelt, daß ihn die Unterhaltung nichts anging, daß seine Gedanken und seine Aufmerksamkeit woanders waren.

Der Hauptgrund für ihren Entschluß, ihn unter keinen Umständen zu verlassen, war die instinktive, felsenfeste Gewißheit, daß es keine andere Frau gab. Sie brauchte sich mit diesem Gedanken nicht herumzuschlagen, er kam ihr gar nicht erst in den Sinn.

Von Zeit zu Zeit nahm sie sich vor, zu versuchen, die Mauer, die sich zwischen ihr und Harry aufgerichtet hatte, niederzureißen, doch irgendwie fehlte ihr dazu der nötige Aufschwung; eine sonderbare, ungewohnte Art von Lethargie hatte sich ihrer bemächtigt, und so konnte sie nur zusehen und sich sorgen und beten.

Erst am 16. März wurde Harry klar, daß St. Patrick's Day auf einen Sonnabend fiel. Er hatte sich in den vergangenen Wochen hundertmal und öfter in verschiedenen Kalendern dieses Datums vergewissert, und doch geschah es erst jetzt, daß sein gehetztes Gehirn den Wochentag registrierte. Sonnabend! Mein Gott … Sonnabend!!!! Fast hätte sich sein verkrampfter Körper in einer Flut der Erleichterung aufgelöst. Er konnte zu Hause bleiben. Er mußte nicht in die Stadt. Er mußte sich der Parade nicht nähern. Er konnte sich im Haus einsperren. Brauchte nicht auch nur in die Nähe des Bahnhofs zu kommen, geschweige denn einen Zug zu hören. Er war in Sicherheit, zu Hause. Die Worte wirbelten in seinem Kopf, und er hätte beinahe gekichert: In Sicherheit, zu Hause.

Am Morgen des 17. März zeigte er sich ein wenig munterer, jedenfalls weitaus munterer, als er es viele Monate lang gewesen war. Linda reagierte sofort darauf und summte vor sich hin, während sie das Frühstück für ihre Familie zubereitete. Harry aß an diesem Morgen mehr, als er es seit langem – Linda hätte nicht sagen können, *wie* lange – getan hatte. Er nahm zwei Eier mit Speck zu sich, Röstkartoffeln und warme Muffins. Harry jr. aß das gleiche wie sein Vater, wenn auch nicht soviel.

Sieht fast aus wie *eggs Benedict.*

Ja, er lächelte, wirklich, so ähnlich. Nur alles einzeln für sich, und dies und jenes fehlt. Schmeckt aber wunderbar. Nicht wahr, Kleiner?

Ja, Dad, herrlich.

Das unbeschwerte Lachen und Kichern hielt an, auch nachdem die Kinder fertig waren und sich einen Zeichentrickfilm ansehen gingen. Linda und Harry blieben am Tisch sitzen und tranken Kaffee und plauderten, zum erstenmal seit so langer Zeit, daß Linda nicht hätte sagen können, wann es das letzte Mal gewesen war. Die Sonne schien heute nicht nur draußen.

Harry jr. brüllte aufgeregt, daß im Fernsehen eine Parade zu sehen sei, schnell, kommt schnell. Harry und Linda gingen zu den Kindern und sahen den winzigen, zum Ehren-Iren ernannten Bürgermeister, der, komplett mit grünen Zähnen, die Parade anführte, die Fifth Avenue hinunter. Endlose Reihen von weiblichen Tambourmajoren, angetan mit grünen Röckchen, grünen Stiefeln und grünen

Hüten, wirbelten grüne Tambourstäbe durch die Luft, und die Menschenmenge, mit grünen Bändern und Anstecknadeln und Fähnchen, auf denen ERIN GO BRAGH – Es lebe Irland – zu lesen stand, und grünen Krawatten und grünen Socken drängte sich am Straßenrand. Sicher gab es auch einen darunter mit grüner Unterwäsche, dachte Harry, und bevor der Tag zu Ende war, würde der zweifellos seinen Staat zur Schau stellen. Und natürlich fehlte auch der unvermeidliche Hanswurst oder Spaßmacher oder verdammte Protestant mit einer orangefarbenen Krawatte nicht, der, noch bevor die Nacht vorbei war, rot von seinem eigenen Blut sein würde.

Harry plauderte unbeschwert, trank schlückchenweise seinen Kaffee und lachte über den Schwachsinn auf dem Bildschirm, doch seine Bemerkungen und sein Lachen wurden allmählich immer höhnischer, dann wurde er stiller, bis er stumm dasaß und die Kiefer zusammenpreßte und die Hände zu Fäusten ballte, während er auf diese idiotischen Rindviecher mit ihrem verdammten papistischen Scheißdreck starrte, und er hättte dem Apparat gern zugebrüllt, daß sie statt der harmlosen Schlangen lieber die Scheißpriester aus Irland verjagen sollten, dann wären die Leute besser dran, besonders wenn sie ihr Geld für Essen und die Pille ausgeben würden statt für Whisky und diese korrupte und hinterhältige Kirche und für schwachsinnige Paraden, wo sie nichts anderes taten als die Straßen rauf und runter zu stolzieren wie die Neandertaler, die sie waren, besonders diese grünherzigen Männer in Blau, die nichts lieber taten, als einen armen, hoffnungslosen, hilflosen Schwarzen oder Puertoricaner einzufangen und ihm den Schädel mit ihren Knüppeln einzuschlagen, nur weil ihnen gerade danach zumute war, und die Leiche dann in einen Müllcontainer warfen und dann einen Abe Relies aus dem Fenster stießen, damit die großen Tiere der Stadt nicht belästigt würden ...

Ich geh spazieren, und er ging durch seinen eigenen, ganz privaten kleinen Wald – *immer wieder immer wieder immer wieder* – und versuchte, seinen gellenden Kopf mit Vogelgezwitscher und seine Augen und seinen verknoteten, gellenden Körper mit dem neuen, frischen Frühlingsgrün zu füllen doch irgendwie war das Grün immer noch Scheiße und sein Gedärm und seine Lenden schmerzten und zuckten vor Schwäche, und er hörte immer noch die idiotischen Trommeln dröhnen und dröhnen, während diese dämlichen Votzen die Beine schmissen und mit ihrem Tambourstab herumwirbelten, und, verdammtnochmal, er besaß Bäume ... Hört ihr? Verdammtnochmal, BÄUME, und sie gehören *mir,* jeder einzelne davon, und ich brauche keine gottverdammten Paraden und grüngestiefelten Weiber – *immer wieder* – und wo sind die Vögel, verdammtnochmal, warum singen sie nicht??? Singt, ihr Scheißvögel, singt – *immer wieder immer wieder* –, hört ihr???? SINGT!!!!

Warum, im Namen Gottes, wollt ihr nicht für mich singen? Bitte. O bitte, singt für mich. Füllt meine Ohren mit Gesang und übertönt das Kreischen der Menge, dieser ungeheuerlichen, zusammengedrängten Menschenmenge, so eng gedrängt – *immer wieder* –, daß ein Mann nicht zu Boden fallen könnte – *immer wieder* –, wenn er ohnmächtig würde oder einen Schlaganfall bekäme oder – *immer wieder* – NEIN! NEIN ! ! ! ! – *immer wieder* – bitte …

Er kniete auf dem weichen grünen Moos und sah auf seine Hände und auf die Bäume, deren Zweige von jungen Blättern und Knospen strotzten, einige davon eher gelblich als grün; die Sonne beschien ihre saftige Frische, und er sah in die Höhe und durch das verzweigte Geäst, das ausgriff und sich in den freien Raum reckte, und sah das schräg einfallende Licht und begann die Arme zu heben, ließ sie aber wieder sinken und stand auf – *immer wieder immer wieder immer wieder immer wieder* – und ging durch seinen

Wald, berührte zärtlich die Bäume und versuchte verzweifelt, seinen Kopf mit den Stimmen der Vögel zu füllen, von denen er wußte, daß sie da waren (er *sah* sie doch, verdammtnochmal, warum hörte er dann immer noch diese ekelhafte Menschenmenge?), und er legte die Arme um eine weiße Birke, umschlang sie und drückte sie an die Brust – *immer wieder immer wieder immer wieder* – und klammerte sich verzweifelt an sie, während er versuchte, das Brüllen der Menge und ihre bedrükkende Nähe mit der Stille seines Waldes zum Schweigen zu bringen, doch die Leiber zogen und zerrten an ihm, und er spürte den fiebrigen Aufruhr in seinem Innern, während es in seinem Kopf schrie und brüllte und um Ruhe flehte, Ruhe, und er spürte die weiche, kühle Weiße der Birke an seiner Wange und schrie seinen Bäumen zu HELFT MIR! VERDAMMTNOCHMAL, HELFT MIR! Und er umschlang seine Birke noch fester und fragte sich, warum sie ihm nicht half: Wie kann all dieses mein sein und mir doch nicht helfen? Hinter mir gibt es ein Haus, ein wunderschönes Haus, und eine Familie, die mich liebt, und mein Inneres ist voller Ratten und Maden, die mich bei lebendigem Leibe fressen. Ein Garten, ein Wald mit einem Bach, der mir gehört, und in mir scheppern zerbrochene Flaschen und rostige Konservendosen. Es hilft nichts. Nichts hilft. Was gibt es denn noch??? Und Harry klammerte sich noch verzweifelter an seine Birke, an seine schöne junge weiße Birke – *immer wieder immer wieder immer wieder immer wieder immer wieder* – und er spürte die Fäule der Verwesung in sich wachsen und versuchte sie auszuspeien und konnte doch nur den Pesthauch erdulden, mit dem sie seinen Mund füllte, immer wieder ...

Linda lächelte und summte leise vor sich hin, und warmer Sonnenschein füllte das Haus, bis Harry aus seinem Wald zurückkam. Linda sah ihn auf einen Sessel zugehen und sich setzen und verspürte plötzlich ein Gefühl hohler Leere. Alles um sie her wurde grau düster dunkler. Sie ging weiterhin ihren verschiedenen Tätigkeiten nach, gab den Kindern zu essen, wusch Gesichter und beantwortete teilnahmslos Fragen und hatte dabei das unbestimmte Gefühl, alles sei nichts als Lug und Trug, und schalt sich selbst dafür, daß sie sich leichtherzig so große Hoffnungen gemacht hatte. Sie hatte nie aufgehört zu hoffen, doch nun war es, als würde sie von einer Macht verspottet, die stärker war als sie.

Ihre gedrückte Stimmung übertrug sich auch auf die Kinder. Sie rebellierten gegen Lindas energische Handhabung des Waschlappens und fingen Streit miteinander an und Mary begann zu kreischen und zu jammern und ohne ersichtlichen Grund zu schluchzen und Linda brüllte die beiden an und fragte Harry jr., was er seiner Schwester getan hätte. Nichts. Ich hab nichts getan – Mary schrie und stampfte mit den Füßen – Sei doch still, um Gottes willen. Harry, laß deine Schwester in Ruh – Aber ich hab doch gar nichts getan – Mary schrie irgendwas – Das ist nicht wahr, du Lügnerin – Sag nicht Lügnerin zu deiner Schwester – Aber wenn sie doch eine ist – Und laß sie in Ruh – Aber ich hab doch gar nicht – Mary schrie lauter und lauter – Ich hab nicht ... ich hab nicht – Wenn ihr mich zwingt zu euch reinzukommen, wirds euch leid tun – Gib das her, blöde Ziege – So, jetzt langts mir! Das seh ich mir nicht länger an, und Linda gab ihnen ein paar Klapse und schickte sie in ihre Zimmer, und sie brüllten weiter, hinter den geschlossenen Türen, und Linda wollte sich eine Tasse Kaffee eingießen und zitterte so sehr, daß sie sich den heißen Kaffee über die Hand goß und die Tasse fallen ließ und zitterte nun so heftig, daß sie an der Wand Halt suchen mußte, dann ging sie ins Badezimmer und lehnte sich an die geschlossene Tür und weinte

und Harry wünschte – *immer wieder immer wieder* – zu Gott, er könnte bei alldem etwas tun ... irgend etwas, dafür oder dagegen, doch er konnte nur dem Knirschen seiner Kiefer zuhören, die Hände in die Armlehnen des Sessels krallen und spüren, wie die Welt langsam – *immer wieder* – zerbröckelte und in sich selbst verschwamm, wie das nächtliche Gesicht.

In der folgenden Woche wurde es mit jedem Tag schlimmer. Der Zank und das Schreien und Weinen und Kreischen begannen bereits, bevor Harry aufgestanden war und noch versuchte, sich in den Schlaf zurückzukämpfen, um nicht aufzuwachen, doch der Lärm trieb ihn aus dem Bett und hatte, wenn er an den Frühstückstisch kam, seinen Höhepunkt erreicht, um dann, wenn er sich hinsetzte, ein wenig nachzulassen, und Linda sprach leise mit den Kindern und forderte sie auf zu essen und still zu sein und einander in Ruhe zu lassen und Mary mochte ihre Haferflocken nicht und Harry jr. spielte mit seinen Haferflocken herum und bekleckerte sein Hemd und Linda zitterte vor Zorn, beherrschte sich jedoch und wischte ihm die Haferflocken vom Hemd und sagte in drohendem Ton, er solle sich vorsehen und sich mit seinem Frühstück beeilen, sonst käme er zu spät zur Schule und er sagte, er möge seine Haferflocken nicht und schrie Mary an, sie solle ihn nicht treten, und trat nach ihr und Mary schrie auf und begann zu weinen und trat nach ihm und Harry jr. brüllte und trat nach Mary und Linda brüllte beide an damit aufzuhören und Harry saß und trank seinen Kaffee und starrte vor sich hin und Linda hatte erreicht daß sie einander nicht mehr traten aber sie brüllten weiter und Harry jr. sagte er wolle seine Haferflocken nicht essen und warf seinen Löffel hin und Linda sagte ihm sie rate ihm Ruhe zu geben und zu essen und er schrie NEIN NEIN! und Mary begann zu kreischen und Harry jr. jammerte und Linda brüllte beide an und plötzlich schlug Harry seinen Sohn ins Gesicht und stieß ihn vom Stuhl.

Augenblickliche Stille. Linda starrte ihren Mann an, mit offenem Mund, und Mary zwinkerte heftig und Harry jr. sah zu ihm hinauf, den Mund in sprachlosem Erstaunen geöffnet, die Male auf seinem Gesicht gingen in ein tiefes Rot über, während er immer noch wie erstarrt am Boden lag – atemlose Stille, und dann begann Mary zu wimmern vor Angst und Harry jr. rappelte sich auf und lief geduckt in sein Zimmer, bevor er anfing zu weinen und laut zu heulen und Marys Wimmern wurde lauter und lauter und Linda legte instinktiv die Arme um sie und starrte Harry bestürzt und erstaunt an und Harry stand auf, in seinem Kopf gellte es und flehte um Verzeihung, doch er war unfähig zu sprechen oder zu begreifen und er sah in Lindas Augen die flehende Frage und wollte laut ICH WEISS NICHT WARUM! rufen, doch er wandte nur so rasch wie möglich den Blick und verließ das Haus.

Immer wieder immer wieder immer wieder immer wieder – Harry versuchte, den Tumult in seinem Innern zu dämpfen, doch es gab nichts, keine Ablenkung, und er konnte sein Gehirn nicht ausschalten. Es sprang vom einen zum andern, von den Frauen zu jenen übelriechenden Rattenlöchern, in die er geraten war, und in seiner Nase brannte es, als er den Gestank von neuem roch und es schleppte ihn in die Büros zu seinen kläglichen Klauereien, doch das war fade und unwirksam und es zerrte den Protestierenden zurück zum U-Bahn-Perron und zum Times Square – *immer wieder immer wieder* – und zu dem Gesicht mit dem zum stummen Todesschrei geöffneten Mund, das in sich verschwamm, und zum Gesicht seines Sohnes mit den feuerroten Malen von seiner Hand und dem offenen Mund, und sein Schweigen gab Harry einen Stich ins Herz – *immer wieder immer wieder immer wieder* – und es schien, als gäbe es keinen Ort für Harry, wohin er seine Gedanken hätte schicken können, ohne seine Qual zu verstärken, und wie sehr er auch dagegen ankämpfte – immer wieder fand er sich auf dem U-Bahn-Perron, ging er erneut über den Times Square, brannte ihn der Blick seines Sohnes, und alles in ihm begann zu sinken, und er konnte den üblen bleiernen Geschmack in seinem Mund nicht wegschlucken, und er versuchte sich von diesen Bildern abzuwenden, doch sie ließen sich nicht verscheuchen und das Schuldgefühl folterte ihn und sickerte durch seine Poren und kroch langsam quälend insektengleich an seinem Körper hinunter – *immer wieder immer wieder immer wieder immer wieder immer wieder* – und das *Wall Street Journal* half nicht, noch gelang es ihm, sich von der vorbeiflackernden, durch Telefonmasten und -drähte und verfallene Zäune sichtbaren Szenerie oder von der plötzlichen Schwärze des Tunnels fesseln zu lassen wenn der Zug sich unter die Erde stürzte und die Leute schienen sich gegen sein Taxi zu werfen als wollten sie es zermalmen, so daß er fast versucht war einen Teil des Weges hinauf zu seinem Büro zu Fuß zu bewältigen, um dem Fahrstuhl zu entgehen, doch 43 Stockwerke waren zuviel also ertrug er die Fahrt und das Atmen wurde ihm immer schwerer und als er in seinem Büro war schloß er die Tür und sperrte sie ab und saß an seinem Schreibtisch und wurde sich der Unbehaglichkeit seiner feuchten Kleider bewußt, die seinen Körper irritierten, und fühlte sich immer noch eingeengt und eingezwängt, hier, hinter seinem riesigen Schreibtisch in seinem großen luxuriös ausgestatteten Büro und er sah über die Schulter durch das riesige Fenster auf die Stadt und zog die Vorhänge zu und versuchte verzweifelt die Mächte, die ihn zu zermalmen drohten, in die Flucht zu schlagen oder ihnen etwas entgegenzusetzen, doch er fand nichts, was ihn hätte schützen können und dachte flüchtig daran zu beten, schob diesen nur kurz aufzuckenden Gedanken jedoch rasch beiseite, in irgendeine dunkle Ecke, und versuchte sich durch tiefes Atmen von dem inneren Druck zu befreien, war jedoch unfähig tief genug zu atmen, um die würgende Einschnürung abzuschütteln und die enervierende Beklemmung in seiner Brust zu lindern – *immer wieder* – und sein Sohn sah ihn an, Fingerspuren wie ein Brandmal auf seinem Gesicht und Harry griff mit beiden Händen nach seinem Kopf und schüttelte ihn und stöhnte leise während er gegen das erstickende Gefühl ankämpfte indem er mit kurzem schnellem Keuchen Luft in seine Kehle und weiter abwärts zwang und er zitterte und kämpfte sich durch den Tag indem er sich zur Arbeit zwang, wieder und wieder und wieder und wieder, immer wieder …

In der Woche vor Palmsonntag schien er täglich, fast stündlich, zu altern. Der Arbeitsdruck, unter dem er stand, entsprach fast dem würgenden inneren Druck. Eine multinationale Organisation versuchte das internationale Syndikat zu schwächen, um es schließlich zu zerstören. Harry und die anderen Vorstandsmitglieder wußten, daß er die notwendige Strategie entwickeln konnte, um die Unversehrtheit des Syndikats zu gewährleisten, jedoch war äußerste Eile geboten. Es gab einen Stichtag, den 15. April, und wenn der Reorganisationsplan bis dahin nicht fertig war, würde alles, was Harry in jahrelanger, harter Arbeit aufgebaut hatte, mit einem Schlag zunichte gemacht sein und die Firma vor dem finanziellen Chaos stehen. Und so versuchte er weiterhin, seinem inneren Konflikt dadurch beizukommen, daß er sich in Arbeit vergrub, doch auch das begann als Lösung immer mehr zu versagen. Er brachte es immer noch fertig zu arbeiten, doch sein gequältes, gehetztes Gemüt spottete seiner. Nicht nur daß seine Arbeit von einer für ihn geradezu unglaublich lethargischen Unzulänglichkeit geprägt war, er war sich überdies ständig des Entsetzens in seiner Seele bewußt, das an seinem Fleisch nagte und sich in seine Knochen bohrte.

In dieser Woche lunchte er jeden Tag mit Walt und Clarke Simmons, und jeder Lunch begann auf die gleiche Weise: Wie steht die Sache nun, Harry? Bestens, kein Grund zur Sorge, und er wand sich innerlich, wenn er sich lügen hörte, und flehte im stillen, er möge diesen einen Lunch noch überleben, damit er in die Zuflucht seines Büros zurückkonnte, fest entschlossen, die Angelegenheit mit seinem früheren Elan anzugehen, damit es auch wirklich keinen Grund zur Sorge gab. Und dann fragten sie ihn, wie er sich fühle, Sie sehen gar nicht gut aus. Ja, ich habe mich wohl irgendwo angesteckt, es ist sicher nichts Schlimmes. Das vergeht wieder.

Harrys Aussehen beunruhigte Walt und Clarke, er schien sich tatsächlich mit irgendeinem Virus herumzuschlagen, doch die Hauptsache war, daß er dieses anstehende Problem meisterte – er hatte sich schon des öfteren bewährt und es gab keinen Grund anzunehmen, daß er es diesmal nicht schaffte.

Harry wehrte sich nicht gegen den Sang der Gleise und ließ sich davon in eine fast angenehme Schläfrigkeit wiegen. Die Zeitungen lagen ungelesen neben ihm – *immer* wieder *immer* wieder *immer* wieder *immer* wieder – und er ließ sich von dem Rattern durchdröhnen. Als er aufstand, um auszusteigen, reckte und streckte er sich nicht wie sonst, sondern kam mühsam auf die Beine und bewegte sich gebeugt vorwärts wie ein Mann, für den die Decke zu niedrig ist.

Hoffnungslosigkeit und Entsetzen schienen ihm voranzugehen, als er schwerfällig die Auffahrt zu seinem Haus bewältigte.

Linda versuchte sich durch unablässige Tätigkeit abzulenken, wozu auch gehörte, daß sie sich mehr als sonst mit den Kindern beschäftigte, und sie verbot sich, so schwer es ihr fiel, Harry irgend etwas zu fragen oder zu erzählen. Am schmerzlichsten war für sie das Gefühl der Hoffnungslosigkeit und der Ohnmacht. Sie wollte dem Mann, den sie liebte, so verzweifelt gern helfen, dem Mann, der vor ihren Augen langsam und unaufhaltsam verfiel, doch obwohl sie sich ohne Unterlaß das Hirn zermarterte – eine Lösung fand sie nicht. Keine Lösung für Harry, keine Lösung für sich selbst. Doch sie wußte, daß sie bleiben mußte und nicht aufgeben durfte.

Auch ins Bett ging Harry schweigend, und er bemühte sich mit allen Kräften, nicht zur Kenntnis zu nehmen, daß Linda mit jedem Tag magerer und abgehärmter aussah. Mitten in der Nacht schrie er sich dann wach, brennenden Schweiß in den Augen und nach Luft ringend, und kämpfte darum, das Bild, das vor ihm schwebte, zu vernichten, das Bild jenes gottverdammten, in sich verschwimmenden Gesichts mit dem zum schaurig-stummen Schrei geöffneten Mund …

und dann entquoll dem Mund das Gesicht seines Sohnes, fragendes Entsetzen in den starrenden Augen, und aus den Fingerspuren auf seiner Wange stiegen dünne Rauchfäden auf …

und

dann wurde er eines schwachen Lichtscheins gewahr, irgendwo im Dunkel hinter den verschwimmenden und sich doch gleichbleibenden Gesichtern, eines Lichtes, das unendlich weit fort zu sein schien, und doch spürte er, daß es jeden Augenblick dicht vor ihm auflodern konnte, um ihn in seinen Flammensog zu ziehen. Und er kämpfte gegen das Licht an und versuchte dessen Existenz wegzuleugnen, während es sich langsam heranschleppte, näher und immer näher, wie ein unbekanntes, ungeschlachtes Tier mit einem gebrochenen oder zerschmetterten Bein, und er versuchte es durch Schreie zurückzutreiben, seine Existenz wegzuschreien, und die Gesichter fuhren fort, ineinander zu verschwimmen, bis er wieder einmal erwachte, sich den stechenden Schweiß vom Gesicht wischte und auf der Bettkannte saß und versuchte, das ihn umgebende Dunkel nicht zur Kenntnis zu nehmen, und sich doch ebensosehr vor dem Licht fürchtete und sich verzweifelt an einen letzten Anschein von Kraft klammerte, doch das Entsetzen in seiner Seele spottete seiner, und er saß da, wie zermalmt von den Kräften des Lichts und der Finsternis, bis er erschöpft zurückfiel und einige wenige bejammernswerte Stunden schlief und sich dann aus dem Bett quälte, um einen neuen Tag zu beginnen, der dem vorangegangenen glich und mit einer alpdruckhaften Nacht enden würde, gleich der, die er soeben überlebt hatte.

Für Linda White waren die Tage kaum noch zu ertragen. Die Sonne schien hell, der Himmel war blau, und neues Leben sproß und blühte allüberall, aber in ihrem Leben gab es keine Freude mehr. Sie hatte das Osterfest immer besonders gern gehabt und sich darauf gefreut, Mary für die Feiertage neu auszustaffieren, und nun mußte sie sich dazu zwingen, Geschäfte aufzusuchen, und kaufte dann das erste beste, das ihr einigermaßen geeignet schien.

Auch die Kinder hatten sich auf Ostern gefreut. Es war das erste Mal, daß Mary ihr Osterkörbchen bewußt würde zur Kenntnis nehmen können, und sie war in Erwartung des Osterhasen schon ganz aufgeregt. Und Harry jr. freute sich auf die Osterferien und die Logierbesuche bei beiden Großeltern, doch die unheilschwangere Atmosphäre im Haus trübte die Vorfreude der Kinder.

Linda hätte eine Menge einkaufen müssen, Körbchen, Eierfarben, Geleeeier, Schokoladehasen, Zuckerküken und all die anderen Osternäschereien, verschob es jedoch von einem Tag zum andern, da sie weder die Kraft hatte noch aufbringen konnte, und so blieb sie zu Hause, in dem Haus, das sie so innig liebte und hegte und pflegte, und je länger sie ihre Einkäufe hinausschob, desto mehr fühlte sie sich wie in einer Falle, ihre Niedergeschlagenheit wuchs mit jedem Tag, und jeden Tag sagte sie sich, daß morgen alles anders sein würde.

Der Palmsonntag kam heran, mit hellem Sonnenschein, blauem Himmel und der erfrischenden Kühle des Vorfrühlings. Linda und die Kinder waren draußen im Garten, und Harry saß allein im Haus und hörte mit halbem Ohr dem Fernseher zu, der ihm die Tagesereignisse berichtete.

Erst als er wiederholt die Ansage *Sendung aus aktuellem Anlaß* hörte, begann er dem Apparat seine volle Aufmerksamkeit zuzuwenden. Dann war der Bildschirm mit unzähligen Leuten gefüllt. Tausende auf der Straße. Harry hätte nicht sagen können, wo sie sich befanden, doch wo auch immer – sie drängten sich in einer unübersehbaren Menge. Im Hintergrund schien ein Park zu sein. Er verspürte plötzlich eine heftige Neugier, warum all diese Menschen sich dort versammelt hatten. Und dann hörte er die Stimme eines Sprechers, die ihm mitteilte, daß sich im Hintergrund der Central Park befinde und er die Fifth Avenue vor sich habe und daß das Gebäude, auf das die Kamera sich von Zeit zu Zeit richtete, ein Krankenhaus sei – dasselbe Krankenhaus, in dem Harry einige Tage verbracht hatte. Er starrte auf die Menschenmenge, und seine Neugier stieg – Und wie Sie sehen, sind buchstäblich Tausende von Menschen hier, an diesem herrlichen Palmsonntag, die auf das Erscheinen des Kardinals Leterman warten. Einige sind schon vor

Stunden gekommen, um sich einen Platz zu sichern, von dem aus sie den Kardinal gut sehen können. Einen schöneren Tag als heute kann man sich für eine Entlassung aus dem Krankenhaus kaum denken – mach mal ne Einstellung vom Park, Phil. Ja, genau. Wie Sie sehen: Alles ist grün, und sogar die Enten auf dem See scheinen sich, wie sie da übers Wasser gleiten, der Feierlichkeit der Stunde bewußt zu sein. Wirklich ein wunderschöner Anblick – das vom leichten Wind bewegte Gras, und die imposanten Wolkenkratzer im Hintergrund, dazu der blaue Himmel mit den weißen, vorüberziehenden Wolken und – oh, und das, ist das nicht wunderschön, der Himmel und die Hochhäuser, wie sie sich im Wasser spiegeln – die Kamera machte einen Schwenk, bis der wohlbekannte See, der den Hintergrund klar und deutlich reflektierte, ins Bild kam – Moment mal, meine Damen und Herren, vor dem Krankenhaus scheint sich was zu tun. Kardinal Leterman kann jeden Augenblick erscheinen – die Kamera richtete sich auf den Eingang des Krankenhauses – Ich sehe – ja, ja, das ist er, meine Damen und Herren – aus der Menge stieg plötzlich ein vielstimmiger Schrei auf und die Leute sprangen in die Höhe um besser sehen zu können und andere standen auf dem Dach ihres Wagens und alle schrien und die meisten schwenkten Kreuze aus Palmwedeln – Jetzt öffnet ein Krankenpfleger die Tür, und unser hochverehrter Kardinal Leterman steht nun vor dem Krankenhaus und winkt den Menschen zu, er lächelt und es sieht fast so aus, als liefen ihm Tränen die Wangen hinunter als Reaktion auf diese beispiellose und gänzlich unglaubhafte spontane Sympathiekundgebung Tausender von Menschen jedes Glaubens. Und das ist wohl das Allerwunderbarste und Bedeutsamste von allem, was heute hier vor sich geht, meine Damen und Herren. Diese Bekundung der Liebe – hören Sie doch nur – und der Zuneigung für einen der verehrtesten und geachtetsten Vertreter der Kirche in der ganzen Welt beruht nicht auf einem Dogma oder der Theologie oder gar einer bestimmten Religion, sondern es handelt sich um einen Herzenserguß von Menschen verschiedenster Glaubensrichtungen: Protestanten und Juden so gut wie Katholiken sowie Menschen anderen Glaubens und sicher auch jener, die sich zu keiner bestimmten Religion bekennen. Das hier ist zweifellos eine beispiellose Demonstration der Anerkennung für ein Leben in Liebe, Demut und Güte, ein Leben im Dienste des Herrn, das dieser Mann die vergangenen fünfundsiebzig Jahre gelebt hat. Wie Sie sehen, flammen unzählige Blitzlichter auf, und die Menschen sind so begierig, diesem außerordentlichen

Mann ihre Liebe zu beweisen, daß die Elitetruppe der New Yorker Polizei eingesetzt worden ist, um Kardinal Leterman vor seinen Verehrern zu schützen – noch einen Augenblick, meine Damen und Herren. Seine Eminenz bittet mit der erhobenen Hand um Ruhe. Schweigen senkt sich über die Menge, und wie Sie auf Ihren Bildschirmen sehen, fließen Tränen der Liebe und Dankbarkeit – Meine Damen und Herren, Kardinal Leterman …

Meine geliebten Brüder und Schwestern in Gott. Mein Leben war durch die Gnade Jesu Christi, unseres Herrn, mit unermeßlichem Glück gesegnet, doch sicherlich ist der heutige Tag der erhebendste unter vielen erhebenden Tagen in meinem Leben. Wahrlich, der Kelch meiner Freuden läuft über. Zweifellos ruht auf keinem Menschen mehr Segen als auf mir, und zweifellos gibt es niemanden, der dessen unwürdiger wäre, denn ich bin nichts als ein Sünder. Möglicherweise nicht mehr und nicht weniger als jeder andere auch, aber gleichwohl ein Sünder. Und doch hat unser Gott im Himmel in seiner Barmherzigkeit mich mit zahllosen Gaben überhäuft, das Geschenk des Lebens miteingeschlossen, und hat mir gewiesen, wie ich dieses mein Leben auf meine geringe, bescheidene Weise zur höheren Ehre Seines Namens führen kann. Und obwohl ich Seiner Gaben nicht würdig bin, kann ich nichts tun, als sie in Empfang zu nehmen und zu sagen, Dein Wille geschehe und nicht der meine, und zu hoffen und zu beten, daß ich ein Werkzeug Seines Friedens sein möge … Wie Sie alle wissen, erlitt ich vor genau vierundsechzig Tagen einen schweren Herzanfall und wurde in großer Eile ins Krankenhaus geschafft, wo ich bei meiner Ankunft für tot erklärt wurde … jawohl … für tot! Und doch bin ich am Leben – durch die Gnade Gottes und dank der aufopfernden, hingebungsvollen Bemühungen der Ärzte. Und wie glücklich es sich doch fügt, daß es *dieser* Tag ist, an dem ich noch einmal über diese geliebten Straßen wandeln darf, dieser Tag, der uns jenen ersten Palmsonntag ins Gedächtnis ruft, an dem unser Erlöser Jesus Christus in die heilige Stadt Jerusalem einzog, wohl wissend, daß das Ende seiner Mission auf Erden nahe war. Es geschah, daß Er verraten wurde und am Kreuze litt, die Passion erlitt, auf daß wir wissen mögen, daß wir durch den Tod in Christo das ewige Leben erlangen. Ich bin heute ein lebendes Wunder. Ein von den Toten Auferstandener … Der kommende Sonntag, der Ostersonntag, ist der bedeutendste Tag der gesamten Christenheit, der Tag, an dem wir den Triumph des Lebens über den Tod feiern. Und um auf diese geringe Weise dem Allmächtigen in aller Demut für das Wunder meiner Wiedergeburt zu danken und unseren Herrn und Erlöser zu preisen, werde ich am Ostersonntag, dem Tag der Tage, in der St.-Patrick's-Kathedrale die Heilige Kommunion spenden …

Meine Damen und Herren, das Sprechen fällt mir schwer. Weit und breit kein trockenes Auge. Kardinal Leterman schämt sich seiner Tränen ebensowenig wie wir alle, und während er die Menschen segnet und sich nun in seinen Wagen helfen läßt, ist sein Gesicht ein einziges strahlendes Lächeln. Wie Sie hören, liegt immer noch Schweigen über der Menge, sie verharrt unbeweglich in bedingungsloser Verehrung für diesen Mann, der so weltweit geliebt wird, daß man ihn nicht nur einen Mann Gottes genannt hat, sondern auch einen Mann der ganzen Welt, geliebt von allen ohne Ausnahme, ungeachtet dessen, welchem Gott sie dienen mögen. Sein Wagen fährt langsam an und – mein Gott, meine Damen und Herren, nun lösen sich viele aus der Menge und legen ihre Palmwedel auf die Straße, vor den Wagen des Kardinals. In all den dreißig Jahren meiner Tätigkeit bei Rundfunk und Fernsehen habe ich so etwas noch nicht erlebt. Der Wagen des Kardinals fährt im Schrittempo, und Männer, Frauen und Kinder treten in die Mitte der Straße, um ihre Palmwedel niederzulegen. Das hier ist die größte Offenbarung der Liebe, die ich je gesehen habe, und es erübrigt sich beinahe zu sagen, daß niemand dessen würdiger ist als Kardinal Leterman. Soweit das Auge reicht, legen die Menschen Palmwedel auf die Straße und neigen die Köpfe, während der Wagen des Kardinals langsam an ihnen vorbei die Fifth Avenue hinunterfährt und Seine Eminenz allen seinen Segen erteilt …

Harry starrte auf den Bildschirm, während der Wagen des Kardinals sich langsam die Fifth Avenue hinunterbewegte, dann wurde ausgeblendet, und ein Ansager teilte ihm mit, daß dieser Bericht eine Live-Sendung des aktuellen Studios gewesen sei und in der Absage noch einmal auf den Kanal hinwies, über den die Sendung gelaufen war, und die Stimme ging in ein Summen über, und Harry starrte weiter vor sich hin, ohne etwas zu sehen oder zu hören …

Es summte und brummte weiter, und Harry .war sich einzig und allein der Leere in seinem Innern bewußt, die immer mehr zunahm und sich eng um seine Kehle wand und versuchte, sie hinunterzuzerren, hinunter in jene mahlende ekelerregende bodenlose Müllgrube. Er rieb sich mit flachen Händen kräftig den Bauch, in dem unbewußten Versuch, das dort befindliche Vakuum zu füllen, damit der Wind nicht mehr hindurchfahren könne.

So saß er und starrte, die Fäuste in die Magengrube gepreßt, eine kurze, peinvolle Ewigkeit. Auf dem Schirm ruckten und zuckten verschiedene Bilder auf und wieder fort – eine Reihe aufeinanderfolgender Werbespots, doch er sah und hörte sie nicht. Er starrte. Er starrte aus seiner Leere in eine Leere. Er starrte aus einem Abgrund in einen Abgrund – von einem Ende zu einem Anfang.

Er stand auf ... langsam. Die Leere nahm zu. Der Abgrund vertiefte sich. Sein Mund war mit Blei ausgegossen. Die erste Bewegung tat weh. Er hielt inne. Sein Kopf wirbelte. Er krallte die Hände in seinen Bauch. Er bewegte sich vorwärts. Griff nach seiner Jacke. Er verließ das Haus.

Der Zug – *immer* wieder *immer* wieder *immer* wieder *immer* wieder *immer* wieder – die Stadt und eine endlose U-Bahn-Fahrt – *mitm* Lappen, *mitm* Lappen – und der Gang zum Sportplatz, und Harry, der im *right center* für den *pull hitter* gespielt hatte, rannte beim klatschenden Geräusch des Abschlags auf den Maschendraht zu, der das rechte Spielfeld begrenzte. Die Trainer der Swensons fuchtelten mit den Armen und brüllten ihren Leuten zu, sie sollten rennen, renn doch, du Armleuchter, und der Mann vom 3. Mal hatte das Schlagmal bereits hinter sich und der Mann vom 2. Mal war schon auf halbem Weg, als Harry, die behandschuhte Hand hoch über dem Kopf, in die Luft sprang und den Bruchteil einer Sekunde vor dem Ball mit Wucht gegen den Maschendraht prallte und *Plock!* schoß der Ball in seine Hand. Der Rückstoß warf Harry zu Boden, und er hielt den Ball mit beiden Händen an den Bauch gepreßt, während er auf dem Zement eine Rolle machte, unverletzt. Er stand auf und warf den Ball dem *baseman* zu, dem es mühelos gelang, den Mann vom 1. Mal abzufangen und dann den Ball dem Mann vom 2. Mal für einen raschen, glatten *three-base hit* zuzuwerfen. Das ganze Swenson-Team und dessen Fans standen mit offenen Mündern da und trauten ihren Augen nicht. Harry grinste bis über beide Ohren, während er vom Spielfeld trottete, und das Casey-Team und dessen Fans brüllten schrien pfiffen und stürzten sich auf ihn und boxten ihm in die Seite und schlugen ihm auf den Rücken und warfen ihre Handschuhe nach ihm, und als Harry mit Schlagen an der Reihe war, standen zwei Spieler auf ihren Malen und der *pitcher* sah ihn offensichtlich wütend an und zielte mit dem Ball auf seinen Kopf und Harry warf den Kopf zurück und grinste den *pitcher* an, während die Caseys brüllten und schrien und ihn einen beschissenen Kopfjäger nannten, und die Swensons brüllten,

Scheißschläger, klar aus, und Harry trat noch einmal an und verfehlte den zweiten Wurf um Haaresbreite, doch beim dritten Wurf schmiß er sich rein und schmetterte den Ball über den Kopf des *center fielders* und der Ball rollte in die äußerste Ecke des Spielfeldes und die Casey-Trainer signalisierten den Läufern mit ihren Mützen, möglichst schnell die Male zu umrunden, und Harry flog die Mütze vom Kopf, als er das 2. Mal umrundete, und er gab noch eins zu, als er den Trainer ihn anfeuern sah, und er fetzte ums 3. Mal und schmiß sich der Länge nach aufs Schlagmal, als der zweite *baseman* im *short center* den Ball aufnahm und ihn über den Kopf des *catchers* warf, der bloß dastand und zusah, wie der Ball ins Gitter flog, und Harrys Team und seine Fans fielen vor Freude wieder über ihn her und knufften und pufften ihn und schlugen ihn auf den Rücken und schrien und brüllten und jubelten und Harry spürte den Stolz in seinen Augen, als er den Stolz in ihren Augen sah, und er lächelte und lachte und stimmte in ihr Gebrüll ein und der graue Maschendraht war kalt, als er sich dagegen lehnte und auf den grauen Weg und den grauen Zement des Sportplatzes sah, und der Himmel wurde eisengrau und während die Sonne sank und ihr Schein sich trübte, schien der Wind zuzunehmen und die Kühle ließ ihn erschauern, als er, am grauen, den Sportplatz umgebenden Drahtzaun lehnend über das Spielfeld hinwegstarrte, und er wußte, daß unmöglich zehn Jahre vergangen sein konnten, und doch war es so, und in welcher Weise er auch an die Zeit dachte oder an sich in ihr – es waren und blieben zehn Jahre, und nun, eine Dekade später, stimmte irgend etwas nicht, war schief und verkehrt, und das Nachdenken darüber führte zu nichts, und wie lange konnte er noch dagegen ankämpfen, gegen was es auch immer war, und er sah auf all das trübe Grau um sich herum und spürte es in seinen Körper einsickern, und was auch geschah oder nicht geschah – er befand sich nach wie vor diesseits des Zaunes, und es gab keine Möglichkeit für ihn, wieder auf die andere Seite zu gelangen …

nie mehr! das allgegenwärtige Grau ließ jeden Zweifel daran verstummen, und schließlich wandte Harry sich um und verließ den grauen Zaun und den grauen Sportplatz und ging die graue Straße hinunter, und seine Augen sahen jeden kleinen Sprung und jede kleine Unebenheit im grauen Zement

dann die mit Kaugummi und Zigarettenkippen bedeckten Stufen hinunter in die graue U-Bahn-Höhle – *immer* wieder – und die einsame Fahrt zur Endstation und hinaus zum Ende eines

Tages und durch grauen Wind, der durch ein höhnisch spottendes Coney Island fuhr, und er stand auf der Strandpromenade, das Gesicht im Wind, und sah auf das Ineinanderfließen von grauem Wasser und grauem Himmel und auf die graue Öde von Brandung und Sand und lehnte sich eine weitere Ewigkeit lang ans Geländer und spürte sich frösteln bis ins Mark, weigerte sich jedoch, ein Teil der grauen Kälte zu sein, die ihn schüttelte, und er stand auf den Planken, die zu Fäusten geballten Hände in den Taschen, und starrte in das diffuse, wechselhafte Grau, bis wieder einmal Dunkelheit ihn umgab.

Er bewegte sich vorwärts durch die Düsternis und den Talmiglanz der spärlich verstreuten altmodischen Glitzerlichter auf dem einst so beliebten Rummelplatz. Ihm war, als ginge er durch antike Ruinen, als sei er in einen anderen Raum und in eine andere Zeit versetzt, und er sah auf die splittrigen, mit Plakaten beklebten Fassaden geschlossener Verkaufsstände und Karussells und dachte trotz allem an den Frohsinn und das Lachen längst vergangener Leben und er hörte das Funkeln der Lichter und die heitere Erregtheit in seinem Kopf, doch war es ihm gänzlich fern, als sei es ein Fremder, der da lachte und vor Freude sprühte. Erinnerungen an schäumendes *root beer,* an seine Großeltern, an bunte Zuckerstangen – doch die Erinnerungen gehörten jemand anderem, jemand, der immer noch in dieser vergangenen Zeit lebte. Vielleicht waren die Farben der verbliebenen Lichter immer noch die grellen Farben von damals, doch sie wirkten grau, und wie sie da die Dunkelheit durchschnitten, war das einzige, was sie bewirkten, daß die Risse im Gehweg deutlicher hervortraten.

Er ging in ein trübseliges Hotel und saß, an das Kopfende gelehnt, vollständig angezogen auf dem Bett. Er kämpfte gegen den Schlaf und jene Gesichter an, die vor ihm schwebten, gegen den Lichtschein, der nun die Form eines dritten Gesichts annahm und auf die beiden anderen zutrieb, doch von Zeit zu Zeit fiel sein Kopf vornüber und er wurde in den Schlaf gezogen und gleich wieder wachgerüttelt, im Ringen um Befreiung von Vergangenheit und Zukunft.

Es schien unmöglich, daß er sich hier befand, daß das, was geschehen war, wirklich geschehen und kein Traum war, aus dem er erwachen würde und alles wäre, wie es sein sollte. Doch das war nicht der Fall. Und obwohl er sich widersetzte: Eine unüberwindliche Macht zog ihn tiefer und tiefer in die ihn ausfüllende Schwärze, und er spürte die Vergeblichkeit des Ringens.

Er war Harry White, Vizepräsident, war es schon seit Jahren. Er wurde von seinen gleichgestellten Kollegen respektiert und bewundert. Ein Mann mit Einfluß. Er hatte eine Frau und einen Sohn und eine Tochter, eine wunderbare Familie, die er liebte und die ihm teuer war. Und sie liebten ihn. Das wußte er. Er besaß ein wunderschönes Haus in Westchester. Er war ein Erfolg.

Harry White war ein erfolgreicher Mann …

und, o Gott, er wollte nichts als sterben …

um von diesem Krebs erlöst zu werden, der ihn auffraß …

nur ein wenig Linderung …

sonst nichts …

nur

ein

wenig

Linderung

Den nächsten Tag verbrachte er auf der Strandpromenade; er saß da und starrte aufs Meer. Der kühle Wind schlug das Wasser zu weißem Schaum und trieb den Sand über den Strand. Hin und wieder ging jemand vorbei, doch Harry blieb in seiner Einsamkeit und in der Verzweiflung der Schande, abgesondert von allen und allem, allein. Er starrte auf den Horizont und hörte wie von fern die Brandung und den Sand an der Strandpromenade scheuern, und er sank tiefer und immer tiefer in den Rachen seines Dämons.

Als er um Mitternacht noch nicht zu Hause war, rief Linda die Polizei an und dann Walt. Die Polizei war freundlich und höflich, doch die Beantwortung ihrer Fragen tat Linda weh. Ja, er war in letzter Zeit etwas sonderbar gewesen, als bedrücke ihn etwas. Nein, sie wisse nicht, was es sein könnte. Nein, sie glaube nicht, daß es um eine andere Frau gehe. Ja, er war bei einem Psychiater, Dr. Martin, in Behandlung gewesen, war jetzt jedoch schon längere Zeit nicht mehr zu ihm gegangen. Nein, ich habe keine Ahnung, wo er sein könnte und ob er das Haus aus freien Stücken verlassen hat, und sie gab ihnen ein Foto, und Walt kam und beantwortete die Fragen der Polizei und sagte ihnen, was Harry bedrücke, sei eine sehr wichtige, schwierige geschäftliche Angelegenheit, und er machte ihnen auf beeindruckende Weise klar, daß Harry sofort aufgespürt werden müsse, und schließlich gingen die Polizisten, und Walt blieb bei Linda, bis er das Gefühl hatte, daß er sie allein lassen konnte, und Linda ging endlich zu Bett und weinte sich in einen beklemmend unruhigen Schlaf.

Am folgenden Tag kamen Lindas Mutter und Harrys Mutter, um sie zu trösten und ihr zu helfen. Alle drei legten es darauf an, unablässig tätig zu sein, um nicht an Harry denken zu müssen, doch bemerkte jede immer wieder den Ausdruck in den Augen der beiden anderen und die Angst und den Schmerz, der dahinterstand.

Auf einer eilig einberufenen Konferenz berichtete Wentworth den anderen Vorstandsmitgliedern, was er wußte. Es wurde sofort beschlossen, daß Wentworth das, was Harry in dieser Sache bis jetzt geschafft hatte, überprüfen solle, um festzustellen, wie weit es ihm möglich sein würde, die Arbeit fortzusetzen. Außerdem wurde ein Blitzgespräch mit von Landor angemeldet. In der Zwischenzeit würde jeder nur mögliche Druck ausgeübt werden, um die zuständigen Behörden zu veranlassen, ihre Suche nach Harry zu verstärken und ihn so rasch wie irgend möglich ausfindig zu machen.

Die Sonne war schon lange entschwunden, aus Sicht und Erinnerung, und immer noch saß Harry auf der Strandpromenade und starrte vor sich hin, als sei er zu Stein geworden. Der Wind nahm zu, und der Sand schabte an seinem Gesicht, und die Brandung schlug dumpf in grauer Ferne. Schließlich stand er träge auf, kehrte dem unsichtbaren Horizont den Rücken und ging in sein Hotel zurück. Er saß auf dem Bett, lehnte sich an das Kopfende und starrte auf seine Schuhe …

dann streifte er sie ab, entkleidete sich und schlüpfte zwischen die Laken, zog die Decke bis zum Kinn hinauf und schlief.

Am nächsten Tag bezahlte er seine Rechnung, verließ das Hotel und begann einen endlosen Rundgang durch Geschäfte und Läden, kleine und große. Er streifte kreuz und quer und hin und zurück über die Insel Manhattan, die Avenues entlang und durch Seitenstraßen, und bewegte sich dabei so langsam wie möglich vorwärts. Er brauchte nur einen bestimmten Gegenstand zu erwerben und hatte jede Menge Zeit, das Passende zu suchen.

Seine Angehörigen warteten und hofften und versuchten, jeden neuen bedrückenden endlosen Tag zu bewältigen. Sie stürzten ans Telefon, sobald es klingelte. Linda bemühte sich darum, zu glauben, es sei noch Hoffnung, doch in ihr war alles tot. Was sie äußerte, war nur so dahingesagt. Aber sie wußte. Sie wußte es.

Die Zeit hatte für Harry jede Bedeutung verloren. Tageszeiten und Wochentage waren nur mehr Bezeichnungen. Die Stunden vergingen und die Tage vergingen. Am Sonnabendmorgen fand er, was er suchte. Die Goldauflage auf dem langen, handgeschnitzten Griff war von erlesener Schönheit. Es war überhaupt wunderschön, wie es da auf dem purpurnen Samt in seinem Etui lag.

Er ging die Fifth Avenue hinauf zum Central Park und saß am See mit den dahingleitenden Enten und den Spiegelbildern der Wolkenkratzer. Er saß. Den ganzen Tag. Und starrte. Starrte mit der gleichen Empfindungslosigkeit, mit der er aufs Meer gestarrt hatte und durch die Straßen und Geschäfte und Läden gegangen war. Eine Empfindungslosigkeit, die ihn seinen Gefühlen entfremdete. Diese innere Kälte und diese Entfremdung waren es, die ihm gestatteten zu tun, was er tun mußte … Kälte … Leblosigkeit. Die Leblosigkeit, die ihn am Leben hielt. Ihm erlaubte, sich zu bewegen. Doch dieser süße ewige Tod … wie lange würde er währen? Wie lange würde er, Harry, dem schwarzen, bodenlosen Abgrund, genannt Harry White, entrinnen? Er saß. Lauschte dem fernen Brausen in seinem Kopf. Fühlte den Unterschied, wenn eine dunkle Wolke die Sonne verdeckte. Sie würde weiterziehen. Es war warm. Die Sonne. Er spürte sie, bis in die Knochen. Sonderbar. Scheint Jahre her zu sein, seit er Wärme spürte. Oder Kälte. Er saß. Starrte. Die Enten brachten die Wolkenkratzer im See zum Erzittern. Sie verschwammen in sich. Harry schauderte. Sie wurden nie wirklich ganz. Nur fast. Wieder ein drohender Einsturz.

Und das Verschwimmen. Er starrte. Saß. Und starrte. Die Sonne auf seinem Gesicht. Blitze aus dem Wasser. Gott ist in seinem Himmel. Scheiße! Ra auch. RA! RA! RA! Alles dieselbe Scheiße!!!! Die Sonne wanderte durch den See. Hinter Bäume. Lange Schatten. Kühle. Frösteln. Lauter Schatten. Letztes Schielen der Sonne … Kälter … Dunkler … Nacht!

Schwarze Nacht …

Schwarze Nacht! Schwarze Nacht! Schwarze Nacht!

Eis … In den Knochen. Eis. Gefrorenes Mark. Schneidende Kälte. Schwarze Nacht. Lichter blinzeln im See. Wie Weihnachten. Gelbes Licht nahe der Bank. Hängt über Harry. Sein Schatten faltet sich unter der Bank zusammen. Unter ihm. Hinter ihm. In ihm. Die Lichter im See blinzeln. Schneidend kalt. Er zittert. Ein Mond beachtet ihn nicht. Betrachtet sich selbst und lächelt. Viele Monde kräuseln sich im See. Die schwarze Nacht ist undurchdringlich. Gelbes Licht auf der Bank. Allein. Niemand. Allein mit der Nacht. Allein mit dem See. Allein mit dem Mond und den blinzelnden Lichtern. Allein mit sich. Die Kälte belebt seine Empfindungen. Die Kälte weckt Leben. Leben! LEBEN!!!! O süßer Jesus, nein. NEIN!

NEIEIEIEIEIN!!!!

Sein
Kopf fiel vornüber, hing abwärts, und er umklammerte ihn mit beiden Armen ...

Warum muß es
sein??? Warum?

Warum?

Er preßte sein Päckchen an den Bauch und beugte sich vor und wieder zurück, vor und zurück, vor und zurück, vor und zurück, wieder und wieder und wieder

und immer wieder und in Leisten und Lenden kam mit dem Gefühl vergangener Zeiten Leben, und er zitterte lange, schmerzliche Sekunden und wieder Sekunden, die sich zu einer Ewigkeit verdichteten, und er spürte das Zerren im Schlund und spürte die Gesichter in sich verschwimmen und das dritte näherkommen und immer deutlicher werden und spürte das Lachen seiner Kinder und die Sanftheit und Wärme seiner Frau und den Schmerz in ihren Augen und sein erstarrter und schmerzender Körper drohte zu zerspringen als er sich hochstemmte und auf die Füße zwang und sich an der Bank festhielt und versuchte sich aufzurichten und doch krumm und gebeugt im gelben Lichtschein am Rand des Weges stand und er spürte das Kreischen und den schrecklichen Widerstreit in sich als er zum

Schlachtfeld der Hunde des Himmels und der Hunde der Hölle wurde und die Höllenhunde wie von Sinnen vom Geruch und Geschmack des Blutes zerrten und rissen an seinem Fleisch und ihre Wildheit wuchs und die Himmelshunde verharrten wartend unbeweglich und in lautlosem Schweigen und die Höllenhunde sahen sie voller Spott und Hohn an während sie Harry White das Gedärm aus dem Leib rissen da sie sich sicher wußten, wußten, daß sie die Himmelshunde, die sie in Sekundenschnelle verschlingen und das blutige, schwärende Schlachtfeld in seinen unversehrten Zustand zurückversetzen konnten, nicht zu fürchten brauchten, wußten, daß die Hunde des Himmels dazu aufgefordert werden mußten, sich am Kampf zu beteiligen, und wußten, daß diese Aufforderung nie an sie ergehen würde und daß den Himmelshunden nichts anderes übrigblieb als unbeweglich in lautlosem Schweigen zu verharren während die Bluthunde Harry White weiterhin das Fleisch vom Leib rissen und ihre Köpfe wie in Tollwut in seinem Blut wälzten, die Augen flammend in Wahnsinn und sie näherten sich aufsässig und höhnisch den Hunden des Himmels und spien ihnen Blut und Fleischfetzen von Harry White ins Gesicht und jaulten und kläfften in Aufsässigkeit während die Hunde des Himmels unbeweglich in lautlosem Schweigen verharrten, wartend und mitleidend und darauf hoffend das Wort zu hören das sie dazu ermächtigen würde dem blutrünstigen Wahnsinn ein Ende zu machen, der ihrer spottete und sie ebenso in Stücke riß und zerstörte wie das Wild das die Höllenhunde rissen und sie hörten Harry Whites Qual als er verschlungen wurde und warteten und warteten auf das Wort und hofften darauf daß es nun genug der Pein und des Leidens für ihn sei und er um Hilfe schreien würde doch die Höllenhunde kamen näher und bespien sie erneut mit dem verstümmelten Fleisch von Harry White, während er sein Päckchen an sich preßte und langsam den vertrauten Weg zur Fifth Avenue hinauf ging und dann seine Schritte in Richtung St.-Patrick's-Kathedrale lenkte.

Er ging allein. Es gab Automobile. Doch er ging allein. Hin und wieder ein Mensch oder zwei. Und doch ging er allein. Niemand war bei ihm, bei Harry White. Abgesehen von seinem inneren Ich, und dort ging der Kampf weiter. Doch hier, auf der Avenue, war er allein. Harry White ging und blieb stehen, allein.

Und in seiner Einsamkeit fühlte er sich erneut von der Menge erdrückt, die der St.-Patrick's Day-Parade zusah. Parade? Heute? Wann? Wann war die Fifth Avenue ein Meer von grünen Bändern und Polizisten und Sanitätern und Tambourmajoren und korrupten Politikern gewesen???? Vor Jahrhunderten? Vor Äonen????

Vor einem Menschenleben?

Er ging um die Kathedrale herum und legte hin und wieder unter Schmerzen den Kopf in den Nacken, um zu den Fialen und Wasserspeiern hinaufzusehen. Das wuchtige Bauwerk schien sich fast in die Himmel zu bohren und sah aus, als könne nichts ihm etwas anhaben, als würde es, uneinnehmbar und nicht zu erschüttern, bis in alle Ewigkeit dastehen.

Er verharrte vor den Stufen und wartete, dann stieg er hinauf und wartete in der Dunkelheit, in der Nähe des wuchtigen Portals. Er lehnte sich an den Stein, und die Kälte drang ihm ins Mark, doch schon bald gewöhnte er sich daran, preßte sein Päckchen an sich und hüllte sich fester in seine dicke Jacke. Er richtete sich, so gut es ging, in der kalten Dunkelheit ein, starrte auf die Stelle zwischen seinen Schuhen und wartete.

Die Zeit verging langsam, doch unerbittlich. Aber die Zeit war bedeutungslos. Es gab eine Zeit, da die Zeit von äußerster Wichtigkeit war, damals hatte es in Harrys Hinterkopf eine Art Zeitplan gegeben, sozusagen einen Terminplan für seine Erfolge, einen Beweis dafür, daß er aufstieg. Er war vor der Zeit angekommen. Es gab eine Zeit, da jener Zeitplan des Aufstiegs alles bedeutet hatte, doch er hatte seine verschiedenen Ziele erreicht, sie verloren immer mehr an Bedeutung, und trotzdem hatte er weiter und weiter geschuftet. Wofür? Er war angekommen. Wohin jetzt? Wohin?

Ja, einmal war Zeit ein wichtiges und greifbares Element seines Lebens gewesen, doch das war sie jetzt nicht mehr. Jetzt wollte er nur noch an der Mauer lehnen und auf die Stelle zwischen seinen Schuhen sehen und die Zeit verstreichen lassen, und irgendwann würde es Morgen sein, Ostermorgen, und das Portal würde sich öffnen und er die Kirche betreten. All das würde geschehen. Irgendwann. Die Zeit hatte kein Gewicht. Nicht mehr.

Die Nacht schritt fort, dem Morgen zu, und die Kälte wurde immer durchdringender, doch er rührte sich nicht. Als die Sonne sich an diesem Tag der Auferstehung dem Horizont näherte, fanden sich noch einige Menschen vor der St.-Patrick's-Kathedrale ein. Auf die Versuche, ihn in eine Unterhaltung zu ziehen, reagierte er entweder gar nicht oder er zuckte stumm und abweisend die Achseln und blieb allein, abgesondert von den anderen, die gleich ihm im kalten Dunkel des Ostermorgens standen und warteten.

Als der Morgen graute, wurde die Schlange länger, und bald zeigte der Himmel eine Ahnung von Helligkeit und dann, als die Sonne am wolkenlosen, unberührten Himmel aufstieg, gab es scharfumrissene Schatten. Die Wärme der Sonne erreichte die Wartenden, die Unterhaltungen wurden lebhafter und freudiger. Immer wieder Blicke auf Uhren; die Geräusche des beginnenden Straßenverkehrs taten das ihre, um dem neuen Tag zum Start zu verhelfen. Harry nahm undeutlich die Leute vom Fernsehen wahr, die ihre Kameras und Mikrofone aufbauten, und hörte jemanden sagen, daß der Gottesdienst weltweit ausgestrahlt werden würde und wahrscheinlich zweihundert Millionen Menschen sehen würden, wie Kardinal Leterman die Heilige Messe zelebrierte. Und dann setzte das Geräusch der sich öffnenden riesigen geschnitzten Flügeltüren den neuen Tag in seine Rechte ein. Nun war Ostersonntag.

Harry drückte sein Päckchen fest an sich und betrat die Kirche. Er steuerte langsam und unbeirrt auf den Platz zu, den er sich im Geiste ausgesucht hatte. Er ging zur ersten Bankreihe, wandte sich nach links und setzte sich. Und wartete.

Die Stelle zwischen seinen Füßen veränderte sich in Beschaffenheit und Farbe, doch Harry achtete nicht darauf; er starrte vor sich hin und drückte das Päckchen unter seiner Jacke fest an sich. Auch die gedämpften Schritte der Leute, die die Kirche betraten und hinknieten und beteten, wobei die Perlen des Rosenkranzes durch ihre Finger glitten, nahm er nicht wahr. Das leise Orgelspiel verband sich harmonisch mit den gedämpften Geräuschen, die die Gläubigen verursachten.

Als die Sonne höher stieg, wurde die Stelle zwischen Harrys Füßen heller und die Buntglasfenster glühten vor Leben, und die Wärme des liebenden Lebens im Glas füllte das wuchtige Gotteshaus und erwärmte die massigen Quadern …

> DER HERR IST IN WAHRHEIT ERSTANDEN,
> HALLELUJA.
> DIE MACHT UND DIE HERRLICHKEIT SEI
> SEIN IN EWIGKEIT.

Die Sonnenstrahlen erhellten nun Winkel und Nischen und kleine Vertiefungen und hoben behutsam und voll Liebe die Passion Christi, die Stationen des Kreuzweges, ans Licht.

> *Der Herr sei mit euch*
> Und mit deinem Geiste.
> *Friede sei mit euch.*
> Wie auch mit dir.

und die inbrünstige Bitte um Vergebung der Sünden der Menschheit durch den Menschensohn, und das süß leuchtende Leben in den Fenstern sah voll Liebe auf jene Kreuzwegstationen und die Passion und auf alle, die hier die Auferstehung feierten, und erhob ihre Seelen, Gott aufs allerhöchste zu preisen

> *Wir bitten darum, daß der auferstandene*
> *Erlöser uns aufrichtet und unser Leben*
> *erneuert.* Amen.

und Harry starrte immer noch auf dieselbe Stelle und sah und hörte nichts von der ihn umgebenden überwältigenden Schönheit und dem Frohlocken in Frieden und Liebe; er blieb so sehr eingekapselt in sich selbst, daß er nichts anderes zu fühlen imstande war als den Schmerz und die überwältigende Verzweiflung, die er in den dunklen Ecken und Nischen entdeckte und in der nicht auslotbaren Jauchegrube, als die er sich selbst empfand und der er nicht entrinnen konnte

> *… Und er ging hin und tat gute Werke*
> *und machte gesund alle,*
> *so in den Klauen des Teufels waren*
> *und Gott war mit Ihm …*

und er fühlte nichts als eine alles durchdringende Krankheit, die durch seinen Körper floß in seine Arme und Beine und Finger und Knochen und das Übel in ihm war fast sichtbar und speiste sich selbst und das Übel wurde immer unerträglicher und ihm blieb nichts anderes übrig als in sich selbst zu verharren und immer mehr Teil seiner Krankheit zu werden

> *... Des legen alle Propheten Zeugnis ab*
> *und sagen, daß einem jeden, so an Ihn glaubet,*
> *seine Sünden in Seinem Namen vergeben*
> *werden. Also sprach der Herr,*
> Ihm sei gedankt.

und sich noch fester an sein Päckchen zu klammern und seine Lenden zu spannen und sich noch tiefer unter der Last der eigenen Hoffnungslosigkeit zu beugen und immer stärkeres Entsetzen vor dem zu empfinden, was gleich geschehen würde, unfähig, Mittel und Wege zu finden, laut NEIN zu schreien und davon abzulassen, einzig und allein fähig, der in ihm wühlenden ahnungsvollen Hochspannung nachzugeben, die ihm den Liquor aus dem Rückenmark sog und das Mark aus seinen Knochen, was seine Beine so kraftlos machte, daß er kaum sitzen konnte

… Seine Gnade währet ewiglich.
Dies ist der Tag des Herrn;
lasset uns frohlocken und fröhlich sein.

und ihn erbarmungslos immer tiefer in das hineinzerrte, was ihn so ängstigte und entsetzte und die Stimme des Kardinals schwebte durch die leuchtenden schräg einfallenden Strahlen der Ostersonne und die Gläubigen knieten und beugten die Köpfe und Harry verharrte regungslos und das Orgelspiel war weiterhin zu fühlen und der Chor sang während die Messe ihren Fortgang nahm und die Tränenflut in Harry wogte und hämmerte gegen seine Augen wie die Brandung an ein Riff

Christus, das Lamm Gottes, ward unser
Osteropfer;
lasset uns feiern mit dem ungesäuerten
Brote
der Lauterkeit und der Wahrheit.
Halleluja.

und Harry bewegte sich mit den anderen zur Chorschranke und ging ans linke Ende und kniete nieder und wartete wie blind von all dem, was ihn gnadenlos durchwogte und nun erwachte die Zeit zum Leben und er wurde des Kardinals gewahr, der sich ihm, segnend, betend, und den vor ihm Knienden die Hostie auf die Zunge legend, vom anderen Ende her näherte und auch Harry hörte die Orgel und den Chor und seine mürben Sinne schärften sich und der Weihrauch brannte ihm in der Nase und er roch den Samt, auf dem er kniete, und der Kardinal kam näher und legte den Leib Christi behutsam auf die Zungen und erteilte leise, fast murmelnd, den Segen und Harry begann zu zittern und seine Sicht war getrübt, als der Kardinal näher und immer näher kam und als er nur noch wenige Schritte von ihm entfernt war, war Harry fast blind und sah nur blasse, verschwommene Flecken vor sich und dann spürte er sich vom Übergewand des Kardinals gestreift, als er dem Mann neben ihm die Hostie darreichte und dann spürte Harry ihn vor sich und als die Hostie seine Zunge berührte, schnellte seine Faust kaum wahrnehmbar vor und die Orgel schrie in seinem Kopf und sein ganzes Sein schrie, auch seine kranke Seele und es riß seinen Kopf plötzlich nach hinten und seine Augen auf, als der vielgeliebte Kardinal mit seitwärts ausgestreckten Armen aufrecht vor ihm stand und sein Schatten ein großes Kreuz bildete und seine Augen über ihn hinwegstarrten und sein Mund sich in stummem Schrei öffnete und die Register der Orgel donnerten durch die Kathedrale und der

Chor sang das *Halleluja* und die Sonne beschien mit fast schmerzender Helligkeit den goldinkrustierten geschnitzten Messergriff, der zwischen den Rippen des Kardinals hervorragte, nachdem das Messer fast bis zum Rückgrat in den Körper eingedrungen war und das Blut des Kardinals strömte und befleckte die zu Boden gefallenen Hostien und das schimmernde Gold ragte aus seinem Körper und Harry erhob sich von den Knien und stützte sich auf die Chorschranke und sah dem Gottesmann in Gesicht und Mund und das Funkeln des Goldes auf dem Messergriff geißelte seine Augen und er schrie ihm zu: SPRICH! UM DER BESCHISSENEN LIEBE CHRISTI WILLEN, SPRICH! SAG ES! HÖRST DU MIIICH, seine Stimme hallte und brach sich an den Mauern der Kathedrale aus massigem Stein und Licht und traf auf das Brausen der Orgel und den Chorgesang und ging in der Musik auf und das eine verlor sich im andern, SAG ES, SAG EEEEE-ESSSSSS, und seine Stimme verlor sich in der Ferne, während er in den stimmlosen Schrei starrte und die hervortretenden Augen des Kardinals wurden noch größer und Blut ergoß sich aus dem schweigenden Mund und Kardinal Leterman sank langsam rückwärts auf seinen kreuzgleichen Schatten wie ein gekreuzigter Christus und die in der Nähe Stehenden schrien und Harry beugte sich noch weiter über die Chorschranke und starrte auf das Blut, das sacht aus dem immer noch offenen Mund sprudelte, während die Augen des Kardinals über ihn hinwegstarrten und eine schreckliche und erschrekkende Schwäche und eine Hohlheit gleich einem unersättlichen Hunger ließen seine Beine nachgeben und die Übelkeit hämmerte von innen gegen seine Schädeldecke und seine Schreie übertönten die der anderen und das Brausen der Orgel, SAG ES, GOTTVERDAMMICH, SAG ES … BITTE … er stammelte nur noch und die Stimme versagte ihm und seine Arme gaben nach und er brach nun über der Schranke zusammen und lag wieder auf Knien und starrte auf den geschnitzten goldverzierten, im gleißenden Sonnenlicht kaum sichtbaren Messergriff und er fiel zur Seite und lag nun auf dem Boden, als die Menschen aufsprangen und schrien und übereinander stolperten und hinfielen, da sie sehen wollten und helfen wollten, und als die Sänger erkannten, was geschehen war, ertönte statt des Chorgesangs plötzlich ein lautes Aufstöhnen und der Organist fiel vornüber auf das Manual und die riesigen Orgelpfeifen entließen einen durchdringend mißtönenden Akkord und die Menschen stolperten aus ihren Bankreihen und kletterten über die Chorschranke schreiend in Ungläubigkeit und Entsetzen und nach Hilfe und die Augen des vom

Tode erstandenen Gottesmannes blickten immer noch aufwärts und die Augen in den sonnendurchfluteten Fenstern blickten abwärts und Harry sprang auf und zwischen den Leuten hindurch in den Seitengang und ließ sich in eine Nische fallen und wandte den Kopf und sah hinauf in die Augen des Gekreuzigten AAAAAAAAAAAAAAAAAHHHHHHHHHHHHHH und es stieß ihn auf die Knie und er kroch davon und kam mühsam auf die Beine und wurde von der Menge durch eine Tür gequetscht und hinaus in den plötzlichen Glast eines wolkenlos-strahlenden Ostersonntags und er prallte vom Stein der Kathedrale ab und von den Leuten und fand sich quer über der Kühlerhaube eines Wagens liegend wieder und er richtete sich auf und lehnte sich an den Wagen und spürte jene schreckliche Übelkeit in sich hämmern, die ihn zwang sich vornüber zu krümmen, spürte die abscheuliche klebrig-feuchte schlaffe Schwäche zwischen den Beinen, die seinen Körper mit flüssigem Blei überzog, und er stieß sich von dem Wagen ab und taumelte durch die Menge vorwärts, schneller und immer schneller und die Glocken der St.-Patrick's-Kathedrale läuteten und läuteten und läuteten und läuteten und ihr schallendes Geläut drang in seinen Kopf und in die Straßen und er bemühte sich, nicht an die ekelhaft-klebrige Samenfeuchte zu denken doch es gelang ihm nicht denn seine Hose klebte an ihm und Kälte durchschauerte ihn und er taumelte weiter durch Straßen in einen kleinen Park und ließ sich auf eine Bank fallen und klammerte sich verzweifelt mit beiden Händen an ihr fest da alles in ihm und um ihn sich wirbelnd drehte und der Schmerz in seinem Kopf und in seinem Körper eins waren und langsam verebbte das Hämmern seines Herzens und er atmete ruhiger und nahm seine Umgebung wahr und Zeit wurde wieder Zeit und war wieder greifbar und schmerzhaft und ihm wurde bewußt, worauf er gestarrt hatte, wurde sich des kleinen Mädchens bewußt, das sein Höschen hochzog, und jemandes, der aussah wie ihre Großmutter, die sich bückte und dem kleinen Mädchen das Kleid herunterzog und sein neues Ostermäntelchen glattstrich, und Harry starrte auf das entblößte Fleisch bis er seine Augen spürte, als würden sie mit einem glühenden Eisen gebrannt und plötzlich krümmte er sich und krallte die Hände in den Bauch und stand auf und taumelte zu einem Baum und lehnte sich dagegen und erbrach und erbrach und würgte, wobei er langsam auf die Knie sank und sein Kopf hing schlaff vornüber und er spürte, daß sein Körper in sich zusammenfallen würde, wenn er nicht aufhörte, und doch erbrach er sich weiter und würgte und sein Mund entließ nur noch bittere Galle und er wollte schreien, doch er konnte nicht einmal stumm schreien, sondern nur in bejammernswerter Stummheit schluchzen, während er seitlich am Baum lehnend kniete und sein Kopf fast das Erbrochene berührte und nach unendlich langer Zeit hörte das Würgen auf und die Welt schien mit absolutem Schweigen gefüllt, abgesehen von dem Schluchzen das er hörte und dem entsetzenerregenden Gefühl verloren zu sein …

er starrte auf das Erbrochene und die Gallenflüssigkeit, die, eine Handbreit von seinem Gesicht entfernt, von der Erde, auf der er kniete, aufgesogen wurde. Er hob den Kopf ein wenig. Er sah um sich. Es gab Sichtbares. Bekanntes. Menschen. Einige sahen zu ihm hin. Andere nahmen ihn nicht zur Kenntnis. Schweigen. Alles schwieg. Nur Schluchzen … Schluchzen. Sein Atem ging langsamer. Geräusche. Lärm. Stimmen. Er stand langsam auf und lehnte sich schwer gegen den Baum. Die Schatten waren kalt. Die Sonne dahinter leuchtend. Er sah um sich. Die Großmutter und das Kind waren da. Er konnte sie hören. Sie sehen. Nur die beiden. Er starrte hin. Und starrte. Und zitterte. Und starrte,

NEIEIEIEIEIEIEIEI

und er rannte aus dem Park und durch die Straßen, aus der Helligkeit der Sonne in die Kälte der Schatten und taumelte und stolperte immer weiter, bis er keine Luft mehr bekam und blieb stehen und lehnte an einer Mauer und so von Mauer zu Mauer aus Schatten in Sonne aus Wärme in Kälte durch einen Tag, der zeitlos war und die wilde Qual seiner Seele zwang seinen Körper vorwärts und endlich brach das Schluchzen sich Bahn und seine Augen schwammen in Tränen, während er der endlosen Straße bis zur Spitze der Insel folgte, sich von dem Wissen vorwärtstreiben ließ, daß es ihm endlich möglich sein würde, die tobende Stimme in sich zum Schweigen zu bringen, und wenn er glaubte, jetzt könne er nicht mehr weiter, hörte er die Stimme und spürte die Gesichter hinter sich und er schleppte sich weiter, bis er schließlich auf einer Fähre stand, die das Wasser des Hafens teilte, an deren Bug stand, im schneidend kalten Wind und hinunterstarrte ins leuchtendgrüne Wasser, das sich in Schaum und Wirbeln vom Bug der Fähre abstieß, und er begann in sich hinein zu kichern und dann zu lachen, als ihm aufging, wie einfach alles sein würde und er lachte lauter und lauter und die wenigen Leute an Deck und die in ihren Wagen Sitzenden sahen ihn an und runzelten die Stirn oder lächelten und er lachte immer weiter, während er auf die Reling des Fährschiffes kletterte und die Leute sahen dem erst schweigend, dann schreiend zu und er streckte beide Arme zur Seite wie ein Vogel seine Flügel und beugte sich vor und langsam langsam langsam immer weiter vor, bis er fiel und sein kreuzgleiches Spiegelbild und seinen Schatten durchbrach, als er auf dem kalten Wasser aufschlug, und der Schreck lähmte ihn für einen Augenblick und dann begann er unwillkürlich sich zu bewegen, um sich nach oben, zur Oberfläche zu kämpfen doch das Gewicht seiner dicken nassen Kleider und die Kraft der saugenden Strudel rissen ihn tiefer und tiefer hinab ins kalte Dunkel und für den Bruchteil eines Augenblicks hörte er auf sich zu wehren und hing bewegungslos, als die Wahrheit seines Lebens abrupt vor ihm stand und er starrte eine kurze unendlich lange Sekunde auf diese Wahrheit, dann öffnete sich sein Mund in einem Schrei, doch es gab keinen Laut und sein Mund hing offen, als sein letzter Lebenshauch in kleinen Blasen aus dem kalten Dunkel zum sonnenwarmen Wasserspiegel aufstieg und unbemerkt und lautlos ins Meer hinausgetragen wurde.